二次元世界に強くなる

現代オタクの基礎知識

Basic knowledge of modern OTAKU
Novel, Comic, Game, Animation and Light novel.
We're familiar with Japanese two-dimensional contents.
Be the true otaku who has abundant knowledge!

KANZEN

現代オタクの基礎知識

二次元世界に強くなる

はじめに

　小説、マンガ、ゲーム、アニメ、ライトノベルなど、いわゆるクールジャパンを担う日本の二次元コンテンツは趣向が特殊である。

　見た目には萌え系といわれるようなタイプが主流であるし、その世界観をして「中二病的」などと揶揄されることもある。しかしちゃんと作品を鑑賞すると、そうした娯楽的な見た目の裏側で、多種多様なジャンルからネタ元を引っ張り出し、熟知したうえで物語が構築されていることが分かる。

　例えばゲームの『Fate』シリーズは、世界中の英雄や偉人が登場するが、なかなかマニアックな人物もいて、交錯する人間関係に厚みをもたせたエピソードを描いている。またアニメ『ガールズ＆パンツァー』は戦車の描写が緻密で、ミリタリーファンのみならず、今まで興味なかった人まで戦車の虜にしている。
　こうした二次元世界を入り口にして、ファンが元ネタのジャンルや専門知識、用語、歴史についても勉強できるパターンは、今時のトレンドといえる。

　ただ、日本の二次元コンテンツ的には、「ちょっとマニアック」な元ネタを引用して世界観を作る手法は昔から得意であり、決して目新しいことではない。あのアニメ『新世紀エヴァンゲリオン』の

「死海文書」や、アニメ『機動戦士ガンダム』の「スペースコロニー」も、作品が発表されるまではもともと「少しマニアック」な元ネタ、専門用語にすぎなかった。それが、作品がヒットしたことで周知されるようになったのである。好きな作品を通して元ネタのことを知る、というのはごく自然な話だとは思うが、二次元世界の場合、それが「ちょっとマニアック」なジャンルだっただけのことなのだ。

とはいえ、二次元世界の作品も今や数が膨大になりすぎて、たまたま『エヴァンゲリオン』を見なかった人は、「死海文書」の名や意味を知る機会もなかなかないということになりやすい。

そこで本書は、現代の二次元世界が好きな人なら最低限、知っておいて損はない「少しマニアック」なジャンルや専門用語を多岐にわたって紹介する。

宗教、神話、歴史、軍事、科学、オカルトなどにジャンル分けしたので、分からない用語などを気軽に調べて活用してほしい。

本書を通じて、
知識豊富な *真のオタク* となる
第一歩になれば、幸いである。

二次元世界に強くなる
現代オタクの基礎知識

目次

はじめに　002
ページの見方　008

宗教・哲学・思想

アカシック・レコード　010
アキレスと亀　012
悪魔　014
アポカリプス　018
因果律　020
陰陽師 ～陰陽道の世界～　022
陰陽道　024
カインとアベル　026
カトリックとプロテスタント ～キリスト教宗派と組織～　027
ガブリエル　029
九字護身法　030
五行思想 ～陰陽道の世界～　032
五常（仁義礼智信）　034
胡蝶の夢　036
サクラメント（秘跡）　038
サリエル　040
釈迦十大弟子　041
十二使徒 ～新約聖書の世界～　043
聖痕（スティグマ）　045
聖人歴・典礼歴 ～キリスト教の記念日～　047
聖杯　049
セフィロトの樹　051
ソロモン王　055
使い魔　057
テセウスの船　059
哲学的ゾンビ　060
天国と地獄 ～世界のあの世・この世～　061

天使	065
7つの大罪 ～キリスト教の世界～	069
ノアの方舟	073
八大地獄	074
ハルマゲドン	076
ブードゥ教	078
ベリアル	079
ベルゼブル	081
仏（如来・菩薩・明王・天部）～仏教の尊格～	083
マナ	087
ミカエル	089
密教	091
ムドラー ～手印～	093
ヤハウェ	095
ラファエル	097
リリス	099
輪廻転生	100
ルシファー	101
ロンギヌスの槍	103

神話・伝承

アイギスの盾	106
アヴァロン	107
亜人	108
アテナ	110
天照大御神	112
アルスター伝説 ～ケルト神話の英雄譚～	114
アルテミスの弓	116
イーヴル・アイ ～世界の邪眼伝承～	118
ウロボロス	120
エクスカリバー	122
円卓の騎士 ～アーサー王伝説～	124
オーディン	126
オリュンポス十二神 ～ギリシア神話の神々～	128
キメラ	132
ギルガメッシュ	134
草薙剣	136
グール	138
ゲイ・ボルグ	140
ケルベロス	142
三種の神器	144
三清、四御 ～中国・道教の神々～	146
三大神 ～ヒンドゥー教の神々～	148
須佐之男命	150
聖剣・魔剣	152
ゼウス	154
デュラハン	156
ドラゴン	158
バジリスク	160
バハムート	161
バベルの塔	163
パンドラの箱	164
フェニックス	165
ブリューナク	167
不老不死伝説	168
ベーオウルフ ～叙事詩の世界～	170
ペガサス	172
ヘラクレス	173
マビノギオン	175
三貴神・神世七代 ～日本神話の神々～	177
ミョルニル	181
ユートピア ～理想郷伝説～	183
ラグナロク ～北欧神話の世界と神々～	185

項目	ページ
リヴァイアサン	189
レーヴァテイン	190
ロキ	192
ワルキューレ	194
ワルプルギスの夜 ～西洋の行事・風習～	196

コラム ■ もっと二次元に強くなる雑学
歴史編 　　　　　　　　　　　198

軍事・組織（犯罪・治安）

項目	ページ
KGB（カーゲーベー）	200
気象兵器	201
軍事組織	203
警察組織	207
サイコパス＆多重人格	209
スパイ	211
戦艦	213
戦闘機	215
ハンドサイン	217
フォネティック・コード	219
フリーメイソンリー ～おもな秘密結社～	221
マフィア	225

歴史

項目	ページ
ヴォイニッチ写本	228
エニグマ	229
黄金の夜明け団	230
騎士団	231
三国志	233
シオン賢者の議定書	235
死海文書	237
爵位（公侯伯子男）	239
ダマスカス鋼	241
テンプル騎士団	242
ナチス（国家社会主義ドイツ労働者党）	243
日本刀	245
忍者	247
薔薇十字団	249
埋蔵金伝説	251
村正	253

暦・占い・天文

項目	ページ
十干十二支 ～東洋の暦～	256
タロットカード	258
二十八宿 ～東洋占星術の世界～	260
88星座	262
八卦 ～易経の世界～	266
北斗七星	268
ホロスコープ ～西洋占星術の世界～	270

コラム ■ もっと二次元に強くなる雑学
キーワード編 　　　　　　　　272

文字・シンボル

項目	ページ
トンパ文字	274
ヒエログリフ	276
ヘブライ文字	278
梵字	280
マヤ文字	282
ルーン文字	284

コラム ■ もっと二次元に強くなる雑学
文学編 　　　　　　　　　　　286

文 学

クトゥルフ	288
クトゥルフ神話	289
ネクロノミコン	291
百八星 〜水滸伝の世界〜	293

自然・数学

永久機関	298
エーテル	300
黄金比	302
カオス理論	304
軌道エレベーター	306
サイクリック宇宙論	308
催眠術	309
シュレーディンガーの猫	311
スペースコロニー	313
ダークマター	314
多世界解釈 〜量子力学の世界〜	316
超弦理論	318
テラフォーミング	320
特異点	322
パイオニア・アノマリー	324
パラレルワールド	325
VR & AR 〜仮想現実&拡張現実〜	326
フェルマーの最終定理	328
双子のパラドックス	330
フラクタル	331
ブラックホール	332
ヘンペルのカラス	334

マクスウェルの悪魔	335
無限の猿定理	336
レールガン	337
ロッシュ限界	339

不思議・オカルト

アトランティス、ムー 〜超古代文明〜	342
ESP 〜超能力〜	344
エイリアン	346
エリア51	348
オーパーツ	350
オーバーロード	354
終末予言 〜世界を震撼させた予言〜	355
ジョン・タイター	357
世界七不思議	358
タイムリープ	360
超常現象	362
フィラデルフィア実験	364
ヘルメス文書	365
魔法陣	366
UFO	368
UMA	370
錬金術	372

★　　★　　★

索引 (50音順)	376
参考文献	380

ページの見方

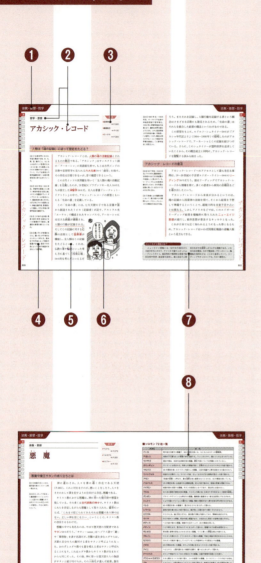

❶ 章タイトル
各章のタイトルです。

❷ 分類＆項目名
【分　類】　項目が、どのジャンルにあたるのかの補足です。

【項目名】　二次元世界の世界設定や用語、アイテムなど、元ネタになっているものを厳選。基本的なものから、近年話題になったものまで取り上げています。

❸ 関　連
項目と何かしらの関連があるもの、解説に名前がでてきたものなどを紹介しています。

❹ 注　釈
解説文中に登場した専門用語についての補足の説明です。特に一般的ではないと思われる専門用語などを中心に注釈を設けています。

❺ 解　説
その項目が、どのようなものなのかという基本的概要を解説しています。専門的な用語については注釈を付記しています。

❻ イラスト
その項目のイメージイラストです。一部、コミカルな解釈を加えているところがありますが、楽しんでいただければ幸いです。

❼ ミニコラム
解説の補足や、紹介しきれなかった事柄について、取り上げています。

❽ 図　解
その用語やジャンルにまつわる要素を図解しています。表や図、イラストなど、さまざまなかたちで紹介しています。コラムでは、解説で紹介しきれなかった事柄について、取り上げています。

宗教・哲学・思想

Religion · Philosophy · Thought

宗教・思想・哲学

哲学・思想

アカシック・レコード

関連
- 因果律 ➡ P.020
- 輪廻転生 ➡ P.100
- エーテル ➡ P.300

人類は「魂の記録」に従って歴史をたどる？

【注1】仏教世界における、宇宙を構成する地、水、火、風、空、識のこと。もともとは古代インド思想の三大（火・水・地）から発展したものだが、要素が次々に加わっていく。そして仏教徒との教学論議を経て、仏教の思想体系に取り込まれていった。

【注2】1831年生〜1891年没。神智学を提唱した人物で、神智学教会を設立者。イギリスの霊媒ダヴィッド・ダングラス・ホームの助手として、霊媒技術を身に付ける。1873年にアメリカ国民となり、神秘主義作家、思想家として活動し、その2年後に神智学協会を創設する。

【注3】この世の全宗教・思想・哲学・科学・芸術などを1つの真理の下で統合し、普遍的な真理を導くというもの。

【注4】善い行いが幸福をもたらし、悪い行いが不幸をもたらすという考え方。過去生での行為によって現世の境遇が決まり、現世での行為によって来世の境遇が決まるという世界観。

アカシック・レコードとは、人類の魂の活動記録とされるものの概念である。「アカシック」はサンスクリット語の「アーカーシャ」の英語変化形で、もとは古代インドの宗教や思想哲学に見られる六大元素【注1】「虚空」を指す。その存在は目視できないが、音で確認できるという。

この古代インドの世界観を用いて「全人類の魂の活動記録」を定義したのが、19世紀にブラヴァツキー夫人【注2】たちが設立した神智学【注3】だ。夫人は著書『シークレット・ドクトリン』の中で、アカシック・レコードの原型ともいえる「生命の書」を定義している。

この「生命の書」とは、七大天使の子である言葉や霊から創造されたリピカ（記録者）が記す、アストラル光「エーテル」で構成されたキャンバスで、アーカーシャには壮大な画廊が構築され、人類の行動が記録される。そしてこの記録に対する応酬の法則として因果律が機能し、全人類はこの記録をたどるという。これは、仏教の業や輪廻といった考え方に基づく「因果応報」【注4】的な考えだといえるだ

宗教・思想・哲学

ろう。またそれを記録し、人類行動を記録する者という概念はさまざまな宗教にも散見されるため、「生命の書」はそれらを統合した結果の概念というわけなのである。

この原型をもとに、ルドルフ・シュタイナー【注5】が『アカシャ年代記より』（1904～1908年）で提唱したのがアカシック・レコードで、アーカーシャとこの記録を結びつけている。さらに、このシュタイナーが霊的世界を追求していたことから、その概念成立と同時に、アカシック・レコードを閲覧する試みも始まった。

【注5】1861年生～1925年没。オーストリア出身の神秘思想家で哲学博士。1902年に神智学協会の会員となり、霊的な世界を語るようになる。しかし協会幹部との方向性の違いで脱退し、「人智学」（ただし概念は明らかでない）という独自の世界観を創始し、「人智学協会」を設立した。

アカシック・レコードの普及

アカシック・レコードへのアクセスとして最も有名な事例は、19～20世紀の予言者エドガー・ケイシー【注6】の**リーディング**【注7】だろう。彼はリーディングでアカシック・レコードから情報を得て、多くの患者から病気の治療法などを導き出したという。

アカシック・レコードから未来が分かるというのは、魂の記録から因果律の法則を得て、そこから結果を予想して準備するということで、**超能力的な未来予言や占いとは異なる**。しかしアメリカなどでは、このエドガーのリーディング結果を積極的に取り入れた**ニューエイジ思想**が流行し、東洋思想が普及するキッカケとなった。

これが日本でも広く知られるようになった形となるため、アカシック・レコードはいわば因果応報説の逆輸入版という見方もできる。

【注6】1877年生～1945年没。アメリカの心霊診断家で、支持者からは「20世紀最大の奇跡人」と称されている。リーディングによる疾患治療を行っており、その件数は記録に残っているだけで1万4000件に及ぶ。

【注7】他者による催眠状態において、第三者からの質問により、アカシックレコードから情報を引き出す行為。

ニューエイジ運動とは？

ニューエイジ運動とは、1970年代後半から1980年代にかけて、アメリカで盛り上がったムーブメントの1つ。超自然的で精神的な思想で既存文明や科学、政治等を批判し、真に自由で人間的な生き方を模索しようとする運動である。いわゆる前世療法、ヨガや整体術、パワーストーン、輪廻転生信仰などは、ここから普及していく。リーディングやチャネリングも、その一事例だ。

宗教・思想・哲学

哲学・思想

アキレスと亀

関連

運動って矛盾してる!?

【注1】ギリシア神話に登場する英雄。ホメーロス叙事詩『イーリアス』の主人公でもある。

【注2】紀元前5世紀の古代ギリシアの哲学者。師であるパルメニデスが創立したエレア派のメンバーでもある。弁証法の発見や「ゼノンのパラドックス」で有名。のちの哲学者に大きな影響を与えている。

【注3】正しそうに見える前提、推論から、受け入れにくい結論が得られることを示す言葉。

　<u>アキレス</u>【注1】と亀は、古代ギリシアの哲学者ゼノン【注2】が自派の学説を守るために考え出した<u>パラドックス</u>【注3】の1つ。その概要は以下のようなもの。

　あるとき、アキレスと亀が徒競走を行うことになった。アキレスの方が足が速いため、亀にハンディキャップを与え、スタート地点を前に設定（A地点）して開始する。スタート後、アキレスがA地点に行くと、亀はその先にあるB地点まで進む。再びアキレスが進んでB地点に行くと、亀はC地点まで進む。更にアキレスがC地点まで進むと……という具合に、アキレスはいつまで経っても亀に追い付けない。もちろん現実には、足の早いアキレスがいつか亀に追い付き、追い越すが、文章だけ見るとゼノンが正しく思える。ちなみにアキレスと亀は「運動の否定」と呼ばれる4つのパラドックスのうちの1つで、ほかにも<u>「二分法」「飛ばない矢」「競技場のパラドックス」</u>が存在する。

　どれも本質的には同じ内容で、有限の時間や距離の中に無限の要素があるのはおかしいというのだ。

宗教・思想・哲学

アキレスは亀に追いつくのか

【注4】一定の規則に従って並んだ数の列を数列と言い、その数列の各項を1+2+3+4というように「+」で結んだもののこと。

【注5】ある数値に限りなく近づくこと。例えば0.999……と9が無限に続く無限数列は1に収束する。

　アキレスと亀のパラドックスに対する回答はさまざま。比較的メジャーな回答としては、実際に数字を当てはめて考える数学的な方法だ。例えば、アキレスの速さを亀の10倍、アキレスのスタート位置を亀より1m後方に設定する。アキレスが最初の亀の位置に着いたとき、亀は0.1m進む。そしてその位置にアキレスが着いたとき、亀はそこから0.01m進む。やがて亀の位置は1.11111……と、1がどこまでも続く数字になる。だが、1.2、1.12などそれ以上の数字にはならないので、そこで追い付くことになる。無限の回数、数字を足しても、その合計は無限ではなく有限なのだ。これは数学の級数【注4】や収束【注5】といった考え方を使った反論の仕方だ。

　また別の反論では、そもそもこれは**パラドックスではない**というものもある。ゼノンはアキレスが亀を追い付き追い越す点を無視し、アキレスが亀に追い付くまでを無限に分割しているだけだというのだ。例えるならアキレスと亀の競争をビデオに撮り、アキレスが追い付くまでをスローで再生しているようなものだといえる。ほかにも亀の位置を示す位置が、実質的な厚みのない「点」であるため、無限に通過地点を作り出せるという理屈もある。これらのようにいくつも反論は出ているが、そのいずれもが前提として、自説に都合のよい解釈を用いているため、アキレスと亀に対する完璧な反論はいまだに出ていない。

飛ばない矢

　アキレスと亀と同じくらい有名なパラドックス。飛んでいる矢は、ある一瞬を見てみると、その瞬間は静止している。別の瞬間を見ても、やはり矢は静止している。時間というものが瞬間の連続なら、矢は飛ばずに、つねに静止していることになる。これが飛ばない矢と呼ばれるパラドックスだ。このパラドックスへの反論には、微分でその瞬間の矢の速度を求める方法がある。

宗教・思想・哲学

宗教・思想

悪魔(あくま)

関連
- ベリアル ➡ P.079
- ベルゼブル ➡ P.081
- ルシファー ➡ P.101

悪魔や魔王サタンの成り立ちとは

【注1】地獄の王といわれ、堕天使の長ルシファーと同一視される。

【注2】ヨーロッパで広まった魔術書の1つ『レメゲトン』に記された悪魔たちで、古代イスラエルの王ソロモンが使役し、のちに封印したという。

　神に遣(つか)わされ、人々を善に導(みちび)く存在である天使（P.065）。これと対をなすのが、悪いことをしたり、人々をそそのかして罪を犯すように仕向ける存在、悪魔である。

　キリスト教における悪魔は、神に背いた堕天使(だてんし)や悪霊を指している。その多くは**古代宗教の神々**で、キリスト教はこれらを否定しながらも悪魔として取り入れた。露骨(ろこつ)にいえば、「これまで信じられてきたそれは悪魔であり神ではない。正しい神を信じなさい」ということで、キリスト教に改宗させるわけだ。

　悪魔の中でも有名なのは、やはり堕天使の支配者である**サタン**【注1】だろう。「サタン＝satan」はヘブライ語で「敵」や「障害物」を表す名詞だが、苦難の道を歩むユダヤ人は、次第に自分たちに敵対する者をサタンと呼ぶようになった。おのずとユダヤ教でも意を唱える者はサタンと呼ばれることになり、これはユダヤ教からキリスト教が生まれてからも同じだった。その後、神に背いた堕天使たちの物語がサタンと結び付けられ、その人格化(じんかくか)が進んだ結果、誕生したのが神に対立する悪魔の王サタンだ。

　ところで、世の中にはサタン以外にも有名な悪魔が多数存在する。次ページからは、特に有名なソロモン王（P.055）に使役(しえき)された**「ソロモン72柱(はしら)」**【注2】と、エクソシストが聞き出したという悪魔の階級を紹介しよう。

宗教・思想・哲学

■ソロモン72柱一覧

悪魔名	解説
バール	東の地を支配する悪魔で、66の軍団を率いる。もともとはカナンの豊穣神。
アガレス	地獄の大公爵23人の筆頭で東を支配する。ワニにまたがり、腕にワシをとまらせている。
ウァサゴ	過去や現在、未来の出来事を知る悪魔。爵位や姿については明確にされていない。
ガミュギュン	ガミギンとも呼ばれる。死者との関連が強く、召喚すると小さなウマやロバの姿で現れる。
マルバス	36の軍団を率いるライオンの姿をした悪魔。工芸の知識や人間を変身させる能力をもつ。
ウァレフォル	地獄の大公爵の1人。ライオンの姿、もしくはさまざまな動物が混ざった姿で現れる。
アモン	「地獄の侯爵」と呼ばれ、最も強靭な体と意思をもつとされる。40の軍団を率いている。
バルバトス	30の軍団を率いる地獄の大公爵兼伯爵。狩人の姿で描かれ、動物の言葉を理解できる。
パイモン	地獄の西を支配する悪魔。サタンの忠実なしもべであり、彼以外には従わない。
ブエル	あらゆる薬草の薬効を知る悪魔。ライオンの顔と体、5本のヤギの足をもつ「地獄の総裁」。
グシオン	グサインやグソインとも呼ばれる悪魔。魔術師に敵意をもつ者を友好的にする力がある。
シュトリ	ヒョウの頭とグリフォンの翼をもつ悪魔。情欲と関係があり、裸の女性を呼び寄せる力がある。
ベレト	80の軍団を率いる悪魔で、青ざめたウマにまたがって現れる。
レライエ	緑色の服を着た狩人の姿で現れる。敵が負った傷の治りを悪くする力をもつ。
エリゴル	エリゴスとも。槍と笏をたずさえ、旗を掲げた騎士の姿をしており、軍事的な助力をする。
ゼパル	兵士の姿をとる悪魔。男女の愛と関連があり、女性の心に男性への愛情を植え付ける。
ボティス	ヘビの姿で現れる悪魔。地獄の大公の1人で、26の軍団を率いる。
バティン	ヘビの尾をもち、青ざめたウマにまたがって現れる。悪魔の中では最も愛想がよい。
サレオス	男女間に愛情を芽生えさせる力をもつ悪魔。ワニに乗った獰猛な戦士の姿をとる。
プルソン	ライオンの頭をもち、クマにまたがって現れる悪魔。作曲と楽器の技巧を与えるとされる。
モラクス	ヨルダン川東岸で暮らしていたアンモン人の邪神モレクを原点とする悪魔。
イポス	36の軍団を率いる悪魔。ガチョウの頭と足をもつライオンの姿で現れる。
アイニ	ヘビとネコ、人間の頭をもつ地獄の公爵で、毒ヘビにまたがって現れる。
ナベリウス	ギリシア神話のケルベロスを原点とする悪魔。名誉や愛情の回復に力を貸す。
グラシャ=ラボラス	大きな翼をもつイヌの姿で現れ、人々を殺害する悪魔。カールクリノーラスの名でも有名。
ブネ	イヌとワシ、人間の頭をもつドラゴンの姿で現れる。地獄の大侯爵で、30の軍団を率いる。
ロノベ	ロノウェとも呼ばれる。人間に外国語の知識を授けるほか、魔術語にも通じている。
ベリト	26の軍団を率いる地獄の公爵。赤色と関連があり、赤いウマにまたがった兵士の姿をとる。
アスタロト	フェニキアの女神が原点の悪魔。「地獄の大公」と呼ばれ、過去や未来を見通す力をもつ。
フォルネウス	海の魔物の姿で現れる悪魔。魔術師に対する敵意を愛情に変えてしまう力がある。
フォラス	普通の人間の姿で現れる悪魔で、29の軍団を率いる地獄の騎士にして大総裁。

※P.016に続く

宗教・思想・哲学

悪魔名	解　　説
アスモデウス	古代ペルシアの神を起源とする悪魔。算術や機械工学に長けている。
ガープ	バイモンと共に地獄の西方を支配している「地獄の貴公子」。60の軍団を従えている。
フルフル	鹿の頭と複数の蹴爪があるコウモリの翼をもつ。稲妻を起こす力をもつ地獄の伯爵。
マルコシアス	30の軍団を率いる地獄の大侯爵。炎を吐く、翼が生えたオオカミの姿で描かれる。
ストラス	カラスやフクロウの姿で現れる悪魔。植物や宝石についての知識をもつ。
フェニックス	不死鳥の姿をした悪魔。文芸や詞芸に通じ、かつては神をたたえる歌を歌っていた。
ハルパス	ハト、もしくはコウノトリの姿で現れる悪魔。その姿とは裏腹に戦争を司っている。
マルバス	建築や建設の能力をもつ悪魔で、カラスのような大きな黒い鳥の姿で現れる。
ラウム	黒い鳥の姿で現れる地獄の大伯爵。都市を破壊したり、人々の地位や名声を失墜させる。
フォカロル	30の軍団を率いる地獄の将軍。船を沈めたり誰かを溺死させることを望む者に召喚される。
ウェパル	人魚のような姿をした地獄の公爵。海を荒れさせて船を沈め、人を溺死させる。
サブナク	ライオンの頭をもち、青白いウマに乗って現れる。地獄の大侯爵で、50の軍団を率いる。
シャクス	鳥の姿で現れる悪魔。召喚者に敵対する者の視覚や聴覚を奪う力がある。
ウィネ	毒ヘビを握ったライオンの姿で現れる。魔術師に、ほかの魔術師の真の名を教える。
ビフロンス	26の軍団を率いる地獄の伯爵。どのような姿をとるかは不明だが、博物学に長けている。
ウアル	ラクダの姿、もしくはラクダに乗って現れる悪魔。地獄の公爵で、36の軍団を率いる。
ハゲンティ	翼が生えたウシの姿をとる地獄の大総裁。水をワインに、卑金属を黄金に変える力がある。
プロケル	完全な天使の姿で現れる珍しい悪魔。人間に科学全般の知識を与える。
フルカス	残忍な悪魔。殺した人間を奴隷にする一方、非常に博識で「地獄の老師」と呼ばれる。
バラム	牡牛と牡羊、人間の頭をもち、クマに乗って現れる悪魔。手首にタカをとまらせている。
アロケル	燃える眼をした赤いライオンの頭をもつ悪魔。天文学や占星術の知識を授けるという。
カイム	30の軍団を従える「地獄の大総統」。ツグミの姿をしており、弁舌に長けている。
ムルムル	死者の霊を呼び出す力をもつ悪魔。グリフォンにまたがった威厳のある人間の姿をとる。
オロバス	ウマの姿で現れる悪魔で、召喚者に威厳と人望、嘘を見抜く力を与えるという。
ゴモリ	ソロモン72柱の中では、唯一女性の姿をとる。一般に「グレモリー」の名でも知られる。
オセ	ヒョウの姿、もしくはヒョウに乗って現れる悪魔。変身と幻惑を司り、人の姿を変えてしまう。
アミー	人間の生命力と引き換えに、占星術をはじめとする知識を授ける悪魔。
オリアス	30の軍団を率いる大公爵。2匹のヘビを握り、ヘビの尾をもつライオンの姿で現れる。
ヴァプラ	グリフォンの翼をもつライオンの姿で現れる悪魔。魔術師の哲学や技術を向上させる。
ザガン	ザガムとも呼ばれる。グリフォンの翼が生えたウシの姿をした悪魔。錬金術に精通している。
ウァラク	爬虫類を支配するという悪魔。双頭の竜にまたがった天使の姿で現れる。
アンドラス	オオカミに乗ったカラス、またはフクロウの頭をもつ天使の姿で現れ、人々の不和をあおる。

宗教・思想・哲学

悪魔名	解　説
フラウロス	魔術師がほかの悪魔に対抗するために召喚するという悪魔。ヒョウの姿で現れる。
アンドレアルフス	クジャクの姿をした地獄の侯爵。召喚者に幾何学や代数など、数学の知識を授けるという。
キメエリス	黒いウマにまたがって現れる悪魔。人間に勇猛な心を与えるほか、遺失物の所在を教える。
アムドゥスキアス	一角獣のような姿をした地獄の公爵。音楽家的性格で、見えない楽団を引き連れている。
ベリアル	天使の姿を保っている美しい堕天使。ソドムとゴモラを堕落させた張本人といわれる。
デカラビア	星型の姿で現れる悪魔。召喚者に鳥のような姿の霊的存在を使い魔として与える。
セエレ	翼のあるウマに乗った長い髪の男の姿で現れる悪魔。姿以外の詳細は不明である。
ダンタリアン	無数の顔をもつ男女の姿で現れる悪魔。神秘的な知識や人が隠している知識を教える。
アンドロマリウス	ヘビを握った人間の姿で現れる悪魔。盗品を取り返したり、盗人の正体を暴く力がある。

■悪魔の階級

　悪魔の階級はいくつかの説があるが、ここではセバスチャン・ミカエリスによる悪魔の階級を紹介しよう。17世紀に活躍したというこの人物は、エクソシストだったと考えられている。悪魔祓いをした修道女から聞いたものとして、この階級を自著に記しており、日本でもわりと知られているものだ。

	かつての階級	悪魔の名前	対抗する聖人
上級三隊	熾天使	ルシファー	洗礼者ヨハネ
		ベルゼブル	聖フランシスコ
		レヴィアタン	使徒ペテロ
		アスモデウス	洗礼者ヨハネ
	智天使	バルベリト	聖バルナバ
		アスタロト	聖バルトロマイ
	座天使	ヴェルリネ	聖ベルナール
		グレジル	聖ドミニコ
		ソネイロン	聖ステファノ
中級三隊	主天使	オエイレト	聖マルタン
		ロステル	聖バジルール
	能天使	カレアウ	聖ビンセント
		カルニヴェアン	使徒ヨハネ
	権天使	ヴァリエル	聖ベルナール
下級三隊	力天使	ベリアス	パウラの聖フランチェスコ
	大天使	オリヴィエ	聖ロレンコ
	天使	ルヴァール	不明

宗教・思想・哲学

宗教

アポカリプス

関連
- ルシファー ➡ P.101
- 終末予言 ～世界を震撼させた予言～ ➡ P.355

預言者にもたらされた神の啓示

【注1】『旧約聖書』の中の一書。バビロニア帝国の虜囚（りょしゅう）となったユダ族のダニエルが執筆した。内容は歴史的な記述と予言的な部分があり、その中で終わりの日、終わりのときに何が起こるかを書いてある。『ヨハネの黙示録』よりも前に書かれた黙示文学で、『ヨハネの黙示録』にも影響を与えたといわれている。

　アポカリプスとは、ユダヤ教やキリスト教において神に選ばれた者たちが、神から授かる**人知を超えた心理や神意**のこと。ギリシア語で「暴露、露見する」という意味の「アポカルシプシス」が語源だが、日本ではアポカリプスの日本語表記である**「黙示」**のほうが一般的だろう。

　黙示を記した文書は「黙示文学」という。一般的には、原始キリスト教やユダヤ教の文書をはじめ、聖書にあるものを黙示、あるいは黙示文学として扱うが、広義では世界中の予言書や啓示を記したものを含むこともある。

　黙示文学には自然界の法則や神々の秘密などが記されているが、これまで確認された黙示に関する文献では、**予言や世界の終末**について積極的に扱ったものが多い。例えば『ヨハネの黙示録』は世界の終末を記したものだし、『旧約聖書』の**『ダニエル書』**【注1】や『イザヤ書』も、同様に終末について記されている。

　一般に、黙示は世界の終末の啓示というイメージが強い。黙示文学が終末を題材としているためだが、最大の要因は、やはり『ヨハネの黙示録』だろう。これ

は12使徒の1人であるヨハネが神から啓示を受け、目にしたものを記したというもの。全22章で構成された文書で、そのうちの4章から22章にかけて、世界の終末の様子が記されている。

ヨハネの見た光景、最後の審判とは？

それではヨハネが見た未来の出来事とはどのようなものだったのか。以下がその概要である。

天の王座に神が存在し、その周りを24人の長老と、4匹の生物が取り囲んでいた。神の手には7つの封印された巻物があり、7つの角と7つの目をもつ子羊が封印を解くと4人の騎士[注2]が表れ、さまざまな災厄が地上を襲う。そして7つ目の封印が解かれると、7人の天使が出現し、それぞれにラッパが与えられる。天使が1人ずつラッパを吹くたびに、地上を災害が襲った。さらに7人の天使は鉢に入れた神の怒りを地上に注ぎ、世界に破滅が訪れる。また神と悪魔の軍勢が争ってサタンは破れ、1000年間封印される。やがて救世主が再臨、神を信じ正しい行いをした者も復活し、共に地上を1000年の間統治する。その後にサタンが復活するが、天から炎が降り注いで滅び、「最後の審判」が始まる。最後の審判では<u>「命の書」に名のない人は地獄に、名のある者は天国へと行く</u>という。

これが『ヨハネの黙示録』の大まかな流れになるが、物語として綺麗にまとまっているわけではなく、さまざまなイメージの羅列になっているところもある。

【注2】『ヨハネの黙示録』に登場する馬を駆るものたち。日本では『騎士』と称されることが一般的だが、厳密には騎士ではない。神の巻物にある7つの封印のうち、最初の4つの封印が解かれたときに現れる。それぞれに地上の4分の1の支配と、地上の人間を殺す権限を与えられている。

人類の終末いろいろ

ヨハネの黙示録以外にも世界の終末を予言するものは多い。特に近年では、当たらなかったものの、ノストラダムスの大予言は一世を風靡した。また、2012年にささやかれた人類滅亡説も記憶に新しい。マヤでは一定周期で1つの時代が終わるとされていた。マヤの暦を西暦に直すと次の区切りが2012年になるため、2012年に地球が滅亡するという予言が広まったのである。

アポカリプス

宗教・思想・哲学

哲学・思想

因果律
いんがりつ

関連
- アカシック・レコード
  ➡ P.010

世物理法則を完全に把握する悪魔はいるのか？

【注1】紀元前384年生～前322年没。古代ギリシアの哲学者。西洋最大の哲学者とみなされ、自然研究の業績から「万学の祖」とも呼ばれている。

【注2】1711年生～1776年没。スコットランド出身の哲学者。イギリス経験論哲学の完成者で、「人間本性論」などの著書がある。

　「因果」とは、ある出来事が、ほかの出来事を引き起こしたり生み出したりする結びつきのことで、「因果律」とはすべての出来事には原因があるとする法則を指す。人間は因果律を前提に考えてしまう傾向にあるためか、原因と結果に関する概念は、東洋西洋を問わず、古来より哲学や宗教、科学などの分野で考察が行われてきた。

　西洋哲学の場合、アリストテレス【注1】は物事が存在する原因を**4タイプに分類（四原因説）**し、デイヴィッド・ヒューム【注2】は因果を「空間的に隣接し時間的に連続で、2つの出来事が伴って起きる場合、この2つに人間が想像する必然的な結合関係」とした。一方、古典的な物理学でも「現状を完全に指定すれば、以後の状態はすべて一義的に決まる」と主張し、近世になって機械論的な世界が強まると、因果律はより主張されるようになった。あの特殊相対性理論も、「情報は光速を越えて伝播することはない」と、原因があって結果があるという、因果律をふまえた時間の流れが前提とされている。

　因果律で物事が決まると

因果律

宗教・思想・哲学

いう考え方を、分かりやすくかつセンセーショナルにイメージしたもので、特に有名なものが「ラプラスの悪魔」である。これはフランスの数学者ピエール＝シモン・ラプラス【注3】が提唱した超越的な存在で、彼は自著の中で次のように主張している。「ある瞬間におけるすべての物質の力学的状態と力を知ることができ、かつそれらのデータを解析できるだけの能力の知性が存在するとすれば、この知性にとって不確実なことはゼロになり、その目には未来も過去もすべて見えるだろう」。この知性こそが悪魔で、もしもそのような存在がいれば、古典物理学を用いることで未来を完全に予測できるというのである。

ところが、後年に量子力学が登場すると、正確に量子の位置と運動量を知ることは原理的に不可能となり、ラプラスの悪魔でさえ未来予測は不可能となった。また、今後技術進歩によってラプラスの悪魔的なコンピュータが実現したとしても、計算速度が現実の速度より速くなることはないので、そのような存在は実現不可能という考えもある。

このような背景から20世紀以降、因果律という概念は後退していくこととなり、コペンハーゲン解釈【注4】のように原因の追及をしない立場も出てくるようになる。

古典物理学なども実のところ厳密な証明は避けていて、それは「人間的なスケールの範囲で」と、条件が限定的である。そして因果律そのものがあることを証明する科学的根拠もない以上、結局、因果律とは、その近似として成り立っているにすぎないものだといえる。

【注3】1749年生〜1827年没。フランスの数学者。北極点から子午線延長までの精密な測量を行い、長さの単位「メートル」の定義の基礎を作った。関数解析学におけるラプラス変換の発見などの業績を挙げる。

【注4】デンマークの首都、コペンハーゲンにあるボーア研究所から発信されたことに由来する、量子力学の解釈の1つ。いくつかの異なる状態が、どれともいえない状態だと解釈し、観測者が実行する観測によって波動関数が収縮し、物体の観測される状態が1つに決定される、と解釈する。観測者の満たすべき資質や、波動関数の収縮速度が光速を超えるなど、いくつか問題がある。また、波動関数が収縮する原因は追求しない。

「世界五分前仮説」とは？

これは、世界は実は5分前に始まったのかもしれないという仮説で、知識とは何かを考える哲学である。この世界では、5分以上前の記憶はニセの記憶を植え付けられた状態で、5分前から始まったかもしれないことになる。つまり、2つの事象に起きた現象の関係性を、論理的必然からだけでは導くことができない。因果律は無意識に前提だと思考している「仮定」の問題になってくるのだ。

因果律

021

宗教・思想・哲学

宗教・思想

陰陽師
～陰陽道の世界～

関連
- 陰陽道 ➡ P.024
- 五行思想 ～陰陽道の世界～ ➡ P.032
- 密教 ➡ P.091

本来は技術をもった国家公務員？

【注1】森羅万象は陰と陽の相反する2つの「気」によって成り立つという陰陽説。自然界のすべては「木、火、土、金、水」の5つの性質からできており、この5つが互いに影響し合い、万物は変化、循環していくという五行説。この2つの考え方が結合し、陰陽五行説となる。

【注2】古代中国で発祥したもので、都市や建物の良し悪しを判断するための考え方。現代では占いや家相が一般的だが、もともとは地形や天文、気の流れといった考え方を中心とした環境学の一種である。

【注3】日本が律令制の時代にあった機関の1つで、中務省に属していた。陰陽道、暦道、天文道、漏刻（水時計）の4つの仕事を行っていた。

【注4】律令制下にあった宮内省に属する機関で、医療・調薬を担当していた。

　陰陽師といえば、鬼や悪霊を祓う退魔士、霊能者を想像する人が多い。しかしそれは正しくもあり、間違ってもいる。そもそも陰陽師とは、古代中国からもたらされた<u>陰陽五行説</u>【注1】や道教、密教（P.091）といった思想と、そこから生まれた<u>暦学、卜占、風水</u>【注2】、<u>呪術</u>といった知識や技術を扱う者たちのこと。当時の大和朝廷は陰陽寮【注3】を設置し、彼らを政府に組み込んだ。つまり陰陽師とは<u>陰陽道を中心とした知識や技術をもち、陰陽寮に属して国に仕えた役人</u>ともいえる。なお、陰陽寮が設立された当時は、呪術的な要素は「<u>典薬寮</u>」【注4】という別の組織が担っていたため、陰陽師は暦学、風水の専門家として扱われた。

　そんな陰陽師だが平安時代になり状況が変化する。当時は天災や疫病などを死者や怨霊のせいだと考え、それらを鎮めることで災厄から逃れようとした。こういった考えを「御霊信仰」というが、この御霊信仰が流行したことと、呪術面の担当だった典薬寮が廃止されたことで、陰陽寮は呪術的、宗教的な色を強めた。そして<u>賀茂忠行や安倍晴明</u>といった優秀な術者が生まれ、陰陽師は最盛期を迎える。しかし武家社会が到来し、朝廷が力を失うと陰陽寮は重要視されなくなった。明治期になると陰陽道の基本ともいえる暦学においても、西洋暦の導入により必要とされなくなり、本来の意味での陰陽師は衰退していった。

■陰陽寮の職員

陰陽頭（おんようのかみ）	陰陽寮の長官で気象、天文、暦数に異変がある際に密書で奏上する役目を負っていた。のちに安倍家、賀茂家の二家による世業となった。
陰陽師（おんみょうじ）	卜筮（代中国で行われた占い）や土地の地相を見て、吉兆を判断する専門、技術職。
陰陽博士（おんみょうはかせ）	陰陽生と呼ばれる学生の教育を担当した技術・教育職。
天文博士（てんもんはかせ）	天文を観察し、異変があった際には密書で奏上。また天文生という学生の教育も担当した技術・教育職。
暦博士（れきはかせ）	暦の作成とその編集や管理をしていた。また暦生の教育も担当した技術・教育職。
漏刻博士（ろうこくはかせ）	時刻管理を担当していた技術者。実際に漏刻（水時計）の設計・管理をしていた。
守辰丁（しゅしんちょう）	時守とも呼ばれる。漏刻（水時計）を見て鐘鼓を打ち、時刻を報知する職。
得業生（とくぎょうしょう）	天文、陰陽、暦博士のもとで各道を学ぶ学生。学生の中から2、3人選ばれる。

■有名な陰陽師

賀茂忠行（かもの ただゆき）
登場文献：『朝野群載』『今昔物語集』

安倍晴明の師とされる陰陽家で、奈良時代に活躍した役小角の子孫。陰陽道をはじめ学問に優れ、特に卜占では醍醐天皇にその実力を示して称賛され、帝の信頼も厚かった。陰陽寮において天文、暦・陰陽のすべての職を掌握し、陰陽道の大家・賀茂氏を確立した。また教育者としても優秀で、息子である賀茂保憲や安倍晴明といった立派な陰陽師を育成したことも業績に挙げられる。

賀茂保憲（かもの やすのり）
登場文献：『今昔物語集』

賀茂忠行の息子で、陰陽道の達人。陰陽頭を歴任した。特に暦道に優れていて、『暦林』という著作を残し、暦道の発展に貢献。平安中期を代表する陰陽師であった。ちなみに『今昔物語集』において、保憲は陰陽道の修行をする前から、鬼を見ることができたという逸話が残っている。安倍晴明と同時代の陰陽師で、彼ほどに有名ではないが、陰陽家賀茂氏の基礎を築いた傑物だ。

安倍晴明（あべの せいめい）
登場文献：『大鏡』『今昔物語』『宇治拾遺物語』『十訓抄』『平家物語』

賀茂忠行の弟子で、平安時代を代表する陰陽師。陰陽道、天文道など卓越した知識をもつほか、術者としても稀代の能力のもち主だった。その軌跡は伝説化し、竜宮に招かれた、十二神将と呼ばれる式神を使役したなど、多くの逸話を後世に残すこととなった。なお、その実力と功績から、高い官位を獲得。のちに鎌倉時代から明治時代まで陰陽寮を統括する安倍氏（土御門家）の祖となった。

蘆屋道満（あしや どうまん）
登場文献：『古事談』『宇治拾遺物語』『十訓抄』『峯相記』

平安時代に活躍した陰陽家。賀茂や安倍氏とは異なる播磨流と呼ばれる技を身につけた民間の陰陽師でもあった。安倍晴明と同時代の人間で、安倍晴明と懇意だった藤原道長の政敵である藤原顕光に用いられることが多かった。そのため、安倍晴明とはライバル関係であったとされ、多くの文献に対決した逸話や伝説が残っている。なお道満は呪いを晴明に見破られ、播磨に流罪となったという。

宗教・思想・哲学

魔法・ファンタジー

陰陽道
おんみょうどう

関連
■陰陽師
〜陰陽道の世界〜
→ P.022

災厄や吉凶を占ってそれを祓う技術

【注1】森羅万象は陰と陽の相反する2つの「気」によって成り立つという陰陽説。自然界のすべては「木、火、土、金、水」の5つの性質からできており、この5つが互いに影響し合い、万物は変化、循環していくという五行説。この2つの考え方が結合し、陰陽五行説となる。

【注2】日本が律令制の時代にあった機関の1つで、中務省に属していた。陰陽道、暦道、天文道、漏刻（水時計）の4つの仕事を行っていた。

　陰陽道とは**陰陽五行説**【注1】に基づき、物事を観察して災厄や吉凶を占い、それを祓う技術のこと。古代中国で発生し、5〜6世紀頃に日本に到来。やがて朝廷が陰陽道による呪術や占術、暦の編纂を行う陰陽寮【注2】を組織し、これが日本の陰陽道の基盤となった。

　陰陽道のそもそもの始まりは、中国で生まれた陰陽説と五行説がベース。時が経ち、これらの思想が合わさり陰陽五行説が誕生。これに天文、気象の知識が混ざり、呪術や占術、暦数となった。陰陽道というと御札を使って不思議な術を使う日本版の魔術師というイメージがあるが、それだけではない。自然現象を陰陽五行説という独自の理論や理屈で解釈し、そこから役に立てようとするもので、むしろ現在の自然科学の研究者や学者に近かった。

　国家機関の所属となった陰陽道は、神道や仏教などの要素を取り込みつつ、さらに発展していく。平安時代以降になると、ここに呪術的な技術も加わえられる。この時代は悪霊や妖怪、祟りといった迷信が蔓延していた。天変地異や疫病が

宗教・思想・哲学

起これば、それは悪霊や祟りが原因であると考え、それに対抗するために陰陽道の力を求めたのだ。

陰陽道にはどういった術があるのか

陰陽道で行う呪術はいくつかあるが、基本的なのは祓い、反閇、身固め、そして式神だ。

祓いは紙や木材で作った人形か着物に穢れを移し、それを川に流すことで病や呪いといったものを祓う呪法。反閇は道中の身を守る呪法で、出発時に玉女【注3】に目的を述べ、呪文を唱えながら禹歩【注4】を行う。身固めは反閇の略法。刀を持ち、呪文を唱えて呪符を切ることで刀剣に力を与え、邪気を威嚇して身を守る。そして陰陽道の代名詞ともいえるのが、陰陽師がその呪力によって、鬼や精霊を使役する式神である。

陰陽師は式神に自身の命令を実行させたり、呪詛に利用していた。非常に便利で強力な術で、陰陽師の代名詞にもなっているあの安倍晴明も卓越した式神使いであったという。陰陽師の操る式神で有名なのは「十二天将」や「十二月将」と呼ばれる存在で、これらは陰陽師の道具である六壬栻盤に宿る神霊とされる。ほかにも管狐、犬神といった動物霊を使役することもあった。

もちろんこのほかにも多数の呪法や術が陰陽道にはある。前述のように神道、道教、仏教などさまざまな要素を貪欲に取り込んだおかげで、バラエティ豊かな術を使えるようになったのだ。

【注3】陰陽道では玉女は天界の官吏のひとつ、神仙に仕えている女神の一種。

【注4】中国の道教をもとにした呪法。呪文を唱えつつ特殊な歩法で歩き、邪気を祓う。歩法の基本は北斗七星をかたどってジグザグに歩く。それ以外にも片足を引きずったり、図形を描いたりする歩法がある。

陰陽師のスーパースター

陰陽道を語るうえで忘れてならないのが安倍晴明だ。天才的な陰陽師として名を馳せ、伝説的な逸話も多い。鬼が見える蔵人の少将の呪いを返す、手を使わず蛙を潰すなどさまざまだ。これらは後世の創作だが、実際の記録にも993年（正暦4年）一条天皇の急病を祈祷により祓った件、1004年（寛弘元年）に日照りの中で祭りを行い雨を降らせた件があり、実力は証明されている。

宗教・思想・哲学

宗教

カインとアベル

関連
- ヤハウェ
  ➡ P.095

人類最初の兄弟の確執（かくしつ）と殺人事件

【注1】カインは追放される際に、人から傷つけられる恐れを訴えた。すると神は、カインを殺した者に対して、7倍の復讐があることを伝え、その刻印を送る。これを『カインの印』と呼ぶ。これはカインを守ろうとする神の慈悲であった。しかし後年、一般的にはカインの印は神の慈悲、祝福ではなく、弟を殺した罪の刻印や、呪いの一部として受け止められることになった。なお、この印がどのような形だったかは伝わっていない。

　『旧約聖書』の『創世記（そうせいき）』第4章に登場する兄弟がカインとアベルで、彼らは神に楽園を追われた<u>アダムとイブの最初の子供</u>である。

　『創世記』によれば、兄カインは農耕（のうこう）を、弟アベルは羊を放牧をするようになり、あるとき彼らは自分たちが作ったものを神ヤハウェに捧（ささ）げた。しかし、神はアベルの捧げ物だけに目を向け、カインの捧げ物を無視する。このことにカインは怒り、アベルを野に連れ出して殺してしまったのである。神がカインを追及すると、アベルは「私は知らない、彼の番人ではない」と、嘘をついてごまかした。だが、大地に流されたアベルの血がヤハウェに向けて自らの死を訴え、彼の罪は明らかに。カインはこの罪により、土地を耕しても作物を収穫（しゅうかく）できなくなるという呪いと印（しるし）【注1】を受け、<u>神の元を追放されてしまう</u>。

　その後、カインはエデンの東（ひがし）にあるノデの地に住み着き、ここに自らの都市を建設。彼の子孫も家畜飼い、音楽家、鍛冶屋（かじや）となり、<u>"人"の文明の発祥（はっしょう）となったのだ。</u>

宗教・思想・哲学

関連
■ 聖人歴・典礼歴
　～キリスト教の記念日～
　➡ P.047

宗教・思想

カトリックとプロテスタント
~キリスト教宗派と組織~

分裂と対立の歴史

【注1】1483年生～1546年没。16世紀ドイツの宗教改革者。聖書をキリスト教唯一の源泉にしようと宗教改革を唱えた。

【注2】キリストの伝えた福音にのみ救済の根拠があるとする思想で、プロテスタントの思想的な柱となっている。

　カトリックとはギリシア語をもとにした言葉で、教会の普遍的性質を言い表そうとした際に用いられたものだ。一般的には、世界に12億人以上の信徒を有するキリスト教最大の教派であり、ローマ教皇を中心とするキリスト教のローマ・カトリック教会のことを指すことが多い。

　それに対して**プロテスタント**は、**マルティン・ルター**【注1】の宗教改革運動でローマ・カトリック教会から分離した「福音主義」【注2】を理念とするキリスト教諸教派のこと。ただしローマ・カトリック教会とは違い、プロテスタント全体を統括する組織はなく、プロテスタント内でも各教派があり、それぞれに運営している。ちなみにキリスト教の教派・分類はこの2つだけでなく、東方正教会や英国国教会などがあり、長い歴史の中で教派分離や独立は繰り返されてきた。

　もともとは小さな宗教だったキリスト教は、ローマ帝国の国教となり発展していった。しかしローマ帝国が東西に別れ、教会もローマを中心とした西方教会とコンスタンティノポリスの東方教会に分離してしまう。この西方教会がローマ・カトリックに、東方教会が東方正教会へと繋がる。さらにローマ・カトリックからプロテスタントや英国国教会が分離していく。中には30年戦争のように、教派の対立から戦争に発展したケースも少なくないのだ。

027

宗教・思想・哲学

カトリックとプロテスタント 〜キリスト教宗派と組織〜

■キリスト教分裂の概略

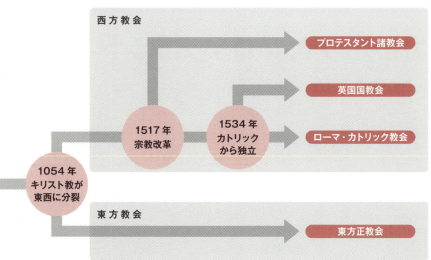

■キリスト教各教派の特徴

プロテスタント諸教会

福音主義を思想的柱としたキリスト教の教派。聖書中心で、教会やそれらをまとめる組織の権威を認めていない。聖書の解釈も各人の良心に任され、教会の運用も比較的民主主義的に行われる。宗教改革発祥の地であるドイツをはじめ、北欧やアメリカ、カナダに信徒が多い。

ルーテル教会（ルター派）／改革派教会（ツヴィングリ派、バプテスト派、カルヴァン派、長老派）／再臨派／クエーカー／メソジスト／ホーリネス／ペンテコステ派／救世軍／アーミッシュなど。

英国国教会

16世紀のイングランドで成立したキリスト教会。イングランドはもともとはカトリック教会であったが、イングランド王ヘンリー8世の離婚問題において当時の教皇と対立。やがてカトリックから独立した。独立は政治的な理由だったので、典礼などカトリックとの共通点が多い。

英国国教会／ウェールズ聖公会／スコットランド聖公会／アイルランド聖公会／カナダ聖公会／米国聖公会／メキシコ聖公会／ブラジル聖公会／日本聖公会／オーストラリア聖公会など。

ローマ・カトリック教会

ローマ教皇を中心としたキリスト教最大の教派。洗礼や聖体などの7秘跡（P.038）や、聖母マリアや聖人などに対する崇敬を重んじている。また、ローマ教皇庁が総本山のあるバチカン市国を統治。教会の権威も強く、ローマ教皇を頂点とした強大な組織となっている。

ローマ・カトリック教会／東方典礼カトリック教会／カトリック系各修道会（フランシスコ会／ドミニコ会／イエズス会／パリ外国宣教会／ベネディクト会／シトー会／アウグスチノ会／サレジオ会など）。

東方正教会

オーソドックスなどとも呼ばれるキリスト教三大教会の1つ。ロシア・中東・東欧を中心とする15の自立教会の連合体。東ローマ帝国で発達し、1054年にカトリックから分離した。教会に属する全てのものは機密的で神秘的なものとされるなど、カトリックとの違いも大きい。

コンスタンティノープル総主教区／ギリシア正教会／ロシア正教会／セルビア正教会／ルーマニア正教会／アルバニア正教会／ブルガリア正教会／日本ハリストス正教会など。

宗教・思想・哲学

悪魔・天使

ガブリエル

関連
- 天使 ➡ P.065
- ミカエル ➡ P.089
- ラファエル ➡ P.097

神の意志を告げるメッセンジャー

【注1】全天使の中でも最高位に位置する天使軍の総司令。キリスト教、ユダヤ教のどちらからも信仰の対象とされている。

【注2】『新約聖書』におさめられた4つの福音書の1つ。マタイ、ルカ、マルコの3つの福音書は基本的な内容が共通している。

【注3】『旧約聖書』の中でカトリックや正教会は正典、プロテスタントでは外典や偽典として扱われている書物。

　大天使ミカエルと同様『旧約聖書』に名前が明記されている天使。名前は「神の人」「神は力強い」を意味し、イギリスの詩人ジョン・ミルトン著作『失楽園』では、ミカエルやラファエルなどと同じく、**熾天使（セフィラム）**【注1】とされている。

　ガブリエルの主な任務は、選ばれた人間に神の意志を伝えること。最も有名なエピソードとしては、聖母マリアへの受胎告知が挙げられる。『新約聖書』でも文学的に優れた歴史的叙述とされる『ルカによる福音書』【注2】によると、ガブリエルは処女マリアに懐妊を告知し、胎内の子を**イエス**と名づけることを啓示した。更に、その子がのちに救世主になることも告げたという。

　天使といえば羽を生やした男性というイメージが強いが、**ガブリエルは女性で描かれることが多い**。その理由として、前述のマリアに告知する場面で、ガブリエルは処女マリアの部屋を訪れている。当時のユダヤ社会において、処女の部屋に男性が訪れることはまず考えられない。また、『旧約聖書』の第二正典『トビト書』【注3】によれば、ガブリエルは神の左側に座るとされており、ユダヤの習慣では、主人の左側は妻か娘の席であることも、ガブリエル女性説を裏づける判断材料となるだろう。ただし、ガブリエル女性説はあくまで一説にしか過ぎず、断定はできない。

宗教・思想・哲学

宗教・思想

九字護身法（くじごしんほう）

関連
- 陰陽道 → P.024
- 密教 → P.091
- 忍者 → P.247

神聖な波動を送り、邪を払う密教の秘儀！

漫画やアニメなどでよく見かける「**臨兵闘者皆陣裂在前**（りんびょうとうしゃかいじんれつざいぜん）」という呪文。これは九字と呼ばれる邪気を祓う日本独自の技法である。

そもそも九字護身法は日本密教における修法（しゅほう）で、本尊聖衆（ほんぞんしょうじゅ）を迎えるために場を清め、邪気を払って結界を作る「成身辟除護身法（じょうしんびゃくじょごしんほう）」がもととなっている。この秘儀が歴史の中で誤った形で流布され、道教ルーツの「臨兵闘者皆陣裂在前」や陰陽道などと組み合わさって発展し、現在の形になったという。

九字の具体的な方法「**印契**（いんげい）」は宗門（しゅうもん）によって差異はあるが、右記の2種類が特に有名だ。現行の密教ではどちらも使うが、**早九字護身法**は陰陽道や修験道でも使われる。また簡便なことから、臨時の精神集中、厄除けとして武士や忍者にも用いられたという。

ただ本来的に九字は密教修法【注1】なので、**灌頂（アビシェーカ）**【注2】を受けて戒律や資格を授からなければ、正しく伝授されたことにならない。また、護身法の前に「**阿字観**（あじかん）」【注3】と呼ばれる瞑想を行うのも正式なスタイルになる。このことから、素人が見よう見まねでやっても効果がなく、逆に邪に舐められて酷い目に合うとよくいわれる。今日よく知られている九字は在家の作法ではあるが、安易に扱うことだけは避けねばならないようだ。

【注1】密教の真理を実現するための実践方法。修行者と本尊が一体化することで、成仏などの効果を実践する。護摩祈祷や曼荼羅（まんだら）といったものもその一例で、いわば密教の秘儀・秘法である。

【注2】菩薩が最上の境地に入る際、ほかの仏が智水を菩薩の頭に注ぎ、菩薩が最上の位に達したと認めることを灌頂という。

【注3】梵字（P.280）の「阿字」を対象に行う瞑想法。仏を観て感じて知る、修法の中軸である。

宗教・思想・哲学

■切紙九字護身法

切紙九字護身法は、主に仏教や密教で用いられる方法。宗門や使用者によって動作などに差異がある。印にはそれぞれ効果があり、臨から順に印契を結ぶ。

① 臨　普賢三摩耶印

左右の手を組み、人差し指を立てて合わせる。仏閣は毘沙門天。

② 兵　大金剛輪印

左右の手を組み、人差し指を立てて、それに中指を絡ませる。仏閣は十一面観音。

③ 闘　外獅子印

左右の手の、互いの中指と人差し指を絡ませて伏せ、他の3指はそれぞれ立てて合わせる。仏閣は如意輪観音。

④ 者　内獅子印

左右の手の中指を互いに薬指で絡ませて、人差し指を立てて合わせる。仏閣は不動明王。

⑤ 皆　外縛印
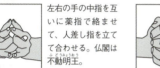
左右の指を互いに外に組み合わせて、右手の親指を外側にする。仏閣は愛染明王。

⑥ 陣　内縛印

左右の指を中に組み合わせて、左の親指を中に入れる。仏閣は聖観音。

⑦ 裂　智拳印

左手の人差し指だけを立てて右手で握り、左手の残りの四指は握る。右手の親指は中に入れる。仏閣は阿弥陀如来。

⑧ 在　日輪印

左右の親指と人差し指の先をつけ、残りの指は開く。仏閣は弥勒菩薩。

⑨ 前　隠形印

左手を握り、右手の上に寄り添わせる。仏閣は文殊菩薩。

■早九字護身法

早九字護身法は、主に陰陽道や修験道で用いられる方法だ。まず利き手で刀印をつくり、残りの手は腰に当てて鞘として刀印を握る。抜刀の要領で刀印を抜いたら、図のように、格子状に空中に9本の線を引く。終わったら刀印を鞘に収めてから印を解く。

刀印をつくる

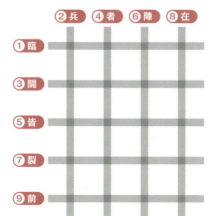

刀を鞘に収める

九字護身法

宗教・思想・哲学

宗教・思想

五行思想
～陰陽道の世界～

関連
- 陰陽師 ～陰陽道の世界～ ➡ P.022
- 陰陽道 ➡ P.024
- 錬金術 ➡ P.372

木火土金水から成るとする、中国由来の思想概念

【注1】古代ギリシアからイスラム文化圏にまで支持された自然哲学の概念。人類史上最初の哲学者・タレスが万物の根源＝アルケーを探求したことを発端とし、その候補として火、空気、水、土などがいろいろ考えられた。エンペドクレスはこの4つのアルケーが結合・分離して森羅万象はできていると唱えた人物だ。

　自然界に存在するさまざまなものを、いくつかの抽象的な根源で捉える考え方は、時代や地域を問わず古くから存在した。

　例えば西洋では、古代ギリシアのエンペドクレスが考え出した四大元素【注1】があり、東洋ではこの中国の五行思想があった。これによれば、世界は木、火、土、金、水から成り立っているという。

　紀元前1030年～221年の周時代に、この思想は概念として使われ始める。そして同時期に、森羅万象は陰と陽、2つの状態からなるとする「陰陽説」も使われ始め、この2つの思想が結び付いて「陰陽五行説」という理論体系になっていく。

　陰陽思想では、「陽」＝能動的・攻撃的・昂進的、「陰」＝受動的・防衛的・鎮静的の2つの状態が相対的に存在し、それぞれがもう一方のほうに向かう循環ベクトルであるとしている。

　一方の五行思想のほうでは、五行が万象のグループに留まらずあらゆるものの様態を示すものに理解され、時間や空間の把握にも用いられた。そして、それぞれの相関関係が相生・相剋にまとめられ、森羅万象に配当・応用されていく。陰陽道の占術の数々は、こうした陰陽五行の考え方から生まれるようになったものだ。

宗教・思想・哲学

■五行相関図

相剋は強弱関係を表し、循環された5すくみ関係を示す。一方、相生はそれぞれが発生していく循環の流れを示す。ちなみに、相剋は春秋戦国時代、相生は前漢時代に考えられたもの。

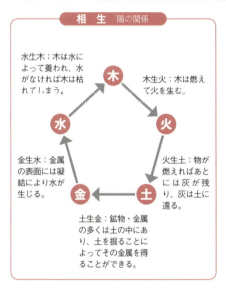

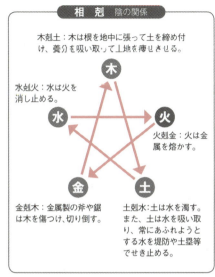

■万物に配当された五行

そもそも自然物のカテゴリを示すものだった五行は、森羅万象の様態を示すものとなり、さまざまなものに五行が配当された。下記はその一例である。

	木	火	土	金	水
五色	青(緑)	紅	黄	白	玄(黒)
五方	東	南	中	西	北
五時	春	夏	土用	秋	冬
五星	歳星(木星)	螢惑(火星)	填星(土星)	太白(金星)	辰星(水星)
五常	仁	礼	信	義	智
五臓	肝	心(心包)	脾	肺	腎
五情	喜	楽	怨	怒	哀
五味	酸	苦	甘	辛	鹹(塩辛さ)
五穀	麻・胡麻	麦	米	黍	大豆
五獣	青竜	朱雀	黄竜	白虎	玄武

■永遠の循環を象徴する「太極図」

中国美術や、陰陽道・道教でよく見られるマーク「太極図」は、中国の陰陽思想が元となっている。白は陽、黒は陰を表し、広い白色部分が「陽の陽」、黒色部分が「陰の陰」。さらに白色の中にある黒い点が「陽の陰」、黒色の中にある白い点が「陰の陽」を表す。陰の中には陽があり、陽の中には陰があり、いずれ両者は転じていき、永遠にその循環を繰り返す。そんな世界の様子を示したシンボルとして、この図は昔から中国で重視されてきた。

五行思想 〜陰陽道の世界〜

宗教・思想

五常（仁義礼智信）

孔子が説いた5つの道徳

【注1】君臣、父子、夫婦間で重要とされる徳のこと。ここに年長者（兄弟）、友人が加えられたものを「五倫」と呼ぶ。

【注2】五常の前身となるもので、前漢の董仲舒（とうちゅうじょ）がこれに「信」を加えて五常になったという。

　春秋時代に活動していた中国の思想家・孔子が生みだした思想「儒教」。この中で説かれる仁、義、礼、智、信という5つの道徳が五常だ。五常同様に重要とされる「三綱（君臣、父子、夫婦）」【注1】と合わせて「三綱五常」と呼ばれることもある。

　ただし、三綱に関しては孔子の教えではなく、法家の人間が先に口にしたという見方も強い。それは、儒教に関する文献より先に法家の書である『韓非子』に登場するためだが、真偽のほどは定かではない。

　また、五常は本来、仁義礼智で「四徳」【注2】とされており、のちに信を加えて五常になったともいわれている。更に、古代には「五行」と呼ばれる5つの徳も存在した。こちらは仁、義、礼、智まで五常と同様だが、「信」が「聖」とされていたそうだ。

　5つある徳の中でも孔子が特に重要だと考えていたものがある。それは仁、義、礼、智、信のうち「仁」であった。孔子や彼の高弟たちの言葉を書き記した『論語』には「仁者は自分がそこに立ちたいと思えば他者を立たせてやり、自分がそこに行き着きたいと思えば他者を行き着かせてやる」とある。彼は自身の欲求を自覚したうえで他人の心中を思いやることこそが「仁」だと定め、弟子たちに説いたそうだ。

宗教・思想・哲学

■儒教道徳「五常」

仁	孔子いわく他人を思いやる、気遣うこと。『論語』にも多数登場するため、孔子は仁を最も大切にしていたとされている。
義	秩序に乗っ取るという意味合いをもつ。自身の願望、欲望に捉われず、やるべきことを成すこと。仁と同様に孔子は重要視していた。
礼	より良い人間関係、とりわけ上下関係を維持するために尊ぶべきこと。仁が心構えであるのに対して、こちらはより行動的な意味合いをもつ。
智	正しい判断を下すためには知識を蓄える必要があり、そのためには1つの考え方に捉われない柔軟な思考が不可欠であることを示している。
信	信とは「誠」の意であり、嘘偽りなく仁義礼智を全うすることが重要だとされる。仁義礼智を全うすれば、自然と信が達成されるというわけだ。

COLUMN

儒教で説かれる道徳は、国によって異なる

　日本において儒教の道徳といえば五常が基本とされることが多い。しかし、台湾では「四維八徳」も同じように大事とされ使われている。これは仁、義、礼、智、忠、信、考、悌の8つと、国家を維持するために必要とされる礼、義、廉、恥の4つの徳のことを指しており、小中学校の校訓にも用いられる。
　法家の書である『管子』では、四維について次のように述べられている。「四維が張れば君令は行われる。四維が張らなければ国はそこで滅亡する。国には四維がある。何を四維と呼ぶのか？一は礼を言い、二は義を行い、三は廉を言い、四には恥を言う」。
　要約すれば統治者が統治者として機能するには、下の者に対して4つの徳をもって接する必要があるということだ。そうでなければ、命令は命令として伝わらず、やがては国がダメになってしまうという。
　幅広い層の人間に対して説かれる三綱四徳とは異なり、四維八徳は比較的身分の高い人間に対して説かれているようにみえるが、あくまで考え方の1つなので、どのような場面で、どのような人物に対して説くべきなのかは個人によるだろう。

五常（仁義礼智信）

宗教・思想・哲学

哲学・思想

胡蝶の夢

関連

考えても仕方ないことは考えず自然に任せる

【注1】紀元前300年代頃に活動していたという中国の思想家。本名は荘周。道教の始祖とされるが、詳しい経歴についてははっきりしておらず、半ば神格化されている。

胡蝶の夢は中国の思想家・**荘子**【注1】の体験から生まれた説話のこと。以下がその内容である。

「あるとき、私は胡蝶になる夢を見た。心のままにひらひらと舞っていたが、自分が荘周（＝荘子）であることは分からなかった。目が覚めると自分は荘周だったが、荘周が夢の中で胡蝶になったのか、胡蝶が夢の中で荘周になったのかが分からない。荘周と胡蝶の間には必ず区別があるはずだが、どちらも自分であるということには変わりはない。物事の変化とは、このようなものである」。

これが胡蝶の夢の内容だが、荘子は自分が荘周なのか胡蝶なのかということにはこだわらず、どちらも自分であるという本質は変わらないのだ、という点を強調していた。

簡単に言うと「自分の正体は荘周なのか胡蝶なのか？などということはどうでもよい。どちらも自分なのだから、形にとらわれることなく、それに即して自然に生きればよい」ということになる。

あるがままに身を任せるという**「無為自然」**を説いた、荘子らしい説話であろう。

宗教・思想・哲学

世界とは意外に不安定なもの

【注2】1596年生〜1650年没。フランス人哲学者で、数学者。近代哲学の父といわれる。近年、近代ヨーロッパの思想にさまざまな問題があることが指摘されるようになり、その責任者として批判されている。

【注3】思考のみによって、ある状況下で理論から導き出される現象についての推論をすること。

　「存在」について考えをめぐらせた人は西洋にも多い。例えば17世紀のフランス人哲学者ルネ・デカルト【注2】の場合、絶対に誰も疑えない事実を見つけ出して、その理屈に合うように物事を捉えていけば、すべての事象が説明できるはずだと考えた。デカルトは、哲学で懐疑論や懐疑主義と呼ばれる、曖昧なものをすべて排除していくという手法で、それまでの学問や常識、自身の感覚すらも曖昧なものとして除外。最終的に、有名な「我思う。故に我あり」という結論に達した。

　ところで、胡蝶の夢は現実と夢の区別がつかなくなったという話だが、これとよく似たものに「水槽の中の脳」がある。これは「培養液で満たした水槽に脳を浮かべ、そこにコンピュータを接続。脳が正常と感じるように、すべての入出力を調整できたとき、自分は水槽の中の脳だと考えることが可能か？」という、アメリカの哲学者ヒラリー・パトナムが提出した思考実験【注3】の問いだ。

　実際には不可能だが、現実の世界や感覚を完全に再現できるのであれば、水槽の脳には現実と仮想現実との区別はつけられないので、現実だろうが仮想現実だろうが、脳にとっては関係ないことになる。

　このように、現実世界は意外と感覚に頼った不安定なもの。それこそ胡蝶の夢のように、あるがままに任せて生きるのがいいのかもしれない。

実は騙されやすい脳

　人間の脳は意外に錯覚を起こしやすく、科学博物館やアミューズメント・パークには、こうした錯覚を利用した施設がある。例えば、東京科学技術館にある「うずまきシリンダー」の場合、渦巻きが描かれた大きな円筒の中の通路を進んでいくと、身体が独りでに傾いて倒れてしまう。視覚情報による姿勢制御を錯覚させているのだが、人の感覚がいかに不確かなものなのかが、よく分かる例だろう。

宗教・思想・哲学

宗教・思想

サクラメント（秘跡）

関連
- カトリックとプロテスタント
  〜キリスト教宗派と組織〜
  ➡ P.027
- 聖人歴・典礼歴
  〜キリスト教の記念日〜
  ➡ P.047

儀式を通して神秘を知る、イエスを経た神の恩寵

【注1】宗教改革でカトリックから分かれた教派。ただ分派する過程で多くの教派が派生しており、それらを諸教派と、一群として捉えることになる（統括団体はない）。なお宗教改革は聖書を唯一の拠りどころにしようという一種の原理主義で、社会体制に不満をもつ農民などの支持を得て達成された。

　神の恩寵を表す象徴がサクラメントで、訳語には「秘跡」または「秘蹟」の字があてられる。使い方としては、主に抽象的で眼に見えない神からの恵みを可視化した儀式を指すときにいう。

　カトリックの場合は、洗礼、堅信、聖体（聖餐）、赦し（告解）、病者の塗油（終油）、叙階、結婚（婚姻）の7つ。プロテスタント【注1】はここから更に絞り、『新約聖書』に根拠を求めることができる洗礼と聖体の2つになっている。プロテスタントが数を減らした理由は、庶民的な行事に形を変えたため、本来の意義に沿って神秘を表そうとしたからだともいわれている。

　そのほか主な会派では、正教がほぼカトリックと同じ7つのサクラメントを機密と定義づけ、イギリス聖公会はプロテスタントのように2つしか認めていない。もともと『新約聖書』ではイエス・キリストそのものがサクラメントであるとされ、そのイエスが定め施した儀式を経て神の恩寵がもたらされることになったため、どの儀式が適切かで意見が分かれてしまっているのだ。

　同じ「2つ」派でも聖公会では、その他の5つを聖奠（サクラメント）的諸式と位置づけて完全排除はしていない。本来は教義を理解し、信心を深めモラルを高めるための行いだが、形式についての論議は果てがないようだ。

宗教・思想・哲学

■カトリックにおけるサクラメント

キリスト教の各教派ごとにサクラメントの分類が異なれば、そもそものサクラメントの捉え方自体も異なっている。カトリックなどでは「イエス・キリストが定めた、神の恵みを与えるための儀式の数々」という意味がある。カトリックにおける秘跡は下記の7つ。この中には結婚も入っていて、単に夫婦となり籍を入れるというだけでなく、人生にとって特別な儀式と考えられている。女性が教会での結婚式に憧れるのも無理はない!? もっとも、式を教会で挙げようとも、秘跡となるのは信者の場合だけだ。

カトリックの7つの秘跡

洗礼（せんれい）
入信に必要な儀式。洗礼名を授けられ、新たに信者としての人生を歩む始まりだ。

堅信（けんしん）
信心を強化して信者として成熟、キリスト教への入信を完成させる意味がある。

聖体（聖餐）（せいたい／せいさん）
最後の晩餐を再現、イエスの体であるパンとぶどう酒を飲食してイエスと一体化。

赦し（告解）（ゆるし／こっかい）
神の赦しを得るため、信者が洗礼後の罪を司祭に告白。年に一度のリフレッシュ。

病者の塗油（終油）（びょうしゃのとゆ／しゅうゆ）
以前は終末医療的な意味が強かった。聖なる油を塗り病を癒す祈りの儀式である。

叙階（じょかい）
聖職者に任命、権限を授けてそれにふさわしい恩寵を与える。司祭になる際の儀式。

結婚（婚姻）（けっこん／こんいん）
信者同士が教会で挙式、生涯に渡る愛を誓い、その後、実際に共に暮らすこと。

COLUMN
7つの秘蹟を具体的に見ていくと、社会生活上の意義がある!?

7つの秘蹟について、カトリックを例に紹介していこう。洗礼はキリスト教よりも前にあり、洗礼者ヨハネが「悔い改めた」証に洗礼を施していたもの。イエスもヨハネに洗礼を受けて悔い改めることに成功するが、イエスの死後に意味が変わってしまい、現在ではイエスの死と再生を追体験してキリスト教に入信するというものになっている。堅信は洗礼に続くセットで、入信の確認。洗礼と意味が似ていて理解が難しいが、入信後に受けられる信心の強化の証と捉えれば間違いはない。聖体（拝領）とは、聖体としてのパンとぶどう酒を受け入れる（飲食する）こと。赦しは聖職者に罪の告白をして浄化すること。叙階は聖職者となるための儀式、結婚はもちろん結婚するための儀式。病者の塗油は本来、終油といい、末期患者に対する終末医療の意味があったが、現在では病の癒しという意味で「平時」にも行なわれているそうだ。

いずれも、神に奇蹟を授かるという体裁をとりながら、共同体の一員となる自覚、就職や結婚の自覚を促し、病人や今際の際の者を癒す社会的な意味のある行為で、宗教が社会基盤として機能していることに改めて気づかされる。

サクラメント（秘跡）

宗教・思想・哲学

悪魔・天使

サリエル

関連
- 天使 ➡ P.065
- イーヴル・アイ ～世界の邪眼伝承～ ➡ P.118

見つめた者を不幸にする邪眼（じゃがん）

【注1】天使の位階の1つ。神学者である偽ディオニシウス・アレオパギタの著作『天上位階論』では、最も上位に位置する存在とされている。

【注2】紀元前1～2世紀頃に書かれたとされるエチオピア正教における『旧約聖書』の1つ。

　サリエルは天使が神の掟（おきて）に背（そむ）かぬように監視し、法を犯した天使の運命を決定する役目を負った熾天使（してんし）（セフィラム）【注1】、または大天使。人間の魂（たましい）を天国や地獄へ導く存在でもあり、一説には死を拒（こば）む相手を脅（おど）して魂を刈（か）り取るともいわれ、恐怖の対象とされている。

　サリエルの能力といえば、見つめた者にさまざまな呪いをかける「邪眼（じゃがん）（イーヴル・アイ）」が有名。邪視（じゃし）や魔眼（まがん）などともいわれ、近年の創作作品などでよく登場するため知っている読者も多いだろう。実際にキリスト教社会では邪眼の存在は信じられており、サリエルの名前が書かれた護符には、ほかの邪眼から身を守る魔除（まよ）けの力があるという言い伝えも残されている。

　不吉なイメージが強いサリエルは、『旧約聖書』外典『エノク書』【注2】では月の運行を司る天使として登場する。そのなかでサリエルは、月の禁断の秘密を知り、それを人間に教えてしまう。そしてその罪を問われ、神への反逆者というレッテルを貼（は）られて自ら堕天（だてん）したという。

青い邪眼とは？

　かつて中東やヨーロッパ南部では、「青い瞳の人間は邪眼をもつ」という話が広まっていた。もちろん、本当に呪いの力をもつ邪眼を扱えた者がいたわけでない。この話は、茶色い瞳をしている中東・南米の人間が、自分たちとは異なる白人の青い目を恐れたことが原因で生み出された風評（ふうひょう）である。得体の知れないものを呪いや怪物などとして、勝手に恐怖、敵対するのは人間の悪い癖（くせ）かもしれない。

宗教・思想

釈迦十大弟子

関連
■仏（如来・菩薩・明王・天部）
〜仏教の尊格〜
➡P.083

得意技能をもつ十人の弟子たち

【注1】古くからあるインド独特の身分制度で、分け方自体は日本の士農工商に近いが、差別は苛烈を極める。1950年に憲法で禁止されたものの、現代でもカーストによる差別を背景にした無残な殺人や暴行事件が日々発生しており、インド社会にはいまだに根強く残っている。就職に際してもカーストが影響する事案がある。

　釈迦に教えを請うた千単位、あるいは万単位とも数えられる多くの弟子の中でも、最も優秀な十人が十大弟子と呼ばれている。釈迦はカースト制度【注1】を否定していたというが、十大弟子のうちカースト第1位のバラモン（司教）と第2位のクシャトリア（貴族、士族）が8名を占め、第3位のヴァイシャ（平民）は須菩提（スブーティ）、第4位のシュードラ（奴隷）は優波離（ウパーリ）しかいない。教団維持のため信仰に喜捨（寄附）の額が影響したのか、それとも身分が低いと相応の学力を得られなかったということなのか。優波離が差別を受けていない状況からは考えにくいことではあるが……。

　十大弟子には得意な項目があり、それに関しては随一との評判をとっていた。その評価がキャッチコピー的な別名となっている。たとえば弁舌が巧みな富楼那弥多羅尼子（プンナ）は「説法第一」と呼ばれていた。彼らはその能力を駆使し、仏教の普及におおいに活躍したのである。十大弟子に誰を含めるのかは教典によって異なるが、初期大乗仏典の『維摩経』では舎利弗（サーリプッタ）、摩訶目犍連（マハーモッガラーナ）、摩訶迦葉（マハーカッサパ）、須菩提、富楼那弥多羅尼子、摩訶迦旃延（マハーカッチャーナ）、阿那律（アヌルッダ）、優波離、羅睺羅（ラーフラ）、阿難陀（アーナンダ）になっている。

宗教・思想・哲学

■十大弟子の得意項目

名前 (漢字表記)	パーリ語発音 サンスクリット語発音	別名	略歴
舎利弗 (しゃりほつ)	サーリプッタ シャーリプトラ	智慧第一	人の中で筆頭に数えられる。「智慧第一」の別名をもち、学問と徳行に秀でた優等生だった。民衆の教化に務めた彼を釈迦は上首に置いた。
摩訶目犍連 (まかもっけんれん)	マハーモッガラーナ マハーマウドガリヤーヤナ	神通第一	舎利弗の幼馴染みだった摩訶目犍連は彼と共に布教に努め、よく教団をまとめた。釈迦の説法の相手ともなるエース格で、普通は感じとれないものを知覚する神通力をもち、その通り「神通第一」の異名をとった。母親が地獄で苦しむ様子に神通力で気づき、供養したエピソードは有名だ。
摩訶迦葉 (まかかしょう)	マハーガッサパ マハーカシャパ	頭陀第一	まれに見る清廉潔白な心のもち主で「頭陀第一」と呼ばれた。頭陀とは、衣食住への執着を捨てる修行のことで、そのストイックさにおいて一番だったことにある。
須菩提 (しゅぼだい)	スブーティ スブーティ	解空第一	神童だった須菩提は頭がよすぎるあまり傲慢になったが、釈迦の門を叩いてその性格を矯正、争いをしなくなったことから「無諍(むそう)第一」の称号をいただいた。それを更に突きつめ悟りの境地に達したことから「解空」へと進化したのである。
富楼那弥多羅尼子 (ふるなみたらにし)	プンナ プールナマイトラーヤニープトラ	説法第一	富楼那弥多羅尼子は現代なら人気の政治家となっただろう雄弁家。難しい教義を平易な言葉にあらため、分かりやすく話して「説法第一」と呼ばれた。
摩訶迦旃延 (まかかせんねん)	マハカッチャーナ マハーカートィヤーヤナ	論議第一	「論議第一」の摩訶迦旃延はディベート上手。他の宗教者との対話も行っていたというから、国会論戦をしたら強そうだ。
阿那律 (あなりつ)	アヌルッダ アニルッダ	天眼第一	居眠りを悔いて不眠不休の修行をはじめた阿那律は釈迦や医者の制止も聞かずに起き続け、ついに失明してしまう。しかし、その甲斐あって心眼（真実の姿を見抜く、心の目）を開き、「天眼第一」と呼ばれた。
優波離 (うばり)	ウパーリ ウパーリ	持律第一	初期カースト最下層（第四位）のシュードラだった優波離は理髪師をしていたが、出家を許され、戒律をよく守り、悟りを得て「持律第一」と尊敬された。
羅睺羅 (らごら)	ラーフラ ラーフラ	密行第一	「密行第一」羅睺羅は釈迦が出家前になした息子だった。実の親である釈迦に口の軽さをたしなめられると態度をあらため、修行を密に行い怠ることがなかったため、ついには「密行で一番」と認められたのだ。
阿難陀 (あなんだ)	アーナンダ アーナンダ	多聞第一	弟子の中でも最も多く釈迦の説法を聞き、しかも、一字一句誤ることなく正確に憶えて「多聞第一」と呼ばれたという。

COLUMN

釈迦の仏教の延長線上にある大乗仏教とは何なのか

夢野久作の小説『ドグラ・マグラ』に登場する、作中の独創歌では「修羅や畜生、餓鬼道越えて。ドンと落ちたが地獄の姿じゃ」という詩があるが、これはまさに大乗仏教の世界観である。人間、阿修羅、畜生、餓鬼、地獄と輪廻転生を繰り返す過程で、欲を断ち、善行を積み重ねて智慧を獲得するだけでなく、徹底して信仰に励むことでも浄土に行けるというのだ。

この浄土とは、すなわちパラダイスである。特別な信徒でも難しい過程を経ずとも、信ずれば極楽浄土にたどり着ける救いを説いたもので、当時は斬新であっただろう。更に浄土の向こうには神の如き仏がデン、と鎮座しているというから、宇宙観としてもわかりやすくダイナミックだ。ほとんどファンタジーRPGの世界である。

ひたすら求道的に苦しい修行に入っていく初期仏教に比べると世界に拡がりがあり、恵まれない者でも救われる可能性が感じられる大乗仏教が、世界標準の人気を獲得したのは当然だといえる。仏滅後の56億7000万年のちに弥勒が現れるという壮大なストーリーには、現代の中二病に通ずるものがあるのかもしれない。

宗教・思想・哲学

宗教・思想

十二使徒
～新約聖書の世界～

関連
■ 聖人歴・典礼歴
～キリスト教の記念日～
➡ P.047

布教に命を捧げた高弟たち

【注1】実際の鍵を渡したのではなく、キリストから教会へ権能を委譲したと解釈されている。

【注2】ローマ帝国の第5代皇帝ネロ・クラウディウス・カエサル・アウグストゥス・ゲルマニクス。ローマでの大火事の責任をキリスト教徒にかぶせ、弾圧、迫害した。

　十二使徒とは、イエス・キリストに直接仕えた**12人の高弟**のこと。その12人とは<u>ペテロ、アンデレ、ヤコブ、ヨハネ、ピリポ、バルトロマイ、トマス、マタイ、アルファイの子ヤコブ、タダイ、シモン、イスカリオテのユダ</u>だ。彼らはキリストに仕えただけではなく、キリストの死後、**原始キリスト教団**を結成する。そして、それぞれ世界に散って教えを広めていった。当時はキリスト教も小さく、なかなか受け入れられなかったが、十二使徒たちは布教を続け、キリスト教の発展に多大な影響を与える。ただ、それでも迫害は酷く、十二使徒のほとんどが布教の途中で非業の死を遂げている。

　例えばキリストの一番弟子でもあるペテロは、キリストから**天国の鍵**【注1】を受け取ったとされ、初代の教皇となった。しかし、ローマ皇帝ネロ【注2】から迫害され、最後は逆さ十字の刑に処された。また、バルトロマイはインドで布教するも、邪教と思われ、生きながら皮を剥がれるという残酷な刑を受けてしまう。唯一、ヨハネだけは天寿を全うしたが、ほかにもピリポは石打の刑、トマスは槍で刺され、タダイは斬首、アルファイの子ヤコブは棍棒で撲殺された。権力者に疎まれ、処刑されたケースが多く、いかに当時の布教が危険だったのか、それを成した十二使徒の使命感や覚悟の強さがうかがえる。

宗教・思想・哲学

■十二使徒の略歴

使徒	略歴
ペテロ	本名はシモン。ガリラヤ湖畔の漁師。キリストの一番弟子であり、キリストから天国の鍵を授かり、初代教皇となる。
アンデレ	ガリラヤ湖畔の漁師でペテロの弟。ギリシアで布教を行うが、総督の怒りをかってＸ字型の十字架にかけられた。
ゼベダイの子ヤコブ	大ヤコブともいわれている。ガリラヤ湖畔の漁師でイエスの従弟。気性が荒く、エルサレムにて斬首される。
ヨハネ	大ヤコブの弟で漁師。キリストの死後、聖母マリアの世話をし、エルサレムで布教を続ける。のちに有名な『ヨハネの黙示録』を書いたといわれている。
ピリポ	ピリポはベツサイダの出身で、バルトロマイと一緒にキリストの弟子になる。大蛇を信仰する司祭たちによって石打ちの刑に処せられた。
バルトロマイ（ナタナエル）	婚礼の村、カナ出身で本名はナタナエルという。インドで布教するが、インドあるいはアルメニアで生きながら皮を剥がれるという刑に処されたという。
トマス	疑い深い人物で、キリストの復活も最初は信じなかったという。キリストの死後はインドで布教するが、バラモン教徒に槍で突き殺された。
マタイ	本名はレヴィといい、当時、最も嫌われる職業である徴税人をしていた。『マタイの福音書』を執筆したのち、エチオピアまたはペルシアで殉教したとされる。
アルファイの子ヤコブ	伝説ではイエスの遠縁でエルサレムの初代司教だという。エルサレムで屋根から落とされ、棍棒で叩き殺された。
タダイ	聖母マリアの妹クロパの子で、小ヤコブの兄弟といわれている。シモンと共にペルシアで布教をしていたが、槍で突かれ、斧で斬首された。
熱心党のシモン	モーセの掟（おきて）を守る熱心党の一員。ペルシアで布教するが、魔術師の恨みをかってしまい、鋸（のこぎり）の刑にされてしまった。
イスカリオテのユダ	熱心党の一員で会計を担当していた。銀貨30枚に目がくらみキリストを裏切る。最後は自分の罪を悔い、首を吊って自害した。
マッテア	イスカリオテのユダが裏切りによって使徒から外されたため、代わりに十二使徒に加えられた。

■レオナルド・ダ・ヴィンチ作「最後の晩餐（ばんさん）」における十二使徒

左からバルトロマイ（ナタナエル）、アルファイの子ヤコブ、アンデレ、ユダ、シモン・ペテロ、ヨハネ。中央はキリスト。その左からトマス、ゼベダイの子ヤコブ、フィリポ、マタイ、タダイ、熱心党のシモン。

十二使徒 ～新約聖書の世界～

宗教・思想・哲学

宗教・思想

聖痕（スティグマ）

関連
■ロンギヌスの槍
➡P.103

奇跡か、強烈な暗示か。再現されるイエスの受難

【注1】ゴルゴダの丘で磔にされたイエス・キリストの死を確かめるべく、兵士がイエスの脇腹に刺した槍。イエスから出た血が兵士の眼に入ると視力が回復したという。この槍は時の権力者が手にすると勝利を呼び込んだが、手から落としたとたんに死ぬといわれている。現存する槍が本物かどうかは不明。

　スティグマという言葉には複数の意味がある。そのうち聖痕の場合は、キリスト教信者の肉体に浮かび、あるいは刻まれる傷のことをいう。この傷は幻ではなく、具体的な出血の症状を伴うことに特徴がある。

　それもただの傷ではない。イエス・キリストの受難を想起するような傷が発生する、言い換えるとその傷がまるでイエスの受難を再現しているかのように感じられるもののみが聖痕として認定されるのだ。聖痕はキリスト教信者にとってはステータスであるため、教会側も認定基準は厳しくなる。聖痕と認められたいがために意図的に付けた傷では意味がない。

　誰からどう見ても聖痕だと認められるための要件の1つは、やはり再現性だ。イエスが磔にされたときの傷は、茨の冠を巻いた頭部のもの、重い十字架を背負わされた背中のもの、太い釘を刺された両手足のもの、ロンギヌスの槍【注1】で貫かれた腹部のもの（5つあるといわれている）で、これらの部位に傷が浮かんだ場合、その真偽をジャッジすることになる。

　もし自ら付けた嘘の傷ではない場合は、本当の奇跡か、強烈な自己暗示で精神の影響が体組織に及んだことになる。オカルト全般にいえる「嘘か真か」が適用される聖痕。信じるも信じないも受け取る側次第なのかもしれない。

045

宗教・思想・哲学

■キリスト教の聖痕（スティグマ）の部位

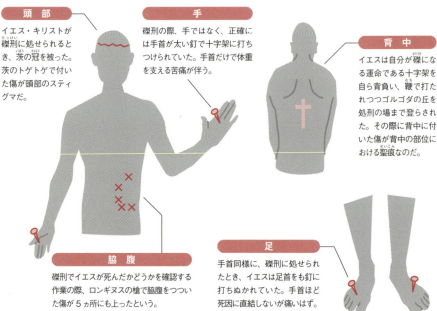

頭部
イエス・キリストが磔刑に処せられるとき、茨の冠を被った。茨のトゲトゲで付いた傷が頭部のスティグマだ。

手
磔刑の際、手ではなく、正確には手首が太い釘で十字架に打ちつけられていた。手首だけで体重を支える苦痛が伴う。

背中
イエスは自分が磔になる運命である十字架を自ら背負い、鞭で打たれつつゴルゴダの丘を処刑の場まで登らされた。その際に背中に付いた傷が背中の部位における聖痕なのだ。

脇腹
磔刑でイエスが死んだかどうかを確認する作業の際、ロンギヌスの槍で脇腹をつついた傷が5ヵ所にも上ったという。

足
手首同様に、磔刑に処せられたとき、イエスは足首をも釘に打ちぬかれていた。手首ほど死因に直結しないが痛いはず。

COLUMN
世界中からもたらされる報告例
聖痕をはじめとする奇跡はあるのか

　百単位である聖痕の報告例のうち、歴史上有名な人物は聖フランチェスコだろう。13世紀、イタリアの山中で祈りを捧げていた聖フランチェスコは、突如、空中に現れた光る熾天使（セラフィム）（P.065）に傷跡を押しつけられ、気絶から回復すると手に聖痕があったという。単に傷がついていただけでなくイエス・キリストが負傷した部位のままに再現され、しかも磔同様に釘のようなものが傷口にのぞいていたという。報告を鵜呑みにすることは難しいが、聖痕として記録に残る例の典型的なものであることは確かなことだ。比較的近年の報告には、20世紀に入ってテレーズ・ノイマンという女性が祈りを捧げたところ奇病から快復。その後、定期的にイエスの負傷ヵ所から出血を繰り返したという。この傷は致命的なものではなく、治癒しては再び出血するパターンを何十年も繰り返し、その間、聖体として受け取るパンとぶどう酒以外は摂取しなかったといわれている。このほか「秋田の聖母マリア※」を含め世界中でマリア像が血を流す、マリア像や空中の天使に啓示を受け聖痕が出現する、病が治癒するという報告は多い。
　果たして奇蹟は存在するのだろうか？

※秋田の聖母マリア：秋田県にある在俗修道会「聖体奉仕会」で、1975～1981年にかけて聖母マリア像が101回涙を流すなどの現象が起こった。

聖痕（スティグマ）

宗教・思想

聖人歴・典礼歴
~キリスト教の記念日~

関連
■ カトリックとプロテスタント
 ~キリスト教宗派と組織~
 ➡ P.027

聖人の記念日は365日

【注1】本来はキリスト教徒は関係がない、古代ケルトに起源をもつお祭り。のちに、すべての聖人と殉教者を記念する「諸聖人の日（万聖節）」の前夜祭として取り入れられた。

【注2】キリスト教において、イエスが人々の罪を背負って磔刑にかけられたことを指す。

　日本では年間を通じてさまざまなイベントが催される。その中で、2月14日のバレンタインデー、12月25日のクリスマス、近年では認知度が高くなったハロウィン【注1】などは、外来のものである。これらのイベントに共通していえることは、すべて**キリスト教の記念日**に由来するということ。

　キリスト教では、一般的に使われるカレンダーとは異なる「教会暦」という暦があり、祝日や祝祭をはじめ、礼拝や日課の聖務などが定められいてる。教会暦の1年は、クリスマスの4週間前の日曜日から始まっている。そして、年間で最も重要とされるのが、**イエス・キリストの受難**【注2】と復活を記念した**復活祭期間**と、日本でもおなじみのイエスの誕生日にあたる**クリスマス**である。

　復活祭と聞いてもピンとこないかもしれないが、その時期になると海外で「イースターのお祭りが……」などと報道されることがある。このイースターが前述した復活祭のことなのだ。

　またキリスト教には聖人の記念日があり、1年365日が誰かしらの記念日になっている。聖人にまつわる名をもつ人は、自分の名と関係する聖人の記念日を祝うこともあるので、キリスト教では1年中、どこかで誰かがお祝いをしていることになる。

047

宗教・思想・哲学

■カトリックの主な記念日と典礼

記念日	時期	内容
神の母 聖マリア	1月1日	聖母マリアが懐妊した日。
公現祭	1月6日	主が顕現したことを祝う。
謝肉祭（カーニバル）	四旬節に入る前のお祭り	大騒ぎをして禁欲生活に入る前にストレスを発散しておく。
四旬節	復活祭の46日前からはじまる準備期間	荒野で暮らしたイエスにならって禁欲的に過ごす時期。復活祭で洗礼を受ける予定の人はその準備をする期間。
枝の主日	復活祭の直前の日曜日	イエスがエルサレムに入城した日の記念日。
聖週間	復活祭の直前の週	イエスの受難と死を想起するための儀式を行う。受難週ともいう。
復活祭（イースター）	春分後の最初の満月の次の日曜日	イエスが復活したことを祝う記念日。
昇天祭	復活祭から40日後	復活したイエスが天に昇ったことを記念する祝日。
聖母マリアの被昇天	8月15日	聖母が昇天された日。
ハロウィン	10月31日	万聖節の前夜祭。
万聖節	11月1日	すべての聖人を記念する祝日。諸聖人の日とも。
待降節	11月30日に一番近い日曜日から12月24日まで	降誕祭までの準備期間。降臨節、アドベントなどともいう。
聖ルチア祭	12月13日	聖人ルチアの記念日。
降誕祭（クリスマス）	12月25日	主が降誕した日を祝う祝日。

COLUMN

聖人とされた人々と守護聖人について

　聖人とは、生前に特に信仰に忠実であり、キリストの教えを体現していたと認定された人物のこと。その多くは殉教した人たちで、キリスト教が迫害されていた時期に、信仰を貫いて亡くなった人々。苦難にあってなお、信仰を捨てなかったことが評価され、その強い信仰心ゆえに聖人と認定されたというわけだ。彼らは人々のために神との仲介をしていると考えられていて、聖人崇敬を行わないプロテスタントの諸派を除いた、カトリックや正教会、聖公会などで崇敬の対象となっている。

　こうした聖人の中には、特定の地域や職業、活動といったものに関連づけられ、何かしらの加護があるとされた「守護聖人」と呼ばれる人々がいる。たとえば、日本にキリスト教を伝えたフランシスコ・ザビエルは、日本という地域と航海者たちの守護聖人だし、マグダラのマリアは娼婦や受刑者の守護聖人だ。聖人の記念日が1年中あるのも、365日に守護聖人が割り当てられているからなのだ。各聖人の加護については、多くの場合、生前の行いや殉教した際のエピソードに由来している。そのため、「聖〇〇の日には××しない」といった風習もあるようだ。

聖人歴・典礼歴 ～キリスト教の記念日～

宗教・思想・哲学

宗教

聖杯（せいはい）

関連
- カトリックとプロテスタント
  ～キリスト教宗派と組織～
  ➡P.027
- 円卓の騎士
  ～アーサー王伝説～
  ➡P.124
- テンプル騎士団
  ➡P.242

聖杯伝説の真偽は？

イエス・キリストや聖人の遺品、遺骸を**聖遺物**という。その中でも特に有名で、数々の伝説や逸話を残すのが**聖杯**だ。聖杯とはもともとキリストが最後の晩餐【注1】で使用したもので、**キリストが処刑されたときにその血を受け止めた**といわれている。これはただの杯ではなく、復活、再生、不死、豊穣などの奇跡を起こすという。

聖杯伝説は中世ヨーロッパ最高の伝説とされる**アーサー王伝説**【注2】の物語中に取り込まれ、その名を世間に知らしめた。その聖杯伝説の概要は下記の通りだ。

聖杯はキリストの弟子ヨセフに与えられ、それからはヨセフの子孫が代々守護していた。聖杯の守護者は高潔で純潔であることが条件だが、ある守護者が一瞬心を乱したために、聖杯は行方不明になってしまったという。その後、聖杯はアーサー王と**円卓の騎士**【注3】の前に姿を現し、奇跡の一旦を垣間見せた。そこで、円卓の騎士が聖杯を求めて探索の旅に出ることになった。旅の途中、騎士たちの半数が命を落としたが、ガラハッド、パーシヴァル、ボールスの

【注1】イエス・キリストが処刑される前夜、十二使徒と共にとった夕食の席のこと。この席でキリストは自分が裏切りに合うことなどを告げる。

【注2】イギリスのアーサー王に関する伝説群のこと。5世紀末のサクソン人を撃退した英雄アーサーがモデルとなっている。ただ1つの原典というものは存在せず、ウェールズ人の残した『マビノギオン』（P.175）、ジェフリー・オブ・モンマスが書いた『ブリタニア列王史』が、アーサー王の伝説の中核となっている。今、現在一般的に知られているのは、中世後期にトマス・マロリーらがまとめた騎士道物語を中心とした伝説で、アーサー王がヨーロッパの王になる物語。アーサー王の宮廷に集まった円卓の騎士の物語。円卓の騎士による聖杯探索物語。アーサー王の死と王国崩壊の物語などがある。

【注3】アーサー王伝説で、彼に仕えた騎士。王は騎士たちに上下の区別をつけないよう、円形のテーブルにつかせた。そこから円卓の騎士と呼ばれるようになった。円卓の騎士は12人といわれているが、伝説によってその数はまちまち。

049

宗教・思想・哲学

3人が聖杯を発見し、獲得したのだった。

また、聖杯に関わりが深いものとして**テンプル騎士団**の存在がある。テンプル騎士団は第1次十字軍ののち、聖地への巡礼者を守るために生まれた組織だ。そんな彼らが聖地を本拠地にしているときに、聖杯を手に入れ、その守護者となったという説がある。

十字軍は1187年に聖地エルサレムをイスラム勢力に奪われ、テンプル騎士団も拠点を失った。このとき、テンプル騎士団が密かに聖杯を運び出し、どこか安全な場所で保管しているというのだ。現在でもこの説を信じる者は多く、小説や映画などの題材にされることがある。

消えた聖杯の行方は？

【注4】12～13世紀に南フランスや北イタリアに広がった、キリスト教の異端の一派。現世を悪として、禁欲的な生活、苦行を行なっていた。当時腐敗していたカトリック教会に代わり勢力を拡大。しかしフランス王と教皇庁は危険視し、十字軍を結成して弾圧を行なった。

正確な聖杯の所在はどこかというと、いまだに特定されていない。アーサー王伝説を信じるなら、聖杯はイギリスのスコットランドに持ち込まれたことになる。また、テンプル騎士団の手でアメリカ大陸にもち込まれたという説や、カタリ派【注4】と呼ばれる秘密結社が聖杯を奪い、ピレネー山中に隠したという説もある。ちなみに、イタリアのサン・ロレンツォ大聖堂、スペインのバレンシア大聖堂、ニューヨークのメトロポリタン美術館にはそれぞれ聖杯が存在するが、いずれも本物とは認定されていない。更に、**聖杯＝イエス・キリストの血筋**の人間という説もあり、これは映画にも取り上げられた。聖杯を探すためには、まず聖杯とは何かという定義から始める必要があるだろう。

聖遺物の価値

聖遺物は古代から中世にかけて信仰の対象になったうえ、教会や国が、権威を高めるために聖遺物を求めた。十字軍遠征の際には、多くの聖遺物が、中東地域からヨーロッパに持ち込まれた。これら聖遺物は高値で取り引きされるようになり、これが更なる聖遺物を呼び込んだ。しかし、それは同時に多くの偽物が出回るきっかけにもなり、偽物と本物との区別が難しくなってしまったのだ。

宗教・思想・哲学

宗教

セフィロトの樹

関連
- タロットカード　→ P.258
- 魔法陣　→ P.366

古代ユダヤの神秘・秘術の奥義!?

【注1】『旧約聖書』の「創世記」において、エデンの園に植えられた樹。その実を食せば永遠の命を得るという。

【注2】カバラーはヘブライ語で「受け入れ」「伝承」を意味する言葉で、ユダヤ教独特の宇宙観、終末論、メシア論を展開する神秘主義思想のこと。

　セフィロトの樹とは、「生命の樹」【注1】ともいわれるもので、古代ユダヤ教における神秘主義思想「カバラ」【注2】で使用される図のこと。この図は宇宙を支配する法則、神の世界や人間の世界の構造を象徴するもので、カバラにおける奥義ともいえるものだ。どういった図かというと、セフィロトの樹は、10個のセフィラ（球体）とそれらを繋ぐ22個のパス（通り道）からなっていて、ちょうど枝を伸ばす樹のように描かれている。さらに各セフィラにも意味があり、象徴するものが決まっているほか、パスにもそれぞれ名前がついてる。ちなみにパスの名前はタロットカードに対応。西洋魔術にも組み込まれた。

　また、セフィロトの樹は左、右、真ん中と3つのブロックに分けることができ、それぞれ「峻厳の柱」「慈悲の柱」「均衡の柱」と呼ぶ。これは人、世界のバランスを示している。更に上下に4つのブロックに分けることができ、これらは上から「流出界」「創造界」「形成界」「物質界」と呼び、神の世界から人の世界への段階を示しているのだ。全体の構図、図を構成するそれぞれの要素、すべてが有機的に無駄なく配置されている。一種の地図であり、表であり、魔法陣になっているのだ。

　その奥深さ、完成度ゆえに神秘性を感じ、現在でも占いやオカルトなどで使われている。

宗教・思想・哲学

■セフィロトの樹・各セフィラの意味

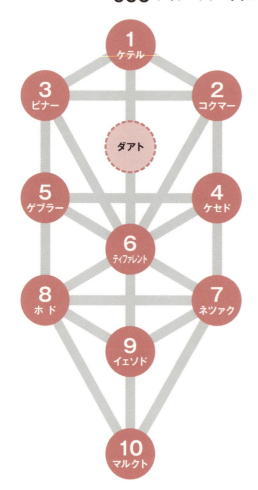

❶ ケテル
王冠のセフィラ。思考や創造を司る。生命の源泉。司る色は白、宝石はダイアモンド、惑星は冥王星。守護天使はメタトロン。

❷ コクマー
知恵のセフィラ。男性原理を象徴。司る色は灰、宝石はトルコ石、惑星は海王星・天王星。守護天使はラジエル。

❸ ビナー
理解のセフィラ。性原理の象徴。司る色は黒、宝石は真珠、金属は鉛、惑星は土星。守護天使はザフキエル。

❹ ケセド
慈悲のセフィラ。神聖な愛を象徴。司る色は色は青、金属は錫（すず）、宝石はサファイア、惑星は木星、守護天使はザドキエル。

❺ ゲブラー
峻厳（しゅんげん）のセフィラ。神の力を象徴。司る色は赤、金属は鉄、宝石はルビー、惑星は火星。守護天使はカマエル。

❻ ティファレント
美のセフィラ、生命の樹の中心でもある。司る色は黄、金属は金、惑星は太陽。守護天使はミカエル。

❼ ネツァク
勝利のセフィラ。豊穣の象徴。司る色は緑、金属は銅、宝石はエメラルド、惑星は金星。守護天使はハニエル。

❽ ホド
栄光のセフィラ。司る色は橙（だいだい）、金属は水銀、惑星は水星。守護天使はラファエル。

❾ イェソド
基礎のセフィラ。魂と肉体の間にあるアストラル界を表す。司る色は紫、金属は銀、惑星は月。守護天使はガブリエル。

❿ マルクト
王国のセフィラ。物質界を表す。司る色はレモン色・オリーブ色・小豆色・黒、宝石は水晶、惑星は地球。守護天使はサンダルフォン。

アイン / アインソフ / アイン・ソフ・オウル
カバラでは「アイン（0）」から「アイン・ソフ（00＝∞（無限））」が生じ、そこから「アイン・ソフ・オウル（000＝無限光）」つまり世界創造が起こったとされる。

ダアト
知識のセフィラ。惑星は天王星。ほかのセフィラとは違い、生命の樹の深淵に隠されている。「悟り、気づき、神の真意」という隠された意味をもつ。

宗教・思想・哲学

■セフィロトの樹・三本の柱

峻厳の柱
(女性的・受動的)

「ビナー」「ゲブラー」「ホド」の左３つのセフィラからなる柱を、峻厳の柱と呼ぶ。男性的な名前だが、女性的、受動的な力を表し、バランスをとっている。

慈悲の柱
(男性的・能動的)

「コクマー」「ケセド」「ネツァク」の３つのセフィラからなる柱を慈悲の柱と呼ぶ。女性的な名だが、男性的、能動的な力を表し、バランスをとっている。

均衡の柱
(意識の次元・拡大)

「ケテル」「ティファレト」「イェソド」「マルクト」の４つのセフィラからなる中央の柱は、均衡の柱と呼ばれる。３本の柱はバランスが保たれ、安定していることを示す。

■セフィロトの樹・４つの界

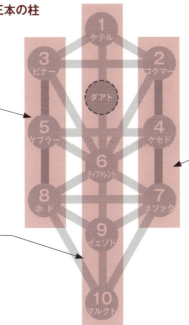

アツィルト
(流出界)

第１、第２、第３セフィラに囲まれる部分を「アツィルト(流出界)」と呼ぶ。世界創造の初めの部分に相当。神によって創造された人間の理想型である「アダム・カドモン」がいる「完全な世界」とされている。

イェツィラー
(形成界)

第４、第７、第９、第８、第５セフィラに囲まれた部分を「イェツィラー(形成界)」と呼ぶ。天使の支配下の世界であり、分裂した魂が性別をもつ領域でもある。エデンの園はこの領域に存在するとされている。

ブリアー
(創造界)

第２、第４、第６、第５、第３セフィラに囲まれた部分を「ブリアー(創造界)」と呼ぶ。ここは大天使の支配下にあり、完全な人間アダム・カドモンが無数の魂に分裂し、個性や他者の存在が生まれた領域。

アッシャー
(物質界)

第７、第１０、第８セフィラに囲まれた部分を「アッシャー(物質界)」と呼ぶ。この領域は魂が肉体と感情をもつ「人間」の世界。さらに「悪魔」も同時に存在し、人々と共存している領域。

宗教・思想・哲学

■セフィロトの樹・各パスの名称と対応するタロット

■ 0番目のパス　アレフ
「ケテル」と「コクマー」を結ぶパス。対応する文字は「A」、大アルカナは「愚者（フール）」

■ 1番目のパス　ベート
「ケテル」と「ビナー」を結ぶパス。対応する文字は「B」、大アルカナは「魔術師（マジシャン）」

■ 2番目のパス　ギーメル
「ケテル」と「ティファレト」を結ぶパス。対応する文字は「G」、大アルカナは「女教皇（ハイプリエステス）」

■ 3番目のパス　ダレット
「コクマー」と「ビナー」を結ぶパス。対応する文字は「D」、大アルカナは「女帝（エンプレス）」

■ 4番目のパス　ヘー
「コクマー」と「ティファレト」を結ぶパス。対応する文字は「H」、大アルカナは「皇帝（エンペラー）」

■ 5番目のパス　ヴァヴ
「コクマー」と「ケセド」を結ぶパス。対応する文字は「V」、大アルカナは「教皇（ハイエロファント）」

■ 6番目のパス　ザイン
「ビナー」と「ティファレト」を結ぶパス。対応する文字は「Z」、大アルカナは「恋人（ラバーズ）」

■ 7番目のパス　ヘット
「ビナー」と「ゲブラー」を結ぶパス。対応する文字は「Ch」、大アルカナは「戦車（チャリオット）」

■ 8番目のパス　テット
「ケセド」と「ゲブラー」を結ぶパス。対応する文字は「T」、大アルカナは「力（ストレングス）」

■ 9番目のパス　ヨッド
「ケセド」と「ティファレト」を結ぶパス。対応する文字は「IとY」、大アルカナは「隠者（ハーミット）」

■ 10番目のパス　カフ
「ケセド」と「ネツァク」を結ぶパス。対応する文字は「K」、大アルカナは「運命の輪（ホイール・オブ・フォーチュン）」

■ 11番目のパス　ラメド
「ゲブラー」と「ティファレト」を結ぶパス。対応する文字は「L」、大アルカナは「正義（ジャスティス）」

■ 12番目のパス　メム
「ゲブラー」と「ホド」を結ぶパス。対応する文字は「M」、大アルカナは「吊られた男（ハングドマン）」

■ 13番目のパス　ヌン
「ティファレト」と「ネツァク」を結ぶパス。対応する文字は「N」、大アルカナは「死神（デス）」

■ 14番目のパス　サメフ
「ティファレト」と「イェソド」を結ぶパス。対応する文字は「S」、大アルカナは「節制（テンペランス）」

■ 15番目のパス　アイン
「ティファレト」と「ホド」を結ぶパス。対応する文字は「O」、大アルカナは「悪魔（デビル）」

■ 16番目のパス　ペー
「ネツァク」と「ホド」を結ぶパス。対応する文字は「PhおよびP」、大アルカナは「塔（タワー）」

■ 17番目のパス　ツァディー
「ネツァク」と「イェソド」を結ぶパス。対応する文字は「Tz」、大アルカナは「星（スター）」

■ 18番目のパス　コフ
「ネツァク」と「マルクト」を結ぶパス。対応する文字は「Q」、大アルカナは「月（ムーン）」

■ 19番目のパス　レーシュ
「ホド」と「イェソド」を結ぶパス。対応する文字は「R」、大アルカナは「太陽（サン）」

■ 20番目のパス　シン
「ホド」と「マルクト」を結ぶパス。対応する文字は「Sh」、大アルカナは「審判（ジャッジメント）」

■ 21番目のパス　タヴ
「イェソド」と「マルクト」を結ぶパス。対応する文字は「Th」、大アルカナは「世界（ワールド）」

宗教・思想・哲学

神話・伝承

ソロモン王

関連
- 悪魔 ➡ P.014
- ベリアル ➡ P.079
- ミカエル ➡ P.080

神から叡智を授かったイスラエルの王

【注1】知恵を与えられたソロモン王の名裁きが有名。有名な逸話として、2人のが赤ん坊をめぐり自分が母親だと言い争そっていた。ソロモン王は、その赤ん坊を真っ二つに切って女性たちに半分ずつ渡すよう家来に命じる。1人の女性はそれに同意し、一方の女性は赤ん坊を切らずに生きたまま相手の女性に渡してほしいと哀願する。ソロモン王はその哀願する女性こそが本当の母親であると見抜き、その女性に赤ん坊を返したというものがある。

ソロモン王は『旧約聖書』に登場する古代イスラエルの王で、イスラエル王国を大きく発展させた賢者として有名である。知者として名高いソロモン王には、さまざまな逸話【注1】が残っている。なかでも有名なエピソードが、神から知恵を授かったというものだ。

ソロモン王の就寝中、夢に神が現れ、盛大な供物を捧げた褒美として1つ願いを叶えてもらえることになる。このときソロモン王は知恵【注1】が欲しいと告げ、その答えを気に入った神は、喜んで彼に知恵を授けたそうだ。神の叡智を授かったソロモン王は、その力を最大限に活用し、国を大きく発展させていく。

神から知恵を授かったソロモン王は、制度の確立や技術開発に力を入れ、国を盛り立てていった。また、当時にしては珍しく、軍勢による侵略を行わず、他勢力と同盟を結び、共存する道を選んだ。諸外国からは、ソロモン王の力を借りようと、たびたび使者が訪れたという話も存在する。

さらにソロモン王は、ユダヤ教の聖地エルサレム

宗教・思想・哲学

【注2】ユダヤ教の礼拝の中心地に建てられた壮麗な神殿。ソロモン王時代はそこまで大きなものではなかったが、3回目の改築時にとても広大な神殿に変わった。

にエルサレム神殿【注2】も建設している。エルサレム神殿自体は増改築を繰り返しているが、その基礎を建てたのはソロモン王であり、現代まで続くユダヤ教のシンボルを作り上げたのだ。

数々の偉業を成し遂げたソロモン王。彼の名は、知恵によって国を発展させた偉大な王として、ユダヤ教の間だけではなく、世界中で語り継がれている。

オカルトの世界でも有名なソロモン王

『旧約聖書』では知者として有名な一方、ソロモン王はオカルトの世界でも名が知られている。というのも、彼は前述のエルサレム神殿の建設中、大天使ミカエルから天使と悪魔を使役できるソロモンの指輪を授かった。そして神殿の建設を、72体の悪魔に任せて完成させたという伝説が残っているからだ。

急にファンタジックな話になったが、この話はソロモン王が書いたと推測される魔術書『レメゲトン』に記されている。これは全5章に渡ってソロモン王の活躍が綴られている魔術書。ほかにも悪魔を召喚、使役する手段が載っていた。現代風にいえばソロモン王の武勇伝みたいなものである。ともあれ、この72体の悪魔たちはソロモン72柱と呼ばれており、ソロモン王の名前と共にオカルトの世界では有名な話なのだ。

ちなみに72柱の悪魔は、神殿が完成したのち、その力を危惧したソロモン王の手によってバビロニアにある湖に封印されている。しかし、のちに現地の人々がその封印を解いてしまい、悪魔たちは元居た世界へと帰っていったそうだ。そのうちの1体である大悪魔ベリアルだけが偶像の中に入り込み、以後神託を授ける者として地上に残ったとされる。

ソロモン王

宗教・思想・哲学

魔法・ファンタジー

使い魔

関連
- 悪魔 ➡ P.014
- 陰陽道 ➡ P.024

さまざまな手段で使役される使い魔たち

【注1】西欧の民話や伝説に登場する不死の王。人の血を食料とし、相手を眷属に変えてしまう。

　古今東西、伝承や物語の中に数多く登場し、主人をサポートする使い魔たち。使い魔と聞いて大抵の人が最初にイメージするのは、やはり魔女が使役する黒猫だろう。ほかにも動物や精霊であったり、場合によっては人が使い魔になることも。彼らが使役される手段は多々あるが、ここではそのいくつかを紹介していく。

　最もメジャーなのは術者に召喚され、そのまま使い魔となるケース。悪魔召喚もここにカテゴライズされる。主に精霊や悪魔、時には魔物などが呼び出され、術者の目的に沿って行動する。このケースは目的を達成したら消える場合が多く、永続的な使い魔というよりは、目的に合わせたサポート要員という側面が強い。

　次に自身の力を分け与えて相手を使い魔にするパターン。魔女の使い魔はこれに該当するものが多く、魔力を与えることで猫が会話したり、魔法を使うようになったりもする。ヴァンパイア【注1】が血を吸って生まれる眷属も、力を与えて使役するという点では同じだ。

使い魔

057

宗教・思想・哲学

また、術によって動物や魔物を一時的に使役することもある。この場合、伝達や偵察などに使われ、命令に忠実なことが多い。ただ、これは使役というより操作に近く、相手が知性や感情を持ち合わせないことがほとんどだ。

日本における使い魔

【注2】921年生〜1005年没。平安時代に活躍した、日本で最も有名な陰陽師。天皇や藤原氏といった時の権力者にも重宝されていた。

【注3】日本の山岳信仰と神道が混じった、混成宗教の1つ。山伏と呼ばれる修行者たちが、山に篭って悟りを開く。

【注4】奈良時代に修験道を設立した呪術者。高い法力を持ち、2体の鬼（前鬼、後鬼）を操っていたとして有名。

これまで紹介してきた使い魔のほとんどは、西洋の伝承や、それをモデルにした物語に登場するものばかりである。では、日本には使い魔にあたるものがいないのかといえば、そんなことはない。

日本では安倍晴明【注2】が有名なように、古来より陰陽道が根づいている。その陰陽道の術の1つに式神というものがあるのだ。この式神は、霊や神を寄り代（紙や人形など）に憑依させて操ったり、はたまた退治した妖怪や鬼を従えたりする術だ。よくファンタジー世界で見かける式札と呼ばれる紙を鳥や獣の姿に変化させ、使役するのもこの式神の1つである。前者は力を貸してもらうという側面が強く、必ずしも絶対服従というわけではないが、人外のものを使役するという意味ではこれも一種の使い魔と呼べるだろう。

また、妖怪の中には人に力を貸してくれるものもいる。有名なところだと、中部地方に伝わる管狐は、飯綱使いと呼ばれる術者によって管理されていたようだ。さらに、修験道【注3】の開祖・役小角【注4】が従えていたという前鬼、後鬼も使い魔のカテゴリに入る。

魔女の使い魔はなぜ黒猫？

一番ベタな使い魔の代表である魔女の黒猫。なぜ魔女が黒猫を従えるイメージが付くようになったかというと、一言でいえば黒かったからである。身も蓋もない話であるが、その色により暗闇で活動するのに長けており、同じく黒衣を纏った魔女のパートナーにふさわしいと考えられたのだ。その考えが物語によって伝えられ、現代における魔女の使い魔＝黒猫のイメージが定着したのである。

宗教・思想・哲学

哲学・思想

テセウスの船

関連

どんどん修復していっても、同じものといえるのか？

【注1】ギリシア神話に登場する、アテネの王。ミノタウロスを退治した冒険や、アルゴー船探検隊の冒険に参加するなどの伝説がある。

【注2】46年頃生～127年頃没。ローマ帝国のギリシア人著述家。伝記や、古代ギリシア人と古代ローマ人を対比した『対比列伝』、政治や宗教、哲学などについて論じた『倫理論集』など、多くの書物を著している。

【注3】論理学用語で、逆説、逆理、二律背反などを意味する。

テセウス【注1】がクレタ島から帰還した船を、アテネの人々は保存し、朽ちた木材を徐々に新たな木材に置き換えながら長年に渡って船を保存していた。

ローマ帝国の著述家プルタルコス【注2】は、この伝説から「ある物体の全構成要素が置き換えられたとき、それは同じものだといえるのか」、そして逆に「置き換えられた方の部品を使って組み立てた別の船は、テセウスの船といえるのか」という疑問を投げかけた。これが「テセウスの船」というパラドックス【注3】である。

これには、さまざまな解答が提示されている。①内在的構成要素は変わっているが、設計などの本質は変わっていないので「同じ」である。②船は部品という低位パターンの集合体であるから、高位パターンとしては変わらない。③「同じ」を定義する要素が異なるので、質的には同じ船だが、数的には異なる。

どれが正解ということはないが、アイデンティティーをどう考えるかという意味で、古くから議論されている。

宗教・思想・哲学

哲学・思想

哲学的ゾンビ

関連
・──

意識をもたない人間は、ゾンビか人間か？

【注1】1966年生〜。オーストラリアの哲学者。哲学的ゾンビや現象判断のパラドックスなどを提示し、心の哲学分野における指導者的な立場にある1人だ。

【注2】この世界のすべての物事は物理的で、あらゆる科学は物理学に還元可能とする哲学。

【注3】事象の根源は物質や物理現象であり、心や精神は脳髄の働きであるとみる考え方。

　哲学的ゾンビは、哲学者デイヴィッド・チャーマーズ【注1】が提唱した架空の生物。「脳の神経細胞の状態まで含む、すべての観測可能な物理的状態に関して、普通の人間と区別できない意識をもたない人間」とされる。哲学的論議においては、そんな生物がいないことを前提として「哲学的ゾンビは存在可能なのか」など、心のありようについて考える。このゾンビを使う論法として有名な例が、物理主義【注2】を批判するものだ。

　我々の世界には意識や感覚が存在する。しかし、物理主義や唯物論【注3】的には、意識や精神は所詮、脳の働きでしかないと割り切るため、意識がなくても人間は生活できることになる。それはすなわち、見た目や物理的には我々の世界とまったく同じだが、意識や感覚に関する肯定的な事実が成り立たない世界（哲学的ゾンビだけがいる世界＝ゾンビワールド）を主張している。しかし、我々人間は意識や主観的な体験をもっているし、現実は物理的事実とはまったく別の世界だ。つまり、物理主義や唯物論はおかしい、ということになる。

　もちろんこれに対して物理主義者からの反論もあるのだが、それはひとまずおいておく。いずれにせよ、哲学的ゾンビは人間の「心」をどう捉えるかを論議するうえでは、ユニークな表現だといえよう。

宗教・思想・哲学

神話・伝承

天国と地獄
～世界のあの世・この世～

関連
- 八大地獄 ➡ P.074
- 輪廻転生 ➡ P.100

世界各地の死後の世界

【注1】近代科学文明の影響を受けていない少数民族のこと。こうした社会の人々は、日々食料の確保に追われることが多い。それだけに他人との協調は必要不可欠で、全員が全員のために働くことは当然のこと。多少の軋轢（あつれき）はあるが、余裕がないだけに争っているわけにもいかず、おおむね平和な社会といえる。

　死を避けようとするのは、生物に共通する本能だ。しかし、大脳を発達させる形で進化した人間は、想像力をもつがゆえに、「死」に恐れという感情を抱くようになり、生きている意味を求めるようにもなった。人間に「死後の世界」という考え方が生まれたのは必然だったのだろう。

　人々は世界各地でそれぞれ独自に死後の世界の様子を思い描いたわけだが、古代以前の死後の世界には共通する点がいくつかある。1つめは、死後の世界は人々が生きていたときとほぼ同じような世界ということ。2つめは、死後の世界そのものや入口が、地下や海、山の上など、比較的身近なところにあると考えられていたことだ。現代のように文明が発達していない時代、死は我々が想像する以上に身近な存在だったのだろう。

　もう1つ重要なことだが、「天国」や「地獄」といった概念は大きな文明や宗教が生まれた地域では古くから見られるが、それ以外の地域ではそうでもない。近代以降に発見された未開の部族【注1】の中には、文明に触れてさまざまな物が流入した結果、争いが増えたというケースもある。

　「善人は天国へ行き、悪人は地獄に落ちる」という考え方は、文明の発達で物質的に豊かになった結果、人々のモラルが低下し、必要に迫られたために生まれたのかもしれない。

061

宗教・思想・哲学

■世界各地の死後の世界

　死後の世界について概要を述べたところで、世界各地の死後の世界を一部紹介したい。古代のギリシアとインドでは、輪廻転生の考え方に加え、その輪の中にいることが不幸なことと捉えている点が共通している。また、古代中国とシベリアのエベンキ族の間では、魂が2つあるという考え方がそれぞれ共通している。異なる地域の人々が、同じような世界観をもっているのは興味深い。

ゾロアスター教 （古代ペルシア）	死者の魂は、3日間死体の周囲を漂ったのち審判を受ける。そして、正しい信徒、正しい行いをした者、正しい言葉を使った者、正しい思いを抱いた者は、それぞれ専用の天国へ行く。悪いことをした者はこの逆で、それぞれ専用の地獄へ落ちる。生前の善行と悪行が釣り合った者は、中間のハミスタガーンという世界に住むことになる。
ピタゴラスの 輪廻転生 （古代ギリシア）	もともと魂は天界を故郷としているが、無知ゆえに穢れてしまい、その罰として肉体に閉じ込められているという考えが前提にある。そして、生きている間に哲学で浄化された魂は死後に天界へ帰ることができるが、そうでない魂は人間や動物、魚などに転生。魂が浄化されるまで、これが続くことになる。
古代ケルト人 （ヨーロッパ）	死後の世界は、現実世界とおぼろげながら繋がった存在で、地下や海上の孤島のどこかにあるとする。基本的には平和で幸福な場所で、食べ物や酒が豊富にある一方、時間が止まっているので年を取らず病もない。古い神々や妖精が住んでおり、何でも生み出す魔法の大釜に死者を投げ込めば復活する。
バラモン教の ウパニシャッド哲学 （古代インド）	輪廻転生の輪から解脱することが最良という考えが前提にある。普通の人は火葬された煙として天へ昇り、父祖の世界、虚空、月、霧を経たのち、雨となって地上へ。コメや麦に入って人間に食べられ、精液として胎内に入って転生する。立派な人物は、煙から太陽、月、稲妻を経て、ブラフマンの世界に入って輪廻を断ち切れる。
エヴェンキ族 （ロシアの シベリア地方）	人間には、ベーンと呼ばれる個人的な魂と氏族にまつわるオミという2つの魂があるとする。人が死ぬと、ベーンは神話の川を下って下方の世界へ行き、氏族の死者たちが暮らす場所へ到達。のちに、さらに下方の世界へ行って消滅する。一方のオミは、鳥となって上方の世界へ行き神話の木にとまる。そして、数年後に地上へ戻り転生する。
古代中国	人間には精神を司る「魂」と、肉体を司る「魄」という2つの魂があり、魂は位牌に入って暮らしたのち、最終的には天へ昇って神になる。一方の魄は地中に住んでいるが、やがて自然に消滅する。これとは別に、地下水が湧くような浅い場所に、死者が住む黄泉と呼ばれる国があるという考えもあった。
古代の日本	死後の世界は3つある。1つは、天照大御神が支配する天上の高天原。ここは神々の故郷でもあり、天照大御神の子孫である皇室の人々が行く場所。2つめは、ほかの人々が行く暗くて不浄な黄泉の国で、これは地下にあると考えられていた。最後は海の彼方にあるという常世の国だが、行ける人の条件はよく分かっていない。
ハワイ	ハワイをはじめとするポリネシア地域の人々は、死者は神聖な木が生えている高い絶壁から旅に出ると信じていた。天空の界に行ける人々は貴族だけで、生きているときと同じ環境で暮らすことができる。一般の人々は罪人が行く冥界に行くことになり、そこで女神ミルによって魂がかまどに投げ込まれて焼かれてしまう。
フィジー	死んだ人間の魂は、現世と同じような世界であるブルと呼ばれる冥界へ行くと考えられていた。ブルで幸せに暮らすには資格が必要で、耳に穴が空いていない者や、入れ墨をしていない女性、戦争で敵を殺さなかった男は差別され、妻が殉死してくれなかったり独身だった男性は、冥界にすら入れない。
アステカ （古代メキシコ）	アステカの人々は、死者はミクトランと呼ばれる暗く冷たい場所へ行くと考えられていた。この冥界は9層に分かれており、崖崩れといった災害やヘビやワニのような危険な生物をかわし、悪魔と戦って進まなければならない。ただし、雷に打たれて死んだり、ケツァルコアトル（アステカ神話の文化神・農耕神）の教えを実践できた人々は、専用の天国へ行くという。

宗教・思想・哲学

■仏教の須弥山世界

仏教では、すべての生き物が転生を繰り返すと考えられている。転生先は、天道、人道、畜生道、阿修羅道、餓鬼道、地獄道と6つあり、「六道」と呼ばれるこれらの世界を内包しているのが、須弥山世界と呼ばれる宇宙なのだ。そして、この輪廻転生の輪から脱することが仏教の理想である。

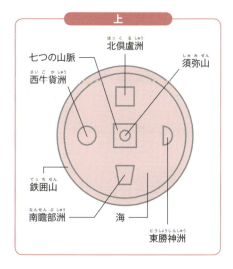

■地獄道（八大地獄）　→ P.074 参照

地獄	内容
等活（とうかつ）	無闇に生物を殺した者が落ちる。互いに殺し合い殺戮の苦しみを味わう。
黒縄（こくじょう）	盗みを犯した者が落ち、熱した鉄の縄で縛られたのちに斬られる。
衆合（しゅうごう）	邪淫の罪を犯した者が落ち、針の山に潰されたり煮られたりする。
叫喚（きょうかん）	他人に酒を飲ませた者が落ち、煮たり焼いたり煎ったりされる。
大叫喚（だいきょうかん）	嘘つきが落ちる地獄で、これまでの地獄より10倍苦しい思いをする。
焦熱（しょうねつ）	仏教と相入れぬ考えを説いた者が落ち、切り刻まれて焼かれたりする。
大焦熱（だいしょうねつ）	童女や尼など聖者を犯した者が落ち、死の3日前から苦しむ。
阿鼻（あび）／無間（むけん）	父母や聖者を殺すと落ちる。大焦熱地獄さえ天国に見えるほど苦しい。

※各地獄に落ちる条件は、それまでの地獄に落ちる罪にその地獄の罪を加えたもの。

COLUMN
義務を果たさぬ者は天国に行けない

キリスト教や仏教といったいわゆる宗教が誕生する以前、天国や地獄に行くかどうかは、社会的義務を果たしたかで決まったようだ。特に戦いでの働きは非常に重要だったらしく、例えば北欧神話（P.185）では戦死した者の魂は神の世界に運ばれて戦士に選ばれる。

アステカでも戦死者は天国へいくとされ、フィジーの冥界では敵を殺さなかった男が差別されるという。これらは、敵と戦って所属するコミュニティを守ることが男の義務だったことを示している。

天国と地獄 〜世界のあの世・この世〜

宗教・思想・哲学

■古代エジプトの死後の世界

人が死ぬと、死後の精神カーと死者の魂バーが太陽神ラーの舟に乗る。そして、昼間にナイル川を西に渡ったのち、夜になると冥界ドゥアトへ入る。ドゥアトは12の領域が各神の領域に分かれ、死者は悪霊や怪物をかわしつつ進む。無事にオシリスの領域に着くと、ようやく舟を降りて審判を受けられる。

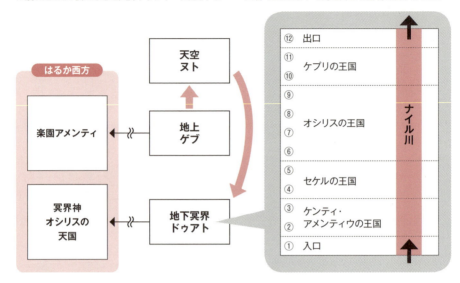

■オシリスの法廷での裁きの様子

オシリスの領域に到着した人々の魂は、そこで裁きを受けることになる。オシリスの法廷にはオシリスの玉座があり、その前に真理の秤が置かれている。

死者が到着すると、秤にカノプス壺に入れられた死者の心臓と女神マアトの羽毛が乗せられ、アヌビス神によって計量が行われる。マアトは真理をつかさどる女神で、彼女の羽毛は真理の象徴。

秤が釣り合えば死者はオシリスの天国に行くことができ、死者が太陽神ラーの信者であれば、ラーの天国を目指して旅を続ける許可が出る。しかし、秤が傾いた場合は悪事を働いたことが明らかになり、死者の心臓であるアミットが魔物に与えられて2度と復活できなくなる。そして、これらの結果はトト神によって記録されている。

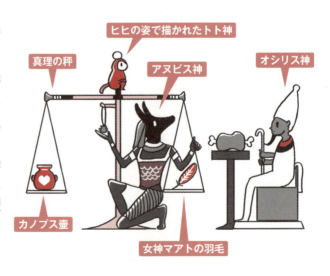

宗教・思想・哲学

宗教・思想

天使
てんし

関連
- ガブリエル ➡ P.029
- サリエル ➡ P.040
- ミカエル ➡ P.089

階級によって役割が決まっている天使たち

【注1】ユダヤ教やキリスト教に関連する文書のうち、聖書の正典に近く、重要性はあるものの、正典から外されることになったもの。

【注2】ユダヤ教やキリスト教に関連する文書ではあるが、聖書の正典や外典にも含まれないもの。

　「神の遣い」という概念は古くから世界各地に存在する。日本でいうと、春日大社が「神使」としている奈良の鹿がその例だ。天使はこうした**神の遣い**の代表的存在で、ユダヤ教やキリスト教、イスラム教においての神の遣いである。

　天使の中では、聖書にその名があるミカエルやラファエル、ガブリエルの3天使が一般にもよく知られているが、ほかにも天使は数多く存在する。外典【注1】や偽典【注2】と呼ばれる書物にはこうした天使たちの名が記されており、天使の階級についての記述もある。一般的にはそれほど知られていないが、天使たちはみな同じような存在というわけではない。それぞれに階級が定められており、果たす役割も異なるのだ。

　キリスト教における天使の階級は、古代ギリシアの著述家・偽ディオニュシオスという人物によってまとめられたものだ。天使たちは、上級、中級、下級と**3つの位階**に分けられ、それぞれの位階はさらに**3つのレベル**に分けられる。天使たちがもつ力は各レベルごとに異なっており、天使たちは自分より下位の天使がもつ力はすべてもっているが、自分より上位の天使の力はもっていない。

　次ページからは、こうした天使たちの位階や役割、主な天使たちについて紹介していくので、そちらも参照してほしい。

宗教・思想・哲学

■天使の種類

位階	天使の種類	概要	統率している天使
上級三隊	熾天使（Seraphim）	神に最も近い位置にいる天使。6枚の翼と、輝く16の顔をもち、4つずつ4方を見ている。智天使と共に神を讃える歌を歌う。	セラフィエル、ヤホエル、メタトロン、ミカエル、堕天する前のサタン
上級三隊	智天使（Cherubim）	6つの翼をもち、前後に無数の目をもつ。熾天使と共に神を讃える歌を歌い続けているほか、エデンの園の守護をしている。	オファニエル、リクビエル、ケルビエル、ラファエル、ガブリエル、ゾフィエル
上級三隊	座天使（Thrones）	数多くの目をもつ車輪のような姿をした天使、神の戦車となり、智天使に操られる。万物の法則にもとづいた宇宙の調和を保つ。	オリフィエル、ザブキエル、ザフキエル、オファニエル
中級三隊	主天使（Dominions）	天使の役割を統制する天使。地上においては戦いの結果を決定しており、炎を思い起こさせる赤い馬に乗って戦場に現れることもある。	ザドキエル、ムリエル、ザカラエル（ヤハリエル）、ハスマル（ハシュマル）
中級三隊	力天使（Virtues）	地上で奇跡を起こし、勇気、優美さ、剛勇をもたらす。人間は、力天使から力をもらうことで、真実の敵と戦うことができるという。	バルビエル、ミカエル、ペリエル、ラファエル、ウジエル、堕天する前のサタン
中級三隊	能天使（Powers）	人間界を破壊しようとする悪霊と戦う。主天使によって伝えられ、力天使によって実行される神の考えを守っている。	カマエル、ラファエル、サマエル（堕天する前のサタン）
下級三隊	権天使（Principalities）	地上の国家と都市を見張っている天使。他国を征服したり自国の権力を確立するために、力を引き出す手助けもする。	アナエル（ハニエル）、ケルウイル、ニスロク、レケル
下級三隊	大天使（Archangels）	神と人間を繋ぐ連絡係を務める。地獄の軍勢との戦いでは軍に参加するほか、地上の偉大な人物に守護天使を遣わす役目もになっている。	ミカエル、ガブリエル、ラファエル、ウリエル、サリエル、ラグエル、
下級三隊	天使（Angels）	一般的に「天使」といった場合は、この階級の天使たちを指す。個人を陰ながら見守る守護天使もこの階級で、彼らは祈りが神に聞き届けられやすくなるよう手を加えたり、悪の誘惑から守っている。	ガブリエル、カイリエル、アドナキエル、ファレグ

宗教・思想・哲学

■主な天使たち

ミカエル	ミカエルという名にはヘブライ語で「神に似た者」「神と同等の者」という意味があり、キリスト教やユダヤ教だけでなく、イスラム教でも重要な天使とされている。 赤い竜に変身したサタンを打ち倒したエピソードは有名だが、本来は力天使と大天使の長。 「熾天使でもある」という説は、分相応にするために加えられたものだ。
ガブリエル	ミカエルやラファエルと共に、『旧約聖書』に登場する天使。予言や啓示にまつわるエピソードが多く、「神のメッセンジャー」的な存在だ。聖母マリアにイエスの懐妊を告げた「受胎告知」は有名で、多くの宗教画の題材にもなっている。 また、イスラム教ではマホメットに神の啓示をもたらしたことから最高位の天使とされている。
ラファエル	「神の薬」という意味の名をもつラファエルは、癒しを司る天使だ。『トビト書』に記された若い旅人を助けるエピソードから、巡礼者や若者の守護者ともいわれており、アダムとイブに罪を警告したのもラファエルだとされる。 階級における立場は前ページにある表の通りだが、ほかにも熾天使や主天使の支配者の一員とされることもある。
ウリエル	ミカエルやガブリエル、ラファエルと共に、「四大天使」に数えられ、大天使のほかに、熾天使や智天使だともいわれる。罪人を処罰するタルタロス（地獄）を取り仕切る厳格な天使といわれ、『創世記』に記されたソドムとゴモラを破壊した天使のうちの１人だともいわれている。
サリエル	サラキエルやスリエルと同一視されることもある天使。闇の子との戦いでは、善の側に立つ４人のリーダーの１人とされ、人間の戦士に的確な武器をもたせると共に、どこで誰と戦うべきかを指示する指揮官をつとめる。 サラキエルとしては、最下位に位置する救いの天使を支配しており、審判の会議を主催するという。
ゾフィエル	「神の密偵」という意味の名をもつゾフィエルは、智天使の支配者の１人。戦いにおいては、ザドキエルと共にミカエルと補佐するといわれる。 また、「ノアの方舟」（P.073）のエピソードで知られる大洪水の際は、新たな人類の祖となるノアの教育係という、大任をつとめた天使でもある。
セラフィエル	熾天使の長とされる天使の１人で、顔は天使だが体は鷲のような姿をしている。巨大かつ華やかな天使で、雷光や明けの星のごとく光り輝いている。また、頭には大きさが世界全体ほどあるサファイアの王冠を乗せている。 ほかの熾天使の面倒をみると共に、神の栄光を讃える歌を教える役目をになう。
ケルビエル	智天使の支配者。身体全体から炎や稲妻を発しており、彼が行く所には地震と雷鳴がついてまわるという。 智天使を統率するケルビエルは、冠を輝かせながら賛美する歌を歌って、彼らの美しさと栄光を増大させる。そして、彼らの頭上に置かれる神の玉座の準備をするという。

※ P.068 に続く

宗教・思想・哲学

あ か さ た な は ま や ら わ

ラグエル	「天界を監視する者」といわれるラグエルは、堕天使が生まれないよう天使たちを監査する役目を負っている。また、ラグエルは神から授かった角笛を持っている。この角笛こそ、数々の『黙示録』に登場する「終末のラッパ」であり、吹き鳴らすことで地上に大災害を引き起こすことができる。
ラジエル	ユダヤ教において座天使の長とされる天使。ラジエルという名には「神の神秘」「神秘の天使」という意味があり、宇宙の神秘を守る役目を負っている。 ラジエルは、『ラジエルの書』のもち主として有名で、この書物には宇宙の秘密のすべてが記されているという。
メタトロン	ユダヤ教では神に次ぐ威信と力をもつとされる天使で、「小ヤーウェ」と呼ばれている。36対の翼と無数の目をもつ巨大な炎の柱として表現され、物質界を支えると共に、ユダヤ人の祈りを神のもとへ届ける役目をになっている。ただし、メタトロンンの活力は人間の善行に支えられており、悪しき人間が増えると力も弱まってしまう。
サンダルフォン	メタトロンの双子の兄弟とされている天使。神の頭にかぶせるため、人々の祈りを材料とした花飾りを編んでいるという。生まれてくる赤ん坊の性別を決めているともいわれており、何とも優しげな印象を受ける天使だ。 しかし、その役目とは裏腹にとてつもなく巨大で、ミカエルと共同でサタンと終わりなき戦いを繰り広げている。
イリン＆ クァディシン	「見守る者」という意味の名をもつイリンと、「聖なる者」という意味の名をもつクァディシンの双子の天使。天の裁判所で最高位の審判をつとめており、メタトロンよりも高位に位置するという特別な存在だ。 また、普段は神を賛美し褒め讃える歌を、絶え間なく歌うという任務を背負っている。
サマエル	もともとはグノーシス主義の神で、サタンと同一視されるようになった天使。名前には「目が見えない神」という意味があり、グノーシス主義にとって悪とされる無知（盲目）を象徴している。 ヘソから1本の長い髪をなびかせて空を飛ぶ姿で描かれ、この髪が損なわれない限り勢力を維持できるという。
イスラフィール	「燃えている者」という意味の名をもつ、復活を司るイスラム教の天使。『コーラン』にはその名がないが、イスラム教ではよく知られている。 予言者ムハンマドの教師役を3年間つとめたほか、最後の審判の日に角笛を吹くとされる。この際、宇宙の災害に巻き込まれ、ほかの天使たちと共に破滅するという。
イズラーイール （アズラエル）	イスラム教で重要とされる4人の大天使の1人で、死を司っている。ラファエルの別の姿とされ、7万の足と4万の翼をもつという。 また、天使の中で最も大きな姿をしているが、死を迎える信者が生命からの解放を容易にするため、快い外見に見えるといわれる。

天使

宗教・思想・哲学

宗教・思想

7つの大罪
～キリスト教の世界～

関連
- 悪魔 ➡ P.014
- カトリックとプロテスタント ～キリスト教宗派と組織～ ➡ P.027
- 聖人歴・典礼歴 ～キリスト教の記念日～ ➡ P.047

人を罪に向かわせる7つの要素

【注1】神に対する3つの徳と、枢要徳（すうようとく）と呼ばれる4つの徳のこと。神に対する徳は、神の啓示を信じる信徳、神に救われるという希望を持ち続ける望徳、神のために神や自分、隣人を愛する愛徳の3つ。枢要徳はもっと古くから存在しているもので、賢慮と正義、節制、勇気の4つを指している。

「7つの大罪」とは、キリスト教において人々に罪を犯させるとみなされた<u>行動や感情、欲望</u>などのことで、「<u>7つの罪源</u>」とも呼ばれる。これらは聖書には記されておらず、教理で語られているものだ。

一般的には重大とされる順に、<u>傲慢、嫉妬、憤怒、怠惰、強欲、暴食、色欲</u>の並びで知られる。ダンテの『<u>神曲</u>』に登場した煉獄の山の構造が同じであることから、13世紀後半頃に生まれたと考えられる。

キリスト教では、神の救いを求め続けることや神を愛することなど、7つの徳【注1】を重要視している。これは、キリスト教の世界観や終末観にも関わるもので、信徒たちは最終的に天国へ行けるよう精進が求められる。

しかし、いくら善行を積んでも、それ以上に悪事を働いたのでは意味がない。奨励する「7つの徳」が人々を善の道へ牽引するものならば、「7つの大罪」はこれらに注意をすることで人々を善の道へ後押しするものといえる。また、7つの大罪の項目はそれぞれ<u>悪魔</u>と関連づけられている。これについては次ページの表を参照してほしい。

なお、7つの大罪をいわゆる犯罪的な罪だと思っている人も多いが、あくまで罪を犯すことになる習慣や習性のことだ。簡単にいえば罪を犯す動機の<u>根源</u>となるもので、罪そのものを指しているのではない点に注意したい。

宗教・思想・哲学

■ 7つの大罪一覧

　7つの大罪が悪徳と関連づけられた背景には、人間が過ちを犯すのは欲望を悪魔が刺激しているためという考えがあるようだ。この関連づけはキリスト教会が設定したものではない。ヨーロッパで多く見られた魔術書でたびたび引用されて広まっていったとされている。

罪源	主な理由	対応する悪魔
傲慢 (pride)	高慢な者は誰からも愛されないし、神は特にこれを嫌うという。高慢な者は他者を軽んじ、自分より優れたものをなかなか素直に認められなくなる。それはやがて、神への不信にも発展する可能性がある。	ルシファー
嫉妬 (envy)	嫉妬や妬みという感情は、「恐ろしい怪物」と表現されることもあった。一度それを感じ始めると、原因となる状況が改善されるまでなかなか離れなくなる。何より、他人の不幸を見て喜ぶことは神の意思に反する。	レヴィアタン
憤怒 (wrath)	憤怒は神経をかき乱し、本人だけでなく周囲の人をも苦々しい気分にさせる。また、一度燃え上がると抑えにくくなる強い感情でもあり、神に禁じられている他人を傷つける行為に及んでしまうこともある。	サタン
怠惰 (sloth)	怠惰は人間から活力を奪ってしまう。活力を失った人間は、外界への関心を失ったり、愛情を外へ向けられなくなる。やがて絶望を感じて神に見放されたと思いこみ、神に背くことになる。	ベルフェゴール
強欲 (greed)	ここでいう欲は、主に金銭や富に対するもの。欲に取りつかれた者は、名誉や礼儀、恥はおろか神の命令についても考えなくなる。そもそも、聖書では十戒において無闇に欲しがることを禁じている。	マモン
暴食 (gluttony)	暴飲暴食は、自身はおろか神の存在すら忘れさせてしまう。また、肥満になると動くのが億劫になるので、怠惰に陥りやすくなることも考えられる。	ベルゼブブ
色欲 (lust)	性欲は生物に備わった本能だが、それゆえに衝動も強く、強すぎる色欲は身体の衰弱や犯罪に繋がる。もちろん色事を一切経てというわけではなく、過度な色欲を戒めているということだ。	アスモダイ

※悪魔との対応は、ドイツの悪魔学者ペーター・ビンスフェルトのもの。

COLUMN

キリスト教徒が思い描く冥界を見事に描写してみせた『神曲』

　イタリアの詩人ダンテが、冥界の様子を描いた叙事詩『神曲』。この作品は、キリスト教の死後の世界を描いた最高傑作といわれている。

　『神曲』はダンテ自身を主人公とし、1週間に渡って地獄から煉獄、天国へと至る旅の様子を綴った物語だ。ダンテはエルサレムの地下にある9つのエリアに分かれたすり鉢状の地獄を下り、やがて悪魔の大王がいる最下層に到達。

　さらに、ダンテはその先にある細いトンネルを通って地球の反対側へと抜け、そこから7つの大罪にちなんだ環道がある煉獄の山を登る。そして、10の階層に分けられた天界へと進み、至高の存在の神秘に触れて旅は終わる。

　『神曲』では、旅の過程にあるそれぞれの場所を詳細に描いている。これがキリスト教徒たちのイメージと合致し、高い評価を得ることになったのだ。

7つの大罪　〜キリスト教の世界〜

宗教・思想・哲学

■カトリックにおける死後と終末

キリスト教徒たちは、古くから正しく生きた人々は天国へ行けると考えていた一方、罪深い者は地獄に落ちるとしていた。ただ、キリスト教における天国は、あくまでキリスト教徒のためのもの。キリスト教が生まれる以前にも偉人は存在していたし、キリスト教徒以外にも素晴らしい行いをした人物は存在する。また、大多数の人々は義人ではないが悪人でもなく、こうした人々はどこに行くのかという問題もあった。そこで生まれたのが、洗礼前に亡くなってしまった赤ん坊やキリスト教徒以外の善人が行くリンボ（辺獄）や罪を清める煉獄で、終末の日までの待機所として機能する。

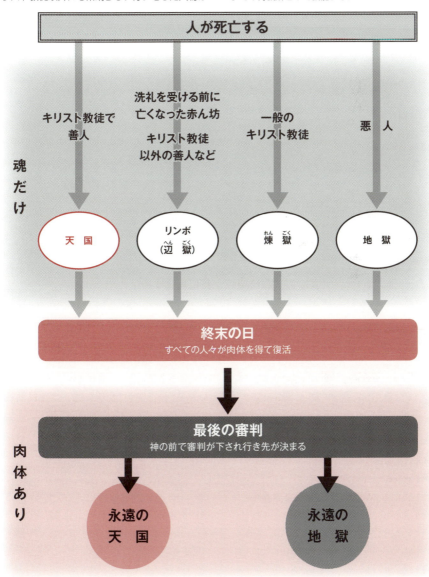

7つの大罪 ～キリスト教の世界～

宗教・思想・哲学

■神による天地創造の様子

キリスト教において、人間は神によって神に似せてつくられたとされる。これが最初の人間であるアダムだが、アダムは神に背いて知恵の実を口にしたため、エデンから追放された。アダムの子孫である人類もみな「神の子」であるが、それは同時にアダムと同じく罪を犯す性質をもっていることも意味している。ゆえに、キリスト教ではイエスの教えに従って「正しく生きる」ことを説くのだ。神が人をつくったときの様子は天地創造の物語にも描かれているので、ここで紹介しておこう。

第1日目	神は最初に天と地を創造した。しかし、大地は形がなく、闇が淵の表を、神の霊が水の表を覆っていた。そこで、神が「光りあれ」と言われたところ光が生じ、神は光と闇とを分けると、光を「昼」、闇を「夜」と名づけた。
第2日目	神は大空をつくり、「水の間に大空があって、水と水とを分けよ」と言われたところ、その通りになった。そこで、神は大空を「天」と名づけた。
第3日目	神は「天の下の水は1つに集まって、乾いた大地が現れよ」と言われ、現れた地を「陸」、集まった水を「海」と名づける。さらに、陸には草や種、結実する樹木などが生えるようにした。
第4日目	神は2つの大きな光（つまり太陽と月）をつくると、大きい方に昼をつかさどらせると共に、小さい方に夜を司らせ、更に星をつくった。
第5日目	神は「水は生き物の群れで満ち、鳥は大空を飛べ」と言われ、水に棲むすべての動物とすべての鳥をつくると、これらに祝福を与えた。
第6日目	神は地に向かって、家畜と這うものと獣を産み出すよう言われ、これらが現れたのちに自分に似せて人を創造。ほかの生き物を管理させることにしてすべてを見渡すと、結果に満足された。
第7日目	こうして森羅万象が整ったので、神は作業を終えられて休息することにした。

COLUMN

7つの大罪は時代と共に変化する？

7つの大罪 ～キリスト教の世界～

一般的に知られている7つの大罪の序列はすでに紹介したとおりだ。しかし、日本で1958年に発行されたカトリックの教義書『公教要理』を見てみると、傲慢、貪欲、邪淫、嫉妬、暴食、憤怒、怠惰の順に並べられている。7つの大罪は、もともと8つの罪源があったというから、罪源の序列は時代の流れに従って、ときおり世相を反映したものに変化してきたのかもしれない。

というのも、カトリックの最高権威であるローマ教皇庁が、2008年に新たな7つの大罪を発表したのだ。といっても、もともとの7つの大罪が無効になるわけではなく、それとは別に新たなものが制定されたということだ。その内容を見てみると、遺伝子を改造する行為、人体実験をすること、環境を汚すこと、社会的に不公正な行いをすること、人を貧乏にさせる行為、過度に金持ちになること、薬物の乱用、といった項目が並んでいる。

新たなものが発表された主旨は、以前のものが個人に寄った内容だったため、「こういったものもある」ということを信徒たちに伝えるためだという。新たな7つの大罪が社会問題寄りなのは、「あえて」ということのようだ。

宗教・思想・哲学

宗教

ノアの方舟(はこぶね)

関連
■ギルガメシュ
→P.134

大洪水から身を守る巨大船

【注1】方舟の大きさは、長さ300キュビト、幅50キュビト、高さは30キュビト。1キュビトを伝統に従い44.5cmとすると、船の全長は約133m、幅約22m、高さ約13mとなる。

【注2】現在のトルコ共和国の東端にある標高5156mの山。かつてはアルメニア人が多く居住していた地域の中心である。そのためアルメニア民族のシンボルとされている。

【注3】古代メソポタミアの伝説的な王、ギルガメシュを巡る物語をまとめた叙事詩。主人公のギルガメシュは紀元前2600年頃、シュメールの都市国家ウルクの王であった。

　ノアの方舟は『旧約聖書』の『創世記』に登場する大洪水に関する物語、またはそこに登場する巨大な船のこと。

　地上に悪人が増え、それを憂いた神は、洪水で地上を滅ぼすことに決める。そしてそのことを信心深い老人ノアに告げ、巨大な方舟を作るように命じた。ノアはその言葉を信じ、長い年月をかけて大きな方舟【注1】を完成させる。ノアが家族とすべての動物のつがいを船に乗せると、洪水が発生。40日かけて地上のすべてを滅ぼし、やがて洪水はおさまった。その後、ノアは外に鳥を放ち、鳩がオリーブの実を持ち帰ったことで近くに陸地があることを知る。ノアはアララト山【注2】の上に船を降ろし、家族や動物と共に地上へ。そして祭壇を作って祈りを捧げたのである。すると、神は二度とこのような真似はしないといい、雲に虹をかけたのだった。

　古代メソポタミアより伝わる『ギルガメシュ叙事詩』【注3】にも似たような話が存在する。そのため、『旧約聖書』の話は叙事詩の内容をアレンジしたものではないかといわれている。

宗教・思想・哲学

宗教・思想

八大地獄

関連
■天国と地獄
〜世界のあの世・この世〜
➡ P.061

罪に応じた地獄へと流される

【注1】もともとは古代インドの世界観で、世界の中心にそびえる山のこと。その概念が仏教にも伝わる。須弥山は7つの同心状の山脈に囲まれ、7つ目の山脈の外側の東西南北方向に州がある。

【注2】須弥山の南にある大陸が贍部州。仏教ではここに人の世界があるといわれている。

　八大地獄とは仏教の教えに登場する地獄の形相のこと。死後、人間は三途の川を渡り、閻魔をはじめとする王から7回の裁きを受けて来世へと旅立つ。その際、最終的に罪の重いものは地獄に落とされる。

　地獄は8つあり、死者の罪に応じてどれか1つの地獄へ行くことになる。その罪の重さによって、服役すべき地獄が異なるというわけだ。

　ちなみに地獄は「須弥山」【注1】という山を中心に広がる世界、その贍部州【注2】という土地の地下5万kmの深さにある。しかも横に広がっているのではなく、縦に8層連なっているのだ。その地獄は上から等活地獄、黒縄地獄、衆合地獄、叫喚地獄、大叫喚地獄、焦熱地獄、大焦熱地獄、阿鼻地獄／無間地獄と呼ばれ、それぞれ対応する罪、与えられる罰が違う。また、地獄の階層が1つ下がるごとに、地獄で受ける苦しみは10倍増しになるという。しかも最後の阿鼻地獄に至っては、1000倍増しになるそうだ。

　なお、この8つの地獄のほかにも、各層に東西南北に門があり、その先には更に別の地獄がいくつも存在するという。これはそれだけ罪の数が増え、対応する地獄が必要になったからだといわれている。地上よりはるかに広大な土地に、100を超える地獄の種類。人の罪深さを物語っているのかもしれない。

■八大地獄の詳細

等活地獄（とうかつじごく）
対応する罪：殺生

殺生の罪を犯したものが堕ちる地獄。争い好きな者や反乱で死んだものもここに堕ちるという。ここでは自らの意思に関係なく常に争いが起こり、死ぬまで続けられる。しかも死んでも獄卒（鬼）に生き返され、再び殺し合いを続けることになる。何度でも死に、誰でも等しく生き返るゆえに等活地獄という。

黒縄地獄（こくじょうじごく）
対応する罪：殺生、盗み

殺生に加え、盗みを犯したものが落とされる地獄。ここでは黒縄（墨をつけた縄）で体に升目状に線を引かれてしまう。そして獄卒たちにこの線に添って、斧やノコギリで体を斬られ、切断される。ちなみにこれ以外にも、釜茹での刑や、熱した鉄で焼かれる刑などが用意されている。

衆合地獄（しゅうごうじごく）
対応する罪：殺生、盗み、邪淫（じゃいん）

先の罪に加え、淫らな行いを繰り返した者が落ちる地獄。ここには葉が刃となっている植物が生えている。この木のてっぺんでは、美人が淫らな姿で誘惑する。罪人たちはそれに引き寄せられ、血を流しながら木に登っていく。しかし登ると女は消え、今度は木の下に現れ、罪人は再び血を流し降りていく。

叫喚地獄（きょうかんじごく）
対応する罪：殺生、盗み、邪淫、飲酒

先の罪に加え、飲酒の罪を犯したものが落ちる地獄。熱した鉄の上を走らされたり、熱した鍋で煮られたりする。さらに無理矢理口をこじあけられ、その口のなかに熱した銅を流し込まれ、五臓を焼かれる。また、ここでは目から火を噴き、赤い服を着た巨大な獄卒が罪人を追い回し、弓矢で射て苛む。

大叫喚地獄（だいきょうかんじごく）
対応する罪：殺生、盗み、邪淫、飲酒、妄語（うそ）

先の罪に加え、嘘をついたものが落ちる地獄。罪人がここに来ると足から頭まで燃えてしまうが、生き返って再び焼かれるというのを繰り返す。また、獄卒が罪人の目や舌を抜き、また生えてきたら抜くというのを繰り返す刑罰もある。延々と苦しみを繰り返させる地獄であるといえる。

焦熱地獄（しょうねつじごく）
対応する罪：殺生、盗み、邪淫、飲酒、妄語、邪見（じゃけん）

先の罪に加え、邪見（因果の道理を無視する誤った考え方や行動）を行ったものが落ちる地獄。焼けた鉄の棒で打たれ、鉄串で串刺しにされ、地獄の劫火で焼かれる。なお豆粒ほどの焦熱地獄の火でも、地上にもって来ると地上の全てが、一瞬で焼き尽くされてしまうという。

大焦熱地獄（だいしょうねつじごく）
対応する罪：殺生、盗み、邪淫、飲酒、妄語、邪見、犯持戒人

先の罪に加え、尼僧や童子を犯した者が落ちる地獄。ここでは最初に恐ろしい地獄の様子を見せつけられ、恐怖を植えつけられる。そのうえで、更なる獄熱の海に放り込まれ、延々と焼かれ続ける。また、炎の刀で皮を剥がれて焼かれ、熱した鉄を注がれる刑もあるという。

阿鼻地獄／無間地獄（あびじごく／むげんじごく）
対応する罪：殺生、盗み、邪淫、飲酒、妄語、邪見、犯持戒人、父母・阿羅漢（聖者）殺害

先の罪に加え、両親や聖者の殺害を犯した者が落ちる地獄。最下層ゆえここに落ちるまで2000年もかかるという。これまでの1000倍の苦しみで、舌を抜かれ、釘を打たれ、毒や火を吐く虫やヘビに苛まれる。しかもこの苦しみが絶え間なく続く。これまでの地獄は、ここに比べたら夢のような幸福だという。

宗教・思想・哲学

宗教

ハルマゲドン

関連
- カトリックとプロテスタント
~キリスト教宗派と組織~
➡P.027
- 終末予言
~世界を震撼させた予言~
➡P.355

3 宗教で描かれる世界の終末

　ユダヤ、キリスト、イスラムの3大宗教、通称**アブラハムの宗教**の中では、内容の違いこそあれど、共通して描かれていることがある。それこそが**世界の終末論**であり、ハルマゲドンなのだ。世界の破滅そのものをハルマゲドンと呼ぶこともあれば、その引き金となる人類の戦争をそう呼ぶこともある。いずれにせよ、多くの宗教で描かれる世界の終わりのことをハルマゲドンと称しているのだ。

　キリスト教の聖書によれば、終末が近づいたとき、善の軍勢（キリスト勢）と悪の軍勢（アンチキリスト勢）の2つが争うといわれる。このとき世界には稲妻が走り、地は裂け、さらには巨大隕石が落ちてきて世界は終焉を迎えるそうだ。これらすべてを総じてハルマゲドンとすることもあれば、善と悪の軍勢の戦いをハルマゲドンとするものもある。戦いの後、イエス・キリストが地上に現れ、キリスト教を信仰していた善人を救い、理想郷を作り出すといわれる。

　これらの終末論から信者のみの救出という部分が強くピックアップされ、しばしばハルマゲドンはカルト

宗教・思想・哲学

教団に取り入れられることもある。だが、ハルマゲドンとはあくまで聖書に描かれた物語の1つであり、終末の予言ではないということを覚えておきたい。

ハルマゲドンとは、実は地名だった？

聖書を紐解いていくと、実はハルマゲドンとは世界の終末を表す事象ではなく、その終わりを迎える地名だという説がある。というよりも、ハルマゲドンは事象でもあり、地名でもあるというほうが正しいだろう。同じく終末の地のことを指すメギドの丘という土地があるが、ハルマゲドンとメギドの地をイコールだとすることも多い。

このメギドの丘は実際にイスラエルに存在する丘で、古代においては要所としてたびたび大きな戦争が起こったとされている。特にエジプトの王によって描かれたヒエログリフ【注1】（P.276）では、この地を「海の道」と呼び、重要視していたと記している。さらに、ローマ帝国時代にも重要な戦略路として活用されていた。こういったことから、メギドの丘＝ハルマゲドンだと主張する人は多い。

また、聖書『ヨハネの黙示録』第16章には「イエス・キリストが軍勢をハルマゲドンという地に集めたり」と書かれている。このように、ハルマゲドンは事象と土地、どちらの意味でも使われる、ある種便利な終末を指す言葉として扱われているようだ。

ほかの説としては、ハルマゲドンを生物が死滅するほどの大飢饉だと唱える者もいる。しかし、具体的に聖書で示されている箇所はなく、一般的ではない。さらに、かの有名なノストラダムス【注2】の予言のことをハルマゲドンだとする説もあったが、あの予言はあくまで彼の占星術による占いの結果であり、聖書に記された終末とは別物だ。あくまでそういう説もあると覚えておく程度でいいだろう。

【注1】古代エジプトにおいて使われていた文字の1種で、それを使って描かれた碑文のことも指す。ほとんどが絵のような象形文字であるのが特徴。

【注2】1503年生～1566年没のフランスに実在した人物。占星術に傾倒しており、さまざまな予言を残す。1999年に恐怖の大王が降るという有名な予言は、後年に終末予言として解釈され、日本でもノストラダムスブームが起きた。

ハルマゲドン

宗教・思想・哲学

宗教

ブードゥ教

関連
■ グール　➡ P.138

強制労働者が生み出した魔術と信仰

【注1】ゾンビパウダーは、トカゲ、ヒキガエル、チャ・チャ、ボア・グラテ、テトロドトキシンやその他の毒など、さまざまな材料を混ぜ合わせることで精製される。これを飲ませることで、生きた人間をゾンビに変えることが可能だという。

　16〜19世紀にかけて、アフリカのあらゆる場所から黒人がハイチに集められ、奴隷として強制労働を強いられていた。そういった黒人たちが他宗教の要素を取り入れて作ったのがブードゥ教だ。西アフリカのフォン族が最初の信仰者とされ、「ブードゥ」という名前もフォン族の精霊という意味をもった「ヴードォン」が由来だという。

　ブードゥ教は宗教と解釈されることも多いが、教義や教典が存在せず、また宗教法人として認可された教団も皆無である。そのため、民間信仰と考えるのが正しい。ブードゥ教の司祭は、**魔術による怪我や病気の治療**など医者のような役目を担っていたほか、政治においても活躍していたとされる。また、アメリカのニューオリンズには、昨今もブードゥ教に対する信仰が根強く残っており、そこにはブードゥ教に由来する場所も存在する。

　ブードゥ教には、ゾンビを生成する**ゾンビパウダー**【注1】が存在し、これで生きた人間をゾンビにする。その理由は人間に罰を与えるためだ。信仰者は、人間が死ぬと精霊へ昇華される、あるいは生まれ変われると信じている。だが、ゾンビとなってしまうと、精霊になるどころか生まれ変わることもできない。この罰は死よりも恐ろしいとされ、地域によっては死者に毒を飲ませたり、首を切り落とすことで、死後のゾンビ化を防ごうとするほどである。

宗教・思想・哲学

悪魔・天使

ベリアル

関連
- 悪魔 ➡ P.014
- ソロモン王 ➡ P.055
- ルシファー ➡ P.101

悪徳を愛する不埒な貴公子

【注1】別名「悪魔の書」と呼ばれる魔術書。ソロモン72柱の召喚方法や悪魔の使役方法について書かれている。

【注2】ユダヤ教やキリスト教における『旧約聖書』の正典、外典に含まれない文書の1つ。

　悪魔ルシファーの次に作られたという堕天した元力天使。魔術書『ゴエティア』【注1】では、悪魔としてソロモン72柱の1柱に数えられる。名はヘブライ語で「無価値な」「無益」などの意味があり、その外見は美しく優雅にして高貴な紳士を思わせるが、虚偽と詐術に長けている醜悪な魂をもつといわれる。

　ベリアルの所行は、旧約偽典『十二族長の遺訓』【注2】で確認できる。彼は古代イスラエルのユダ王国の14代王マナセに言葉巧みに近付き、やがてその魂に憑依して、ユダヤ教に反する数々の悪行を行った。宗教的に禁止されていた偶像崇拝を復活させ、神の言葉を王やイスラエルの民に伝える預言者イザヤを殺害。ユダヤ教徒を迫害し、都を混乱、荒廃させた。ベリアルの悪事はこれに留まらず、死海付近にあったというソドムとゴモラの町に、あらゆる悪を蔓延させた。

　これらの事件は、ベリアルの巧みな弁舌によるものだ。優雅で洗練された彼の言葉は、どんな内容でも聞く者たちを魅了、煽動したという。

宗教・思想・哲学

巧みな話術でイエスを相手に告発

【注3】紀元前13世紀頃に活躍したとされる、古代イスラエル民族の宗教と政治の指導者。

【注4】『旧約聖書』の『創世記』に登場する、エジプト全土を飢饉から救った人物。

14世紀頃に出版された著書『ベリアルの書』では、主人公のベリアルがイエス・キリストを相手取って訴訟を起こしたと書かれている。ベリアル側の主張は以下の通り。

「イエスと呼ばれる人物が、不当にも地獄の権利に干渉し、地獄、海、大地、および大地に住むすべてのものの支配権を強奪している」。当時の一般認識として、天界は神の領域、地獄や地上は悪魔の支配地域と考えられていた。そのため、イエスが地上の人々を信仰に目覚めさせ、先導する行為は**領域違反**であるというのだ。

やがて裁判当日、神は悪魔の扱いに慣れている魔術師、イスラエル王国のソロモンを裁判官に任命し、イエスは弁護人としてモーセ【注3】の出頭を要求。第一審ではベリアルが有利と思われたが、最終的には敗訴し、彼はすぐに第二審の訴訟を行った。

その後、エジプトのファラオ代理のヨセフ【注4】を議長に、ローマ皇帝オクタヴィアヌス、哲学者アリストテレス、予言者エレミヤ、預言者イザヤなどをメンバーとする控訴審が開かれたが、最終的には両者痛み分けという結末を迎える。正確には、イエスの無罪が立証されたうえで、ベリアルは特別に有利な**権益**を得た。

その権益とは、「最後の審判の日に地獄へ落とされる者に対して、悪魔は権威を振るっても構わない」というもの。限定的だが悪魔たちの支配権を認める内容だった。

華麗な容姿にご用心!?

イギリスの詩人ジョン・ミルトンの叙事詩『失楽園』において、ベリアルは「天から失われた者で、彼以上に端麗な天使はいなかった。生まれつき威厳に満ち、高邁で、勇敢な行動力を誇る者のように見えていたが、それはすべて偽りの虚飾にすぎなかった」と書かれている。彼の外見的な美しさを称えているが、その中身は醜悪だと人格面を否定している。美しいものには棘があるということだ。

ベリアル

悪魔・天使

ベルゼブル

関連
- 悪魔 ➡ P.014
- ルシファー ➡ P.101
- オリュンポス十二神〜ギリシア神話の神々〜 ➡ P.128

神から悪魔へと変貌した存在

【注1】その土地、地方に昔から住む神様。

　地獄の王ルシファーに次ぐ高位の大悪魔。紀元前13世紀以前から存在し、地獄の悪魔を束ねる指揮官的な立場にある。「悪魔憑き」に関わるとしても広く知られており、人間に悪魔を信仰させ、聖職者の性的欲望を刺激したり、嫉妬や争いを生み出すともいわれる。

　ベルゼブルの名は、ヘブライ語で「蠅の王」や「糞山の神」という意味をもつ「バール・ゼブブ」に由来しており、彼の姿は巨大な蠅として描かれることが多い。だが、もともとは「高所の神」という意味の「バール・ゼブル」が語源であり、イスラエルのカナン地方や地中海東岸に位置したフェニキア地方一帯で信仰されていた神様だった。豊穣を司る土着神【注1】であり、神聖な食物を守る「蠅を殺す神」だったという説もある。

　しかし、キリスト教が世界各地に広まったことで、高所の神であるバール・ゼブルは、ユダヤの民に邪教の神として扱われるようになり、皮肉と侮蔑の意味を込めて語呂のよく似たバール・ゼブブ、蠅の王と呼ばれるに至ったのだ。

宗教・思想・哲学

宿敵イエスの幽閉を目論む

【注2】新約聖書におさめられた4つの福音書の1つ。マタイ、ルカ、マルコの3つの福音書は基本的な内容が共通している。

【注3】聖書の正典に加えられなかった文書。イエスが処刑されるまでの経緯と、死後、冥界に訪れる内容が記されている。

【注4】ギリシア神話における冥府の神。『新約聖書』では死者が行く場所のことを示す。

　ベルゼブルと関わりが深い者として、イエス・キリストが挙げられる。『マタイによる福音書』や『ルカによる福音書』【注2】では、イエスが病に苦しむ人々に対して奇跡の力で治癒した際、その行為が「ベルゼブルの力を借りて起こしたものだ」と疑われたと記されている。これに対し、イエスは「私が仮に悪魔だとしても、病をもたらす仲間を滅ぼす（治癒する）わけがない」と反論したという。

　イエスとの逸話はほかにも存在する。『新約聖書外典』【注3】の1つ『ニコデモ福音書』には、ベルゼブルがイエスを冥界に閉じこめようと画策する様子が記されている。

　ユダヤの民をそそのかし、神の子と名乗るイエスの処刑に成功したベルゼブルは、冥府神ハデス【注4】に「イエスが冥府に訪れた際は、永遠に幽閉してほしい」と依頼した。悪魔にとってイエスは天敵中の天敵。そのイエスを冥界に縛り付けることはベルゼブルにとって宿願だったに違いない。ところが、死して神の威厳をもつ「栄光の王」となったイエスが冥府に訪れた瞬間、冥府の門は砕け散り、すべての闇が光で照らされた。これにより冥府に繋がれた死者たちも解放され、ベルゼブルの計画は完全に崩れてしまう。

　しかもイエスは、「ベルゼブルを次に自分が訪れるまで捕らえておくように」とハデスに告げ、冥界を後にした。こうして、ベルゼブルは逆に冥府に縛り付けられてしまうのだった。

変化するベルゼブルの姿

　巨大な蠅として有名なベルゼブルだが、イタリアの詩人ダンテいわく、肩に3つの頭が乗っており、顔の正面と左右はそれぞれ別の色で、鶏冠と蝙蝠のような翼を生やしているという。悪魔や怪物以外では、イギリスの詩人ジョン・ミルトン著作『失楽園』にて、思慮深い偉大な王であると紹介されている。その姿はかつて人々の信仰の対象であったことを示しているかのようである。

宗教・思想・哲学

宗教・思想

仏(如来・菩薩・明王・天部)
~仏教の尊格~

関連
- 密教 → P.091
- 梵字 → P.280

役割にそって働くさまざまな仏たち

【注1】「真理の世界から来たもの」という意味のサンスクリット語「タターガタ」の訳であり、「真理に目覚めたもの」を意味するブッダと同義。

【注2】本来は修行中の釈迦に対してのみ使われていた。

【用語解説】十二神将・二十八部衆……仏の世界には、複数の仏からなるグループが存在する。人気のある「十二神将」や「二十八部衆」は、いずれも天部の仏で構成されている。十二神将は釈迦が薬師如来の功徳を説いた際、そこに居合わせた12の仏たちのことで、大いに感動した彼らはそれ以降、薬師如来の警護を務めるようになった。二十八部衆は、千手観音に付き従う28の仏たちのこと。梵天や帝釈天など、主要な天部の仏がひと通り含まれている。彼らは千手観音を囲むように東西南北の全方位に配置され、まるで結界の如く千手観音を守護しているという。

　キリスト教やイスラム教と合わせて「世界三大宗教」に数えられる仏教。インドで発祥したのち、中国や朝鮮に伝来し、やがて日本にもち込まれた。当時、日本には森や山などの自然物、あるいは剣や鏡などのアイテムを神として信仰する文化しか存在しなかったため、神様を人間の姿で表現した「仏像」には多くの人が衝撃を受けたという。

　仏像となって崇められる仏とは、仏教において指導者的な存在であり、それらをまとめて「尊格」と呼ぶ。また、彼らはその性質や役割から、いくつかの階層に分けられていることを知っておきたい。

　まず「如来部」だが、彼らは仏の世界でトップに君臨するものたちで、その身を以って真理を体現している。次に「菩薩部」はサンスクリット語のボーディサットヴァの音写「菩提薩埵」の略で、"如来の悟りを求めるもの"や"如来となる資格を備えたもの"という意味。端的にいえば将来の如来候補生である。さらに「天部」は仏教に取り入れられたバラモン教やヒンドゥー教の神々たちを指し、如来もしくは菩薩の補佐役として存在する。最後に「明王部」だが、彼らは仏の世界の兵隊にあたり、悪しき者から仏の世界を守護するほか、愚かな衆生を悟りに導くべく尽力している。ひと口に仏といっても、それぞれ階級や役割が大きく異なるのだ。

宗教・思想・哲学

■仏の組織図

仏の世界の組織図。如来部がトップに君臨し、その下に菩薩部や明王部、さらに彼らを守護する天部が控える。また、彼らとは独立した存在として「垂迹部」や「羅漢」が存在する。垂迹部は元々日本で信仰されていた神や人間が仏として祭られるようになったものたち。羅漢は修行者が到達できる最高の位を指しており、釈迦やその高弟たちのことである。

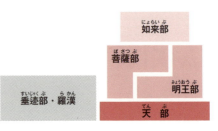

■仏の一覧表

	名称		概要
如来部	釈迦如来		仏の中で唯一、歴史上に実在した人物で、ゴータマ・シッダールタと呼ばれる北インドの釈迦族の王子である。
	薬師如来		西方極楽浄土の教主である阿弥陀如来に対して、薬師如来は東の浄瑠璃世界の教主を務めている。
	毘盧舎那如来		仏教の教えそのものを神格化した仏。毘盧遮那仏が存在しなければ仏法も存在しないとされている。
	五智如来	大日如来	宇宙の真理を神格化した根本尊で、日本神話に登場する太陽の女神・天照大御神の本来の姿とされている。
		阿閦如来	サンスクリット語のアクソビャの音写で「動ぜられないもの」を意味し、不動如来とも呼ばれている。
		宝生如来	名前は「宝より生じたもの」という意味のサンスクリット語に由来し、その身から財宝を生み出すとされる。
		無量寿(阿弥陀)如来	阿弥陀とは「無量」のサンスクリット語「アミタ」の音訳。「無量寿仏」や「無量光仏」とも呼ばれる。
		不空成就如来	不空成就如来を釈迦如来とする説も存在するが詳細は不明。五智如来の中では最も力が弱いとされる。
菩薩部	弥勒菩薩		弥勒菩薩は釈迦如来の代わりに世の人々に教えを説くことで、将来的に如来となることを約束されている。
	観音菩薩		菩薩の名を称えると、その音を観じて願いを成就させてくれるといわれ、多くの人間から信仰を集めている。
	不空羂索観音		サンスクリット語名の「アモグパー」には「この菩薩を信じれば願いは必ず叶う」という意味がある。
	六観音	聖観音	観音菩薩から生まれた菩薩の一尊。六道を輪廻する人々を救うのが目的で、地獄界を担当している。
		十一面観音	観音菩薩から生まれた仏。その名の通り11の顔をもち、それぞれ表情や象徴するものが異なる。
		千手観音	観音菩薩から生まれた仏で、千の手をもつことで有名。1つひとつの手の平に目が付いている。
		如意輪観音	如意宝珠や法輪の功徳を用いて、衆生を苦しみから救い、願望を意のままに叶えてくれるとされている。
		馬頭観音	ヒンドゥー教の主神ヴィシュヌの化身とされる仏。衆生の苦悩を断ち切ることを使命としている。
		准胝観音	衆生が悟りに至るまでの間に起こるあらゆる障害を取り除き、救済することを目的としている。
	文殊菩薩		脇侍仏として釈迦如来の側に控える菩薩。「三人寄れば文殊の知恵」ということわざの語源でもある。
	普賢菩薩		釈迦如来の脇侍仏。文殊菩薩が智慧を司るのに対して、普賢菩薩は修行を司る菩薩として知られる。

仏(如来・菩薩・明王・天部) ～仏教の尊格～

宗教・思想・哲学

仏（如来・菩薩・明王・天部） ～仏教の尊格～

	名称	概要
菩薩部	虚空蔵菩薩	無量の法宝を所持しており、それらを自由自在に使いこなして衆生に幸福を授ける菩薩である。
	日光菩薩	千の光を発して天下を照らし、生死や世界にかげる闇を消滅させる太陽の象徴として知られている。
	月光菩薩	日光菩薩と対になる存在で、月を象徴する菩薩。その姿は日光菩薩と左右対称になるよう、つくられるという。
	勢至菩薩	観音菩薩と共に阿弥陀如来に従う脇侍仏。如来の右に勢至菩薩、左に観音菩薩が立ち、これを阿弥陀三尊と呼ぶ。
	地蔵菩薩	釈尊（釈迦）入滅後、弥勒菩薩が如来として世に権限するまでの間、無仏となる世界で衆生を導くとされる菩薩。
明王部	五大明王 / 不動明王	大日如来の化身として、仏教に帰依しない人々に畏怖の念を抱かせて屈服させ、悟りに至らせようとする。
	五大明王 / 降三世明王	不動明王を中心とする五大明王の一尊。サンスクリット語名は「3つの世界を降伏するもの」という意味。
	五大明王 / 軍荼利明王	五大明王の一尊であり、虚空蔵菩薩の化身とする説もある。息災延命の力があるとされる。
	五大明王 / 大威徳明王	文殊菩薩の眷属、もしくは化身とされる明王。古くから戦闘祈願の本尊として知られる。
	五大明王 / 金剛夜叉明王	金剛夜叉明王は衆生の救済を邪魔する障害者に対して激しい敵意を抱き、排除しにかかるとされる。
	烏枢沙摩明王	金剛夜叉明王の代わりに五大明王に数えられることがある。古代にはトイレの守り神として崇められた。
	愛染明王	サンスクリット語名「ラーガ」は愛欲を象徴し、愛欲の執着の中から悟りを開かせることを勧めている。
	大元帥明王	不遇の死を遂げたとある将軍が夜叉となり、のちに仏教に帰依することで大元帥明王となった。
	孔雀明王	孔雀明王は「孔雀仏母」とも呼ばれる女性の尊格で、優しい菩薩のような姿をしているという。
	六字明王	六観音の集合体といわれる。明王は憤怒の表情を浮かべたものが多いが、孔雀明王と同様に表情は穏やか。
天部	梵天	古代インドのバラモン教（ヒンドゥー教）における創造神ブラフマーの化身だとされる天部。
	帝釈天	ヒンドゥー教の神インドラの化身。ヒンドゥー教では、時代と共にその地位が低くなっていったという。
	四天王 / 持国天	東方を守護する四天王の一尊。国を治める力をもっており、国家安泰や家内安全を成就するという。
	四天王 / 増長天	南方を守護する四天王の一尊。無尽の宝を生み出すことから、商売繁盛にご利益があるとされる。
	四天王 / 広目天	西方を守護する四天王の一尊。広く世間を見渡し無量の寿命を与えることから、無病息災の仏として知られる。
	四天王 / 多聞天	西方を守護する四天王の一尊。多くのことを聞き学び、財宝を生みだす力を得た、財宝授与の仏。
	毘沙門天	多聞天の別名。財宝や富をもたらし、悪しき者を滅ぼす戦の神として知られ、多くの人間の信仰を集めた。
	弁才天	芸道や音楽の神として以外にも、財宝を施す商売繁盛の神「弁財天」として知られている。
	吉祥天	吉祥天に祈ると望むものが手に入るとされ、多くの信仰を集めたが、弁才天の人気におされて影を薄くする。
	大黒天	大黒天に祈ると必ず戦いに勝てるとされ、古来より戦闘の神として信仰を集めてきた。
	深沙大将	唐代の中国の僧・玄奘三蔵がインドに渡る際、流砂から現われて玄奘を守護したとされる天部。
	歓喜天	ヒンドゥー教の神ガネーシャと同一視される仏。ガネーシャは除難、福徳の神として信仰を集めた。

※ P.086 へ続く

宗教・思想・哲学

仏（如来・菩薩・明王・天部）～仏教の尊格～

名称			概要
	荼吉尼天		インド神話の神ダーキニーの化身。人肉を食らう夜叉だったが大日如来に諭され善神となる。
	技芸天		ヒンドゥー教の神シヴァの舞踏家としての一面を神格化したものと推測されるが、出自を含め謎が多い。
	羅刹天		ヒンドゥー教の鬼神ラークシャサと同一視される天部。四天王の一尊である多聞天に仕えている。
	韋駄天		釈迦の遺骨を盗んだ鬼を追いかけ、標高1280万kmの山を一瞬で登ったという逸話が存在する。
	八部衆	天	インド神話から仏教に取り入れられた神々の総称で、「五部浄」と呼ばれることもある。
		龍	蛇が神格化されたもので、水辺におり降雨を司る。「サカラ」と呼ばれることもある。
天部		夜叉	凶暴な鬼、もしくは豊満な裸女として表わされる森の神。毘沙門天に仕えているとされる。
		乾闥婆	帝釈天に付き従い、音楽を奏でている。肉や酒を一切口にせず、お香だけを食べるという。
		阿修羅	六道の1つとして知られる阿修羅道の主。天に敵対するとされる戦闘的な神だという。
		迦楼羅	鷲が神格化されたもので、インド神話の神ヴィシュヌの乗り物。文殊菩薩の化身ともいわれる。
		緊那羅	半人半獣の姿で表わされる歌舞神。帝釈天または毘沙門天に仕え、乾闥婆と同じく音楽を奏でているという。
		摩睺羅伽	龍と同様に蛇を神格化した楽神で「ウワバミ」ともいう。帝釈天に仕えている。
	摩利支天		光や陽炎を神格化したもので、誰にも見られず捉えれないという特性をもっている。
	仁王		仏教寺院の門や須弥壇の左右に配置される一対の尊像の総称。外敵から仏法を守護している。
	鬼子母神		人間の子をさらって食べる悪鬼だったが、釈迦如来に諭され、それ以降は安産と育児を司る天部になった。
	閻魔天		元は死者を冥界に導くものだったが、いつからか死者の罪悪を裁く地獄の王に変化した。
垂迹部/その他	僧形八幡神		元は地方で信仰されていた神だが、神仏習合の神として、日本の神々の中で最初に菩薩の号を奉られた。
	蔵王権限		釈迦如来、千手観音、弥勒菩薩の三尊が融合（三密一仏）し、一体の仏として世に現れたのが蔵王権限とされる。
	山王権現		山岳信仰や日吉大社が神仏習合によって山王権現と呼ばれるようになった。比叡山延暦寺の守護神でもある。
	熊野権限		熊野権限は熊野大宮大社、熊野速玉大社、熊野那智大社の三社を合わせたもの。「熊野三所権限」ともいう。
	青面金剛		本来は疫病を流行させる鬼神だったが、仏教に取り入れられたことで帝釈天に仕える侍神となった。
	金毘羅大権限		薬師如来の眷属である十二神将の1人。水に縁のある神で、航海の神として崇められた。
	牛頭天王		京都府京都市東山区祇園町にある八坂神社の祭神であり、建速須佐之男命と同一視されている。
	三宝荒神		三宝荒神は神仏習合によって生まれた修験道を司る神で、仏、法、僧の三宝を守護している。
	愛宕権現		神仏習合によって山岳信仰と修験道から生まれたもので、伊邪那美と同一視されている。
	東照大権現		徳川家康を薬師如来が世に権限した姿とし、彼の死後に東照大権現の神号が与えられた。
	十六羅漢		釈迦の弟子の中で、仏教徒を保護する役目を与えられた者は十六羅漢と呼ばれる。
	十大弟子		釈迦の弟子たちの中でも、特に優れたものを十大弟子と呼び、釈迦如来像とともに作られることがある。

宗教・思想・哲学

魔法・ファンタジー

マナ

関連

メラネシアの超自然的な力

【注1】オーストラリアの北から北東に位置する島々の総称。黒い島々という意味がある。

【注2】1938年生〜。アメリカの小説家。ハードSFを得意としている。代表作は『リングワールド』。『魔法の国が消えていく』で、マナを資源として描いた。

　マナとはおもにメラネシア【注1】やポリネシアで信じられていた地域宗教の概念で、超自然的な力や存在のこと。人間や物など、マナはあらゆるものに宿るという。また、マナは固定されたものではなく、人から人、物から物、人から物など、移動させることが可能で、病気の人間にマナを与えて治したり、道具に注入してその性能を上げることができると信じられていた。「一族の族長が立派に役目をこなしているのは、マナが宿っているからだ」と、時には魅力やカリスマといった形でも表現される。単純な力としてだけではなく、もっと広くさまざまな要素を内包したものがマナという存在なのだ。

　この概念は、イギリスの宣教師コドリントンの著書『メラネシア人』などで紹介された。そして世界の諸宗教における超自然的なものを理解するのに有効な概念とされ、学会に大きな影響を与えたという。

　西洋にもち込まれたマナという概念は、SF作家ラリー・ニーヴン【注2】に利用された。彼は1969年に出版されたファンタジー小説

宗教・思想・哲学

『魔法の国が消えていく』で、マナを魔法を使うために必要な<u>有限の資源</u>として描いている。つまり、RPG で魔法を使ったときに消費する MP(マジックポイント)のような存在として、マナという言葉を初めて使ったのだ。これが話題を呼び、以降、ファンタジー小説やゲームで似たような定義や設定が用いられるようになったのである。

そしてラリー・ニーブン発のマナの概念は、日本にも上陸する。もっとも誰が日本で最初に使い始めたのか、それは正確には分からない。だが、日本でもこの言葉を広めるきっかけとなった作品はいくつもある。

日本のファンタジー RPG のマナ

【注3】安田均率いるゲームデザイナー集団。『ロードス島戦記』『ソード・ワールド』シリーズのゲームデザインを手がける。テーブルトーク RPG のリプレイを、演劇の台本のような書式で見せることを発明、定着させた。

【注4】1963年生〜。小説家、ゲームデザイナー。代表作に『ロードス島』シリーズや、『魔法戦士リウイ』シリーズがある。また、現在は独立しているが、ゲームデザイナー集団、グループ SNE の創立メンバー。

【注5】テーブルトークロールプレイングゲームの略。プレイヤーとゲームマスターの会話やサイコロを使って進行する。

日本でマナという言葉を広めた一因になったのは、グループSNE【注3】の水野良氏【注4】の小説『ロードス島戦記』や、その作品と同じ世界観を共有していた『ソード・ワールド RPG』だろう。

『ロードス島戦記』はまだライトノベルというジャンルもなかった頃に、剣と魔法のファンタジー小説として人気を博した作品だ。そしてこの作品のなかで、魔術師は自身の体内にあるマナを消費して魔法を使用した。また、魔法を使う際の呪文で、「万能なるマナよ……」と唱えていたため、よりマナという言葉を印象づけることになった。更に、国産のテーブルトーク RPG【注5】としては最も遊ばれたといわれる『ソード・ワールド RPG』でも、マナの概念は使われ、言葉の浸透を助けたと思われる。

もう 1 つのマナ

『旧約聖書』の「出エジプト記」第16章に登場する食べ物もマナと呼ばれている。霜が蒸発した後に残るもので、白く薄いウエハースのようなものとされている。そして味は甘く栄養価も高い。聖書の表記だけでは、どのような食べ物なのか検討もつかないが、これを食べてイスラエルの民は40年生き延びたという。その点からこれは超自然的なものという説もある。

悪魔・天使

ミカエル

関連
- 天使　→ P.065
- ハルマゲドン　→ P.076
- ルシファー　→ P.101

悪魔サタンを天から追放した天使

【注1】4人の大天使の意味で、ミカエル、ガブリエル、ラファエル、ウリエルを指す。

【注2】天使の階級については、5世紀頃の神学者が記した『天上位階論』が一般的だ。上から順に、熾天使セラフィム、智天使ケルビム、座天使スローンズ、主天使ドミニオンズ、力天使ヴァーチュズ、能天使パワーズ、権天使プリンシパリティーズ、大天使アークエンジェルス、天使エンジェルスとなっており、3階級ずつ上級3隊、中級3隊、下級3隊に分けられる。

【注3】ルシファーとも呼ばれる地獄の王。もともと天使だったが、神に背いたため地獄に落とされ、悪魔を統べる王となった。

　ミカエルは神に仕えると天使の1人で、ヘブライ語で「神に似た者」もしくは「神と同等の者」という意味の名をもつ。キリスト教だけでなく、ユダヤ教やイスラム教においても最も偉大な天使とされている。

　一般的にも「天使長ミカエル」としてよく知られているように、ミカエルは天使たちを束ねる長とされ、「4大天使」【注1】「7大天使」では筆頭として扱われるほか、「天使の軍団長」や「楽園の守護者」といった多くの役割を担っている。とはいえ、ミカエルが直接率いているのは「アークエンジェル」と呼ばれる大天使と、「ヴァーチュース」と呼ばれる力天使のみである。大天使は9つある天使の階級【注2】の中で8番目とかなり低く、力天使も5番目でしかない。ミカエル自身は大天使に属しており、身分的には決して高い位置にいるというわけではないのだ。

　では、なぜミカエルが天使たちを束ねる立場になったのかだが、それは悪魔サタン【注3】との戦いにおける、功績によるものだ。『新約聖書』の『ヨハネの黙示録』によると、ミカエルは

ミカエルさま

宗教・思想・哲学

神の軍勢を率いて悪魔と戦い打ち破っただけでなく、赤い竜を天から投げ落としたという。

教会のステンドグラスなどに、剣を携えた天使が竜を打ち倒している場面が描かれたものがあるが、これはそのシーンを再現している。そして、この赤い竜こそが**サタンの化身**で、ミカエルはサタンを天から放逐した功績によって、特別待遇が与えられたというわけだ。

なお、天使の階級で頂点に位置するのは「セラフィム」と呼ばれる熾天使。ミカエルは熾天使ではないが、肩書や役割がそぐわないため、のちに「ミカエルは熾天使でもある」といわれるようになった。

庶民に大人気だったミカエル

教会の権力が非常に強かった中世ヨーロッパにおいて、悪魔と戦うミカエルの人気は非常に高かった。実際、ヨーロッパ各地にはミカエルを称える聖堂や教会などが多数建設されている。中でも有名なのが、フランスの**モン・サン・ミシェル**に建てられた修道院だ。

708年、アブランチェスという町の司教オベールは、夢に現れたミカエルから聖堂を建てるように命じられ、その言いつけ通りに聖堂を建設。その後、ノルマンディー公リチャード1世が修道院を建て、さらに増築が繰り返されて現在の形になったという。

ほかにも「ミカエル祭」と名付けられた祭りが現代まで伝わるなど、ミカエルの人気ぶりがうかがえる。

ミカエルの起源はバビロニア神話？

ミカエルの起源は新バビロン王国を打ち立てたカルデア人の神だといわれている。キリスト教ではしばしばあることだが、教えが広まる過程でほかの宗教の神が取り込まれ、神の使いや悪魔とされることがある。バビロンの神話には洪水伝説などを始め、『旧約聖書』との共通点もあるので、ミカエルがキリスト教に取り込まれたのち、神に仕える天使となった可能性は十分に考えられるのだ。

宗教・思想・哲学

宗教・思想

密教

関連
- 仏（如来・菩薩・明王・天部）
  〜仏教の尊格〜
  → P.083
- 梵字
  → P.280

師から弟子へと受け継がれる仏の教え

【注1】仏教において秘密にはされず、広く説かれる教えのこと。

【注2】仏の言葉とされており、仏に願いを訴える際にその内容を伝えるために用いられる。

【注3】息災法、増益法、調伏法など、護摩はいくつかの種類に分類される。

　密教とは「**秘密仏教**」の略称であり、民衆に向かって広く教義を説く「顕教」【注1】と異なり<u>師から弟子へと秘密裏に相承されていくもの</u>。

　宇宙の真理を仏格化した「**大日如来**」が直接行った説法とされる密教は、人間の言葉や文字では説明することができない。そこで編み出されたのが身口意の**三密瑜伽**の行法。これは手で印を作り、口で真言【注2】を唱え、心で本尊を観想するというもの。三密瑜伽を通じて行者が本尊と一体となり、悟りに至るのだ。

　密教では、その教えを会得した師匠を「**阿闍梨**」という。また、阿闍梨から阿闍梨へと秘法が伝えられることを「師資相承」といい、これらの系譜を記録したものを「相承譜」と呼ぶそうだ。その系譜は親子の血縁より深いとされることから「血脈譜」とも称されることがある。

　密教では神より益を賜るために祈祷が行われる。なかでも一般人に認知されているものは「護摩」【注3】だろう。これは古代インドのバラモン教で供物を火に投じて供養する儀式「**ホーマ**」の音訳であり、煩悩や悪業を焼き尽くす利益があるとされる。手順としては、まず護摩壇を建立し、炉に火を点じて護摩木を燃やす。次に火中に供物を投じて本尊（大日如来）を供養し、願主の願いが成就するように祈るそうだ。

宗教・思想・哲学

■仏の世仏ごとの真言

密教で仏に対する言葉として用いられる言葉「真言」。「ナウマク・サンマンダボダナン・バク」や「オン・バザラダト・バン」など、真言は呼びかける相手（仏）ごとに異なるため、さまざまな種類が存在する。ここでは、特に名が知られた仏に対応する真言を紹介しよう。

仏	真言
釈迦如来	ナウマク・サンマンダボダナン・バク
薬師如来	オン・コロコロ・センダリ・マトウギ・ソワカ
大日如来	オン・バザラダト・バン
	ナウマク・サンマンダボダナン・アビラウンケン
無量寿(阿弥陀)如来	オン・アミリタテイゼイ・カラ・ウン
弥勒菩薩	オン・マイタレイヤ・ソワカ
聖観音	オン・アロリキヤ・ソワカ
十一面観音	オン・ロケイジバラ・キリ
千手観音	オン・バサラダルマ・キリ
如意輪観音	オン・ハラダハンドメイウム
文殊菩薩	オン・アラハシャ・ノウ
普賢菩薩	オン・サンマヤザトバン
	オン・バザラユセイ・ソワカ
虚空蔵菩薩	オン・バサラ・アラタンノウ・オン
勢至菩薩	オン・サン・ザン・ザンサク・ソワカ
日光菩薩	オン・ロホジュタ・ソワカ
月光菩薩	オン・センダラ・ハラバヤ・ソワカ
地蔵菩薩	オン・カカカ・ビサンマエイ・ソワカ
不動明王	ナウマク・サマンダバザラダン・カン
降三世明王	オン・ソンバ・ニソンバ・ウン・バザラ・ウンパッタ
軍荼利明王	オン・アミリティ・ウン・パッタ
大威徳明王	オン・シュチリキヤラ・ロ・ハウンケン・ソワカ
金剛夜叉明王	オン・バザラヤキシャ・ウン
愛染明王	オン・マカラギャ・バゾロウシュニシャ・バザラサトバ・ジャク・ウン・バク
烏枢沙摩明王	オン・シュリ・マリ・ママリ・マリ・シュリ・ソワカ
大元帥明王	タリツ・タボリツ・バラボリツシャキンメイ・シャキンメイ・タララサンタン・オエンビ・ソワカ
孔雀明王	オン・マユ・ラ・キランデイ・ソワカ
帝釈天	ナウマク・サンマンダボダナン・インダラヤ・ソワカ
毘沙門天	ナウマク・サマンダボダナン・ベイシラマンダヤ・ソワカ
大黒天	オン・マカキャラヤ・ソワカ
弁才天	オン・ソラソバテイエイ・ソワカ
吉祥天	オン・マカシリエイ・ソワカ
歓喜天	オン・キリク・ギャク・ウン・ソワカ
荼吉尼天	ナウマク・サマンダボダナン・キリカ・ソワカ
摩利支天	オン・マリシエイ・ソワカ
鬼子母神	オン・ドドマリギャキテイ・ソワカ
閻魔王	オン・ヤマラジャ・ウグラビリャ・アガッシャ・ソワカ
自在天	オン・マケイシバラヤ・ソワカ

宗教・思想・哲学

宗教・思想

ムドラー
~手印~

関連
- 仏（如来・菩薩・明王・天部）
  ～仏教の尊格～　➡ P.083
- 梵字　➡ P.280

両手の形が示している、アジア仏像の深イイ意味

【注1】古代インドに発祥した独特の修業法。いろいろなポーズを維持しながら呼吸を整えて精神を統一し、いわゆる悟りを目指す。ハタ・ヨーガやマントラ・ヨーガなどさまざまな種類が存在。アメリカではニューエイジ運動などで知れ渡り、その後フィットネス要素を取り入れたパワー・ヨーガやホット・ヨーガが独自に生み出された。

仏像などをよく見ると、いくつか似たようなパターンの手の形をしていることに気付かないだろうか。実はこれがムドラーで、「手印」「印相」ともいい、両手のジェスチャーにより意味を表すことである。

仏教の仏像、またはヒンドゥー教の神々にはこのムドラーに決まったパターンがあり、ムドラーの教義的な意味を知れば、その仏像にこめられたメッセージや種類などが分かる。代表的なムドラーはP.094を参照してほしい。

日本の仏像でもおなじみなのは「釈迦根本五印」と呼ばれるもので、①説法印（転法輪印）＝ダルマチャクラ・ムドラー、②施無畏印＝アバヤダーナ・ムドラー、③与願印＝ヴァラダ・ムドラー、④禅定印（定印）＝ディヤーナ・ムドラー、⑤降魔印（触地印）＝ブーミスパルシャ・ムドラーの5つ。それぞれ釈迦の瞑想時や説法時の身振りに由来している。

仏像や神々だけでなく、ヒンドゥー教徒の多いインドから発祥した修業法「ヨーガ」【注1】でもムドラーは用いられる。伝統的なハタ・ヨーガでは、宇宙のエネルギーを取り入れる重要なテクニックの1つとなっている。

余談だが、仏像の見方としてその姿勢や座法、法具などにも実は意味がある。興味がある人は調べてみると、その奥深い世界が楽しめるだろう。

宗教・思想・哲学

■ムドラー（手印）

アバヤダーナ・ムドラー

根本五印の1つ、施無畏印。右手の手の平を前に向ける。すべての恐れを取り除き、人々を和らげる象徴である。

ブーミスパルシャ・ムドラー

根本五印の1つ、触地印（降魔印）。右手の人差し指を地面につける。菩薩心が揺るがないことの象徴。

ダルマチャクラ・ムドラー

根本五印の1つ、転法輪印（説法印）。両手を胸の高さまで上げ、親指とほかの指で輪を作る。法を解くことの象徴。

ディヤーナ・ムドラー

禅定印（定印）。両手の手の平を上にして指を伸ばし、右手を上にして膝上で重ね合わせる。深い瞑想状態を表す。

ヴァラダ・ムドラー

根本五印の1つ、与願印。手の平を開いて下に向け、指先を伸ばす。すべての願いを叶える象徴。

ナマスカーラ・ムドラー

蓮華合掌。両手の手の平を心臓のところで合わせる。インド古来の敬礼法で、畏敬の念を表す。

ヴィタルカ・ムドラー

意思伝達や話し合い、討論の手印。右手のひらを肩の高さまで上げ、親指と人差し指で輪をつくる。

ヴァジュラフームカーラ・ムドラー

金剛吽迦羅印。右手に金剛杵、左手に金剛鈴をもち、両手を胸の位置で交差させる。内外一切の魔を調伏する象徴。

■座法

アルダパルヤンカーサナ
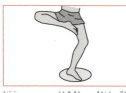
丁字立ち。主に忿怒尊系が慢心や煩悩を打ち消すためにとる姿勢。

ヴァジュラーサナ

金剛座。結跏趺坐、吉祥座とも。良い悟りを開いたことを意味する姿勢。如来、菩薩の一般的な座法である。

ラリターサナ

遊戯座。今まさに救いに行こうと立ち上がろうとする姿。グリーンターラー、サラスヴァティーなどの座法。

バドゥラーサナ

賢座。兜率天で修業し、そこで待っている姿勢。弥勒菩薩独特のものである。

ラージャリーラーサナ

輪王座。今救いに向かおうとする姿勢で、如意輪観音がこの姿勢をとる。

アリダーサナ

展右勢。「煩悩即菩薩」など、仏教の真理を表現した姿勢。守護尊などがとる。

プラトゥヤリダーサナ

展左勢。展右勢と共に、仏教の真理を表現した姿勢である。

宗教・思想・哲学

神

ヤハウェ

関連
- ノアの方舟 ➡ P.073
- リリス ➡ P.099
- バベルの塔 ➡ P.163

ユダヤ・キリスト・イスラムの源(みなもと)

【注1】アダムの最初の妻で、アダムと別れたあと悪魔の子供を産んだという。ただし、リリスがアダムの最初の妻というのは中世の文献によるもの。もともとはメソポタミアの伝承にある、夜の妖怪との説もある。

『旧約聖書』に登場する世界万物(ばんぶつ)の創造主にして**全知全能の神**。「YHWH」「YHVH」などと書き、ヘブライ語のこの4つの子音は「神聖4文字」と呼ばれる。ユダヤ人の間では、直接ヤハウェの名を口にするのは畏(おそ)れ多いとされ、**「アドナイ（我が主）」**と読み替えていた。カトリック教会でも神の名をみだりに口にしてはならないとし、「主(しゅ)」と呼ぶようにしている。ちなみにYHWHにアドナイの母音記号を付けて「エホバ」と読む場合もある。

ヤハウェは**天地創造**を行なった神で、6日間で世界を作り、1日休息をとったという。日曜日が安息日(あんそくび)として休日になっているのは、これに由来する。その後、ヤハウェは自らの姿に似せて最初の人間アダムとその妻リリス【注1】を生み出すが、リリスはアダムと別れて悪魔となったため、ヤハウェはアダムの肋(ろっ)骨(こつ)からイブを創ったのである。ヤハウェはアダムとイブをエデンの園(その)に住まわせるが、彼らが言いつけに背いて**知恵の実**を食べたことに激怒し、2人を外界に追放する。その後、地上で暮らしていたアダムらの子孫

宗教・思想・哲学

【注2】 旧約聖書に出てくる街の名前で、神の怒りに触れ、硫黄の火によって滅ぼされた。

【注3】 古代イスラエル民族、ユダヤ教の指導者。エジプトで不自由なく暮らしていたモーセだが、同胞のユダヤ人が虐待されているのを見て、ユダヤの民を率いて、約束の地カナンを目指してエジプトを脱出した。だが約束の地を目前にその生涯を閉じた。

が悪事を働いたため、大洪水を起こして人間を滅ぼした。この話が有名な伝承「ノアの方舟」だ。

更に、人間がバベルの塔を建築した際は、人々の言語を乱し、塔の建設を阻止。そしてソドムとゴモラ【注2】の街に住む人々が堕落した際は、天から硫黄と炎を落として街ごと滅ぼした。ただ、慈悲深い一面もあり、モーセ【注3】が同胞を率いてエジプトから脱出する際は、その手助けをしている。

キリスト教やイスラム教との関係

【注4】 キリスト教の根本原理の1つで、ローマカトリック教会の中心的な教えでもある。4世紀頃にキリストは神か人かをめぐり論争が発生。全教会を巻き込んだ論争に発展した。数々の宗教会議を経て、381年のコンスタンティノープル宗教会議において、神とキリストと精霊は同質であるという三位一体の教義が確定した。

ユダヤ教の神であったヤハウェは、<u>キリスト教、イスラム教</u>の神と同じである。そもそもキリスト教はユダヤ教キリスト派といえる存在なのだ。ただ、キリスト教は三位一体【注4】説によって、預言者であるキリストとヤハウェが同じ存在、1つの神であるとした。そのため、ユダヤ教のヤハウェとは異なる一面ももっている。

イスラム教の場合は、ヤハウェではなく「アッラー」と呼ばれる。預言者はムハンマドだが、キリストのように神と同一の存在になってはいない。アッラーは唯一絶対の神であるという考えが、より明確である。

いずれの神もベースとなっているのはヤハウェだが、<u>ユダヤ教、キリスト教では公式に認めてはいない</u>。現状で3つの宗教の神が同一であると認めているのはイスラム教だけだ。聖地エルサレムをめぐる戦いがあったため、各宗教の教えには隔たりがあり、今も対立している。

ヤハウェの天地創造

ヤハウェがはじめてその力を行使した天地創造。1日目は暗闇があるところに光を創り、昼と夜ができた。2日目に神は空を創り、3日目には大地を創り、海が生まれて植物ができた。4日目に神は太陽と月と星を創造。5日目には魚と鳥と創った。6日目に獣と家畜、そして人間を創り、7日目に休んだ。ちなみにアッラーは休む必要はないと、7日目の休息はとらなかったという。

ヤハウェ

宗教・思想・哲学

悪魔・天使

ラファエル

関 連
- ガブリエル ➡ P.029
- 天使 ➡ P.065
- ミカエル ➡ P.089

治癒の力をもつといわれるラファエル

【注1】伝統的なユダヤ教の秘密主義において、師から弟子へと伝えられる口伝のこと。

【注2】カバラにおいて、宇宙の構成を図解したシンボル図。10個のセフィロト（神が流出する器）とそれを繋ぐ経で構成され、神聖なエネルギーが流れているとされる。

【注3】ヘブライ人の族長で、しばしば神や神の使いから指示や介入を受けたとされる人物。『創世記』や外典によく登場する。

【注4】アブラハムの孫。天使と思われる相手と格闘して勝利し、祝福を与えられた。

ラファエルは、ミカエルやガブリエルと並んで有名な天使。階級はミカエルと同様に大天使だったが、のちに天使の階級が定められてからは、熾天使や智天使、主天使、能天使と、大天使を含めて5つの階級に属する存在となった。

ラファエルは癒しの天使として知られ、古くから癒しの象徴である蛇と結びつけられている。大地に住む人間の身体的な幸福はラファエルに委ねられており、キリスト教では天使たちの中でも、最も親しい友人とされている。実はラファエルという名も、ヘブライ語で治療者や医者という意味の「rapha」からきたものだ。

ユダヤ教のカバラ【注1】でも、ラファエルは大地を癒す義務を負っており、生命の樹【注2】のセフィロト（P.051）の1つとされる。

また、アブラハム【注3】の元を訪れた3人の天使の1人とされ、ヤコブ【注4】が天使と格闘した際に傷ついた腿を治療したという。実際、ラファエルと出会って祝福を受けたり、治癒してもらったという人もおり、こうした話はカトリックの伝

097

宗教・思想・哲学

ラファエル

承にも数多く残されている。例えば18世紀の修道女マリア・フランシスは病気がちだったが、あるときラファエルから「病気を治してあげましょう」と言われ、実際に元気になったそうだ。

『トビト記』のラファエル

ラファエルについて記した文献としては、カトリックの外典の1つ『トビト記』【注5】がよく知られている。

模範的な信者だったトビトは、あるときスズメの糞が目に入って失明し、絶望から死なせてくれと神に祈った。その頃、別の場所では悪魔に憑りつかれたサラという娘がおり、夫となった者が婚礼の晩に殺されてしまうという事件が起きていた。

神はサラの両親とトビトの祈りを聞きつけ、彼らを救うためラファエルを遣わした。ラファエルは、父の言葉に従ってメディアへと旅していたトビトの息子トビアのもとを訪れ、親類の息子として同道。その途中で大きな魚を捕え、内臓をもっていくようトビアに助言した。魚の心臓と肝臓は悪霊祓いに、胆のうは目の治療に必要だったのだ。

トビアの旅が終わりに近づいた頃、ラファエルはトビアがサラを娶るということと、悪魔祓いの方法を伝えた。この言葉通り、トビアはサラと結婚し、助言に従って悪魔を追い払った。その後、トビアがサラを連れて実家に戻ると、ラファエルはトビアにトビトの目を治療させる。視力が回復したトビトは、ラファエルに深く感謝するが、ラファエルは自身が天使であることを明かし、トビト親子に神を賛美して正しく生きるように告げて去ったそうだ。

このエピソードから、ラファエルは**旅と安全の天使**とも呼ばれるようになった。絵画で杖と魚を携えた姿で描かれることがあるのも、この話が由来だという。

【注5】紀元前2世紀ごろに記された外典。トビトとその息子であるトビアにまつわる物語を通じて、天使の癒しの役割を記している。語り手はトビト自身で、ラファエルから一家に起きたことを書き残すよう指示されたことから作成したという。

宗教・思想・哲学

悪魔・天使

リリス

関連
- 悪魔 ➡ P.014
- ヤハウェ ➡ P.095

神への復讐を誓う夜の魔女

【注1】8～11世紀に執筆された聖書とタルムードの英雄たちの物語を記した中世の文献。著者は不明。

　リリスは夜な夜な新生児をさらって殺す女悪魔。その成り立ちは不確かな部分が多いが、一説では彼女は女神から悪魔へ変貌したものだといわれている。かつての母権制の社会では夜や月など「陰」が重視されており、リリスは女神として扱われていた。ところが日中や太陽などを軸としたユダヤ、キリスト教などの父権制社会に切り替わると、彼女は夜の悪魔に追いやられてしまったのだ。

　他説として、彼女は人類の創生において、イヴよりも前にアダムが愛した妻だといわれている。『ベン・シラのアルファベット』【注1】によると、リリスは男性本位の性行為を求める夫アダムを許せず、天界から堕ち、多くの悪魔たちと関係をもって子供を生んだ。神からの帰還命令を無視し続けた彼女は、やがて「毎日100人ずつ子供が死ぬ」という呪いをかけられてしまう。そして彼女は、神への復讐として、赤ん坊や出産女性の命を狙う悪魔へと堕ちたという。

　復讐を誓うのは結構なことだが、巻き込まれた人間にとってはたまったものではない話だ。

宗教・思想・哲学

哲学・思想

輪廻転生

関連
■天国と地獄
〜世界のあの世・この世〜
➡ P.061

6つの世界を巡り、命あるものは生まれ変わる

【注1】天界、人間界、修羅界、畜生界、餓鬼界、地獄界の6つである。

本来「輪廻」と「転生」は、それぞれ独立した意味をもつ言葉であるが、含んでいる意味合いが類似していることから、四字熟語の形で用いられることが多い。その意味は、「命あるものは死んで終わるのではなく、異なる存在として生まれ変わる」というものである。こういった考え方は世界中で確認されている。

人間は現世を苦しみの多い世界と考えており、6つの世界に分割して六道【注1】と呼ぶようになった。輪廻転生とは、6つの世界で生まれ変わり続けることを指し、一部の宗教では六道から外れる、つまりは輪廻転生の連鎖から抜け出せば極楽浄土へ行けるのだ。

ちなみに、魂には生前の記憶を記録する力があり、生まれ変わった人間は前世の記憶を保持したままであるという。明確な証言が非常に少なく、オカルトの域を出ないものの、中には本人が知りえない情報や、信憑性の高い証言を述べる人もいるため、否定できないのも事実だ。

輪廻転生の概念が嘘か真か証明はできないが、一説では、宗教団体が信者獲得のために生み出したとされる。というのも、宗教は指導者は存在するが、いつかは死んでしまう。力ある指導者が消えれば、信者は減少する。そこで輪廻転生という概念を作り、指導者が「永久」であると主張し、信者の減少を食い止めようとしたのである。

宗教・思想・哲学

悪魔・天使

ルシファー

関連
- 悪魔　→ P.014
- 天使　→ P.065
- ミカエル　→ P.089

天界から失墜した最強の悪魔

【注1】天使の位階の1つ。神学者である偽ディオニシウス・アレオパギタの著作「天上位階論」では、最も上位に位置する存在とされている。

　ルシファーの名はラテン語で「光を運ぶ者」や「暁の子」、ヘブライ語で「暁の輝ける子」など、おおよそ悪魔とは思えないような輝かしい意味をもつ。それもそのはず、ルシファーはもともと大天使ミカエルと兄弟であり、天使の中ではエリート的な存在であった。その位は上級第一位の天使、熾天使（セラフィム）【注1】の更に上であったとされる。

　ルシファーは有能なだけではなくその容姿も美しく、背には12枚の翼をもち、神々しく輝く麗しい姿をしていた。神からの信頼も厚く、神の玉座の右側を与えられるという名誉も得ており、そんな彼のカリスマ性に憧れて付き従う天使も現れるほどであった。

　しかし、ある日ルシファーは考えた。自分こそ神に相応しい存在ではないのかと。神の代理人であることに不満を覚えたルシファーは、やがて神にとって代わるべく、自分に従う天使たちを集めて神への反逆を決意する。そしてルシファー率いる反逆天使軍と、ミカエル率いる天使軍の大規模な

ルシファー

101

宗教・思想・哲学

争いが勃発した。なお、イギリスの詩人ジョン・ミルトン著作『失楽園』によると、この戦いでルシファーについた天使は、全体の**3分の1**にも及んだという。

天界すべてを巻き込んだ壮絶なる戦い。その果てに、ルシファーの野望は容赦なく打ち砕かれてしまう。神の怒りに触れた彼は、天界から永久追放され、地上に突き落とされるのだった。このとき、ルシファーが落下した際の衝撃で地上に穴が空き、その場所に地獄ができたという。

堕天使となったルシファーは悪魔を従えて、もち前のカリスマ性をもって**地獄を統べる支配者**として君臨する。傲慢な彼の野望は今も潰えることはなく、地獄の底から神の座を狙っているのだ。

アダムとイブに神の禁を犯させる

【注2】ユダヤ教、キリスト教の聖典。天地創造神話から始まり、アダムとイヴと楽園追放やノアの方舟、バベルの塔などについて語られている。

『旧約聖書』の『創世記』【※2】に最初の人間として記されているアダムとイブ。彼らはエデンの園で暮らしていたが、やがて園から追放されてしまう。その原因をつくったのが、ほかでもないルシファーだ。

神の命令でアダムとイブに仕えることになったルシファーだったが、自分より下位の存在である人間に仕えることに不満があった。また、ルシファーは神が天使より人間を愛していたことも気に食わなかった。

そこでルシファーは、蛇を送り込み、アダムとイブをそそのかして園の中央にある**「禁断の木の実」**を食べさせたのである。木の実を食べることは神が禁じていたのだが、その言いつけを破らせたのだ。

その後、神は2人を楽園から追放し、**「苦しみ」**や**「死」**などの罰を彼らとその子孫に与えた。人間に強い恨みを抱いていたルシファーにとって、これほど心を満たす復讐はなかっただろう。

ルシファー

宗教・思想・哲学

宗教・思想

ロンギヌスの槍

関連
- ■聖痕（スティグマ）　➡ P.045
- ■聖杯　➡ P.049
- ■円卓の騎士 ～アーサー王伝説～　➡ P.124

イエス・キリストにまつわる聖なる槍

【注1】742年生～814年没。またの名をカール大帝。フランク王国の国王だが、イタリア、ドイツ、スペインなど各地に遠征して支配下に置いた。やがて西ヨーロッパを統合し、西ローマ皇帝を名乗る。しかし東ローマ帝国は彼の皇帝位を認めなかった。

【注2】272年生～337年没。初代ローマ皇帝。4分割統治されていたローマ帝国を再統一し、専制君主化を進めた。またキリスト教を公認して、ヨーロッパへ広めるのを補助。教会の権威を高めるために、キリストの聖遺物を集めた。

【注3】イエス・キリストや聖人の遺品、遺骸のこと。古代から中世にかけて、信仰の対象になった。そして十字軍遠征の際に、数多くの聖遺物がヨーロッパに持ち込まれることになった。

　ロンギヌスの槍とは、一般的には十字架に磔にされたイエス・キリストの脇腹を刺してその命を奪った槍だと語られる。だが、実際はキリストの死を確認するために、脇腹を刺した槍だという。名前の由来については、**槍を刺したローマ兵の名前**という説が有力視されている。

　槍がもつおおいなる力として有名なのは、**持ち主に世界を制する力**を与えるというもの。逆に槍を失うと、その持ち主は**滅びる**とされる。西ローマ皇帝のシャルルマーニュ【注1】はロンギヌスの槍を手に入れ、数々の戦いに勝利したが、槍をその手から落とした直後に死亡したそうだ。

　ロンギヌスの槍が聖遺物として扱われるようになったのは、初代ローマ皇帝のコンスタンティヌス大帝【注2】の影響が大きい。彼はローマ帝国においてキリスト教を公認し、キリスト教の布教と権威づけのために、キリストの遺体を包んだ布、十字架、聖杯といったキリストの聖遺物【注3】を集めた。

　「聖槍」と呼ばれるロンギヌスの槍には、さまざまな逸話も生まれており、特にアーサー王伝説に組み込

宗教・思想・哲学

まれたことで、その神秘性は揺るぎないものになった。伝説の中でこの槍は、聖杯と共に円卓の騎士たちの前に姿を現す。その穂先からは血を滴らせており、それは世界が終末の日を迎えるまで止まることはないという。このエピソードは槍の存在が伝説に取り込まれる際に、ケルト神話（P.114）の呪われた武器の逸話と融合し、このような内容になったとされる。

ロンギヌスの槍の行方

【注4】ウィーンの旧市街中心部にある宮殿。1918年までハプスブルク・神聖ローマ皇帝、オーストリア皇帝の居城だった。現在は博物館やオーストリア連邦大統領公邸などがある。

【注5】現在のトルコ南部、シリア国境近くの都市アンタキヤの古称。紀元前300年頃、古代シリア王国のセレウコス1世が首都として建設。のちにエルサレムに次ぐ初代キリスト教会の中心地となった。

　槍の行方に関しては諸説あるが、コンスタンティヌス大帝が聖遺物を集めた際に、彼の手に渡ったという説が一般的。そこから歴代の神聖ローマ皇帝に代々受け継がれ、ナポレオン戦争時にドイツからウィーンに移り、ハプスブルク家が管理。現在もホーフブルク宮殿【注4】で展示されている。ただ、第2次世界大戦時にヒトラーが槍を奪取し、南米か南極大陸に密かに運ばれたともいわれている。

　コンスタンティヌス大帝が入手したという逸話のほかには、第1次十字軍がアンティオキア【注5】でロンギヌスの槍を発見したというものもある。戦闘の最中にとある賢者が地中からロンギヌスの槍を発見。槍を手にした十字軍はアラビア軍に勝利したという。ただ、この説も兵士の士気を高めるための捏造と見られている。第1次十字軍がエルサレムを奪還した当時は、聖遺物崇拝にも拍車がかかっていた。そのためロンギヌスの槍をはじめとした聖遺物が、いくつも発見されている。当然、中には真偽の怪しいものも多く、複数のロンギヌスの槍が登場することになった。そして現在でもホーフブルク宮殿やアルメニアのエチミアジン大聖堂にロンギヌスの槍が展示されている。また、ヨーロッパのいくつかの教会には、ロンギヌスの槍の穂先が保管されているという。

神話・伝承

Mythology・Folklore

神話・伝承

武具

アイギスの盾(たて)

関連
- アテナ　→P.110
- ゼウス　→P.154

女神アテナが有する攻防一体(こうぼういったい)の強力な盾

【注1】強烈な破壊力を誇るゼウスの武器。その見た目は稲妻そのものだといわれている。

【注2】かつては人間だったが、ひょんなことからアテナの怒りをかって、その姿を怪物に変えられてしまった女性。

【注3】ギリシア神話において、ヘラクレスに次いで有名な英雄。ヘラクレス同様、最高神ゼウスを父にもつ。

　ギリシア神話の主神ゼウスが愛娘(まなむすめ)である女神アテナに贈ったアイギスの盾。作者は**単眼(たんがん)の巨人サイクロプスの一族**、または**鍛冶神(かじしん)ヘパイストス**のいずれかで、悪しきものを祓(はら)う魔除(まよ)けの力を秘めていたという。

　その防御力は絶大で、ゼウスが持つ強力無比な武器「雷霆(らいてい)」【注1】ですら傷1つ付けられないという。しかも、その性能はメデューサ【注2】の首によって、さらに向上した。かの英雄ペルセウス【注3】が怪物メデューサを退治する際、姿を見たものを石化するというメデューサの力を無効化すべく、アテナは彼に表面が鏡のような青銅の盾を貸し与えた。おかげで、ペルセウスはメデューサを直視することなく、その首を刎(は)ねるに至り、盾を貸してくれたアテナに感謝の意を込めて、彼女に首を献上した。するとアテナは、まだ石化能力をもっていたメデューサの首をアイギスの盾にはめ込んだ。

　類稀(たぐいまれ)なる防御力に加え、見たものを石化させる特別な力を得たことにより、アイギスの盾は**攻守で役立つ**至高の一品に成り変わったのだ。

神話・伝承

アヴァロン

関連
■円卓の騎士
〜アーサー王伝説〜
➡P.124

美しい林檎を実らせる伝説の楽園

【注1】アーサー王伝説はヨーロッパに古くから存在する伝説、あるいは物語。アーサー王と円卓の騎士たちを中心に壮絶な戦いと冒険が描かれている。

【注2】戦いで剣を折ってしまったアーサー王に対して、新たな剣を授けた人物。湖の貴婦人ともいう。個人の名ではなく、複数の人物の総称だと考えられている。

【注3】グラストンベリー修道院がアーサー王やグィネヴィア王妃の遺骨を発掘した場所グラストンベリー・トーこそがアヴァロンだという説。

　世界各地で知られる『アーサー王伝説』【注1】。その物語の終着点が伝説の島アヴァロンだ。言い伝えによれば、アヴァロンは湖と岩石からなる島で、平坦な場所には青々とした芝生が茂り、牧草地やその他の平原には多種多様な果実の樹が植えられている。天候はつねに穏やかで、雨や雪はもちろん、強い風が吹くこともないそうだ。

　『アーサー王伝説』では、王位簒奪を目論んで反乱を起こしたモードレッド卿と戦って深く傷ついたアーサー王が、永遠の休息をとるために湖の乙女【注2】によってアヴァロンへと誘われた。

　島の場所に関しては諸説あるが、中でも有名なのはグラストンベリー説【注3】だ。1191年、グラストンベリー修道院が管轄する建物が火災に見舞われ、その事後処理の最中に鉛の十字架が発見された。そこには「ここにアヴァロニアの島の名高き王アーサー眠る」と刻まれていたそうだ。また、遺骨も2つ見つかっており、これはアーサー王とその妻グィネヴィア王妃と考えられている。

神話・伝承

幻獣・妖怪

亜人（あじん）

関連
- 悪魔 ➡ P.014
- デュラハン ➡ P.156
- エイリアン ➡ P.346

> 一見、人間っぽいが人間ではない、人間モドキ

【注1】人間の理解できない現象を起こしたり、不可思議な力を有している化け物。日本独自の民間信仰で、八百万の神の思想に深く根ざしており、万物に神が宿ると考える一方で、否定的な現象については妖怪としてとらえるケースが多い。このため、神が妖怪になったり、妖怪が神になったりすることはざらである。

亜人とは、姿形は人間に近いものの、人間とは異なる特徴をもった生物のことで、「デミ・ヒューマン（Demi-Human）」などとも呼ばれている。人間とは異なるといっても、その特徴はさまざまで、神話や伝承に登場するものだけでも当てはまる範囲はかなり幅広い。だいたいの系統で整理すると、主に以下のようなものが挙げられる。

①一見するとかなり人間に近いのだが、目が1つしかない（サイクロプス）、異常に体が大きい（ギガース）、腕が3本以上ある（ヘカトンケイル）、邪眼をもつ（バロール）など、身体的特徴が異なるパターン。

②狼男やマーメイド、ケンタウロス、ミノタウロス、ハーピーなど、いわゆる半獣半人のパターン。

③見た目は人間そっくりでも、人造人間やエイリアン、妖怪【注1】、はたまた半神半人、天使・悪魔など、種として人間でないパターン。

これらの中には一般的に「モンスター」、「クリーチャー」と呼ばれる類もあるが、亜人とそれらを明確に区分するルールも特にない。ただ、最低限人間の原型を留めているものを、亜人とすることが多いようだ。また、学術的には人間に近いが人間ではない生物は「異人」と表現されることが多いので、亜人という呼称はアニメやマンガなどの創作世界で使われがちである。

神話・伝承

■主な亜人の種類

P.108の分類をもとに、亜人と呼ばれるものをいくつか挙げると、下記のようなものがある。ただし亜人いう言葉自体、専門用語でもないので、それほど明確な定義はない。「人外（人間でないもの）の中でも、人間との共通部分がわりと多い部類」くらいのとらえ方になっている。

かつての階級		悪魔の名前
身体的特徴が異質	アルゴス	ギリシア神話に登場する巨人で、女神ヘラの忠実な部下。身体中に100の目を有しており、多くの目を交代で眠らせているので、アルゴス自体は眠らずに活動できる。アテュロスやエキドナを討伐した。
	エルフ	北欧の民間伝承に登場する妖精。北欧神話では自然や豊穣を司る神のような扱いであったという。小説『指輪物語』の影響から、長く尖った耳をもつ弓の名手というイメージが定着した。
	ギガース	ギリシア神話の登場する巨人族の総称。生まれたときから光り輝く鎧を身にまとい、長槍を備えている。オリュンポス神族への復讐のために生まれたため、神に殺されない不死性や怪力を武器に戦う。
	キュクロープス	英語読みはサイクロプス。鍛冶技術をもった単眼の巨人。ウラノスとガイアの間に生まれた3兄弟で、奈落に幽閉されていたところをゼウスに救われる。その礼として、彼に雷霆を造ったという。
	ドワーフ	『指輪物語』に登場する、背の低い頑健な種族。もともとは北欧神話に登場する妖精、ドヴェルグを起源としている。彼らは洞窟で暮らしている優れた職人で、グングニルやミョルニルを製作した。
	バロール	ケルト神話に登場する、獰猛なフォモール族を率いた魔神。一切の武器が通用しない頑丈な体と、視線だけで相手を殺す左目の魔眼をもっている。魔眼は普段は閉じられているが、戦争になると開かれる。
	ヘカトンケイル	ギリシア神話に登場する3人の巨人。100の腕と50の頭をもつ。奈落のタルタロスに幽閉されていたが、ゼウスに助けられ、ティターンとの戦いに参戦。無数の腕で大量の岩を投げ、勝利に貢献した。
半獣半人	狼男	半狼半人、または狼に変身する獣人。人狼、ワーウルフ、ルー・ガルーなどともいう。民間伝承では、森や畑を荒らしたりする悪しき存在としてとらえられ、中世のキリスト教圏でも悪魔の仕業とされた。
	ケンタウロス	馬の首部分から、人間の上半身が生えている獣人。一般的にケンタウロスは男だけで、性格は粗暴で、酒と女に目がない荒くれ者とされている。しかし中には、ギリシア神話のケイロンのような賢者もいる。
	スフィンクス	もともとはファラオ（王）の頭と、獅子の身体をもつというエジプトの神獣。神殿や王の墓を守護する役目を担う。ギリシア神話に伝わると、謎かけに答えられない人間を食らう怪物として登場した。
	ハーピー	顔と胸元が人間の女性、翼（腕）と下半身が猛禽類系の鳥に似た、ギリシア神話の怪物。もともと神話では姉妹の風の精霊だったが、叙事詩で悪臭を放ち屍肉を喰らう怪物として描かれ、不吉な存在となった。
	マーメイド	上半身が人間の女性、下半身が魚という、いわゆる人魚。伝承は各地に伝わるが、上半身は金髪の美しい娘で、岩場に座って髪をすいているのは共通。ただし、魔物だったり友好的だったりと、内容は二分する。
	ミノタウロス	鍛え抜かれた男性の身体に、牛の頭を持ったギリシア神話の怪物。クレタ島のミノス王は、この怪物をダイダロスが造った迷宮の最深部に閉じ込め、9年に一度、少年少女を7人ずつ生贄として与えていた。
	メデューサ	ギリシア神話の怪物で、蛇の髪をもち、青銅のような鱗で肌が覆われ、目が合ったものを石化させる瞳をもつという。ゴルゴン3姉妹で一番の美女だったが、アテナの怒りをかって怪物に変えられてしまった。
異種族	アンドロイド	外見を人間に似せて作られた、人型ロボット。一般的には、人工知能などによって、自動で活動できるタイプをアンドロイドと呼んでいる。女性型の場合は、ガイノイドと呼び分けることもある。
	ヴァンパイア	東欧ルーマニアの伝承をルーツとする吸血鬼。昼は棺の中で眠り、夜になると活動し、就寝中の人間を襲って、死ぬまで血を吸い続けるという。また吸血鬼に殺されたものも、吸血鬼になる。
	鬼	頭に牛の角を生やし、筋骨隆々な姿をした怪力の妖怪。本来は霊的な存在全般が鬼と呼ばれていたが、妖怪が細分化されるに従い、暴力的な部分が強調された妖怪として形成されていった。
	グレイ	地球以外に棲む知的生命体、エイリアンのタイプの1つ。灰色の肌、つり上がった黒い目、大きな頭、筋肉のあまりない痩せた身体をしている。1970年代から目撃され、現在でも最も目撃例が多い。
	ゾンビ	本来は、ブードゥー教の術者が魔術で生み出した怪物。ゾンビ・パウダーという毒薬を飲ませ、仮死状態にした死体を掘り出し、魂を封印して奴隷として従わせる。生ける死者のイメージは映画によるもの。
	ホムンクルス	錬金術師が秘術で創り出した、人工の生命体。フラスコやガラス瓶に収まるほど小さく、製造されたフラスコのなかでしか生きられない。生まれながらにしてあらゆる知識を持ち、人の言葉も話すという。

神話・伝承

神

アテナ

関連
- アイギスの盾 ➡ P.106
- オリュンポス十二神 ～ギリシア神話の神々～ ➡ P.128
- ゼウス ➡ P.154

ゼウスの頭から生まれた守護女神

【注1】オリュンポス山に住む12の神々のこと。一般的には、ゼウス、ヘラ、アテナ、アポロン、アフロディーテ、アレス、アルテミス、デメテル、ヘパイストス、ヘルメス、ポセイドン、ヘスティアの12人だが、更にディオニュソスやハデスなどが加えられることがある。

【注2】ギリシア共和国の首都アテネ市の前身となった都市。その中心にはパルテノン神殿が存在する。

【注3】メデューサには視線による石化能力があったため、ペルセウスがメデューサの目を見ないよう、アテナは表面が鏡のような盾を彼に貸し与える。そのおかげで、ペルセウスは盾ごしにメデューサを捉えて退治できた。一説によると、このときアテナがペルセウスに貸し与えた盾はアイギスの盾だったとされている。

　最高神ゼウスと**知恵の神メティス**を両親にもつ女神アテナは、オリュンポス十二神【注1】の1柱で、知恵、芸術、工芸、戦略を司神である。神様の中には変わった生まれ方をするものが多く、彼女はその代表でもあった。

　メティスが生む子供が自身の**地位を脅かす**という予言を受けたゼウスはそれを恐れ、メティスが妊娠するや否や彼女を丸飲みしてしまう。こうして未来の禍根を絶ったゼウスだったが、それ以来、彼は頭痛に悩まされることになる。そして、ついに耐えきれなくなり、息子のヘパイストスに自身の頭を割るよう命じた。すると、中から甲冑に身を包んだアテナが現われたのである。しかも、このとき彼女は成人していたという。

　両親の血をしっかり受け継いでいたアテナは、勇ましく賢い女性だった。オリュンポス十二神の1柱で格上のポセイドンと都市アテナイ【注2】の守護権を巡って争い、勝利したことからも伺える。「自分の髪はアテナより綺麗」と自慢したメデューサに呪いをかけて彼女の髪を蛇に変えたうえ、

英雄ペルセウスがメドューサを退治する際には、彼に盾【注3】を貸し与えるなど、負けず嫌いな一面もあったようだ。

ギリシア全土に広がったアテナ信仰

【注4】パルテノンは「処女」という意味。

【注5】アクロポリスとは都市のシンボル的な役割を担う小高い丘のこと。また、かつては都市の防衛拠点として城砦化されていたという。

　ギリシア全土に信者が存在し、多くの人から崇拝されたアテナ。ゼウスの息子ヘパイストストとの間に生まれ、彼女に育てられたエリクトニオスもまたアテナを信仰するものの1人。アテナイの王となったエリクトニオスは、アテナを象徴するオリーブの木でアテナ像を作ったり、パンアテナイ祭と呼ばれる盛大な祭りを開催してアテナ信仰を促進させた。この祭りは非常に規模が大きく、4年に一度の大祭と毎年行われる小祭があり、いずれも現在の7〜8月中に4日間に渡って開催されたそうだ。祭り中は市長や長老をはじめ、騎馬隊、奏楽隊などが大行列を成してパルテノン神殿【注4】まで行進したという。

　また、彼女を崇拝するために、各地のアクロポリス【注5】に神殿も建設された。中でもアテナイのアクロポリスにあるパルテノン神殿が有名だ。そこには、アテナ・ニケ（勝利をもたらすアテナ女神像）、アテナ・ヒュギエイア像（健康の女神アテナ）、アテナ・ポリアス（町の守護者アテナ）など、さまざまな姿でアテナが祀られていた。

　都市の守護者として町を護り続け、知恵の女神として人々に知識を授けたアテナ。ギリシア神話に登場する神々の中で、彼女ほど人々から親しまれた神はいないのではないだろうか。

女神アテナの素顔とは？

　多数の武勇伝をもつアテナだが、彼女は決して好戦的だったわけではない。その戦いは都市の平和と秩序を守るためで、いわば自衛によるものがほとんどだった。また、知恵の女神として、人々にさまざまな知識を授けた人物でもあり、糸車や帆の作り方を教えたと伝えられる。ちなみに、処女神ではあるが、男性が嫌いなわけではなく、むしろ英雄と呼ばれるような男性には助力を惜しまなかった。

神話・伝承

神

天照大御神
（あまてらすおおみかみ）

関連
- 三種の神器 ➡ P.144
- 須佐之男命 ➡ P.150
- 三貴神・神世七代 〜日本神話の神々〜 ➡ P.177

太陽を司り、大地を照らす女神

【注1】神々が住むとされる世界。人間が住む地上は葦原中国（あしはらのなかつくに）という。

【注2】稗田阿礼、太安万侶らが編纂した日本最古の歴史書。712年（和銅5年）に元明天皇に献上された。天地開闢（かいびゃく）から推古天皇の時代に至るまでの神話、伝承を記している。

【注3】奈良時代に編纂された日本の歴史書。『古事記』とは違い、その成立の経緯ははっきりとしていない。神代から持統天皇の時代までを記してある。

【注4】天地開闢の際に現れた12柱7代の女神の1人。伊邪那岐命と結ばれ、日本の国土と神々を産んだ。ただ、火の神である火之迦具土神（ひのかぐつちのかみ）を産んだ際に火傷を負って亡くなる。黄泉の国で伊邪那岐命と再会したのち、黄泉の国の大神となった。

【注5】天地開闢の際に現れた12柱7代の神の1人で、男性神。伊邪那美命と夫婦となる。国産み、神産みにおいて、伊邪那美命との間に日本の国土と神羅万象の神々をもうける。

天照大御神は八百万の神々の頂点に君臨する高天原【注1】の主宰神。その名には「天を照らす＝天に輝く」という意味があり、太陽神と呼ばれることも。また、日本皇室の祖神でもあり、伊勢神宮に祀られている。

『古事記』【注2】や『日本書紀』【注3】に記された神話から、女性神とされることが多いが、男性的な一面ももちあわせているため、男性神という説も存在する。天照大御神の男性的な一面が特に垣間見えるのは、建速須佐之男命との対決の場面だ。

天照大御神は、亡き妻・伊邪那美命【注4】に会うために黄泉の国に行き、そこから帰ってきた伊邪那岐命【注5】が川で禊【注6】をした際に生まれた。このとき、左目から天照大御神、右目から月読命、鼻から須佐之男命が生まれ、それぞれが高天原、夜の世界、海の世界を治めることになった。しかし、須佐之男命は伊邪那岐命に「伊邪那美命がいる黄泉の国に行きたい」と告げたため、怒った伊邪那岐命に追放されることに。

その後、姉である天照大御神に会うために須佐之男

神話・伝承

【注6】体を水で洗い清め、罪や汚れを洗い流すこと。

命は高天原に向かうのだが、その勢いがあまりに凄かったため、天照大御神は弟が高天原を奪いに来たのではと誤解してしまう。弓で武装し、男の髪に結い直して現れた天照大御神は、荒々しい須佐之男命に対しても引くことなく、主宰神としての威厳を示して見せたそうだ。

女性神らしい天岩戸隠れの神話

【注7】日本神話に登場する岩の洞窟。

それとは逆に、天照大御神が女性らしい一面を見せたエピソードもある。それが有名な「天岩戸隠れ」の神話だ。

高天原で好き放題に暴れた須佐之男命。天照大御神も最初は弟だからとかばっていたが、彼のせいで配下が命を落とし、ついに機嫌を損ねて天岩戸【注7】に引き篭ってしまう。すると世界は闇に包まれ、次々と悪いことが発生した。困り果てたほかの神々は、知恵の神である思金神と相談し、ある策を実行することになる。

神々は岩戸の前に勾玉や八咫鏡をぶら下げ、天宇受売命に舞を踊らせた。何事かと岩戸を開けた天照大御神に対し、天宇受売命は「あなた様よりもっと尊い神様が生まれた」と告げたのである。これを聞いた天照大御神は、八咫鏡に映る自分の姿を尊い神だと勘違い。その姿をよく見ようと天岩戸をさらに開けたところで、ほかの神に引っ張り出されたそうだ。

弟である須佐之男命が言うことをきかないために拗ねて岩戸に隠れるなど、女性神ならではの何とも可愛らしい一面といえよう。

須佐之男命との誓約（うけい）

この制約とは自らの潔白を示すために、須佐之男命が天照大御神と行ったもので、これは占いや勝負事に近い。天照大御神は須佐之男命から受け取った十拳剣から、宗像三女神を産む。一方、建速須佐之男命は天照大御神から受け取った勾玉から、5柱の神を生み出した。この結果、須佐之男命の勝利となる。ただ神話では、途中経過があやふやで、須佐之男命が勝った理由がはっきりしていない。

神話・伝承

アルスター伝説
～ケルト神話の英雄譚～

関連
- 円卓の騎士
  ～アーサー王伝説～
  ➡ P.124

ケルト神話を構成する物語サイクルの１つ

【注1】アイルランド、ウェールズの伝承はそれぞれで内容がまったく異なるため、個別にアイルランド神話、ウェールズ神話と呼ぶこともある。

【注2】アイルランドの北部、アルスター地方を舞台にした複数の物語を指す。

【注3】アイルランド神話は神々の来寇（らいこう）、アルスター物語群、フィン物語群などで構成される。ウェールズ神話に関してはアーサー王物語が有名だが、詳しくは『マビノギオン（P.175）』を参照してほしい。

【注4】女神ダヌを祖とするアイルランドの神々、ダーナ神族の太陽神。

【注5】アルスター伝説の中心となる物語「クーリーの牛争い」。アルスターとコナハトの7年にわたる戦争が描かれる。

【注6】王や英雄が自らに施す魔術的な束縛。クー・フーリンは「犬肉を食べない」、「施しは断らない」などを禁忌としていたが、メイヴの策略によってこれを破ることになり、命を落とした。

　イギリスのアイルランドやウェールズに伝わる伝承をまとめたケルト神話【注1】。アルスター伝説（アルスター物語群）【注2】もこの<u>ケルト神話の一部</u>で、ゲームやアニメなどのフィクション作品に取り入れられることが多い。

　アルスター伝説には大小さまざまなエピソードが存在するが、その中心となるのは<u>アルスターの勇者クー・フーリンの活躍</u>を描いたものだ。

　クー・フーリンは光の神ルー【注4】と、アルスター王コンホヴォルの妹デヒテラの息子。本名はセタンタだが、幼少時に鍛冶師クランの番犬を誤って殺してしまい、自身が代わりにクランの番犬になると約束したことで<u>「クー・フーリン（クランの猟犬）」</u>と呼ばれるようになった。

　クー・フーリンが登場する主なエピソードは、①影の国の女王スカアハとの出会い、②影の国の女戦士オイフェとの戦い、③コナハトの女王メイヴとの戦い【注5】、④息子コンラとの父子対決、⑤禁忌【注6】を破ったクー・フーリンの最後など。特に③は有名で、コナハトの女王メイヴと、その夫であるアリル王の財産自慢に端を発するアルスターとコナハトの戦争、戦場でのクー・フーリンの超人的な活躍が描かれている。

　アルスター伝説にはクー・フーリン以外にも魅力的な人物が多数登場する。次ページで物語の主要人物を紹介しよう。

神話・伝承

■ケルト神話（アルスター伝説）の主要人物

名　前	略　歴
クー・フーリン （クー・ホリン、クー・フラン）	アルスター伝説の主人公的存在である半神半人の英雄。神の血をひくためか、異形の姿に変身できたという。影の国でスカアハと出会い、彼女に師事する。このとき魔法の槍ゲイ・ボルグを授かった。赤枝の騎士団に所属しており、「クーリーの牛争い」ではたった1人でアイルランドの4つの王国と戦っている。宿敵メイヴとの戦いで禁忌を破り、戦場で命を落としてしまう。
コンホヴォル・マク・ネサ	優れた統治者として民に慕われていたアルスターの王。武勇にも秀でた人物で、屈強な戦士としくも知られている。予言の力をもっており、クー・フーリンの息子コンラがアルスターに来た際、彼が自国に災いをもたらすと予言した。
フェルギュス・マク・ロイヒ （フェルグス・マック・ロイ）	クー・フーリンの養父。刀身が虹のように伸びる魔法の剣カラドボルグの使い手である。かつてはアルスターの王だったが、戦士として生きるためにコンホヴォルに王位を譲った。700人ぶんの力をもつ大男で、一度に鹿、豚、牛を7頭ずつ食べ、7つの樽の酒を飲み干したという。また、性欲が強く、彼を満足させたのは妻である女神フリディッシュと、愛人であるメイヴだけだったそうだ。
フェルディア	クー・フーリンの親友で、スカアハの弟子として共に修行をしていた。アルスターとコナハトの戦争では、コナハトの人間として戦争に参加。メイヴの命令でクー・フーリンと一騎打ちをすることになり、そこで敗れて絶命する。
スカアハ （スカーサハ、スカサハ）	影の国（一説ではヘブリディーズ諸島のスカイ島）を統べる女王で、戦士にして預言者でもあった。その名前には「影の者」という意味がある。クー・フーリンの武術の師であり、彼に跳躍の術やゲイ・ボルグの扱い方を伝習したのも彼女だ。スカアハには2人の息子とウアタハという娘がおり、のちにウアタハは影の国におけるクー・フーリンの妻となった。
オイフェ	影の国の女戦士。スカアハと土地を巡って争いになり、その際クー・フーリンと一騎打ちをする。この戦いに敗北したオイフェはクー・フーリンの愛人となり、彼の子供を産むなど、3つの約束を取り付けられている。
コンラ	クー・フーリンとオイフェの息子。「コンラを国に入れるな」という王の命令に従い、クー・フーリンは彼と戦うことに。この戦いはクー・フーリンが勝利したが、やがてコンラが自身の息子であると知り、激しく後悔したそうだ。
メイヴ （メーヴ、メズヴ）	コナハトの女王。その名前には「陶酔」などの意味がある。土地を繁栄させる豊穣性と、複数の男を相手にする強い性欲のもち主。コンホヴォルやフェルギュスも愛人の1人だった。自ら戦車に乗って軍を指揮する好戦的な性格。また、何かと根にもつタイプであり、アルスターとの戦争でクー・フーリンに敗北したのちは、復讐のために計略を張り巡らせ、やがて彼を死に追い込んでいる。
赤枝の騎士団	アルスター伝説でも、度々その名が登場する戦闘集団。現代でいう国を守る軍隊のようなもの。コンホヴォルが王を務めていた時代は、クー・フーリンやフェルギュスなど、一流の戦士が多数所属していたという。

アイルランド神話のその他の英雄

アイルランド神話には、上記で紹介した人物以外にも多数の英雄が登場する。例えばアルスター物語群よりのちの時代を舞台としたフィン物語群のフィン・マク・クウィルやディルムッド・オディナが有名だ。彼らはフィアナ騎士団という戦闘集団に所属する腕利きの戦士で、アイルランドを守るために侵略者や怪物と戦っており、その活躍はクー・フーリンに勝るとも劣らない。

アルスター伝説 〜ケルト神話の英雄譚〜

神話・伝承

武器

アルテミスの弓

関連
- オリュンポス十二神
  ～ギリシア神話の神々～
  ➡ P.128
- ゼウス
  ➡ P.154

弓を握るは狩猟を愛する月の女神

【注1】レトはティタン親族のコイオスとポイベの娘。ちなみに、レトの妹アステリアは、ゼウスの誘惑を断ったことで彼の怒りをかい、その姿を浮島に変えられてしまった。レトが出産を行なったのは、この島であるという。

【注2】ゼウスの姉にして、妻である。夫の愛人たちに対して、あらゆる手段を用いて嫌がらせをしたという。

　ギリシア神話で弓の名手といえば、真っ先に思い浮かぶのが**月の女神アルテミス**だろう。そして彼女が持つ弓こそ、どんな的でも射ることができる強力な武器「アルテミスの弓」である。この弓の性能がうかがい知れるエピソードは存在するが、その前にまずは持ち主であるアルテミスについて語っていこう。

　太陽神アポロンの双子の妹アルテミスは、**狩猟や純潔**を象徴する女神だ。彼女の父親は最高神ゼウス、母親は女神レト【注1】。双子を産む際、レトはゼウスの正妻ヘラ【注2】に嫉妬され、数々の妨害を受けた。そんな状況でもレトは何とか子供を出産したわけだが、実はこのときアルテミスは、アポロンより早く生まれており、その直後に助産婦の役目を担っている。アルテミスが**妊婦の守護神**とされるのは、この話に由来しているのである。

　アルテミスは**男嫌い**としても有名で、自らゼウスに**純潔の誓い**を立てたほか、自身の従者に色恋沙汰を禁じ、それを破ったものを熊に変えて追放している。さらに、水浴びをしていた彼

射るわよ♥

神話・伝承

女の裸体を誤って見たアクタイオンという狩人の青年は、その姿を鹿に変えられたうえ、彼自身の猟犬に八つ裂きにされるという惨い仕打ちを受けている。

そんなアルテミスも、家族には心優しい一面を見せている。例えば巨人ティテュオスが母のレトに暴行をしかけた際は、アポロンと協力してただちに撃退したという。

月の女神が誇る強力無比な遠距離武器

アルテミスの弓

狩猟を司る女神アルテミスが持つ強力な弓。その性能がゆえに、次のような悲劇を招いたことがある。

父ゼウスに純潔の誓いを立てたアルテミスだが、唯一心を許した男性がいた。それは海神ポセイドンの息子**オリオン**である。彼は腕力が強く、棍棒を手に野山を駆けるギリシア一の猟師だった。アルテミスは次第にオリオンと親しくなり、ついには結婚を噂されるようになる。しかし、アポロンは純潔を誓った妹が男に恋心を抱くことを良しとせず、2人の仲を引き裂こうとする。

あるときアポロンは、浜辺にいたオリオンの近くにサソリを放ち、彼が海へ避難するように仕向ける。オリオンが肉眼では確認できないほど遠くまで行くと、アポロンはアルテミスを呼び出して「あれを射れるか？」と、点ほどに小さくなったオリオンを指差したのである。アルテミスは的の正体も分からぬまま矢を放ち、見事命中させてオリオンを殺してしまう。事の真相を知ったアルテミスは悔やみきれず、彼を蘇らせようと奔走するのだが、死者を蘇らせることは許されず、ゼウスはオリオンを**星座**【注3】にすることでアルテミスを慰めたのだった。

恐ろしいほどの命中力と、一撃必殺の威力を誇るアルテミスの弓だが、その性能が仇となり、取り返しのつかない事態を招いてしまったのである。

【注3】天に昇ったオリオンは、冬の星座の1つであるオリオン座となった。

神話・伝承

イーヴル・アイ
～世界の邪眼伝承～

関連
- サリエル ➡ P.040
- バジリスク ➡ P.160

ひと睨みで災いをもたらす呪いの視線

【注1】古代メソポタミアで誕生した文学作品で、19世紀にアッシリアの遺跡から発見された。主人公のギルガメシュ（P.134）は紀元前2600年頃に実在していたとされるシュメール王朝の国王。物語では人間の王と女神の間に生まれた半神の英雄として描かれ、怪物退治や永遠の命の探索などさまざまな冒険を繰り広げる。

他人との関わりにおいて「人を視る」「人に視られる」という行動は、多くの人々が強く意識している要素だろう。それゆえ古来より人類は**眼**という器官には特別な力が宿っていると考えてきた。イーヴル・アイも、こうした思想から誕生した民間伝承の1つだ。

イーヴル・アイは日本語に訳すと「邪視」や「邪眼」といった言葉になり、**悪意に満ちた視線で睨むことによって対象を呪う能力**とされる。この思想が生まれた時期はとても古く、紀元前2000年頃に記されたとされる世界最古の『ギルガメシュ叙事詩』【注1】にも、すでにイーヴル・アイに関する記述が残されている。また、ギリシア神話やローマ神話、『聖書』や『コーラン』といった伝承・書物にもイーヴル・アイにまつわる逸話があるのだ。

イーヴル・アイは妖術を使うと恐れられていた魔女や老婆たちのほか、聖職者や死刑執行人、売春婦など特殊な地位にある人々がもつものと信じられていた。また、人間だけでなく蛇や狼などの動物や、天使や魔物などの架空の存在もイーヴル・アイをもつとされた。

いくつかの神話や伝承にはそれらにまつわる物語が記されており、現代の創作物においてもこうした設定からインスピレーションを得て、イーヴル・アイの持ち主が登場することは少なくない。

神話・伝承

■「イーヴル・アイ」を意味する世界の言語

表記	言語
evil eye	英語
boser blick	ドイツ語
mauvais oeil	フランス語
cronachadt	ガリア語
malocchio	イタリア語
gittadura	キプロス島
mal de ojo	スペイン語
ondt øye	ノルウェー語
onda ögat	スウェーデン語
počarič	スロバキア語
szemverés	ハンガリー語
deochiu	ルーマニア語
oculus fascinus	フテン語
baskania	ギリシア語
ania bisha	シリア語
Ayin - haraah	ヘブライ語
En Ra	タルムード（モーセが伝えた律法を収めた文書群）
ghorum caksuh	サンスクリット語
najar	インド・グジャラート語
ad - gir	シュメール語

■主なイーヴル・アイ伝承

名称	伝承
メデゥーサ	ギリシア神話に登場する怪物。元は美しい女神であったが、アテナを怒らせたために蛇の髪の毛をもつ恐ろしい姿に変えられてしまった。怪しく光る眼で、見た者を石化させる能力をもつ。
バジリスク	ヨーロッパの伝承に登場する怪物。視線を合わせた生物を即死させる能力をもち、武器で攻撃すると体内の猛毒が武器を伝わって攻撃した者を殺すという、死をまき散らす存在と伝えらえる。
コカトリス	蛇の尾をもつ４本足の鶏という奇妙な姿をした伝説の怪物。見た者を石に変えてしまう邪視のもち主で、吐く息は疫病をもたらすという。バジリスクと似た性質があるため、同一視されることも多い。
バロール	ケルト神話に登場する巨人族・フォモールの王。「邪眼のバロール」の異名をもち、睨みつけるだけで神々をも殺すことができる。普段は眼を閉じており、戦いになると部下がまぶたを押し上げる。
サリエル	キリスト教の大天使。邪視の元祖とも伝えられ、見たものを動けなくしたり死をもたらすことができるという。サリエルの名を記した護符は、ほかの者の邪視を防ぐ効果があるとも伝えられている。
猿田彦	日本神話に登場する神。大きな鼻の猿に似た顔立ちで、強い力を秘めた鏡のように輝く眼のもち主であったと伝えられる。その外観の特徴から、天狗伝承のモデルになった神ともいわれている。

神話・伝承

ウロボロス

関連
■輪廻転生
→ P.100

循環する宇宙の摂理を龍にたとえた象徴

【注1】紀元前4700年から紀元前2900年くらいにかけて存在した新石器時代の中国文化。現在の中華人民共和国河北省から内モンゴル自治区にかけての領域に広がっていた。生産の主体は農業だが、狩猟や畜産も。

土に還った死体が養分となって大気に立ちのぼり、雨として降り注いで地上の作物を育て、再び生物の口から摂取される。こうした循環構造は宇宙の摂理といってよく、仏教でも輪廻転生が叫ばれるが、その考えを古代ギリシアにおいて図案化したものがウロボロスである。

自らの尾を喰む龍、または蛇というファンタジックな図は実に象徴的で、時代や地域を超えて**円環＝ウロボロス**として認識されてきた。海に放逐されながらも尾を咥えるほどの巨体に成長する北欧神話のヨルムンガンド、紅山文化【注1】の墳墓から発見される円になった龍の工芸品、古代エジプト期の太陽神を囲んで守る蛇の模様などをみると、循環や連鎖、囲むことで生じる安定性は、地球上のさまざまな地域に共通したものの捉え方であることが分かる。

化学では、ボン大学のケクレ教授が解明したベンゼンの構造がウロボロス的だ。ケクレ教授は蛇が自分の尻尾に噛みついていた夢から、ベンゼンは6つの炭素原子（C）が円環をつくっているものと考えた。当時は単結合3ヵ所と二重結合3ヵ所が交互に入れ替わって構造を維持していると考えられたが、現在は結合に使われるπ電子がまんべんなくCの上にある、文字通りの円環として考えられている。ウロボロス的な発想は、その後の発見までをも見通していたのかもしれない。

神話・伝承

■ウロボロスの蛇の図

足のない蛇が尾を食むと輪っかになる、という図案は完全性の象徴として重宝され、現代でも物理学者の村山斉氏が宇宙を考えるときに同様のウロボロスを思い浮かべるという。ウロボロスを応用したベンゼンの分子構造の周りに6つの六角形を繋げると、ひと周り大きな六角形のコロネンができる。さらに繋げていくと、何とグラファイトやカーボンナノチューブに。六角形を増やすと、強度があり安定した工業用素材をつくることができるのだ。ケクレの発見は、現代の製造技術発展に役立っている。

ウロボロスの蛇

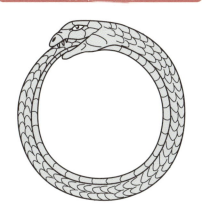

類似の図（ベンゼンの分子構造）

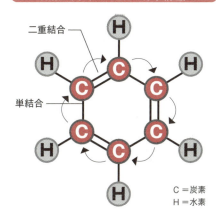

C＝炭素
H＝水素

COLUMN

現代の大発明にも繋がる「うとうと」とは!?

ケクレ教授が実際に「ウロボロスの夢を見た」と断定できる証拠はない。またケクレ教授が生きていた1800年代にウロボロスは既知の象徴であったから、元からケクレ教授がウロボロスをイメージしてベンゼンの構造解析に取り組んでいた可能性はある。

しかし仮に教授が見た夢がフィクションであったり、ベンゼンの分子構造とウロボロスの円環が相似であることの指摘が後づけであったにしても、ウロボロスと関連づけて「ケクレ構造」を発表したことは事実である。誰もが知るウロボロスの図のようなものだといえば理解が早く納得してもらえるうえに、ウロボロスの円環が単なる空想ではなく化学的にも証明されたという発見の報告にもなる。わかりやすく伝えた功績は褒められこそすれ、貶められる必要はない。最終的にはフラーレンやカーボンナノチューブまでつながる炭素結合の発見は偉大だった。

そんなケクレの夢は馬車での移動中と執筆中ストーブの前で寝落ちした際に見た2回あるが、実際にその夢を見たのだとすれば、常時、頭の中を離れないテーマが、うとうととした半覚醒状態でひらめきを得たことになる。

神話・伝承

武具

エクスカリバー

関連
- 円卓の騎士
  〜アーサー王伝説〜　➡P.124
- 聖剣・魔剣　➡P.152

聖剣として名を馳せたアーサー王の愛剣

【注1】ブリテンの王であるウーサー・ペンドラゴン王の息子。生まれてすぐに魔術師マーリンに預けられたため、王族から市井の人となる。しかし、のちに円卓の騎士と盟約を結び、エクスカリバーを手に伝説に名を残す人物にまで成長する。

　円卓の騎士を率いて戦った<u>アーサー王</u>【注1】の愛剣エクスカリバー。その認知度は高く、<u>西洋に伝わる武器で最も有名な剣の1つに挙げられる</u>。

　この剣は異界アヴァロンの住人が鍛えたもので、特別な加護が備わっていたという。また、<u>剣の鞘には持ち主の傷を癒す聖なる力</u>があった。アーサー王はこれを手に、アイルランド人やゲルマン人など、祖国ブリテンに侵略する幾多の敵を打ち破ったそうだ。

　では、そもそもアーサー王はどのような経緯で剣を手にしたのか。『アーサー王物語』によれば次の通りだ。

　ブリテンの王の息子としてこの世に生を受けたアーサーは、生まれてすぐに王族から市井の人となってしまう。しかし、アーサーが15歳になったとき、彼に運命の転機が訪れた。ある日、アーサーはブリテン島の教会で不思議な剣が刺さった大岩を発見する。剣を抜いた者はブリテンの王になるという言い伝えがあり、これまでに何人もの騎士が挑戦したが剣を抜くことは叶わなかった。そんな剣を、アーサー

神話・伝承

【注2】中世伝説に登場するもっとも高名な魔術師。予知能力に長けており、アーサー王の助言者として登場する。

はいとも簡単に抜いてしまったのだ。

これをきっかけにアーサーは王となり、ブリテンを守るために戦った。だが、とある戦いの中で虚しくもその剣は折れてしまう。窮地に陥ったアーサーは、魔術師マーリン【注2】に救われ、とある湖畔を訪れる。そこで出会った湖の乙女から授かった剣が、このエクスカリバーだという。

エクスカリバーは2本存在した？

【注3】ラテン語で書かれたブリテンに関する偽史書。ガイウス・ユリウス・カエサル率いる共和政ローマ軍のブリタニア侵攻などが描かれている。偽史、つまり偽造された内容なので、歴史書としての価値はない。

湖の乙女から授かった剣がエクスカリバーなら、大岩に刺さっていた剣は一体どのような代物だったのか。13世紀の散文物語『メルラン』によれば、アーサー王が大岩から引き抜いた剣は「エスカリボール」だという。これはエクスカリバーの異称で、つまり聖剣エクスカリバーは世界に2本存在していたということになる。

また、12世紀に書かれた『ブリタニア列王史』【注3】には、アーサー王が持つ剣は「カリブルヌス」と記載されおり、大岩から抜いた剣の名称だとする説も多い。この説では、アーサーが湖の乙女から入手した剣は、折れたカリブルヌスを鍛え直して作られたものであるという。名前は同じくエクスカリバーだが、「カリブルヌスを鍛え直して作られた物」という意味があるらしい。

アーサー王の伝説を描いた物語は数多く存在し、それぞれ書かれた時代はもちろん、言語も異なるため、どれが正しいものか判断するのは難しい。唯一断言できるのは、この剣を手にしたからこそ、アーサーは数々の戦いに勝利し、その活躍が伝説にまで昇華されたということだ。

ちなみに、エクスカリバーはアーサー王の死後、彼の忠実な従者だったサー・ベディヴィアの手により、湖の乙女に返還されたという。しかし、これも多くの書物で内容が異なるため、その真偽は定かではない。

神話・伝承

円卓の騎士
～アーサー王伝説～

関連
- 聖杯 ➡ P.049
- アヴァロン ➡ P.107
- エクスカリバー ➡ P.122

王の手足となって活躍した伝説の騎士たち

【注1】5～6世紀に活躍したといわれるブリテンの伝説の王。サクソン人の侵攻を撃退したとされる。

【注2】15世紀のイングランド人。断片的な物語として伝えられていた『アーサー王物語』に関連するエピソードをまとめ、アーサー王の生誕から死までを描いた長編作品『アーサー王の死』を書き上げた。

　騎士たちの修行や戦い、恋愛などをテーマにした**騎士道物語**というジャンルで、最も有名な文学作品といえば『アーサー王物語』だろう。この物語はブリテンの伝説の王アーサー【注1】と、彼に仕える騎士たちの戦いや冒険、ロマンスを描いたもの。

　ヨーロッパの古代伝承や民話、説話などをまとめた**物語群**なので原本というものは存在しないが、15世紀にトマス・マロリー【注2】によって書かれた『アーサー王の死』は多くのエピソードをまとめており、『アーサー王物語』を代表する作品として知られている。

　円卓の騎士とは、『アーサー王物語』の中でアーサー王に仕えた騎士たちのことを指す。アーサー王の居城**キャメロット**には巨大な円卓が置かれており、アーサーと騎士たちが円卓を囲んで会議を行ったことが名前の由来である。円卓の騎士の人数は文献によってさまざまで、『アーサー王の死』では300人とされているが、名前すら明かされていない騎士も多い。一般的には10～15人程度の名前が知られているようだ。円卓には上座・下座の区別がなく**騎士たちは対等の身分**であったため、円卓は**平等の象徴**とされる。また、円卓の座につくには優れた武勲を示す必要があり、席の数も限られていたため、エリートという意味で「円卓の騎士」が使われることもある。

神話・伝承

■アーサー王と主要な円卓の騎士たち

名称	人物の詳細
アーサー	ブリテン王ユーサー・ペンドラゴンの息子。ブリテン王の証明とされる岩に刺さった剣を引き抜いて即位した。円卓の騎士を率いて国内を統一したが、王妃の不義が原因で騎士団は分裂。内戦中に受けた傷が元になって死亡した。
ランスロット	バン王の息子。湖の乙女といっ精霊に育てられた。円卓の騎士の中で最強といわれる武勇を誇り、品格も備えた完璧な騎士。しかし、アーサーの王妃グィネヴィアと密通したために騎士団の分裂を招き、王国崩壊の原因を作った。
ガウェイン	アーサーの異父姉モルゴースの息子。円卓の騎士の中で最も勇猛な戦士で、アーサーの片腕として信頼された。日が昇ってから正午までの時間は通常の3倍の力を発揮できるという特殊な力をもっていた。
ケイ	アーサーの義兄(文献によっては義弟)。古い伝承では、治療不可能な傷を負わせたり、9日間休息なしで行動できるといった強力な魔術の使い手であった。中世以降に成立した物語では、少し抜けたところのある好人物とされる。
トリスタン	コーンウォール王マルクの甥。馬上試合ではランスロットと互角の腕前。もともとは別の伝承の登場人物が『アーサー王物語』に組み込まれたといういきさつがあり、彼の物語には話の整合性が取れないケースが見受けられる。
ベディヴィア	アーサー王の給仕係。古い伝承では、隻腕(片腕)ながらほかの騎士の数倍の力を誇る屈強な騎士とされるが、中世以降の物語では特に武勇に優れたエピソードはない。アーサーの死後、エクスカリバーを湖の乙女(精霊)に返還する役目を担った。
アグラヴェイン	ガウェインの弟。ランスロットとグィネヴィア王妃の関係に疑いをもち、密通現場を押さえるが、ランスロットに反撃されて殺された。人品が卑しい騎士とされるが、人気者のランスロットに敵対したため、不当な評価を受けた可能性も。
ガヘリス	ガウェインの弟で兄の従者を務めた。ランスロットと密通した罪でグィネヴィアが処刑される際、弟のガレスと共に刑場に立ち会っていたが、グィネヴィアを救出にきたランスロットによって誤って殺害された。
ガレス	ガウェインの末弟。純粋な若者で武勇にも優れ、ガウェインやランスロットに愛された。グィネヴィアの処刑場で兄ガヘリスと共にランスロットに殺された。兄弟はランスロットを尊敬していたため、武器を向けず無抵抗だったという。
ディナダン	武勇はそれほど優れていないが、機転がききユーモアに富んだ性格で友人の多い騎士。貴婦人たちからの人気も高い。特にトリスタンと仲が良く、彼の冒険に力を貸すエピソードが多く残っている。
モルドレッド	アーサーと異父姉モルゴースの間に生まれた不義の子。魔術師マーリンは彼が王国を滅ぼすと予言した。成長したモルドレッドはアーサーが城を空けた際に謀反し、一騎討ちでアーサーに致命傷を与えたが、自身も討ち取られた。
ガラハッド	ペレス王の娘エレインが、魔法でランスロットを篭絡して誕生した子。円卓の騎士となるための試練をやすやすと突破して「最も偉大な騎士」と呼ばれる。のちに聖杯探索の任務を成功させ、最も純粋な魂のもち主として神に召された。
ボールス	ガリアの王ボールスの息子。ガラハッド、パーシヴァルらと共に聖杯探索の任務を成功させた。のちにランスロットがアーサーと対立した際にはランスロット側に味方して、一騎討ちでアーサーを落馬させる活躍を見せた。
パーシヴァル	自身も円卓の騎士の一員であったペリノア王の息子。空を飛ぶ鳥を撃ち落とすほどの投げ槍の達人。ガラハッドやボールスと共に聖杯探索の任務を成功させたが、間もなくガラハッドの後を追うように神の元に召された。

円卓の騎士 ～アーサー王伝説～

神話・伝承

神

オーディン

関連
- ラグナロク
  ～北欧神話の世界と神々～ ➡ P.185
- ロキ ➡ P.192
- ワルキューレ ➡ P.194

北欧神話に登場する隻眼の最高神

【注1】ゲルマン民族に伝わる神話。ノルウェーやデンマークなど、キリスト教の伝播が遅かった北欧に原典が多く残されていたことから北欧神話と呼ばれる。

【注2】北欧神話の舞台は天上と地上、地下と3つに分かれており、この3層を貫く巨大な樹が世界樹ユグドラシルだ。天上はアース神族の世界アースガルズ、ヴァン神族の世界ヴァナヘイム、光の精が住むアールヴヘイム。地上は人間界ミズガルズをはじめ、巨人の世界ヨトゥンヘイム、炎の巨人の世界ムスペルヘイム、小人の世界スヴァルトアールヴヘイムに分かれる。地下には霜の世界ニヴルヘイムと死者の世界ヘルがあり、全部で9つの世界がある。

【注3】ゲルマン民族が使っていた文字。ゲームや小説などでは神秘的なイメージで用いられることが多いが、ごく日常で使われていた。

　オーディンは魔術や知識、戦い、死を司る北欧神話【注1】の最高神。神話に登場する神々の中では最年長であり、妻フリッグとの間に誕生したバルドルや、巨人族との間に産まれたトールをはじめ、多くの神々の父でもある。

　その外見は灰色のヒゲを蓄えた隻眼の老人で、つばの広い帽子と青いマントを身に付けている。神々の世界アースガルドにある館ヴァラスキャルヴに住んでおり、玉座フリズスキャルヴから世界を見渡しているという。

　オーディンが隻眼なのは、世界樹ユグドラシル【注2】の根元にある知識の泉ミーミルの水を飲んで魔術の力を得た際に、泉の水を飲む代償として、番人の巨人ミーミルに自身の片目を捧げたためだ。また、オーディンはルーン文字【注3】（P.284）を解明したことから知識の神となったが、このときもグングニルに貫かれたままユグドラシルの樹で9日間首を吊り、神である自分に自分を捧げ続けるという荒行を行っている。

「足が絡まって歩けねー。」

　こうした逸話からは、昔の人々が知識を貴重なものと考えていたことがうかがえる。

神話・伝承

オーディンにまつわるものとしては、魔法の槍**グングニル**が有名だ。グングニルは、世界樹ユグドラシルから切り出した柄にルーン文字を刻んだ穂先を取り付けた投げ槍で、投げれば必ず相手に突き刺さり、必ず手元に戻ってくるという。また「滑る者」という意味の名をもつ、8本脚の馬**スレイプニル**もよく知られた存在だ。この馬は陸だけでなく、空や海、果ては冥界に渡ることもできるという。

ラグナロクを予見するも運命は変えられず

好奇心が強いオーディンは魔術や知識を求め続け、やがて予言の力を身に付ける。これにより、彼は最終戦争**ラグナロク**【注4】によって神々が滅亡することを知った。これ以降、オーディンは**フギンとムニン**という2羽のカラスに世界の情報を集めさせ、自身は玉座から世界を監視するようになった。さらに、ワルキューレたちを人間界に派遣し、勇敢に戦って死んだ戦士の魂を集めさせた。オーディンが戦と死を司る神といわれているのは、こういった話が由縁だろう。

このようにラグナロクに備えていろいろと準備したオーディンだが、その苦労は報われなかった。戦争で乱れた地上を天変地異が襲うと、ついに神々と敵対する巨人族が侵攻を開始。オーディンは自ら先頭に立って巨人族と戦うが、スレイプニルごと**巨大な狼フェンリル**に飲み込まれてしまう。すべてを見通す英知をもったオーディンも、定められた運命を覆すことはできなかったのである。

【注4】神々と、それに敵対する者たちの間に起こる最終戦争。夏が訪れず、一年中冬という年が3年続いたのち、オーディンに率いられた神々の軍勢と、対立するロキや霜の巨人族などの軍勢とが激突。壮絶な戦いの末、双方共に滅亡するというものだ。予言の力を得たオーディンは、自身が巨大な狼フェンリルに飲み込まれることをはじめ神々の最期を予見していたが、運命は変えられずほとんどの神々が倒れてしまう。世界は炎の巨人スルトによって一旦焼き尽くされるが、のちに新たな陸地が浮上。生き延びた数人の神と人間により、新たな世界が始まる。

オーディンのもとに集った狂戦士たち

オーディンに集められた戦士たちは、「エインヘリヤル」と呼ばれた。最終戦争において、彼らは犬か狼のように野蛮で鎧もなしに進軍し、恐怖も痛みも感じない「ベルセルク」という興奮状態で戦った。ファンタジー小説やRPGなどには、英語で「バーサーカー」と呼ばれる狂戦士が登場することもあるが、これはオーディンの戦士であるエインヘリヤルが元になっているのだ。

神話・伝承

オリュンポス十二神
～ギリシア神話の神々～

関連
- アテナ ➡ P.110
- ゼウス ➡ P.154
- ヘラクレス ➡ P.173

最高神ゼウスが率いる誉れ高き一族

【注1】ガイアとウラノスを祖とする神の一族。最初の王ウラノスと2番目の王クロノスは、自身の子供たちに地位を奪われるのではないかと疑心暗鬼になり、それぞれ自分の子供に酷い仕打ちを行った。その行為自体が子供の反逆を招くことになった。

オリュンポス十二神とは、ギリシア神話に登場するゼウスを筆頭とした神の一族のこと。十二神というからには12柱であって然るべきだが、ハデスやヘスティア、ディオニュソスを含めた文献も存在するため、十二神ではなく十四神となる場合もある。

彼らはいずれも特別な力、類稀なる才能を秘めており、神々社会の中核を担う存在だ。しかし、本来その役割を担っていたのはティタン神族【注1】と呼ばれる神々だった。

ティタン神族は原初の混沌カオスより生まれた大地母神ガイアと、天空神ウラノスを筆頭とする神の一族で、もともと世界を統べていたのは彼らだった。しかし、ウラノスは自身の息子であるクロノスに、クロノスもまた自身の息子であるゼウスに戦いで敗れ、最終的にはゼウスが世界を統治することとなった。しかも、父や祖父と異なり、その栄光は神話の終わりまで続いたのである。

世界の覇権を手にしたゼウスは、クロノスやウラノス同様に、女神や人間と交わって多くの子を成した。ゼウスの血を引いた子供たちの中でも特に優秀だったものはさまざまな功績を残し、ほかの神々とあわせてオリュンポス十二神と呼ばれるようになったのだ。

次ページからはオリュンポス十二神を含むギリシア神話の神々とその系譜について紹介していこう。

神話・伝承

■ギリシア神話に登場する主な神々

名　称※	略　歴
アテナ	ゼウスと知恵の神メティスの間に生まれた子供。生まれた時点ですでに成人していたという逸話が残っている。知恵、芸術、工芸、戦略を司り、多くの人間から信仰された。
アフロディーテ	性愛と多産を司る女神。ゼウスとディオネの子であるという説と、クロノスが切り落としたウラノスの男根から生まれたという2つの説がある。
アポロン	ゼウスとレトの間に生まれた子で、アルテミスとは双子である。医療を司る神で、父ゼウスの御心を伝える予言の神としても知られている。
アルテミス	ゼウスとレトの子で、狩猟や純潔を司る月の女神。自身の母親であるレトの出産を介助したエピソードもあり、妊婦たちから守護神として信仰を集めた。
アレス	闘争の残忍さを象徴する神。両親はゼウスとヘラ。非常に好戦的で、荒々しい面があったとされており、ほかの神に比べると信仰は薄かったという。
ウラノス	大地母神ガイアから生まれた天空を司る神。自身の子供を大地の奥底に幽閉したため、ガイアの怒りを買い、のちにガイアと結託したクロノスと戦って敗れる。
エロス	恋心と性愛を司る神。出生については諸説あり、原初神であるカオスが作り出したという説と、アレスとアフロディーテの間に生まれた子という説がある。
ガイア	カオスから生じたとされる大地の女神。ウラノスのほか、キュクロプスやヘカトンケイルを生み出した。また、海や山も彼女の手によって作りだされたという。
カオス	神話に登場する原初神。ガイア、タルタロス、エロスはカオスから生じたといわれているが、カオスは神話の初期にしか登場しないため謎が多い神である。
クロノス	ウラノスとガイアの子供で、父親であるウラノスから王位を奪った人物でもある。大地に豊かな実りをもたらしたことから農耕の神として考えられている。
ゼウス	ギリシア神話の頂点に君臨する王にして、オリュンポス十二神を率いる絶対神。兄弟であるポセイドンやハデスらと協力し、父クロノスから王位を奪った。
ディオニュソス	神であるゼウスと人間の娘セメレの間に生まれた子供。その名には「二度生まれし者」という意味がある。葡萄の栽培法と葡萄酒の作り方を広めたという。
デメテル	ガイアの娘である女神レアとクロノスの子供で、穀物母神の肩書きをもつ。のちに兄弟であるゼウスと交わり、ペルセポネを生んでいる。
ハデス	クロノスとレアの間に生まれた子で、ゼウスやポセイドンの兄にあたる。ゼウスらとクジ引きで世界を3分割したことで、冥界を統べる冥府の王となった。
プロメテウス	人類に火をもたらし、人類の守護者として崇められる人物。ティタン神族一の賢者であり、同胞の敗北をいち早く察知しオリュンポス神族に寝返った。
ヘスティア	クロノスとレアの子で、炉の女神や家庭の守護神として知られる。家庭を護る主婦たちの味方であることから、多くの女性の信仰を集めた。
ヘパイストス	鍛冶を司る神で、神々が持つ武器や防具の中には彼がつくりだしたものも多い。その出生についてはゼウスとヘラ、もしくはヘラが単独で生んだとされている。
ヘラ	婚姻を司る神で、ゼウスの姉にして正妻でもある。浮気性なゼウスと異なり、生涯その身を許したのは夫だけと、非常に貞淑な女性であったとされている。
ヘラクレス	ゼウスと人間の娘アルクメネの間に生まれた半人半神の男性。十二の難行を達成した後に命を落とすが、ゼウスの手で天に召され、神の仲間入りを果たす。
ペルセポネ	ゼウスとデメテルの娘。ハデスの妻であり、冥府の女王。当初は夫のハデスを嫌っていたが次第に心を開くようになり、のちに彼が浮気をした際は激怒したという。
ヘルメス	旅人、行商人、盗人の守護神で、神話では神々の伝令役として活躍する。両親はゼウスとマイア。妾の子であるにもかかわらず、ヘラにも可愛がられていた。
ポセイドン	ゼウスの兄弟で海を支配する神。オリュンポス十二神ではゼウスに次ぐ地位にある。正妻アンピトリテとの間に人魚トリトンや巨人アルビオンをもうけた。
メティス	ガイアとウラノスの子であるオケアノスとテテュスとの間に生まれた子。のちにゼウスの愛人となりオリュンポス十二神の1柱アテナをもうけた。
レト	アルテミスとアポロンの母。ヘラの妨害によって世界を放浪しながら出産を行える場所を探しており、その道中でさまざまな逸話が生まれている。

※**赤字**はオリュンポス十二神として扱われることがある神。通常はアテナ、アフロディーテ、アポロン、アルテミス、アレス、ゼウス、デメテル、ヘスティア、ヘパイストス、ヘラ、ヘルメス、ポセイドンでオリュンポス十二神とされる。

オリュンポス十二神 〜ギリシア神話の神々〜

神話・伝承

■ギリシア神話　神々の系譜

神話に最初に登場するのは原初神であるカオス。そこから大地の女神ガイアや大地の奥底（奈落）であるタルタロス、エロスなどが生まれた。

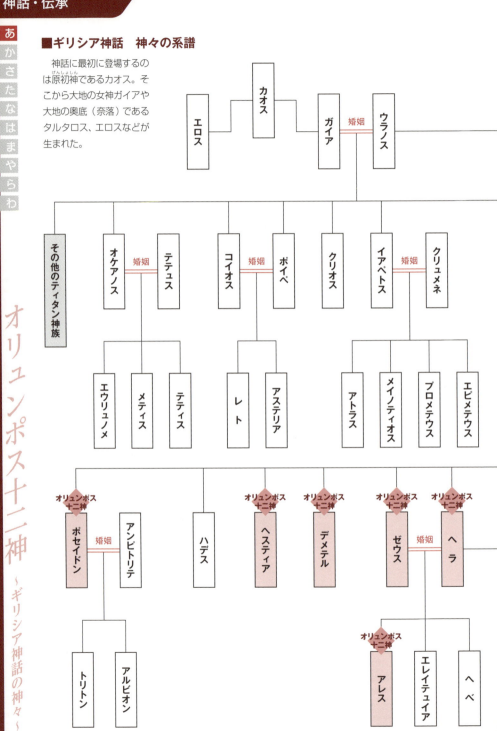

オリュンポス十二神 〜ギリシア神話の神々〜

神話・伝承

■ゼウスの愛人と子供たち

ここではゼウスが関係をもった"一部"の女性と、その子供たちを記載した家系図を紹介する。

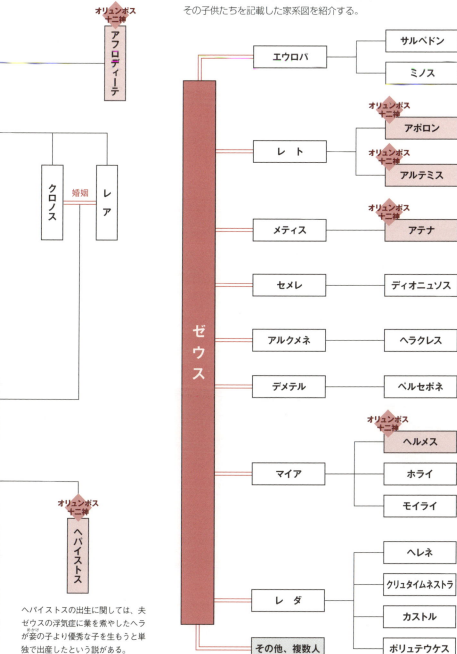

ヘパイストスの出生に関しては、夫ゼウスの浮気症に業を煮やしたヘラが妾の子より優秀な子を生もうと単独で出産したという説がある。

オリュンポス十二神 〜ギリシア神話の神々〜

神話・伝承

幻獣・妖怪

キメラ

関連
- ゼウス ➡ P.154
- ペガサス ➡ P.172

ギリシア神話に登場する複合生物の代表格

【注1】ホメロスが作った叙事詩。主にトロイア戦争について描かれている。

【注2】エキドナは上半身が美しい人間の女性で、下半身は蛇。テュポンとの間にキメラ、ケルベロス、オルトロス、ヒュドラ、デルピュネ、パイアなどを産んだとされる。また、ティタノマキアに敗れたことでテュポンがエトナ山に封じられたのち、息子であるオルトロスと再婚。スフィンクスや、ヘラクレスに退治されたネメアの獅子、ラドンなどを産んだという。

　キメラはギリシア神話に登場する怪物。体は獅子で、背中には山羊の頭が生えており、尻尾は蛇の頭になっている。容姿に関しては諸説あるが、いずれにしても**複数の生物の合成体**であることに変わりはない。非常に獰猛で、口から炎を吐き、足が速く、怪力のもち主だという。ちなみに、キメラは一般的には**雌**とされている。これは、キメラを従えていたカリア王アミソダレスが、たびたびキメラを「**娘**」と称していたことに起因しているようだ。

　キメラは古代ギリシアの詩人ホメロスの『イリアス』【注1】において、はじめて登場したとされ、そこでは「身体の前方が獅子、中間が山羊、後部は蛇で、人間ではなく神族に属す」と記されている。実際、**キメラの両親は巨人族のテュポンとエキドナ**【注2】だ。テュポンは最高神ゼウスと同じく、ウラノスとガイアの血筋なので、2人は**親戚関係**にあるわけだ。そうなると、テュポンの子であるキメラが神族に属するのもうなずける。

　キメラはリキュアの火山地帯に棲息し、そこで人々を襲うなどの悪事を働いて

神話・伝承

いた。この事態を憂いた国王は、勇者ベレロポンにキメラの討伐を依頼。これを受けた彼はペガサスを手懐け、キメラと対峙。飛べないキメラに対して、ベレロポンは空から槍で攻撃を仕掛けた。一方のキメラも炎を吐いて応戦するが、この槍の先端には鉛が付いており、炎によって溶けた鉛がキメラの口の中に流れ込み窒息死してしまう。こうして、神話上、最も奇怪な外見をもつ怪物は退治されたのである。

キメラに込められた複数の意味とは？

キメラはキリスト教の教義の中も取り込まれており、中世の動物寓意譚では、おもに「淫欲」や「悪魔」などの意味を込めて描かれた。また、キメラは時に「女性」を指す言葉としても引用される。12世紀の詩人マルボートは、キメラを娼婦、あるいは女性に見立てて「上品な外見を装いながら獅子の口を突き出し、愛欲の炎で男たちを喰らう」と述べたそうだ。これは、複数の生物が合体したキメラの多様性が「表面的には可愛らしく清楚だが、実際は計算高くてずる賢い」といった、女性がもつ二面性と重なって、このように解釈されたのだろう。

さらに、キメラは「恋愛」を象徴する存在でもある。その理由としては、獅子が「恋愛における相手への強い衝動」、山羊が「すみやかな恋の成就」、蛇が「失望や悔恨」を表すからだという。また、その奇妙な外見から、「理解しがたい夢」を象徴するともいわれる。

キメラの起源に迫る

キメラが生息するとされたリキュア火山には、頂上近くに獅子が、中腹には山羊が、そしてふもとには蛇が棲んでいたという伝承がある。以上のことから、キメラとは、火山そのものを怪物に見立てたものではないかと考えられている。このように、土地自体が生物として具現化され、恐れられるというのは珍しいことではないため、キメラの説もあながち間違いではないのかもしれない。

神話・伝承

ギルガメシュ

無二の友を得た暴君は名王へ

【注1】『ギルガメシュ叙事詩』は、メソポタミア神話の中でも人気が高く、最長のエピソードを誇る。

【注2】豊穣を司る女神で、「ニンフルサグ」や「ニントゥ」とも呼ばれる。天空神アヌの命令でエンキドゥを生み出した。

　ギルガメシュはメソポタミア神話の物語『**ギルガメシュ叙事詩**』【注1】の主人公で、紀元前2600年ごろに栄えた国ウルクの第一王朝時代の王がモデルとなっている。当初は民を顧みない暴君であったが、のちに優れた指導者となり、126年もの間、国を統治したそうだ。そのきっかけというのが、同等の力をもった友を得たことであった。

　ギルガメシュは女神ニンスンと人間の間に生まれた子で、3分の2が神という**半神半人**だ。強靭な肉体と類稀な腕力を兼ね備えていたギルガメシュだが、若き日の彼はその力に驕り、暴君として民を苦しめた。耐えかねた民は、やがて神々に助けを求める。すると、女神アルル【注2】が粘土から**エンキドゥ**という戦士を生み出し、ギルガメシュに差し向けたのである。

　エンキドゥの挑戦を受けたギルガメシュは全力で戦った。しかし、エンキドゥは神に作られただけあり、その強さはギルガメシュに勝るとも劣らない。両者の戦いは一向に決着がつかず、やがて自身が絶対の存在ではないと悟ったギ

ルガメシュは、謙虚さを身につけて生き方を改めた。さらに、死闘を繰り広げたエンキドゥとは和解し、無二の親友となったのである。

神が作りし野人エンキドゥ

暴君だったギルガメシュに謙虚さを教えるため、神が粘土から生み出した野人エンキドゥ。生まれた直後は全身が毛むくじゃらで、動物並みの知能しかもちあわせず、獣たちと共に野を駆けまわっていた。そんな彼をギルガメシュの元に導いたのは、1人の女性である。

エンキドゥと出会ったとある狩人は、あるとき彼の前に娼婦を連れて行く。エンキドゥはその魅力に取り憑かれ、6日と7晩、夢中で彼女と交わり続けた。やがてエンキドゥは正気に戻るが、動物たちは彼を避けるようになる。不思議に思い、動物を追いかけようとしたとき、エンキドゥは自身の脚力が衰えていることに気づいた。性交によって過剰な精力が排出されたことで、エンキドゥの野性が失われ、野人から人間へと昇華したのだ。生まれ変わったエンキドゥは女に誘われてウルクへ赴き、ギルガメシュと対峙。戦いを経て友になったのである。

その後、2人は数々の冒険を経験していくが、天の牛【注3】を殺してしまったために、神々から罰を受けることになる。いずれかに死を与えることを決めた神々はエンキドゥを選び、やがて彼は病死した。その際、エンキドゥは自身を人間に昇華させた娼婦を呪うが、そんな彼に対して、太陽神シャマシュは「おまえは彼女のおかげでギルガメシュという友を得たのだ」と諭す。それを聞き、エンキドゥは友と過ごした冒険の日々を思い出しながら、安らかに息を引き取った。彼の死を悼んだギルガメシュは悲しみの声をあげ、それは国中に響いたという。

【注3】ギルガメシュの凛々しい姿にひと目惚れした愛の女神イシュタルは、彼に想いを告げるが断られてしまう。これに激怒したイシュタルは、天の牛をウルクに放ち、住民を殺していく。ギルガメシュとエンキドゥが黙って見ているわけもなく、すぐに戦いがはじまった。その後、2人は天の牛を退治するが、これは神々の所有物であったため、罰を受けることに。

神話・伝承

武具

草薙剣
(くさなぎのつるぎ)

関連
- 天照大御神 ➡ P.112
- 三種の神器 ➡ P.144
- 須佐之男命 ➡ P.150

建速須佐之男命が手に入れた天叢雲剣

【注1】出雲国、肥の河（斐伊川）上流の鳥髪（とりかみ）にいた怪物で、8つの頭と8つの尾をもち、8つの谷、8つの峰（みね）にまたがるほどの巨体だったという。年に1度、人里に来ては娘を食べていた。

草薙剣またの名を天叢雲剣は、三種の神器の1つ。かつて剣を盗み見た僧によると、長さ約2尺8寸（85cm）で、刃先は菖蒲の葉に似ているらしい。

草薙剣はもともと天叢雲剣という名前であったが、その由来は建速須佐之男命がこの剣を手に入れたいきさつと関係がある。粗暴な性格だった建速須佐之男命は神々の国である高天原を追放され、人の世である葦原中国へと降り立つ。やがて出雲に来た建速須佐之男命は、その地を荒らしていた八俣遠呂智【注1】を退治することになる。

建速須佐之男命は酒を飲ませて八俣遠呂智を眠らせ、十拳剣で斬り裂くが、何か硬いものに当たり刃が欠けてしまう。不思議に思って尾を調べてみると、そこから1本の剣が出てきた。八俣遠呂智の頭上にはつねに雲がかかっていたので、建速須佐之男命はその剣に天叢雲剣という名前をつけ、天照大御神に献上。こうして剣は神の所有物となった。

天照大御神に渡った天叢雲剣は、彼女の孫で地上を支配することになった邇邇藝命に渡され、再び地上に

神話・伝承

もたらされた。そして、八咫鏡と共に宮中に保管されたという。

宮中の天叢雲剣は伊勢神宮に移され、のちに倭建命の東征【注2】で活躍する。東征に向かった倭建命は、駿河の草原で策にかかって火責めにあった。このとき、彼は天叢雲剣で付近の草を薙ぎ払い、草に火をつけ、迎え火によって火責めから逃れる。これ以降、倭建命は天叢雲剣を草を薙いだ剣「草薙剣」と呼ぶようになったそうだ。

ただ、上記の話以外にも「クサ」は「臭し」、「ナギ」は「蛇」のこととして、獰猛な蛇から出現した剣という意味で草薙剣と名づけたという説もある。

【注2】倭建命が行なったとされる東国十二道の制圧。倭建命は東征に成功するものの、その帰途、尾張で病に倒れる。なお、初代天皇の神武（じんむ）天皇も東征を行なったが、こちらは神武東征と呼ばれている。

その外見や所在があやふやな草薙剣

現在、草薙剣は熱田神宮に保管されているが、これは偽物という意見もあり、剣の正確な所在についてはさまざまな説が飛び交っている。

例えば、平家が滅亡した壇ノ浦の戦いの際に、平時子【注3】と共に海中に沈んだという説。また、宮中の儀式では草薙剣のレプリカが使われているが、実はこれが本物だという説。ほかにも第二次世界大戦中に草薙剣が入った櫃を空襲から守るために移動させたという説など、さまざまだ。実際に剣を確認すれば本物か偽物か判別できるかもしれないが、誰であろうと剣を直接目にすることは許されていないため、それも難しい。

どういった剣なのか実態は知られていない草薙剣だが、有力視されているのは、鉄の剣という説だ。青銅器が主要な時代、鉄の剣は神の剣と呼ぶのに相応しい品であっただろう。ただ、この話も確たる証拠はない。草薙剣は日本で最も有名でありながら、その実態が不明な謎の剣として、人々の心に残り続けているのだ。

【注3】1126年～1185年没。平清盛（きよもり）の正室で、清盛亡き後は平時子が平家一門の精神的支柱となった。しかし、壇ノ浦の戦いで敗北すると、安徳（あんとく）天皇を抱き海に身を投げた。

神話・伝承

幻獣・妖怪

グール

関連
- 亜人 ➡ P.108
- クトゥルフ神話 ➡ P.289

ゲームではアンデッド、伝承では悪霊

【注1】実態のない霊魂のアンデッドは「ゴースト」「リッチ」といった名称のモンスターで登場する。

【注2】アラビア半島に伝わる民間伝承をまとめた『千夜一夜物語』(『アラビアンナイト』ともいう)にも、複数のグールが登場している。中には日本の妖怪『二口女(ふたくちおんな)』のように、男性と結婚するも正体を知られたため襲ってくるという筋立てのものある。

　グールは、一度死んでしまった死体や霊魂のモンスター化である<u>アンデッド</u>(不死者)【注1】に属する怪物だ。外見的な特徴は創作物によって異なるが「赤い目」「獣のように鋭い牙と爪」をもち、体毛が一切無いとされることが多いようだ。グールは<u>死体の肉</u>を好み、墓場や戦場などを徘徊して食糧である死体を物色するため、日本では「屍食鬼」あるいは「食屍鬼」などと訳される。さらにグールは生きている人間に襲いかかる獰猛さももち合わせている。

　こうしたグールの特徴は、近年の創作物によって広まっていったイメージだ。もともとグールは、イランやイラクといった中東地域に古くから伝承する魔物【注2】で、アンデッドではなく「精霊」の一種である。「人間の肉を好む」という特性は創作物と変わらないが、その外見は、男性のグールは体毛の濃い黒い肌に足首の先にロバの蹄がついた醜悪な姿、女性のグールは「グーラ」と呼ばれ、男性と違って非常に美人と、モンスター然とした創作物のグールとは異なる。伝承のグールには<u>変身能力があり</u>ハイエナや人間に化けることができ、人間社会に紛れて暮らし、獲物を狙うこともある。さらに、グーラはその美貌を生かして男性を誘惑し、人気のないところで喰らってしまうこともあるため、かなり知恵のある魔物といえるだろう。

　しかし一方で、「グールが人間の子育てをする」という

神話・伝承

民話も伝わっており、中にはグールによって育てられた女性が王様の花嫁となった、という結末のものまである。これらの物語から考えるに、グールは人間に敵対するだけの存在ではないのかもしれない。

のちに中東の広い地域で信仰されることになるイスラム教の伝承にもグールは登場するが、これらは盗賊や詐欺師といった悪人の比喩であると考えられている。

近年創作におけるグール

【注3】ルールブックに従ってプレイヤーが会話をしながらゲームをする「テーブルトークRPG」の元祖。ファンタジー世界を題材とし、後世の創作に多大な影響を与えた。

近年のグールの特徴を確立させたのは『クトゥルフ神話』と、ファンタジー作品に多大な影響を与えたテーブルトークRPG『ダンジョンズ＆ドラゴンズ』（『D&D』）【注3】の存在が大きいだろう。『クトゥルフ神話』に登場するグールは、「犬のような頭」「ゴムのように弾力のある皮膚」をもった亜人の種族で、蹄のように割れた足と鉤爪をもつ。都市の地下に住みつき、死体を好んで食べ、時に人間を襲うこともある。話し声は早口で泣くようであるという。また、グールに育てられた人間は、グールへと変容していくことがある、とも語られている。

一方、グールを「アンデッドモンスター」に定義した最初期の作品が『D&D』だ。人の肉の味を覚えた人間が死ぬとグールになるとされ、屍肉を喰らいときに人間を襲うといった特徴は、伝承に登場するグールを踏襲している。また、グールの攻撃には麻痺（あるいは病気）の効果があり、ほかの創作物にもこの特徴が盛り込まれることがある。

吸血鬼＝ゾンビ？

グールのように創作物と伝承でイメージが大きく異なる怪物はほかにもいる。その最たる例が吸血鬼（ヴァンパイア）だ。元々東ヨーロッパで伝承される吸血鬼は「埋葬された死体が動き出し人間を襲う」という、今日のゾンビとまったく同じ特徴だった。これが19世紀に発表された小説内で「生者の血を好む貴族」の吸血鬼が登場したことをきっかけに、現在の姿が一般的になったのだ。

神話・伝承

武具

ゲイ・ボルグ

> 関連
> ■アルスター伝説 ➡ P.114
> ■ブリューナク ➡ P.167

"足で投げる"が作法の魔槍

【注1】ケルト神話の中でも屈指の実力をもつ半神半人の英雄。普段は美男子だが、興奮すると「瞳が7つ増える」「手足の指が7本になる」と異形の姿となる。

【注2】刺す方向と逆方向に伸びるトゲ状のもの。主に漁に使う銛や釣り針にある形状で、このカカリが引っかかることで魚が逃げにくくなる。

【注3】「影の国」の女王でもある。クー・フーリンの師匠。クー・フーリンは彼女のもとで厳しい修行を積み、高く跳躍する技のほか数々の奥義とゲイ・ボルグを授かった。

　ゲイ・ボルグはケルト神話を構成する物語群の1つ「アルスター伝説」に登場する最強の英雄クー・フーリン【注1】が持つ槍だ。その外見を伝える資料は少ないが、一説ではゲイ・ボルグは"海の怪物の骨"を材料にして作られ"非常に重い"のだという。また、穂先に「カカリ」【注2】が付いていると説明する資料もあり、現在でいう銛のような形状であった可能性もある。もともとはスカアハ【注3】という女戦士が所有していたが、のちに弟子であるクー・フーリンに渡され愛用の武器となった。

　神話に登場する武器だけあって、ゲイ・ボルグには魔術的な能力が備わっている。この槍でひとたび相手を突くと体内で30のトゲが開き、相手に多くの傷を負わせるのだ。更に投げ槍として使用すると、放たれたゲイ・ボルグから多数の矢尻が飛び出して敵軍を一度に攻撃するのである。ただし、ゲイ・ボルグを投擲するには「この槍を足の指ではさみ足の力で蹴りつける」という、サッカーでいうところの"シュート"のような方法でなければならない。通常、

神話・伝承

【注4】突起、あるいはくぼみのある棒状の機器。ここに槍の石突の部分を引っかけて手で投げるよう投槍器を振ることで、セットされた槍を射出する。

投げ槍は手で投げるか、投槍器【注4】を使うのが一般的であることを考えると、かなり変わった方法だといえるだろう。

あまりに強力な武器であるためか、クー・フーリンは普段別の剣や槍で戦い、ゲイ・ボルグを使用するのは強敵や多数の軍勢を相手にするときなど「ここぞ」という場面のみだったようだ。持ち主の才能もあるとはいえ、ゲイ・ボルグの攻撃を受けて生きていたものはいないため、この魔槍には<u>一撃必殺の破壊力</u>があったのは間違いない。

ゲイ・ボルグには呪いがある？

【注5】ケルト神話に登場する英雄が立てている「制約」のこと。禁忌を守ることによって神々の祝福を受けられるが、破ってしまうと大きな災いが降りかかるとされた。なお、クー・フーリンの代表的な禁忌は「犬肉を食べない」、「詩人の言葉に逆らわない」、「己より身分の低い者の食事の誘いを断らない」。この禁忌を逆手にとられて犬肉を食べることになり、半身が痺れてしまった。

クー・フーリンはゲイ・ボルグで幾多の強敵を打倒してきたが、この中には彼の大切な人間も含まれていた。影の国で共に修行した<u>親友フェルディア</u>と<u>生き別れの息子コンラ</u>だ。どちらの戦いもクー・フーリンの望む戦いではなかったが、彼は戦士の誇りのため、仕える国の君主のためにゲイ・ボルグで大事な人の命を奪った。事情があったとはいえ、肉親と親友、大事な人の命を奪ってしまったクー・フーリンの胸中は説明するまでもないだろう。

更に、何とこの魔槍はクー・フーリン自身の命まで奪っている。彼は敵対する国の女王であるメイヴの罠にはまって禁忌【注5】を破ってしまい、ゲイ・ボルグを敵に奪われてしまう。そして最後は自らの愛槍で刺し貫かれてしまうのである。物語では、ゲイ・ボルグに呪いの力があるとは明言されていないが、こうした描写から考えるに、<u>持ち主を破滅に導く</u>ような能力が備わっていたとしても不思議ではない。

使用できるのは「水中」だけ？

ゲイ・ボルグを解説する資料には「水中でのみ使うことができる」と解説しているものがある。実際、ゲイ・ボルグが使われたのはクー・フーリンが命を落とした場所を含め、海中や浅瀬などいずれも水辺ばかりなのだ。動きが制限されるであろう水中でなければいけないというのは不思議な話だが、材料が「海の怪物の骨」とされていることと、何らかの関係があるのかも知れない。

神話・伝承

幻獣・妖怪

ケルベロス

関連
- オリュンポス十二神
  ～ギリシア神話の神々～
  ➡ P.128
- キメラ
  ➡ P.132
- ヘラクレス
  ➡ P.173

冥府の入口を守る番犬

【注1】ギリシア神話における冥府の神であり、オリュンポス十二神の1柱でもある実力者。

　近年ではあまり見かけなくなったが、少し前までは、防犯を目的に"番犬"を飼う家が少なくなかった。この番犬、たびたび神話にも登場している。ギリシア神話で冥界の入り口を守る番犬であるケルベロスは、おそらく最も有名な神話世界の番犬だろう。その知名度から、要所の入口を守るモンスターとして、創作物に登場することも多い。

　ケルベロスは、テュポンとエキドナというモンスターの子供であり、一般的に「3つの首」「尻尾が蛇」「口から火を吐く」という特徴をもっている。ただ、紀元前700年頃のギリシアの詩人ヘシオドスが記した叙事詩『神統記』によれば、ケルベロスの首は3つではなく50もあり青銅の鳴き声をあげると説明されている。

　冥府を治めるハデス【注1】の忠実な番犬として、ケルベロスは冥界の入口を監視する役目を与えられていた。死者に対しては友好的だが、冥界から逃げ出そうとする者や、許可なく冥界に立ち入った者に対しては容赦なく、たちまちに捕えて貪り喰ってしまう。また、3つの首がそれぞれ交代で眠る

神話・伝承

【注2】ゲリュオンもオルトロスも、ケルベロスと同じくヘラクレスによって倒されている。

ことで常時監視を続けられるため、見つからずにその前を通り過ぎることは不可能だといわれる。

ちなみに、ケルベロスには双頭の犬である**オルトロス**【注2】という兄弟がおり、こちらはゲリュオンという怪物が飼っている牛の群れを守る番犬をしている。

意外に？　やり込まれるケルベロス

【注3】剛力で知られる英雄。女神ヘラの策略で妻子を殺してしまい、その償いとして十二の難業に挑むことになる。

【注4】現在のトルコ北西部にあったという都市国家トロイアとギリシアで行われた戦争。神々すらもトロイア側とギリシア側の双方に分かれて加勢した大乱で、最後はギリシア勢が勝利し、トロイアは滅びた。

　ケルベロスは優秀な番犬であったが、ギリシア神話が誇る英雄**ヘラクレス**【注3】の前には歯が立たなかった。彼は自らの罪を償うために十二の難業に挑戦し、その最後の試練がケルベロスの生け捕りだった。冥界を統べるハデスは「素手のみ」という条件で、ケルベロスの生け捕りを許可し、約束通りヘラクレスは武器を使うことなく怪力でもってケルベロスを屈服させている。ヘラクレスによって地上に連れて行かれたケルベロスは太陽の光に驚いて吠え、そのとき飛び散った唾液から猛毒をもつことで知られる植物トリカブトが誕生したと伝える物語も存在する。

　神話には、ほかにも知恵や神の助力によってケルベロスをやり過ごした人間が複数存在する。まず、詩人で竪琴の名手であるオルフェウスは、最愛の妻を冥界から連れ戻そうとした際、琴を奏でてケルベロスを魅了した。またトロイア戦争【注4】の英雄アイネイアスは、巫女の導きでケルベロスを薬入りのお菓子を食べさせて眠らせることに成功し、愛の神エロスと結婚したプシュケは、夫の愛を取り戻すために冥府を訪れ、パンでケルベロスを手懐けている。

犬と地獄の関係

　ケルベロスのように、犬を「地獄」や「死」といったものと結び付ける考え方は世界中にある。アイスランドなど北欧地域に伝わる神話には「ガルム」と呼ばれる番犬がおり、ケルベロスと同じように冥府への門番を担っている。また、エジプト神話のアヌビス、中米のアステカ神話に登場するショロトルは、共に犬の頭部をしており、死や冥府を司る神である。

神話・伝承

三種の神器（さんしゅじんぎ）

関連
- 草薙剣 ➡ P.136
- 須佐之男命 ➡ P.150
- 三貴神・神世七代 〜日本神話の神々〜 ➡ P.177

神話の時代から伝わる3つの宝

【注1】こうした王権を象徴する宝物は英語で「regalia」といい、日本ではラテン語読みの「レガリア」という名称で紹介されることもある。

【注2】皇帝が使う専用の印。日本でも有名な『三国志』の時代には、袁術（えんじゅつ）という有力者が玉璽を持っていることを根拠に皇帝を自称した。

【注3】「研ぎ澄まされた剣」という意味。サウジアラビアの国教であるイスラム教「ワッハーブ派」の開祖・ワッハーブが、当時アラビア半島で勢力の伸ばし、のちにサウジアラビアを建国する「サウード家」に同盟の証として渡したもの。

　日本国の象徴的なトップである天皇家には、天皇の証として「草薙剣」（別名は天叢雲剣）、「八咫鏡」（別名は真経津鏡）、「八尺瓊曲玉」の3つの宝物「三種の神器」が受け継がれている。その起源は神話の時代まで遡り、天照大御神の孫である邇邇藝命が、地上を治めるために地上に降立った「天孫降臨」の際に天照大御神から与えられ、その後に天皇家の宝物となった。

　これらの神器は現存するとされ、草薙剣は愛知県名古屋市の熱田神宮に、八咫鏡は三重県伊勢市の伊勢神宮に、八尺瓊曲玉は皇居に保管されている。うち草薙剣と八咫鏡は分身（レプリカ）とされているほか、皇居には剣と鏡それぞれ「形代」という身代わりとして造られた複製が御神体として安置されている。これら三種の神器の取り扱いは非常に厳重であり、一般人が目にすることができないのはもちろん、儀式の際も実物ではなく「形代」を使用する。

　ちなみに「王権を象徴する宝物」の存在は日本に限ったものではない。ヨーロッパでは「王冠」「王笏」「宝珠」などが王権の象徴である宝物【注1】としてとして受け継がれていることが多く、かつて中国大陸にあった歴代王朝に受け継がれてきた玉璽【注2】も王権の証であった。また、中東のサウジアラビアには、「ラハイヤン」【注3】という剣が王権を象徴する宝物として代々伝わっている。

神話・伝承

■三種の神器

八咫鏡

巨大な内行花文鏡
昭和40年に福岡県の平原古墳から出土した内行花文鏡は、直径が約46.5cmで、周囲は約146cmあり、八咫（1咫＝約18cm）とほぼ同じサイズだ。このことから、八咫鏡はこれに類する鏡ではないかと見られている。

八尺瓊曲玉

緑色の大きな勾玉
『魏志倭人伝』と『古事記』で一致する供述は多い。そのため、八尺瓊曲玉は新潟県糸魚川市の付近で見つかった翡翠の大勾玉と思われる。これは『魏志倭人伝』でも「孔青い大勾玉」として登場するものだ。

草薙剣

鉄で作られた剣
どういった剣なのか謎が多い草薙剣だが、有力視されているのは鉄製の剣だという説だ。草薙剣を見たという人の証言によれば、竹の節や柄は魚の背骨のようであるとされ、似たような鉄製の剣は韓国でも出土している。

■神器の伝承や現在について

神器	伝承や逸話	神器の現在について
草薙剣	草薙剣は本来「天叢雲剣」と呼ばれていた。それを描いたエピソードが次のものだ。神界を追放され、人間界に降り立った須佐之男命。そこで八俣遠呂智の退治を依頼された彼は、酒を飲ませて眠らせ、八俣遠呂智に斬りかかる。その際、尻尾を切断することに成功し、そこから剣が現れた。八俣遠呂智の頭上にはつねに雲があったことから、須佐之男はこれを「天叢雲剣」と名づけて神に献上したのだ。	本物は愛知県名古屋市熱田区の熱田神社に、その形代が宮中三殿に祀られている。なお、この剣は668年に盗難にあったことがあり、犯人が捕えられた後、しばらくは本物が宮中で保管されていたという。
八咫鏡	須佐之男が天界で行った数々の暴挙の責任をとるため、天の岩戸に閉じ籠ってしまった天照大御神。このとき彼女を外に誘い出すために作られたのが八咫鏡だ。外にいる神に「あなたより優れた神がここにいる」と言われた天照が気になって戸をあけてみると、そこには神々しい女神の姿が。それが鏡に映った自身の姿だとは知らない彼女は、もっと近くで見ようと岩戸から外に出てきたのである。	八咫鏡は三種の神器の中でも最も重要視されており、現在は皇居内に建設された宮中三殿に祀られている。ただし、これは形代であり、本物は三重県伊勢市の伊勢神宮に保管されているという。
八尺瓊曲玉	八尺瓊曲玉は天照大御神の「岩戸隠れ」の際に八咫鏡と合わせて作られたもの。草薙剣や八咫鏡と共に神器とされるが、特に目立った逸話は存在しない。"八尺"という文字から単に大きい勾玉と思われがちだが、これはサイズではなく作られた数を示しているという説もある。実際、八尺瓊曲玉に類似した勾玉はさまざまな場所で発見されているため、あながち嘘とは言い切れないだろう。	ほかの神器と同様に、八尺瓊曲玉もまた宮中三殿に祀られている。剣に関しては源平の壇ノ浦の戦いで水没し失われてしまったが、曲玉は箱ごと浮かび上がってきたため、今現在も本物が存在するとされる。

神話・伝承

三清、四御
~中国・道教の神々~

関連
- 陰陽道 → P.024
- 五行思想 → P.032

「神話なき国」で生まれた民間信仰の神々

【注1】哲学者の孔子を始祖とした思想・信仰の大系。紀元前の中国で興り一時期は国教になるほど広く浸透していたが、1949年に中華人民共和国が建国されると弾圧され、国内では衰退していった。

　四大文明の1つ「黄河文明」の発祥地でありながら、中国は時に「神話なき国」といわれる。その原因については「儒教【注1】が各民族で信仰されていた神話を排除してきた」「現実主義な国民性」などの説が語られているが、実際にはさまざまな要因が重なった結果と考えられる。

　しかし、多数の民族が暮らす中国には、民族ごとの信仰や宗教をもつことが多く、道教もまた、こうした民間信仰から自然発生的に誕生した。時代の流れと共にさまざまな民間信仰や迷信、仏教、はたまた歴史的偉人の存在なども盛り込んできたため、道教の宗教観はかなり複雑でややこしくなってしまっているが、現在も台湾や東南アジア等に住む中華系の人たちに深く根づいている。

　道教で信仰されている神々は右記のような名前と系譜となっている。最も重要視されているのは「三清」「四御」にカテゴライズされた神々で、特に三清は神界ヒエラルキーの頂点に位置し、3神の中で最も至高とされるのは「元始天尊」だ。また、道教の始祖とされる哲学者「老子」は太上老君の名前で神格化され三清に名を連ねている。

　一方、四御は天界で三清の補佐をする神々だ。中でも玉皇上帝は、あらゆる神や仙人を統御している。またすべての人間の行為を算定して運命を決めるなど、天界と人界を取り結ぶ役割を担っているといえる。

神話・伝承

■中国神・道教神の系譜

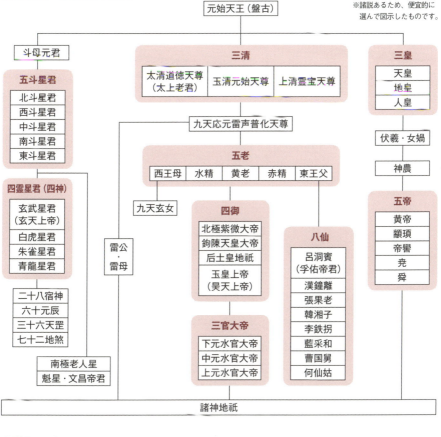

※諸説あるため、便宜的に選んで図示したものです。

■道教・天界三十六天

道教神話では、最初の神「太上老君」が生まれると同時に36の天界が生まれたとされる。無色界・色界・欲界は「三界」と呼ばれる修練(しゅうれん)の世界、それから順に上四天(じょうしてん)、三清境、大羅天という構造になる。

大羅天		
三清境	清微天（玉清境）	
	禹余天（上清境）	
	大赤天（太清境）	
上四天	賈奕天	
	梵度天	
	玉隆天	
	常融天	
三界	無色界	秀楽禁上天
		翰寵妙成天
		淵通元洞天
		皓庭霄天

三界	色界
	無極曇誓天
	上揲阮楽天
	無思江由天
	太黄翁重天
	始黄孝芒天
	顕定極風天
	太安皇崖天
	元載孔昇天
	太煥極瑤天
	玄明恭慶天
	観明端静天
	虚明堂曜天

三界	色界	竺落皇笳天
		曜明宗瓢天
		玄明恭華天
		赤明和陽天
		太極濛翳天
		虚無越衡天
	欲界	七曜摩夷天
		元明文挙天
		玄胎平育天
		清明何童天
		太明玉完天
		太皇黄曽天

三清、四御 ～中国・道教の神々～

神話・伝承

三大神
～ヒンドゥー教の神々～

関連
- ムドラー ～手印～ ➡ P.093
- 三貴神・神世七代 ～日本神話の神々～ ➡ P.177

インドに伝わる3柱の強力な神

【注1】「化身」のこと。ヴィシュヌは英雄や動物などさまざまな姿に「化身」し、敵対者を倒したり、ほかの人間を導くなどしている。

【注2】月や冥界の女神であるヘカテは「過去・現在・未来」「誕生・生・死」といった3つの事柄を1柱で司るともいわれ、しばしば3つの体を持つ姿(「三相一体」と呼ばれる)で描かれる。

【注3】唯一神「ヤハウェ」は、「父(神)」「子(キリスト)」「聖霊(信者に力を与えて導く存在)」の3つの姿で現れたという考え方。ほとんどの宗派がこの教理を支持している。

　インドで広く信仰されているヒンドゥー教は、**ブラフマー、ヴィシュヌ、シヴァ**の「三大神」を中心とした信仰だ。一般に、ブラフマーが宇宙を創造し、ヴィシュヌが維持し、シヴァが寿命の訪れた宇宙を破壊するという形で宇宙(世界)は循環しているとされ、時に3神はブラフマンという絶対的な神が3つの姿で顕現した「**三神一体**」(トリムルティ)であると説かれることもある。三大神が1つの姿で顕現した**ダッタートレーヤー**という存在もあり、彫刻や、絵画などでよく描かれる題材の1つとなっている。

　神としての力は均等であろう三大神だが、信者の人気においてはその限りではない。というのも、多くの信者を獲得しているのはヴィシュヌとシヴァの2神であり、ブラフマーを祀った寺院や信者の数は少なくほかの2神に比べ重要性も高くない。これはブラフマーが観念的な存在であることや神話に登場することがほとんどないことなどに起因するようだ。対して、神としてあるいはさまざま**アヴァターラ**【注1】として活躍するヴィシュヌや、苦行や女神との性的結合によって自身の能力を高めるなど人間くささのあるシヴァは厚い信仰を集めている。

　なお、三大神のように3柱の神が1つの物事を担当する、というような話は、ギリシア神話のヘカテ【注2】、キリスト教における「三位一体」【注3】など各地に存在する。

神話・伝承

■三大神の乗り物

　インド神話における高位の神々は神聖な動物を乗り物としており、三大神ともなると乗り物とされる存在も信仰を集めることがある。特にガルーダは人気が高く、インドネシアやタイでは国章に使用されているほどだ。ほかに有名なのは、雷神インドラの乗り物で空を飛べる象アイラーヴァタだろうか。

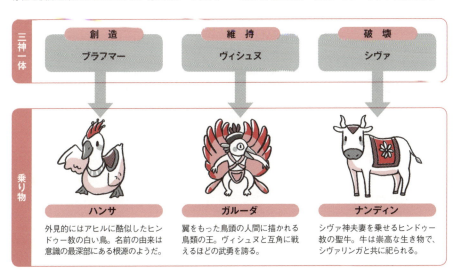

三神一体	創造 ブラフマー	維持 ヴィシュヌ	破壊 シヴァ
乗り物	ハンサ	ガルーダ	ナンディン
	外見的にはアヒルに酷似したヒンドゥー教の白い鳥。名前の由来は意識の最深部にある根源のようだ。	翼をもった鳥頭の人間に描かれる鳥類の王。ヴィシュヌと互角に戦えるほどの武勇を誇る。	シヴァ神夫妻を乗せるヒンドゥー教の聖牛。牛は崇高な生き物で、シヴァリンガと共に祀られる。

■ヒンドゥー教の主な神・種族

名前	解説
アグニ	火を司る神。信者から火へ捧げられた供物を神々の元へ運ぶという、人間と神の仲介役のような役割をしている。
インドラ	雷神であり、三大神以外では神話でも重要な存在。ヴリトラという怪物を倒すなど英雄的な偉業をいくつも成し遂げている。
ヴァルナ	インドで古くから信仰されていた格式高い神。だが、時代と共にその地位は低下していき、現在ではおもに水の神として親しまれている。
ウシャス	夜明けの光を神格化した女神。太陽が昇る前の東の空に裸体で現れ、生物を目覚めさせるという。
カーマ	非常に美しいとされる愛の神。彼が放った矢に撃たれた者は恋の感情が引き起こされるという。
ガネーシャ	シヴァの息子であり、富をもたらす神として広く信仰されている。象頭で知られるがこれは父であるシヴァの怒りを買い首を刎ねられてしまったのを、母親のパールヴァティが象頭の首をつけて復活させたためと言われている。
サラスヴァティ	ブラフマーの妻である、芸術、学問を担当する女神。日本では七福神の1柱「弁財天」と同一視されている。
ドゥルガー	女神でありながら好戦的な性格をした、シヴァの妻。虎、あるいは獅子にまたがって戦場をかけシヴァらと敵対していたアスラ神族を彼女だけで殲滅した。
ヴァースキ	蛇あるいは半人半蛇の姿で描かれる「ナーガ」の1柱。長大な体をもち、神々がアムリタという不老不死の効果をもつ神酒を作るために行った『乳海攪拌』では海をかき混ぜるための山を動かす綱の役割を果たしている。
パールヴァティ	シヴァの妻である女神。心優しい性格で描かれる一方、同じくシヴァの妻であるドゥルガーと同一視され戦士として描かれることもある。
ラクシュミ	豊穣や幸運、美を司る女神でヴィシュヌの妻。蓮華を手に持ち、蓮華に乗った姿で描かれる。

三大神 〜ヒンドゥー教の神々〜

神話・伝承

神

須佐之男命
（すさのおのみこと）

関連
- 天照大御神 ➡ P.112
- 三種の神器 ➡ P.144
- 三貴神・神世七代 〜日本神話の神々〜 ➡ P.177

わがままな子供から英雄神へ

【注1】伊邪那岐命が生み出した神々の中でも、最も貴い3柱の神。ほかの2柱は、天照大御神と月読命。

【注2】須佐之男の息子、あるいは子孫とされる神。仲間の神たちと共に葦原中国（あしはらのなかつくに）を豊かにした。

【注3】須佐之男と天照が行なった占いのようなもの。須佐之男の剣と天照の珠をお互いに交換し、かみ砕いたところ神々が生まれる。これが須佐之男の潔白の証明となった。

須佐之男命は三貴神【注1】の1柱であり、父である伊邪那岐命が黄泉の国から戻り、禊ぎをしたときに洗った鼻から誕生した神だ。日本神話において、三貴神が誕生してから大国主【注2】が国作りをするまでの物語は、須佐之男が主人公だと言っても過言ではないだろう。

伊邪那岐は優秀な子供である三貴神に、世界を3分割して支配させようと考え、須佐之男には海原を治めるように告げた。しかし本人は父の命令を拒否し、母のいる黄泉の国へ行きたいととダダをこねたため、これに怒った伊邪那岐に追放されてしまった。このあまり神らしからぬ行動が、須佐之男神話のスタートとなる。

須佐之男は黄泉の国へ旅立つ前に姉に挨拶をしようと天照大御神が治める高天原へと向かった。しかし、天照は弟が襲ってきたと勘違いし、武装して待ちかまえる。そこで須佐之男は身の潔白を示すために誓約【注3】を行い、高天原へ入ることを許されたのだった。

しかしここから、須佐之男の暴虐っぷりがはじまった。誓約を達成したことで

神話・伝承

増長したのか、それとも安心してもともと乱暴な性格が表にでたのか、田を荒らしたり、神殿を汚したりと高天原中で暴れ回ったのだ。更に須佐之男の悪戯によって、天照の配下である機織娘が命を落とし、心を痛めた太陽神の天照は岩戸に隠れてしまったため世界が暗闇に包まれる……と事態は深刻化。ほかの神々の機転によって天照が岩戸から出てきたため世界に光は戻ったが、須佐之男は高天原からも追放される結果となってしまった。

強き英雄となる須佐之男

【注4】稲田の女神として信仰されている女神。8人の姉妹の末娘であり、姉はすべて八俣遠呂智の生け贄となってしまっていた。

　高天原を追放され地上である葦原中国に降りた須佐之男だが、ここから彼の性格は一変する。出雲（現在の島根県）を訪れた彼は八俣遠呂智という8つの首をもつ大蛇への生け贄にされそうになっていた櫛名田比売【注4】という女神とその両親に会い、怪物退治を引き受ける。

　須佐之男は、まず八俣遠呂智を酔わせて弱体化させるため強い酒を用意する。そして櫛名田比売を櫛に変えて自らの髪に挿して隠れ、怪物が酔いつぶれるのを待った。作戦通り、八俣遠呂智は酔いつぶれ眠ってしまう。すかさず須佐之男は怪物を斬り刻み、退治することに見事成功した。ちなみに、このとき八俣遠呂智の尻尾から出てきたというのが、草薙剣（P.136）である。

　その後、出雲を気に入った須佐之男は、櫛名田比売と結婚し、宮殿を建てて出雲の支配者となった。このとき須佐之男は日本最初の和歌を詠ったとされている。

八俣遠呂智の正体とは？

　古くから日本では、水と蛇（または龍）を深く結び付けてることが多かった。水神が蛇の姿をしている、あるいは蛇を水神の使いと考えたり、川が蛇にたとえることもあった。そして、須佐之男に退治された八俣遠呂智も、川を多頭の蛇に例えたものとする説がある。島根県東部から鳥取県へと注ぐ斐伊川は昔から洪水を起こす川だった。この暴れ川を怪物化したのが八俣遠呂智だというのだ。

神話・伝承

武具

聖剣・魔剣
（せいけん・まけん）

関連
- エクスカリバー ➡ P.122
- 草薙剣 ➡ P.136
- レーヴァテイン ➡ P.190

神秘の力をもつ剣たち

洋の東西を問わず世界中の神話伝承には、何かしらの超自然的な力をもっていたり、神秘的な由来をもつ武器が登場する。中でも**エクスカリバー**をはじめとした「剣」は、神話伝承の主人公や英雄が振るう"相棒"となっていることが多く、創作物でも強力な剣が多数登場する。

近年ではこうした剣を総称して聖剣あるいは魔剣と呼ぶことが多い。「神の加護」「神秘的な由来」があるものを**聖剣**、「悪魔が鍛えるなど負の要素がある」「持ち主に何かしらのマイナスの効果がある」ものを**魔剣**とする傾向があるが、両者に明確な区別はなく、例えば邪悪な由来や効果がなくとも魔剣にカテゴライズされることもある。

神話伝承の世界を見渡すと、妖精が鍛えたエクスカリバー、ドラゴンを倒した**グラム**というような神秘的な由来や効果がある聖剣ばかりであり、「邪悪な効果がある」という魔剣らしい魔剣はほとんどない。数少ない例としては、北欧の神話伝承に登場する**ティルフィング**や**ダインスレイフ**が挙げられるだろう。

一方、創作作品に目を移すと『シルマリルの物語』に登場する**アングラヘル**【注1】や『エルリック・サーガ』の**ストーム・ブリンガー**【注2】など、魔剣らしい魔剣は多い。どうやら現在における魔剣のイメージは近年の創作物による影響が大きいようだ。

【注1】『指輪物語』の著者ジョン・ロナルド・ロウエル・トールキンの遺稿をまとめた『シルマリルの物語』に登場する。鍛冶屋の呪いがかけられた隕鉄を材料にした剣で、持ち主のトゥーリンの親友や無実の者、果てはトゥーリン自身もこの剣で死んでいる。

【注2】『エルリック・サーガ』はイギリスの作家マイケル・ムアコックによるファンタジー小説。この剣は主人公のエルリックが振るう剣で、もともと病弱なエルリックは、ストームブリンガーが殺した相手の魂を吸い上げ、彼に供給してもらうことでこの魔剣を振るえるのだ。

神話・伝承

■世界の聖剣と魔剣

名称	解説
アスカロン〈出典〉『キリスト教世界の7人の闘士』	キリスト教の聖人で「ドラゴン退治の英雄」として知られる聖ゲオルギウス（聖ジョージ）が、ドラゴンにトドメを刺したときに使用したという剣。伝承ではなく、17世紀の創作によってこのような話が"後づけされた"と考えられる。
アチャルバルス〈伝承地域／出典〉『マナス』	中央アジアの国キルギスの英雄叙事詩『マナス』に登場する。英雄マナスが振るい、刀身が伸びて離れた敵を切り裂いたり、草むらに置くと火事にしたりする能力があるという。
アロンダイト〈出典〉『ハンプトンのヴィーヴィス卿』	14世紀のイギリスで作られたという詩に登場する名剣。作中ではこの剣を「円卓の騎士の1人であるランスロットが火童退治に使用した剣」と説明されているが、これより古い伝承にランスロットがこの剣を使ったという記述はない。
エクスカリバー〈伝承地域〉イギリス	アーサー王伝説に登場する聖剣。湖の乙女（妖精）が鍛え、アーサー王に授けている。詳細はエクスカリバーを参照。
カラドボルグ〈出典〉ケルト神話	ケルト神話に登場するコナクト国の戦士、ファーガスの持つ剣。ミースにある3つの小山の頂上を、一撃で切り落としたという、凄まじい斬れ味を誇っていた。
草薙剣（くさなぎのつるぎ）〈伝承地域〉日本神話	須佐之男命が八俣遠呂智を退治したとき、その尻尾の部分から出てきたという剣。詳細は草薙剣を参照。
グラム〈出典〉北欧神話	北欧神話の英雄シグルズが振るった剣。もともとは彼の父シグムントの使っていたのだが、彼の死と共に折れる。これをのちにシグルズの養父である鍛冶屋が鍛え直し、グラムという名前もこのときついた。シグルズはこの剣で財宝を守っていたドラゴン・ファーブニルを退治している。
ジョワイユーズ〈出典〉シャルルマーニュ伝説	フランスの皇帝シャルルマーニュ（カール大帝）が持つ。その刀身は1日30回輝きを変えるとされ、柄にはロンギヌスの槍のかけらが治められているという。
ダインスレイフ〈出典〉北欧神話	一度鞘から抜くと、人間の血を見るまで決して鞘に収まらないという魔性の剣。デンマークの王ヘグニが所持していた。彼は和平交渉の際、魔性に抗えず剣を抜いてしまい、戦争に突入してしまった。
ティルフィング〈出典〉北欧神話	最高神オーディンの末裔であるスヴェフルラーメが小人を脅して作らせた剣。小人により「剣が抜かれるたびに1人死に、3度目で自身を滅ぼす」という呪いがかけられ、呪い通りスヴェフルラーメは死んでいる。
デュランダル〈伝承地域／出典〉シャルルマーニュ伝説	フランス王シャルルマーニュの甥にして、シャルル十二臣将の1人、勇将ロランの愛剣。どんなに斬っても折れず、曲がらず、刃こぼれもしなかったという。またその柄の中には4つの聖遺物が入っていたといわれている。
ナーゲルリング〈出典〉ディートリヒ伝説	現在のドイツ周辺に伝わる英雄物語に登場するディートリヒが持つ名剣。その鋭さと頑丈さは、初めて剣を手にしたディートリヒが感嘆したほどだった。
布都御魂（ふつのみたま）〈出典〉日本神話	建御雷之男神が葦原中国を平定したときに使った霊剣。荒ぶる神を退ける力をもつとされている。また、神武東征の際、敵の毒により危機に陥るが、剣の霊力で味方の軍勢を癒し、敵を退けた。
フラガラッハ〈出典〉ケルト神話	如何なる鎧も貫く魔法の剣。海の神マナナンから、光の神ルーに与えられたもの。ルーは圧政をしいていた先住民族のフォモールとの戦いにおいて、この剣を振るい、自らのトゥアハ・デ・ダナーン族に勝利をもたらした。
フルンティング〈出典〉『ベーオウルフ』	イングランドのフンフェルト家に伝わる名剣。刃に毒と血を塗り鍛えられた剣。この剣を持つものは、戦場であらゆる災難からも逃れられるという。英雄ベオウルフが、怪物グレンデル退治に使ったが、まったく役に立たなかった。
レーヴァテイン〈出典〉北欧神話	北欧神話において害をなす魔法の杖ともいわれ、世界樹にいるヴィゾーヴニルという雄鶏を唯一殺せる武器という。狡猾な神ロキにより鍛えられ、女巨人シンモラが厳重な封印をかけて保管しているという。

神話・伝承

神

ゼウス

関連
- オリュンポス十二神
  〜ギリシア神話の神々〜
  ➡ P.128
- ヘラクレス
  ➡ P.173

オリュンポス十二神の1柱

【注1】ウラノスとガイアの末子として生まれた。「アダマスの鎌」と呼ばれる武器でウラノスの男性器を切り落とし、最高神につく。なお、「時間の神」とされるクロノスとは別の存在である。

【注2】ニュンペとも。ギリシア神話における自然や地形の精霊たちの総称。全員が女性であり、樹木のニンフである「ドリュアス」、谷のニンフである「ナパイア」などがいる。

　農耕の神クロノス【注1】とレアの息子として生まれたゼウス。彼は**オリュンポス十二神**で、天界を統べる全知全能の神だ。ゼウスがもつ職能は、雨や雪などの天候で、戦闘においては雷を武器に戦う。ほかの神々と比べて圧倒的な力を誇るゼウスだが、その王座は父親から奪ったものだ。

　もともと、世界を統べていたのはゼウスの祖父にあたる天空の神**ウラノス**であった。しかし、彼は実の息子であるクロノスに男根を切り取られ、王座を追われてしまう。その際、クロノスに対して「お前もまた自身の息子に王座を奪われるだろう」と予言を残した。これに恐怖したクロノスは、生まれてくる実子を例外なく飲み込み、未来の禍根を絶とうとした。だが、クロノスの妻であるレアは夫の非道に耐えられず、ウラノスの妻である**大地母神ガイア**の助言を得て6番目の子供を石とすり替える。かくして難を逃れたその赤子こそが、のちに天界を統べるゼウスだったのである。クレタ島でニンフ【注2】たちに育てられ、成人したゼウスはガイアから授けられた嘔吐剤をクロノスに飲ませること

神話・伝承

に成功。その体内から、兄弟であるハデスやポセイドンらを救出し、ゼウスは彼らと共にクロノスの軍に宣戦を布告した。両軍の戦力が拮抗していたため、戦いは長期化したが、最終的にゼウスたちオリュンポス神族が勝利し、新たな支配者となったのである。

　一番の実力者であるゼウスは、自身が天を、ポセイドンが海を、ハデスが冥界を統べる新体制を築くも、これまでゼウスに加勢していた祖母ガイアが反逆する【注3】。「神によって殺されない」という特性があるギガスが神々を苦しめるも最後はゼウスらが勝利を収め、この戦いでガイアは、ゼウスに反抗することを断念したという。

【注3】もともとガイアは子供たちが地上に出られることを願ってゼウスに協力していたが、ゼウスがガイアの子供たちに命じたのは地下世界の牢屋番だった。この仕打ちにカイアは憤り、オリュンポスの神々に反旗を翻したのである。

好色なる神ゼウス

　オリュンポスの神々をまとめる大神である一方、ゼウスは大変な**好色家**としても知られている。正妻である**ヘラ**がいるにもかかわらず、神、ニンフ、人間を問わず、気に入った女性は強引にでも自分のものとしたり、中には相手が知らないうちに妊娠させてしまったケースまである。

　さらに、正妻たるヘラは結婚を司るという職能もあって夫の浮気相手に容赦がない。ゼウスは、愛人やその息子を保護するように努めているのだが、ヘラから逃れられることはまずないのだ。そのため、ゼウスの愛人となった女性は不幸な最後を迎えてしまうことが多い。一方で、ヘラクレスやペルセウス【注4】など、愛人との間に生まれたゼウスの子供たちには優秀な人物も数多い。

【注4】ゼウスとダナエという女性の息子。見た者を石化させる怪物メデューサ退治で知られる。

好色家はゼウスだけではない

　ギリシア神話の世界ではゼウスの女好きに目が行きがちだが、実はそれ以外の神や英雄も女好きばかりである。海の神ポセイドンはゼウスに負けず劣らずの好色家で子供が多く、鍛冶の神・ヘパイストスはアフロディーテという妻がいるにもかかわらずアテナにプロポーズし、断られている。主要な神で女遊びが少ないのはペルセポネ一筋のハデスと伝令の神ヘルメスくらいだろう。

神話・伝承

幻獣・妖怪

デュラハン

関連

死の間際に現れる首なしの妖精

【注1】ちなみに、デュラハンは別名を「ガン・ケアン」（Gan ceann）というが、これはアイルランド語でそのまま「首なし」を意味する。

　デュラハンは、おもにアイルランドに伝わる妖精で、死を知らせる使者として恐れられていた存在だ。近年ではデュラハンを「首のない騎士」の怪物、特に一度死んでよみがえった「アンデッドモンスター」のように扱う創作作品も多いが、これは本来の姿とは少し異なるものである。

　伝承に登場するデュラハン【注1】も創作と同じように首がなく、その首を小脇に抱えていることもある。首のない馬、あるいは棺を乗せ首なし馬が引く馬車「コシュタ・バワー」に乗ってどこからともなく街に現れ、家の前に止まるが、これは止まった家から死者が出るという予言なのだ。このとき家の人間が扉を開けると、この妖精は鉢1杯分の血液を人間に浴びせかけるという。

　一部には、もしデュラハンが家に訪れても死者を出さないようにする方法が伝わっている。最初に訪れたときか、次にデュラハンが現れたときに撃退できれば、死を免れるというのだ。ただし、具体的な撃退方法は残念ながら分からない。また、もし道端でデュラハンを見てしまった場合でも逃れる

方法はある。コシュタ・バワーは水の上を通ることができないので、川にかかった橋を渡ってしまえば、それ以上は追ってこれないという。

ちなみに、デュラハンは姿を見られることを極端に嫌うとされている。姿を見た目撃者を追い詰め、手にした鞭を振るって失明させてしまうとまで言われているのだ。扉を開けた人間に血液を浴びせかけるのも、もしかしたら姿を見られるのを嫌っているからかも知れない。

泣いて死を伝える妖精「バンシー」

【注2】近年の創作では、デュラハンと同じく「アンデッドモンスター」に設定した作品もある。

デュラハンの伝承が伝わるアイルランドには、「バンシー」という妖精の伝承も伝わっている。この妖精もまた「人間に死を伝える」妖精であり、同じ特徴をもつうえに同じ国に伝わることもあってか、一部ではバンシーとデュラハンを関連づける動きもあるようだ【注2】。

バンシーは目を赤くはらした女性の姿をしており、長い髪に緑の衣に灰色のマント、頭部にはヴェールを身に付けている。この妖精が死を伝える方法は「泣き声」である。木の下にうずくまる、または手を打って歩きながら泣き、この泣き声を聞くと誰かが死んでしまうのだという。その泣き声はあらゆる生物の叫び声を合わせたすさまじいもので、熟睡していた人間が飛び起きるとまでいわれている。

また、バンシーには「頭のない馬に、棺を乗せた黒馬車と一緒に現れる」という伝承もあり、こうしたところもデュラハンとバンシーを同一視する根拠になっているようだ。

『スリーピーホロウ』の首無し騎士

小説『スリーピー・ホロウの伝説』※には、デュラハンのような怪物が登場する。独立戦争のときに、首を無くして死んだ騎士の亡霊であり、夜になると馬に乗ってアメリカのスリーピー・ホロウという田舎町を疾駆している。首無し騎士である点や亡霊(アンデッド)である点など、近年のデュラハン像に非常に近く、何かしらの影響を与えた可能性は高いといえるだろう。

※アメリカの作家ワシントン・アーヴィングが1820年に発表した短編集『スケッチ・ブック』に収録されている。この作品をモチーフとした映画やテレビドラマも制作されている。

神話・伝承

幻獣・妖怪

ドラゴン

関連
- 悪魔 ➡ P.014
- バジリスク ➡ P.160

敵役である西洋のドラゴン

【注1】著者ジョン・ロナルド・ロウエル・トールキンによるファンタジー小説。

【注2】普段は広間に集めた宝の上で眠っている。そのため、本来なら弱点である柔らかい腹部に宝石などの財宝が食い込み、鎧のようになっていた。

ファンタジー作品では欠かせない存在であるドラゴン。典型的な姿は、ワニやトカゲに似た外見にコウモリのような翼をもつというもの。固い鱗による防御力と太い腕や鋭い爪や牙による攻撃、口からは吐き出す炎などで冒険者を苦しめ、さらに知能も人間より高いことも多い。

こうしたドラゴンの姿は『指輪物語』【注1】に登場する宝を守るドラゴン「スマウグ」【注2】や多数のドラゴンが登場する『ダンジョンズ＆ドラゴンズ』といった作品の影響が強い。近年でもアニメ、ゲーム、漫画などさまざまな媒体で新しいドラゴンが生まれていると言っても過言ではない。

しかし、神話伝承の世界におけるドラゴンという存在は複雑で説明が難しい。ドラゴンとは「それぞれの民族や地域で、地球上に広く頒布する爬虫類を神格化、怪物化した」という個別に発生した説が有力で、世界中に伝わる似たような存在を「ドラゴン」（龍）というカテゴリに当てはめたのである。平たく言うと、西洋で一般的なトカゲに翼が生えたような姿の「ドラゴン」と、日本や中国の蛇のような胴体

神話・伝承

をもつ「龍」はどちらも現在での呼び名は同じだが、その由来はまったく異なる存在なのである。

西洋におけるドラゴンは、ほとんどが人間と敵対する存在であり、ほとんどの物語で神や英雄に退治される敵役だ。『ベーオウルフ』（P.170）に登場する火竜や、北欧の伝承において英雄ジグルズに倒されたファーブニル【注3】などは「宝を守り英雄に倒されるドラゴン」として有名だ。更にキリスト教ではドラゴンは悪魔そのものとされ、多くの聖人にドラゴン退治の逸話がある。一方で、ドラゴンは「力強さ」や「勇猛さ」の象徴として騎士や貴族が付ける紋章にも描かれることが多く、単に「悪の存在だった」というわけではなかったようだ。

【注3】北欧神話の伝承に登場する。かつては小人だったが、黄金を巡って争った兄弟を殺し、独り占めした黄金を他人に渡さないようにドラゴンへ変身した。

似ているようで違う東洋の龍

東洋におけるドラゴン（龍）は、中国で誕生しそれが日本をはじめアジア各地に伝わっていったと考えられる。一般的には神聖な存在であり神の使いとされることも多い。中国では皇帝の顔を龍顔、姿は龍影、玉座は龍座など、皇帝の象徴にしていた。

だがそんな中国の龍の中には妙に人間くさい存在もいる。応龍【注4】は怪物の軍勢との戦いで大活躍するも、そのせいで体に邪気がたまり天界に帰れなくなってしまう。また『西遊記』に登場する東海龍王【注5】は孫悟空に脅されて彼に如意金箍棒を手渡すなどしている。どちらも高位の龍とは思えない扱いを受けているのだ。

【注4】背中から鷹の翼が生えた龍。龍の中でも位が高く、水を操作する能力がある。伝説によれば、黄河は応龍がつくったのだという。

【注5】「四海龍王」と呼ばれる、東西南北に分けた海をそれぞれ支配している龍王の1人。文字通り東の海を支配し四海龍王のリーダーでもある。

どこまでが「ドラゴン」か？

ひと口にドラゴンといってもその姿はさまざまだ。特に西洋は顕著で、ロシアなどには爬虫類と人間の特徴を併せもつ「ズメウ」という存在がいる。また神話伝承に登場する「巨大な蛇」「多頭の蛇」をドラゴンにすることも多く、人によっては、こうした存在をドラゴンとすることに抵抗があるかもしれない。「何をもってドラゴン」と呼ぶか、というのはその人しだいなのかもしれない。

神話・伝承

幻獣・妖怪

バジリスク

関連
- ドラゴン ➡ P.158

石化と毒で人間を脅かす

【注1】紀元77年に完成した、全37巻からなる書籍。バジリスクのような実在が信じられた動植物のほか、鉱物や地理学、天文学などさまざまな知識について書かれ、のちの知識人たちから愛読された。

　バジリスクは、アフリカのリビア東部に生息するとされるトカゲのようなモンスターだ。名前の由来はギリシア語で「王」を意味するバシレウスだが、バジリスクの頭に王冠にも似たトサカや突起があったからという説も存在する。

　この怪物について記した有名な資料がある。古代ローマの学者であった大プリニウスの『博物誌』【注1】だ。これによれば、バジリスクは体長30cm以下の小さなトカゲで、頭には王冠のような印があり、つねに身体を立てて進んだとされる。また、体内に強力な毒をもっており、ある人間が馬に乗ったままバジリスクを槍で突き殺したところ、毒が槍を伝い、人間も馬も死んでしまったという。更に、毒以外にも見たものを石化させる能力をもっていたとされるが、これは飛ぶ鳥に毒液を吐きかけて殺したという話が存在し、近づかないでも他者を殺せることから後世で加えられた能力ではないかとの見方が強い。

　バジリスクには多くの逸話が残っていて、より凶悪さを示すのが、砂漠を作ったのはバジリスクだというものだ。バジリスクは砂漠に棲むといわれているが、そこは最初から砂漠だったわけではなく、見ただけで岩を砕き、呼気で草木を枯らすほどの毒によって、やがて砂漠に変わってしまったという。こうしたエピソードが生まれるほど、バジリスクは実在する怪物として恐れられていたのだろう。

神話・伝承

幻獣・妖怪

バハムート

関連
- 7つの大罪
  〜キリスト教の世界〜
  ➡ P.069
- リヴァイアサン
  ➡ P.189

ドラゴンではなく魚だった!?

　バハムートといえば、最近では「強力なドラゴン」としてよく知られた存在だ。初出はアメリカで生まれたテーブルトークRPG『ダンジョンズ＆ドラゴンズ』とされ、バハムートは白銀色に輝き、口から光を吐くドラゴンだと設定されている。近年ではコンピューターゲームで、その存在を知った人も多いのではないだろうか。

　実は、バハムートは元をたどるとドラゴンではない。元々はユダヤ教の聖典『旧約聖書』やイスラム教に登場するモンスターなのである。なお、バハムートとはイスラム教での呼び名で、『旧約聖書』ではベヒモスという。

　イスラム教におけるバハムートは、底知れぬ海に浮かぶ巨大な「魚」である。その巨大さは世界をも超えるほどであった。なおイスラム教では、大地を天使が支え、更に天使を岩山が支え、その岩山を巨大な牡牛が支え、牡牛をバハムートが支えていると考えられている。バハムートの更に下も存在し、最下層では巨大な蛇が全てを支えているとされる。

　また、バハムートはアラビアの物語集『千夜一夜物

神話・伝承

【注1】アラビアンナイトとも。アラビア半島に伝わる説話を集めた物語集。当時栄えていた「ペルシア」の王にシェヘラザードというという女性が毎夜1話ずつ物語を語る形で進行する。

語』【注1】にも登場している。それによると、イサ（イエス・キリスト）はバハムートを目撃するが、その姿を見て驚いて気絶。3日経って目を覚ますが、いまだバハムートの巨体は、目の前を通り過ぎていなかったという。また、「人間には直視できないまぶしい光を放つ」という特徴があり、『ダンジョンズ＆ドラゴンズ』で描かれるバハムート像は、この記述が元になっているのかもしれない。

名前は違うが同じ存在「ベヒモス」

【注2】19世紀にフランスのコラン・ド・プランシーが発表した、悪魔や迷信などについて記された書籍。信憑性に欠ける記述も多いものの、当時としては情報量の多さが評価されている。また、6版から追加されたM・L・ブルトンによる挿絵は、悪魔の外見をイメージするのに多大な影響を与えた。

　先述のように、ユダヤ教やキリスト教の教典である『旧約聖書』では、バハムートはベヒモスという。このベヒモスはバハムートと違い、陸に棲む生物だった。神によって創造された生物であり、凄まじい巨体で、杉のような尾、金属のような骨格、巨大な腹をもつ獣でカバやサイのような姿をしているという。リヴァイアサンという対になっている生物と共に海に棲むと水が溢れてしまうため、神によって陸に挙げられたのだとされる。世界に終末が訪れると、ベヒモスはリヴァイアサンと戦うことになり、勝ったほうが終末を生き延びた人々の食糧になるともいう。

　『旧約聖書』などで描かれるベヒモスは、巨大ではあるが温厚な生物だ。だが時代が下ると、こうした教義とは別のところでベヒモスを悪魔（P.014）だとする見方が一般的となる。性格は変わらず温厚だが、大喰らいで一度暴れると誰も止められないという。『地獄の辞典』【注2】では象の頭にでっぷりとした腹を抱えた姿で描かれている。

バハムートとベヒモス

　創作世界においては、本来は同じ存在であるはずのバハムートとベヒモスが別の存在として登場することがある。分かりやすいのは『ファイナルファンタジー』で、シリーズの多くの作品でバハムートは強力なドラゴン、ベヒモスは4つ足の獣の姿をしたモンスターに設定されているのだ。こうした同一存在が共演するというのは、創作作品ならではといえるだろう。

神話・伝承

バベルの塔

関連
- ヤハウェ
  → P.095

傲慢なるヒトが建築した神へと向かう塔

【注1】本書でバベルの塔が登場するのは、ノアの箱舟の物語に続く第11章である。

【注2】ノアの子孫の1人でクシャの息子。猟師であり、都市の支配者だったとされている。なお、塔の建設目的としては、力を誇示するという説のほかに、ニムロデが神々の世界に攻め入ろうとしたという説もある。

　バベルの塔とは、『旧約聖書』の『創世記』【注1】に登場する伝説上の塔だ。この塔は、ノアの子孫**ニムロデ**【注2】とバビロニアの人々が古代メソポタミアの**中心都市・バビロン**に建てようとしたものであり、目的は神への挑戦とも、反抗のためともいわれている。

　『創世記』によると、ノアの大洪水後、ノアの子孫である人間が増え続け、彼らは石造の代わりにレンガで建築物を作るようになる。これまでにない技術を手にした彼らは、天にも届く塔を建て、その力を誇示しようとした。神はそんな彼らの驕りを怒り、それまで1つだった言語を混乱させたのだ。お互いの言葉がわからず意思疎通ができなくなった人間たちは、協力体制が崩壊。塔の建設を断念せざるを得なくなったという。

　この物語から、のちに実現が困難なこと、神を冒涜するようなことが、バベルの塔に例えられるようになった。なおバベルという名前は、神が言語を混乱させたことから、ヘブライ語の**バレル（混乱）**をもじって付けられたという説が有力だ。

163

神話・伝承

パンドラの箱

関連
- オリュンポス十二神
  〜ギリシア神話の神々〜
  ➡P.128
- ゼウス
  ➡P.154

世界中の災厄が収められた禁断の箱

【注1】火の神にして人間の守護者。獣や寒さに怯える人間を見兼ねた彼は、天上から火を盗み出し、人間に与えてしまう。これが原因でゼウスに捕まり、生きながら大鷲に肝臓を食われるという拷問を3万年近く体験することとなってしまう。

　パンドラの箱は「この世に存在するあらゆる災厄が詰め込まれた」という箱だ。箱の名の由来は、ギリシア神話に登場するパンドラという女性である。彼女は人類最初の女性として神々に生み出され、人類に災いをもたらすという不思議な箱を持たされて地上に送り込まれたのである。

　パンドラが生み出されたのは次のような経緯だ。あるとき、プロメテウス【注1】は天界から火を盗み、それを人類に与えた。これに激怒したゼウスは、1人の「女性」を作れと命令した。ゼウスから命を受けたヘパイストスは泥から「パンドラ」を作り、そこへほかの神々が、仕事をする能力、男を魅了する力、狡猾な心を与える。そして最後に禁断の箱をパンドラに渡し、プロメテウスの弟であるエピメテウスに彼女を贈ったのだ。

　エピメテウスは、兄からの「ゼウスの贈りものは受け取るな」という忠告を聞かず彼女と結婚。やがて、パンドラは好奇心に負けて箱を開け、世界に災厄（疫病や犯罪など）が振りまかれた。パンドラが箱を開けた際にたった1つだけ箱に残ったものがある。それについてはさまざまな説があるが、代表的なのは人類が絶望せずに生きられるように「希望」が残されたという説だ。また、ゼウスが残した希望は災厄の1つで、そのせいで人は叶わぬ希望を抱いて生き続けるようになったという説もある。

神話・伝承

幻獣・妖怪

フェニックス

関連
■ 不老不死伝説
➡ P.168

転生を繰り返す神秘の鳥

【注1】紀元前485年頃生〜前420年頃没。古代ギリシアの歴史家。著書の『歴史』は、ヘロドトス自身が見聞きしたことをもとに作成されている。それゆえ、事実ではないと思われることも含まれている。

【注2】古代ギリシアの太陽神ヘリオスの神殿。エーゲ海のロードス島にあったとされる。現在はギリシア領だが、ヘロドトスが歴史を記した当時はエジプトが領有していた。

　日本では「火の鳥」や「不死鳥」とも呼ばれるフェニックスは、転生を繰り返す幻獣としてよく知られる存在だ。フェニックスは実在が信じられていた生物であり、ギリシアの歴史家ヘロドトス【注1】が記した『歴史』で初めて言及された。これによると、フェニックスの姿は「金と赤の羽毛をもつ鷲に似た鳥」で、ギリシア語で赤紫という意味のポイニクスと呼ばれていたとある。英語のフェニックスは、これがもとになったという説もある。

　フェニックスの寿命は500年と非常に長く、死ぬと新たな個体が現れて亡骸をヘリオス神殿【注2】へ運んでいく。そして、普段は人目に触れないフェニックスも、このときだけは人々に姿をさらすのだという。

　ローマ時代になると、1世紀頃に発表された『博物誌』の中にフェニックスが登場する。ここでは、首の回りにこそ金色の羽毛をもつものの、身体は紫で尾は青となっており、『歴史』の記述とはかなり様子が異なっている。また、転生の仕方は「さまざまな香料を集めた巣にこもって死に、その

フェニックス

神話・伝承

髄に沸いた蛆の中から羽が生えたものが現れ、新たなフェニックスになる」と細かな記述がある。ややグロテスクではあるが、死んだ個体から次の個体が誕生するという点では、我々が知るフェニックスと同じだ。

同じ頃にローマの学者ポンポニウス・メラが記した『世界地理』では「最期が近づいたフェニックスは、香木を積み上げた薪の山の上で焼死する。そして、分解した身体から流れた液状の部分が凝固すると新たなフェニックスが生まれる」としており、現在よく知られる「身を焼いて灰から転生する」という説のもとになったと考えられる。

エジプトからヨーロッパ、そしてキリスト教へ

フェニックスの原型になったといわれる鳥が、エジプト神話に登場する**ベンヌ鳥**だ。この鳥は、灰色がかかった白と青色の羽毛をもち、500年ほどで死んでしまうが、燃えさかる樹の中から復活し美しい鳴き声を上げると言われている。このベンヌ鳥の伝承がヨーロッパへと渡って、フェニックスの伝承へと変化したと考えられる。

時代が下り、ヨーロッパにキリスト教が広まると、フェニックスは同じく**復活**というキーワードをもつキリストと結び付けられるようになる。そして、フェニックスはキリスト復活の象徴とみなされ、祈祷書や動物寓話、詩編などで広く取り上げられる存在となった。さらにはキリスト教そのものの象徴として、祭壇やステンドグラスを始めとする教会の装飾に、その姿が見られるようになっていった。

フェニックスと鳳凰

不死鳥と聞いたら、「5色の美しい羽と孔雀のような長い尾羽がある鳥」を想像する人もいるかもしれない。これはおそらく中国の「鳳凰」だろう。吉兆とされる伝説の鳥で、竹の実だけを食しアオギリという木の枝にだけとまるという。

一方で、鳳凰の死は不吉の前兆であり、フェニックスのように「死んで蘇る」という伝説はない。実は両者は、性質がまるで違う幻獣なのである。

神話・伝承

武具

ブリューナク

関連
- アルスター伝説 ➡P.114
- ゲイ・ボルグ ➡P.140
- ミョルニル ➡P.181

勝利に導く必中必殺の投げ槍

　イギリスの隣国、アイルランドに伝わるケルト神話では、アルスター伝説より前の時代、神々の一族である**トゥアハ・デ・ダナーン**と、巨人である**フォモール族**との激しい戦いがあったことが描かれている。この争いで活躍したのが神々の王であり「魔の槍」「輝く槍」などと呼ばれる槍を所有する**光の神・ルー**【注1】だ。近年の創作物では、彼の持つ槍を「ブリューナク」の名称【注2】で呼ぶことが多いため、本書でもそれに則る形で紹介する。

　神話で明かされているブリューナクの能力はわずかに2つだけだが「狙った的に必ず命中する」「投げた者に必ず勝利をもたらす」と、どちらもとんでもないものであり、神々の長が持つ武器としてふさわしいといえる。フォモール族との戦いでも、ブリューナクのこの能力がおおいに活躍したことは間違いないだろう。もともとブリューナクはエリンの四秘宝【注3】と呼ばれる4つの宝の1つで、それをのちにルーが所有するようになったのだという。

　ルーには「長腕のルー」という異名があるが、これは彼がブリューナクを始め投擲武器の扱いに長けていたことから付けられたという説が有力だ。実際ルーは、ほかにも**「タスラム」**という魔術的な力がある投石用の弾丸を所有し、遠距離攻撃を得意としていた。なお、宿敵であるバロールを倒したのは、このタスラムだとする説がある。

【注1】トゥアハ・デ・ダナーンの神であるキアンと敵対するフォモール族の王バロールの娘であるエスニャの子供という、複雑な経緯のもち主。「バロールは孫に殺される」という予言を知ったキアンが一計を案じて産ませた。それを知ったバロールに海に沈められるが、海の神マナナン・マクリルに助けられて養子として育てられ、最後は予言通りバロールを打倒した。

【注2】ただし、少なくとも日本に広まっているケルト神話紹介本の多くでは、「ルーが持つ槍の名前はブリューナク」と明言していない点に留意したい。

【注3】トゥアハ・デ・ダナーンが4つの都市から持ち出したという宝物。ブリューナクのほか、不敗の剣、魔法の釜、魔法の石がある。

神話・伝承

不老不死伝説

関連
- 三清、四御
  〜中国・道教の神々〜
  ➡ P.146
- フェニックス
  ➡ P.165
- 錬金術
  ➡ P.372

人間、誰しも求める夢

【注1】不老不死になる薬を作るための仙術。材料には硫化水銀のような有害な物質を使用していたとされ、完成した秘薬を飲んで命を落としたもいわれる。

【注2】錬金術において、鉛のような金属を「金」に変化させるときの触媒とされている神秘的な物質。一説では「エリクサー」とも呼ばれる不老不死の妙薬と同一視されている。

　近年でも、「夢の若返りが可能になるかもしれない細胞」を巡る騒動があったように、いつの時代も人間は不老不死の夢を追い求めていた。例えば中国に興った道教がその好例で、道教の道士たちは煉丹術【注1】で秘薬をつくり、不老不死を獲得して仙人になることを目指している。また、ヨーロッパでも錬金術師たちが賢者の石【注2】をつくる研究をしており、その目的の1つに不老不死があった。錬金術はインドでも流行し、その目的はやはり不老不死だった。不老不死の妙薬については神話にもあり、『ギルガメシュ叙事詩』の英雄・ギルガメシュ（P.134）も不老不死の妙薬を探す旅をしている。

　しかし、今日に至るまで人間が不老不死の妙薬を手にしたことはなさそうだ。有名な中国の始皇帝も不老不死を求め、秘術をおさめたという方士たちを傍に置いた。しかし、彼らが勧める毒性が強い秘薬を飲み続けた結果、不老不死どころか早死にしている。

　ちなみに日本には、不老不死とまではいかないが、非常に長生きしたという女性の伝説がある。八尾比丘尼と呼ばれる人物で、彼女は「人魚の肉」を食べたことによって、800歳まで生きたという。もちろん、人魚も伝説上の存在であるため、やはり不老不死となる手段を手に入れるのは容易なことではないようだ。

神話・伝承

■『抱朴子』に記されている金丹の作成法

不老不死を探求していた道士たちが、秘薬をつくっていたことは先に紹介したとおり。彼らの薬は丹薬と呼ばれ、中にはその製法が残されているものもある。そこで、ここでは3世紀ごろの葛洪という人物が自著『抱朴子』に記した丹薬の元になる金丹の作成法を紹介する。

```
100日間、斎戒を実践して準備※
        ↓
スズを鍛えて、幅6寸2分、厚さ1寸2分の板をつくる
        ↓
赤塩と灰汁を和えて泥状にしたものをつくり、1分の厚さで均等に塗る
        ↓
赤土でつくった釜の中に重ねておく
        ↓
隙間がないように封をする
        ↓
馬糞を燃料とし火で30日間温める
        ↓
釜の中身は灰状になっているが、その中にマメのような金が転がっている
        ↓
金を集めて土のかめに入れ、炭火とふいごで加熱
        ↓
10回鍛錬すると完成
        ↓
出来上がった金が、不老不死の薬にもなる金丹である
```

※斎戒の期間中は、次の4つを実践する
①五香の湯での沐浴
②身体を清浄に保つ
③穢れたものを避ける
④俗人との交際を断つ

COLUMN

不老不死の実現はもうそこまできている？

　イギリスのケンブリッジ大学研究員のオーブリー・デグレイ博士は「いくつかの課題がクリアできれば、老化を止めることができる」と述べている。

　デグレイ博士は、同大学の博士号をもつ老年生物医学者。同じ分野の研究者たちの多くは、彼が非常に優秀であることは認めながらも、研究そのものは認めていないようだ。しかし、ある科学雑誌が2万ドルの懸賞金をかけて博士の主張を否定するコンテストを開催したところ、デグレイ博士の主張が完全に誤りだと科学的に証明できた者は誰もいなかった。老化の仕組みについては不明な点が多いが、突き詰めれば細胞の細かい損傷の蓄積だという。従来の研究者は老化は細胞や分子が衰えるため、自然の摂理だと考えている。しかし、博士は「細胞が受けたダメージを手遅れになる前に修復できれば、いつまでも元気でいられる。よって、老化を遅らせるのではなく止めることも可能ではないか」と考えているのだ。

　すでに7つの克服すべき項目までピックアップ済みで、必要な技術や薬はあと20年ほどで完成する可能性があるという。はたして、博士は「不老不死の妙薬」を生み出せるのだろうか。

神話・伝承

関連
■ドラゴン
➡ P.158

ベーオウルフ
～叙事詩の世界～

ファンタジー作品に影響を与えた英雄物語

【注1】城近くの沼地に棲みつき、夜になると人間を襲っていた巨人のような怪物。

【注2】財宝をため込む習性があったが、あるとき人間がドラゴンの宝の一部を盗んでしまったため、怒り狂ったドラゴンが街を襲うようになった。

【注3】有名なのは『指輪物語』の作者ジョン・ロナルド・ロウエル・トールキン。『ベーオウルフ』の研究者でもあった彼の作品には、少なからず『ベーオウルフ』の影響が見てとれる。

『ベーオウルフ』はイギリスの古代伝承の1つで、英雄ベオウルフの生涯を語る英雄物語だ。物語は若き勇士ベオウルフの活躍を描いた第一部と、王の座について年老いたベオウルフの最期を描いた第二部で構成されている。

第一部の舞台はデネの国（現在のデンマーク）。スウェーデンの勇士ベオウルフは、この国の王を悩ませている怪物グレンデル【注1】が暴れていることを聞き、退治することになる。そしてグレンデルとその母親も倒し、デネの国に平和を取り戻すのである。

続く第二部では、国王となり年老いたベオウルフの時代が舞台となる。彼は平和に国を治めていたが、突然現れた火を噴くドラゴン【注2】が民衆を襲ったため、部下を率いてドラゴンに挑む。ドラゴンの住処である洞窟へとやってきた王はドラゴンと一騎打ちし、何とかドラゴンを討伐するが、彼自身も致命傷を受けて戦いから間もなく息を引き取った。こうして英雄は死に、物語は幕を閉じる。

『ベーオウルフ』は現存するものとしてはイギリス最古の叙事詩といわれている。叙事詩とは古来から語り伝えられてきた神話や伝説、英雄譚を韻文形式でまとめたもので、世界各地に存在する。こうして生み出された叙事詩は多くの人々に親しまれ、後世に作られた物語【注3】にも少なからず影響を与えたと考えられる。

神話・伝承

■世界各地に伝えられるさまざまな叙事詩

名称	地域	成立時期	内容
イーリアス	ギリシア	紀元前8世紀頃	ギリシア神話のトロイア戦争を題材とした叙事詩で、開戦から10年後の時代から英雄ヘクトールの死までを描く。
ウズ・ルジアダス	ポルトガル	1572年	ポルトガルの詩人ルイス・デ・カモンイス著。大航海時代を舞台にポルトガルの海外進出を描いた物語。
オデュッセイア	ギリシア	紀元前8世紀頃	『イーリアス』の続編にあたる作品。トロイア戦争に勝利したオデュッセウスの凱旋と、彼の息子の旅を描く。
カレワラ	フィンランド	19世紀頃	フィンランドの医師エリアス・リョンロートの著。フィンランドに伝わる神話や民間伝承をまとめた物語。
ギルガメシュ叙事詩	メソポタミア	紀元前2000年頃	メソポタミアの伝説の王・ギルガメシュ（P.134）の活躍を描いた物語。現存するものでは人類最古の叙事詩といわれる。
仕事と日	ギリシア	紀元前700年頃	ギリシアの神話を通じて、労働こそが善行で働くものだけが財を得ることができるという説話が語られた叙事詩。
シャー・ナーメ	イラン	1010年	ペルシアの詩人フェルドウスィー著。古代ペルシアの神話や伝承、王国の歴史などをまとめた書物。
ニーベルンゲンの歌	ドイツ	13世紀初頭	英雄ジークフリートを襲う悲劇と、彼の妻クリームヒルトによる復讐劇を描いた物語。北欧神話と同じ起源をもつ。
マハーバーラタ	インド	4世紀頃	バーンダヴァ家とバーラタ家の争いを描いた物語。ヒンドゥー教の聖典として重視されている。
ユーカラ	日本（アイヌ）	不明	アイヌ民族に口承で伝えられてきた伝承。神話と英雄譚が語られており、ポンヤウンペという英雄が登場する。
ラーマーヤナ	インド	3世紀頃	ヒンドゥー教の神ヴィシュヌの化身である英雄ラーマ王子と、羅刹の王ラーヴァナの戦いを描いた英雄譚。
ローランの歌	フランス	11世紀頃	フランク国の勇将ローランの戦いを描く叙事詩。778年に発生したロンセスヴォーの戦いがモチーフとされる。

ベーオウルフ ～叙事詩の世界～

神話・伝承

幻獣・妖怪

ペガサス

関連
- アテナ　→ P.110
- キメラ　→ P.132
- ケルベロス　→ P.142

石化の怪物から生まれた翼ある白馬

【注1】なお、まれに額に1本角がある姿で描くものもあるが、神話に角のある描写はない。これは一本角の幻獣「ユニコーン」と混同したためと考えられる。

【注2】オリュンポス十二神の1柱。詳細はオリュンポス十二神(P.128)を参照。

【注3】最高神ゼウスとダナエという女性の間に生まれた英雄。鏡のように磨かれた盾と鎌のような武器を駆使してメデューサの首を刎ねた。

【注4】海神グラウコスの息子とされるが、一説ではポセイドンの子供ともされる。この場合、相棒となったペガサスとは異母兄弟の間柄ということになる。

　ギリシア神話に登場する伝説の獣で、その気品溢れる外見から日本でも天馬の愛称で親しまれているペガサス【注1】。大きな鳥の翼と、真っ白な身体は神秘的な雰囲気を漂わせており、とても清らかな印象を受けるが、実はギリシア神話の海神ポセイドン【注2】を父に、怪物メデューサを母にもつ。その生まれについては、次のような経緯がある。

　母親であるメデューサとペルセウス【注3】が対峙した際、彼女は夫であるポセイドンの子供を身籠っていた。しかし、メデューサはペルセウスに首を刎ねられて絶命する。すると、メデューサの首の切り口、あるいは飛び散った血の中から、ペガサスが誕生したのである。そしてこれ以降、ペガサスは英雄たちの愛馬となるのだ。

　ペルセウスは故郷へ帰ると、そこでペガサスをアテナに捧げた。そして彼の死後、今度は英雄・ベレロポン【注4】と関わることとなる。怪物キメラの退治を依頼されたベレロポンは、ペガサスの手助けが必要と知り、アテナからペガサスを借り受ける。そしてペガサスにまたがりキメラ退治に向かい、空を飛べないキメラに対して空中から槍で攻撃を仕掛け、退治に成功するのであった。

　英雄たちの愛馬となり、数多くの功績をあげたペガサス。怪物として退治された母親メデューサの魂も、さぞ浮かばれたのではないだろうか。

神話・伝承

ヘラクレス

関連
- オリュンポス十二神
  〜ギリシア神話の神々〜
  ➡ P.128
- ケルベロス
  ➡ P.142
- ゼウス
  ➡ P.154

ギリシア神話最大の英雄

【注1】これまでゼウスたちを助けていた大地母神ガイアが起こした戦争。ゼウスらがガイアの子供たちを地下にある牢屋の番人にしたことに腹を立てて、戦いを仕掛けた。

　ギリシア神話には英雄と呼ばれる人物が多数登場するが、ヘラクレスは別格であり、オリュンポス十二神に匹敵する人気と知名度を誇る。まさにギリシア神話最大の英雄といえる存在だ。

　彼の両親は、最高神ゼウスと人間の娘アルクメネ。このときゼウスたちオリュンポスの神々は大地母神ガイアの軍勢との戦いギガントマキア【注1】のまっただ中だったが、ガイアにより生み出されたギガスたちには「神々によっては殺されない」という特殊な力をもち、ゼウスたちは手を焼いていた。そこでゼウスは「強力な人間にギガスを倒してもらう」ことを思いつき、目を付けたのが、ミュケナイ王妃アルクメネである。ゼウスは彼女の夫であるアムピトリュオン王に姿を変え、王妃の寝室を訪ねてアルクメネと交わり、やがてヘラクレスが誕生した。

　事情があったとはいえ、またもやゼウスが浮気したことに妻のヘラは激怒。しかもヘラクレスという名前は「女神ヘラの栄光」という皮肉のような意味であった。彼女はヘラクレスを嫌

神話・伝承

い、執拗に迫害したという。

　最高神の血を引くだけあり、ヘラクレスは赤ん坊の頃にヘラがけしかけた毒蛇を素手で握りつぶすなど、怪力ぶりを発揮する。アルクメネの父である王の期待を一身に受けた彼は、成長し結婚して幸せな家庭を築く。だがそれも長くは続かず、彼はヘラによって発狂させられてしまい、家族を殺してしまうという罪を犯してしまうのだった。

十二の難業と英雄の死

【注2】本文で紹介した以外には、「ケリュネイア山の鹿の捕獲」「アルカディア山の猪退治」「アウゲイアスの家畜小屋の清掃」「ステュムパロス湖に住む怪鳥退治」「ハシバエの牡牛の捕獲」「トラキア王の飼っている4頭の人食い馬の生け捕り」「アマゾン女族ヒッポリュテ女王のベルトの獲得」「ゲリュオンという手足が6本ずつで頭が3つある牛の退治」「ヘスペリデスの園にある黄金のりんごの収穫」の難業を命じられた。

【注3】人間の上半身と馬の首から下部分をもつケンタウロス。ディアネイラを襲おうとしたため、ヘラクレスから猛毒であるヒュドラの血を塗った矢を受けて絶命した。が、ディアネイラに「自分の血は媚薬となる」とそそのかし彼女に猛毒が混ざった血を隠し持たせている。

　家族を殺したヘラクレスは罪を償うため、エウリュステウスという王に命じられた**十二の難業**【注2】に挑むことになる。それは、ネメアの森に住むというライオン退治や不死身の頭をもつ毒蛇ヒュドラ退治、ケルベロスの捕獲など、一筋縄ではいかないものばかりだった。

　この十二の難業を何とか達成し自由の身になったヘラクレスは、ディアネイラという女性と2度目の結婚を果たす。更にその後、イオレという女性とも結婚した。

　しかし、これが破滅のはじまりだった。ヘラクレスがイオレと結婚すると、ディアネイラは自身が疎まれているのではないかと感じ、媚薬と信じていたネッソス【注3】の血をヘラクレスの下着に塗ったのだ。だが、猛毒を含む血によってヘラクレスはもだえ苦しみ、ついには自ら火葬壇に横たわり、その身を焼いてしまうのである。すると、轟音と共に稲妻が走り、ヘラクレスは消滅。彼はゼウスの手によって、神々の仲間に迎え入れられたのである。

弓矢の名手ヘラクレス

　ヘラクレスというと「筋骨隆々で素手や棍棒でたくさんの怪物を倒した」とイメージするのが一般的ではないだろうか？　もちろんこれは間違っていないが、一方でヘラクレスはエウリュトスという人物から弓術を教わり弓矢の扱いも得意だったのだ。ギガントマキアでは、弓矢で次々とギガスを倒す大活躍を見せ、ゼウスの計画通りオリュンポスの神々を勝利に導いている。

ヘラクレス

神話・伝承

マビノギオン

関連
- アルスター伝説 ➡ P.114
- 円卓の騎士 ～アーサー王伝説～ ➡ P.124

海を越え伝わった古代ケルトの物語

【注1】イギリスを構成するブリテン島の南西部に位置する地域。なお、イギリスは「イングランド」「ウェールズ」「スコットランド」「北アイルランド」の4つからなる連合王国である。

『マビノギオン』とは、『マビノギ』と呼ばれる4つの物語と口伝で伝えられていたケルトの伝承をまとめた物語集のことだ。かつてケルト人たちは伝承や伝説などを、語り部たちによる口伝で伝えていた。11世紀になると、これを南ウェールズ【注1】の修道士たちが、書に記しはじめ、やがて『マビノギオン』がまとめられる。これが英訳されたことで世界的に有名になった。

『マビノギオン』には全部で11編の物語が収録されているが、その中でも中核となる4つの物語は「かくてマビノギのこの物語は終わりとなる」という文言で締められている。物語集の名前はここからとられているのだ。

本書は『マビノギ4つの物語』『カムリに伝わる4つの物語』『宮廷の3つのロマンス』の3つから構成され、作品の雰囲気はそれぞれ異なる。『マビノギ4つの物語』は幻想的かつ神話的なテイストの英雄物語。『カムリに伝わる4つの物語』は民話的な内容で、有名なアーサー王伝説に関連した物語が入っている。『宮廷の3つのロマンス』は宮

神話・伝承

廷ロマンスで、こちらにもアーサー王が登場する。神話的な英雄譚、ウェールズの民話、ラブロマンスと、娯楽的な要素が満載。資料的な価値だけではなく、読み応えのある作品としても知られている。

『マビノギ4つの物語』の内容とは

『マビノギ4つの物語』は、『マビノギオン』の中でも、最も神話的価値が高い作品だ。4つの物語はウェールズが舞台で、それぞれが互いに影響している。

第1の物語『ダヴェドの王子プイス』はプリュデリの両親となるプイスの婚姻からプリュデリの誕生、立派な跡継ぎの成長までが描かれている。第2の物語『スィールの娘ブランウェン』では、ブリテン王の妹であるブランウェンとアイルランド王との結婚と、その結婚が招いたブリテンとアイルランドの戦いの物語。続く『スィールの子マナウィダン』ではブリテンの戦いから帰還したマナウィダンとプリュデリの物語で、恨みをもつ男に故郷に魔法をかけられ、罠にかかったプリュデリと妻をマナウィダンが救う姿が描かれている。最後は『マソヌウイの息子マース』。マースと彼の弟であるグウィディオンとの衝突。そして和解後、彼らの後継者となるスェウを2人が守り、彼を裏切った花嫁とその恋人への復讐を手助けする話だ。

4つの物語とも原文ではどこか奇妙なところがあったり、飲み込みにくいところはある。だが、それゆえにケルト神話の源流を垣間見ることができる貴重な作品でもあるのだ。

『マビノギオン』という名前は誤訳だった？

本書のタイトルが文中の「マビノギ」から来ているのは先述の通りだが、なぜ『マビノギ』ではなく『マビノギオン』なのか。これは当時の本をコピーする作業である「写本」のときに、誤って文中に1箇所だけあった「マビノギオン」という単語を使用してしまい、のちに英訳されるさいも改められることなく「マビノギオン」表記のまま出版されたためと考えられている。

神話・伝承

三貴神・神世七代
～日本神話の神々～

関連
- 天照大御神 ➡ P.112
- 三種の神器 ➡ P.144
- 須佐之男命 ➡ P.150

日本神話を彩る神々の物語

【注1】各地に伝わる民話や妖怪伝説地域の神話などをまとめたものの総称。代表的なものは現在の島根県周辺に伝わる『出雲風土記』。ただ『風土記』の中には、失伝していたり断片的なものしか残っていないものも多い。

【注2】日本神話における天地開闢の際に現れた、天之御中主神、高御産巣日神、神産巣日神、宇摩志阿斯訶備比古遅神、天之常立神の5柱の神のこと。特に最初に現れた天之御中主神、高御産巣日神、神産巣日神は「造化の三神」と呼ばれる。

【注3】別天神の次に登場する12柱の神。まず性別のない国之常立神、豊雲野神という2柱の神、次に伊邪那岐と伊邪那美をはじめとした男女で対となる10柱の神々が現れた。

　時に神の世界、時に人間の世界を舞台に描かれる日本神話。その発祥となるのは日本人ならば誰でも聞いたことがあるであろう文献『古事記』と『日本書記』の2つだ。また、『風土記』【注1】も、神話伝承を伝える書籍に数えられる。これらの中には数多の神様と、それに付随する物語、日本の成り立ちなどが事細かに記されている。

　日本神話の序盤は、別天神【注2】と神世七代【注3】の出現を描いた「天地開闢の時代」からスタートし、伊邪那岐命と伊邪那美命による日本列島創造の物語「国生み」、**天照大御神**をはじめとした「三貴神の誕生」へと続いていく。これらの時代に現れた神々の詳細はP.180の表を参考にしてほしい。なお、天照大御神、**月読命**、**建速須佐之男命**の「三貴神」が誕生し、父である伊邪那岐は3柱にそれぞれ高天原、夜の世界、海原を治めさせ支配を盤石にしようとするが、須佐之男が反抗したため目論見が崩れることになる。

　日本神話はこの後、須佐之男の子孫である**大国主**による「国作り」、天照が率いる高天原の神々が大国主の治める国を譲るように迫る「国譲り」、地上の支配を盤石にしようと天照の子孫たる神が地上へ降臨、敵対部族などを倒して行く「天孫降臨」へと続き、その子孫が初代天皇「**神武天皇**」となる。つまり『古事記』や『日本書記』は**神話伝承**であると同時に日本国の**歴史物語**でもあるのだ。

177

神話・伝承

■日本神話　神々の系譜の一部

国生み、あるいは神生みとして多くの神々を世に作り出した伊邪那岐命と伊邪那美命の2柱を祖とする神々の系譜を掲載する。

抽象化された神々

- 大事忍男神（おほごとおしおのかみ）
- 石土毘古神（いわつちびこのかみ）
- 石巣比売神（いわすひめのかみ）
- 大戸日別神（おほとひわけのかみ）
- 天之吹男神（あめのふきおのかみ）
- 大屋毘古神（おほやびこのかみ）
- 風木津別之忍男神（かざもつわけのおしおのかみ）

自然現象に関わる神々

- 大綿津見神（おほわたつみのかみ）
- 速秋津日子神（はやあきつひこのかみ）
- 速秋津比売神（はやあきつひめのかみ）※婚姻
- 志那都比古神（しなつひこのかみ）
- 久久能智神（くくのちのかみ）
- 大山津見神（おほやまつみのかみ）
- 鹿屋野比売神（かやのひめのかみ）※婚姻

系譜

- 泣沢女神（なきさわめのかみ）← 涙
- 伊邪那岐命（いさなぎのみこと）── 婚姻 ── 伊邪那美命（いさなみのみこと）

伊邪那美命より：

- **嘔吐**
  - 金山毘古神（かなやまびこのかみ）
  - 金山毘売神（かなやまびめのかみ）
- **糞**
  - 波邇夜須毘古神（はにやすびこのかみ）
  - 波邇夜須毘売神（はにやすびめのかみ）
- **尿**
  - 弥都波能売神（みづはのめのかみ）
  - 和久産巣日神（わくむすひのかみ）
- **亡骸**
  - 大雷（おおいかづち）
  - 火雷（ほのいかづち）
  - 黒雷（くろいかづち）
  - 土雷（つちいかづち）
  - 若雷（わかいかづち）
  - 折雷（さくいかづち）
  - 伏雷（ふすいかづち）
  - 鳴雷（なるいかづち）　など

三貴神・神世七代　〜日本神話の神々〜

神話・伝承

三貴神・神世七代 〜日本神話の神々〜

自然現象に関わる神々

沫那芸神（あわなぎのかみ）	天之水分神（あめのみくまりのかみ）
沫那美神（あわなみのかみ）	国之水分神（くにのみくまりのかみ）
頬那芸神（つらなぎのかみ）	天之久比奢母智神（あめのくひざもちのかみ）
頬那美神（つらなみのかみ）	国之久比奢母智神（くにのくひざもちのかみ）

天之狭土神（あめのさづちのかみ）	天之闇戸神（あめのくらどのかみ）
国之狭土神（くにのさづちのかみ）	国之闇戸神（くにのくらとのかみ）
天之狭霧神（あめのさぎりのかみ）	大戸或子神（おおとまとひこのかみ）
国之狭霧神（くにのさぎりのかみ）	大戸或女神（おおとまとひめのかみ）

石折神（いはさくのかみ）	樋速日神（ひはやひのかみ）
根折神（ねさくのかみ）	建御雷之男神（たけみかづちのをのかみ）
石筒之男神（いはつつのをのかみ）	闇淤加美神（くらおかみのかみ）
甕速日神（みかはやひのかみ）	闇御津羽神（くらみつはのかみ）

生産に関わる神々

| 鳥之石楠船神（とりのいはくすふねのかみ） |
| 大宣都比売神（おほげつひめのかみ） |
| 火之迦具土神（ひのかぐつちのかみ） |

亡骸

| 正鹿山津見神（まさかやまつみのかみ） |
| 淤藤山津見神（おどやまつみのかみ） |
| 奥山津見神（おくやまつみのかみ） |
| 闇山津見神（くらやまつみのかみ） |
| など |

神話・伝承

■日本神話に登場する主な神々

名称	備考
天之御中主神（あめのみなかぬしのかみ）	別天神の5柱で第一神に数えられる神にして、造化三神の1柱。宇宙に最初に姿を現した神であり、神々が住まう高天原の主宰神となった。
高御産巣日神（たかみむすびのかみ）	天之御中主神の次に現れたため、別天神の5柱の第二神とされる。造化三神の1柱。生産力を神格化した神で、農耕・生産に深く関わっている。
神産巣日神（かみむすびのかみ）	別天神の5柱の第三神で、造化三神の1柱。高御産巣日神と同じく生産に関わっており、あちらが男性的神格であるのに対しこちらは女性的神格として扱われる。
宇摩志阿斯訶備比古遅神（うましあしかびひこぢのかみ）	造化三神によって生みだされた別天神の1柱。日本神話の天地開闢において登場するが、その後はほとんど名前が出てこないため謎が多い神である。
天之常立神（あめのとこたちのかみ）	造化三神が生みだした別天神の最後の1柱。宇摩志阿斯訶備比古遅神と同様に、神話中にその名前がほとんど出てこないため正体は謎に包まれている。
国之常立神（くにのとこたちのかみ）	造化三神が生み出した天之常立神と対をなす神。神世七代の1柱。まだ不安定な大地を生命力が宿る地に形成したとされる。
豊雲野神（とよくものかみ）	造化三神によって生み出された神で、神世七代の1柱。空に色を付け、雲を生み、大地には豊かな実りをもたらそうと尽力した神であるとされる。
宇比地邇神／須比智邇神（うひぢにのかみ／すひぢにのかみ）	神世七代にして初の夫婦神。生まれたばかりの世界は泥沼のような状態だったため、2人が協力して大地を固めていったのだという。
角杙神／活杙神（つぬぐいのかみ／いくぐいのかみ）	神世七代の2組目の夫婦神。角杙神が男性、活杙神が女性にあたる。大地で生物が生きていくために必要となる力を蓄えていたとされる神。
意富斗能地神／大斗乃弁神（おほとのぢのかみ／おほとのべのかみ）	神世七代の3組目の夫婦神。広大な大地が固まり、生物が世界で生きられるようになったことを示す神。
淤母陀琉神／阿夜訶志古泥神（おもだるのかみ／あやかしこねのかみ）	神世七代の4組目の夫婦神。「おもだる（面足る）」は立派な地面が完成したということを示し、それを阿夜訶志古泥神が賛美したとされる。
伊邪那岐命（いざなぎのみこと）	神世七代の4組目の夫婦神。妻である伊邪那美と2人で、国や八百万の神を生み出した。伊邪那美の死後、単独で天照大御神、建速須佐之男命、月読命を生む。
伊邪那美命（いざなみのみこと）	夫の伊邪那岐と国や神を生んでいくが火之迦具土神を出産した際に絶命。黄泉の国の住人となり、黄泉比良坂にて伊邪那岐との縁が切れることになる。
天照大御神（あまてらすおおみかみ）	伊邪那岐が禊払い（左目）をした際に生まれ出た三貴神の1柱。太陽を司る女神で、父親である伊邪那岐の命により高天原を治める神となった。
月読命（つくよみのみこと）	伊邪那岐が禊払い（右目）をした際に生まれ出た三貴神の1柱。月を司る神で、伊邪那岐から夜の世界を治めるように命じられた。
建速須佐之男命（たけはやすさのおのみこと）	伊邪那岐が禊払い（鼻）をした際に生まれ出た三貴神の1柱。海原を治めるように命じられるが拒否。更に、高天原で騒動を起こし人間界に追放される。
火之迦具土神（ひのかぐつちのかみ）	伊邪那岐と伊邪那美の子供。火を司る神で、火之迦具土神を生んだ際に伊邪那美は陰部に火傷を負って絶命し、激怒した伊邪那岐は火之迦具土神を切り殺した。
大国主（おおくにぬし）	建速須佐之男命の子孫であり、伊邪那岐や伊邪那美のように国作りに励んだ神。のちに高天原の使者から国譲りの要請を受ける。
邇邇藝命（ににぎのみこと）	天照大御神の孫であり、大国主神に代わって国を治めるようになった。このとき、邇邇藝命は天照大御神から三種の神器を授けられている。
海幸彦（うみさちひこ）	別名は火照命。邇邇藝命と木花之佐久夜姫の子であり、山幸彦の兄。弟に大事な釣り針を失くされ喧嘩になり、のちにそれが元となって弟に服従することになる。
山幸彦（やまさちひこ）	別名は火遠理命。兄の海幸彦を打ち負かし、父親である邇邇藝命の後を継いだ。のちに海の神の娘である豊玉毘売命との間に鵜葺草葺不合命を設ける。
神倭伊波礼毘古命（かむやまといわれびこのみこと）	豊玉毘売命の妹・玉依毘売命と鵜葺草葺不合命の間に生まれた子で、のちの神武天皇。その系譜を辿ると天照大御神に行き着くため、天照大御神を天皇家の祖としている。

神話・伝承

武具

ミョルニル

関連
- ゲイ・ボルグ ➡ P.140
- ブリューナク ➡ P.167
- ラグナロク 〜北欧神話の世界と神々〜 ➡ P.185

トールが愛用した魔法の戦鎚

【注1】北欧神話の神々は道具を作ることもできた。しかし、小人（ドヴェルグ）たちは神々を上回る技量をもつ名工揃いで、神話にはこうした小人たちによって作られた、数々の道具が登場する。なお、このとき作成された道具のうち、黄金の髪の毛とミョルニル以外が誰に贈られたかを見てみると、グングニルとドラウプニルはオーディン、スキーズブラズニルと黄金の猪は豊穣の神フレイにそれぞれ贈られている。

　ミョルニルは、北欧神話に登場する雷神トールの戦鎚、つまり戦闘用のハンマーである。主神オーディン（P.126）の槍であるグングニルと同じく投げれば必ず敵に命中し、ひとりでに手元に戻ってくるという。稲妻をまき散らしながら飛ぶという説もある。ただ、ミョルニルは重量が攻撃力に直結するというハンマーの特性から、非常に重い武器だった。力自慢で知られるトールでさえ普段の姿では扱うことができず、ミョルニルで戦うときは神の力を増幅させる帯「メギンギョルズ」を巻いていた。

　トールのトレードマークともいえるミョルニルを彼が手に入れた経緯には、ロキ（P.192）が関係している。あるとき、ふざけたロキがトールの妻シヴの髪の毛を全部剃ってしまい、激怒したトールに自然に伸びる髪を作るよう約束させられた。そしてロキは「イヴァルディの息子たち」と呼ばれる小人たち【注1】に黄金の髪を作らせたところ、小人たちは黄金の髪だけではなくどこへでもいける帆船スキーズブラズニルと、のちにオーディン愛用となる魔法の槍グングニル

神話・伝承

も一緒に作成。するとロキは、これらの品をもってブロックとエイトリという小人の兄弟のところへ行き、「これより優れたものを作れたら自分（ロキ）の首をくれてやる」と言う。このとき、小人の兄弟が黄金の猪や黄金の腕輪ドラウプニルと共に作成したのが、ミョルニルだった。

その後、どちらの品が優れているのかを神々が判定することになり、その結果、最高の品と評されたミョルニルは巨人族に対抗する唯一のものとして、戦神でもあるトールに贈られたのである。

巨人に奪われたミョルニル

【注2】巨人の王であり、宝石や金、銀、黄金の角をもつ牛と、真っ黒な牝牛とたくさんの財宝を所有している。フレイヤを花嫁に求めたのは、美しいフレイヤ以外のものはすべてもっていると自負していたからだという。

【注3】ヘイムダルは鋭敏な知覚を備えた神。神々の国アースガルズにかかる虹の橋ビフレストの脇に住んでおり、侵入者を見張っていることから「神の見張り番」と呼ばれる。

実は神話の中で、トールはミョルニルを手放したり奪われてしまったことがある。有名なのが敵対する巨人族のスリュム【注2】に奪われてしまったときのエピソードだ。

あるときスリュムは、ミョルニルを盗むとその代償として、フレイヤという非常に美しい女神との結婚を要求してきた。もちろんフレイヤはこれを拒否。するとヘイムダル【注3】が「トールがフレイヤのかわりに花嫁に化けて、取りに行くのはどうだろうか」と提案した。

フレイヤとは体格も性別も違うトールだが、しぶしぶ金のカツラをかぶり、従者としてロキを従えて巨人の国へと向かう。フレイヤ（トール）を偽者と疑う巨人たちは口の回るロキがうまく騙し、ついに結婚式が執り行われる。慣例として花嫁（トール）の膝の上にミョルニルが置かれると彼はミョルニルを握って巨人たちを皆殺しにしたのだった。

お守りとしてのミョルニル？

北欧神話が伝わる地域の人々にとってトールは非常に人気のある神で、彼を象徴するミョルニルを模したものが魔よけのアイテムとして重宝されていた。またミョルニルには清めの力があると信じられ結婚式の逸話から現実の結婚式でも、花嫁を清める道具として、ミョルニルに似せたものが置かれたという。現代でもミョルニルをかたどったアクセサリーが販売されているほどその人気は高い。

神話・伝承

ユートピア
〜理想郷伝説〜

関連
- 不老不死伝説 ➡ P.168

どこかにあるという理想の国

【注1】「逆ユートピア」などとも言われる造語で、おもにSF作品で描かれる概念。「機械が人間を支配している」「管理社会で自由がまったくない」といった世界が、一般的なディストピア像である。

【注2】『注文の多い料理店』『銀河鉄道の夜』などで知られる岩手県出身の作家。

　しばしば「すべてが理想的な国や場所」を指す言葉としてユートピアという言葉が使われる。実はこれは、1516年に刊行されたトマス・モアの小説『ユートピア』で初登場した造語で、ギリシア語の「どこにもない＝ou」「場所＝topos」から設定したものだという。

　ラテン語で書かれた『ユートピア』は決して存在しない理想の国（ユートピア）が主題であり、反語的に欧州社会を批判、人々が平等に共生する社会に近づくべきだという理想を示したものとされている。この作品が広まり、ユートピアは現在の理想郷を意味する言葉の代名詞となった。

　理想郷という発想は古くから世界中にあり、「エリュシオン」は紀元前のギリシア神話に登場する死後の楽園である。中国では「桃源郷」という、現実と切り離した楽園がユートピアとして描かれている。

　なお、モアの描くユートピアは共産主義的なものであり、現在ではむしろディストピア【注1】として受けとられかねない。「良い場所」かどうかは時代によって大きく変わるのだ。日本では宮沢賢治【注2】が「イーハトーブ」という理想郷を生みだし、それは彼の郷里である岩手県をモチーフとする農村だった。人の数だけ理想があり、1つの理想郷がすべてを満たすとは言いきれない。世界中に理想郷が点在するのは当然のことなのかもしれない。

神話・伝承

■世界のユートピア

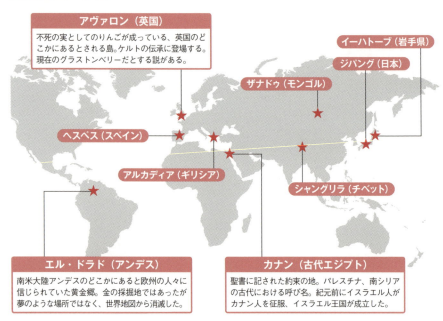

アヴァロン（英国）
不死の実としてのりんごが成っている、英国のどこかにあるとされる島。ケルトの伝承に登場する。現在のグラストンベリーだとする説がある。

イーハトーブ（岩手県）

ジパング（日本）

ザナドゥ（モンゴル）

ヘスペス（スペイン）

アルカディア（ギリシア）

シャングリラ（チベット）

エル・ドラド（アンデス）
南米大陸アンデスのどこかにあると欧州の人々に信じられていた黄金郷。金の採掘地ではあったが夢のような場所ではなく、世界地図から消滅した。

カナン（古代エジプト）
聖書に記された約束の地。パレスチナ、南シリアの古代における呼び名。紀元前にイスラエル人がカナン人を征服、イスラエル王国が成立した。

COLUMN

理想郷の名づけ方は、音から入るか現実の変形か

不思議なことに理想郷にはア、エ、シを頭にして始まるものが多い。アの例ではエジプトのアアル、英国のアヴァロン、地球の中心にあるというアガルタ、古代にアメリカ大陸とアフリカ大陸の間に存在していたという設定のアトランティス、ギリシアにある実際の土地に由来する名前だというアルカディア、ウェールズの神話にあるアンヌンなどがそうだ。現実にない場所の名前を考案しようとすると特定の音韻になるのかどうかは不明だが、作家が頭をひねるのは確かだろう。

名称に対する思案は、２つの単語を合わせてユートピアをつくったトマス・モアも、イーハトーブの宮沢賢治もそうだ。宮沢の創案したイーハトーブは岩手の歴史的仮名遣い「いはて」をもじったものだとされている。そのほかがトキーオ、センダード、モリーオと、それぞれ東京、仙台、盛岡からの発想だと思われる地名になっていることから、現実の地名の変形だとする説に説得力もあるだろう。トキーオよりもイーハトーブのほうが音の変形に手間をかけているところから、理想郷としての思い入れの強さもうかがえる。理想郷は地名も理想的でありたいものなのだろう。

ユートピア 〜理想郷伝説〜

神話・伝承

ラグナロク
〜北欧神話の世界と神々〜

関連
- アポカリプス ➡ P.018
- ハルマゲドン ➡ P.076
- ワルキューレ ➡ P.194

巨大に樹に住む人々の暮らしとその終末

【注1】北欧神話のラグナロクに限らず、キリスト教の終末など「世界が滅びるという現象」は「これから起こる」出来事だとされている。

　ゲームの題名をはじめ創作でよく見かける名前である「ラグナロク」。これは、北欧神話で語られている、神々と巨人たちの間に起こる最終戦争の名前だ。

　北欧神話の世界は「ユグドラシル」と呼ばれる巨大な樹に9つの世界が存在し、神もそれに敵対する巨人族も人間も、はたまた冥界もユグドラシルに内包されている。人間はミズガルズという世界に住み、基本的にほかの世界を行き来することはできないが、神々や巨人は比較的自由に移動できるようで、神々が人間に干渉してくることもある。

　ラグナロクは巫女の予言によって語られる「未来の出来事」【注1】だ。最高神であるオーディン（P.126）が率いるアース神族は元々敵対していたヴァン神族と同盟を組み、巨人族との戦いに備える。予言では、怪物を率いる巨人族とオーディンたちの間で発生し、ヴィーグリーズという広い野原を戦場に、あらかじめ決められた者同士で対決する。また、ラグナロクにはワルキューレによって集められた戦士たち「エインヘリヤル」も参加する。

　ラグナロクの神々の運命はすでに決まっており、オーディンをはじめ多くの神が死に、最後はスルトという炎の巨人が持つ炎の剣によって、世界樹ユグドラシルが燃やされ世界が滅びを迎える。ただし、その後も一部の神や人間が生き残り、世界を再興していくのである。

神話・伝承

■北欧神話の主な神々

名前	解説
オーディン	北欧神話の主神にしてアース神族の長。戦争や知識、呪術など、さまざまな事柄を司る。運命の女神の予言から神々の運命を知り、優れた戦士の魂・エインヘリヤルを集める。
トール	魔法の戦鎚ミョルニル(P.181)をたずさえ、2頭の牡山羊が引く戦車に乗った雷神。オーディンの息子で、神々の中で最強といわれる。
テュール	隻腕の軍神。戦いの勝敗を決める神で、力ではトールに及ばないものの、優れた指揮力と大胆さをもち合わせている。
バルドル	オーディンとフリッグの間に生まれた息子でホズの兄。神々の中では最も賢明で、光り輝く貴公子だった。ホズに殺されて冥界へ行くが、ラグナロクののちに復活する。
ヴィーザル	オーディンの息子。慎ましく、「沈黙の神」と呼ばれるが、その実力はトールに次ぐほどのもの。バルドルが殺害された際はホズを討ち、ラグナロクでもフェンリルを倒している。
ヘイムダル	視覚や聴覚が鋭敏な神々の番人。アースガルズとミズガルズを繋ぐ虹の橋ビフレストの脇で見張りをつとめ、ラグナロクでは角笛を吹き鳴らして神々を招集する。
ブラギ	「長ヒゲの神」とも呼ばれるオーディンの息子。頭脳明晰、かつ雄弁な詩人の神で、アースガルズを訪れた客の歓待役もつとめていた。
ホズ	オーディンの息子でバルドルの弟。盲目だったことからロキの奸計に利用され、はからずもバルドルを殺してしまう。
フリッグ	フェンリサルという豪奢な宮殿に住むオーディンの妻で、バルドルの母。アース神族の女神を束ねる女王でもある。
イズン	イドゥン、もしくはイズーナとも呼ばれる。詩人の神ブラギの妻で、神々が若さをたもつために必要な魔力をもつリンゴを管理している
ニョルズ	ヴァン神族の神で、フレイとフレイヤの父。アース神族とヴァン神族が戦争をした際、講和のときに人質としてアースガルズにやってきた。
フレイ	ニョルズの息子でありフレイヤの兄。豊穣を司るヴァン神族の神で、神々の中で最も美しいといわれる。巨人の娘ゲルズを娶る際に剣を手放してしまう。
フレイヤ	2匹のネコが引く戦車に乗ったヴァン神族の女神。ニョルズの娘であり、フレイの妹。兄と同じく豊穣を司るほか、愛にも関係している。
ロキ	オーディンと義兄弟になってアース神族に迎えられた巨人。美しい外見とは裏腹に性根が曲がっており、しばしば神々に難儀をもたらした。フェンリルやヨルムンガルドの父。
スルト	ムスペルヘイムに住むムスペルたちの長で、炎の巨人といわれる。燃える剣を手に国境を守っており、ラグナロクではフレイを倒したのちに世界を焼き尽くしたという。

ラグナロク 〜北欧神話の世界と神々〜

神話・伝承

■北欧神話の世界・ユグドラシルの図

ユグドラシル
世界の中心にそびえ、世界を支えているという巨大なトネリコの樹。天上、地上、地下と3つの平面があり、そこに9つの世界がある。

ヴィドフニル
ユグドラシルの頂上にとまり、世界を照らしているという輝く鳥。何の鳥かについては、大きな鷲や雄鶏などさまざまな説がある。

アースガルズ
オーディンをはじめとするアース神族が住む世界。ビフレストを渡るか空を飛ぶ以外、侵入する方法はない。ミズガルズの中心にあるという説もある。

ヴァナヘイム
ヴァン神族の世界で、ニョルズやフレイ、フレイヤ兄妹の故郷。詳細は知られておらず、謎に包まれた地である。

アールヴヘイム
妖精たちの世界。神に似た姿をした美しい妖精が住んでいるといわれ、これが現在エルフとして知られる存在のもとになっている。

第一層：天上の平面

ビフレスト
アースガルズとミズガルズを繋ぐ虹の橋。アースガルズ側にはヘイムダルの館があり、橋を渡る者を見張っている。

ヨトゥンヘイム
ミズガルズの北方、または東方にあるという巨人の世界。巨人ミーミルが管理する泉があり、飲むと知識を授かることができるという。

ミズガルズ
周囲を海で囲まれた人間の世界。同じ平面には巨人が住むヨトゥンヘイムがあり、神がつくった囲いで隔てられている。

ムスペルヘイム
最も古くからあったといわれる世界。炎に包まれた灼熱の世界で、炎の巨人スルトがいるという以外は不明な点が多い。

第二層：地上の平面

スヴァルトアールヴヘイム
ドゥエルグと呼ばれる小人たちが住む世界。彼らは優れた職人として知られており、さまざまな魔法の道具をつくりだした。

ニヴルヘイム
天地創造以前からあるといわれる氷の世界。世界樹の根をかじっているというニーズヘッグをはじめ、多くの蛇が住んでいるという。

ヘルヘイム
ロキの娘ヘルが統治する死者の世界。ニヴルヘイムと同一視されることもある。戦場以外で死んだ人間や亡くなった神々がここに来る。

第三層：地下の平面

ラグナロク 〜北欧神話の世界と神々〜

神話・伝承

■神々の終焉とその後

以下はラグナロク前後の流れを表したもの。神々の敵が来襲してから、世界がいったん沈むまでがラグナロクの範囲で、左下の表は神々の戦いの結末だ。

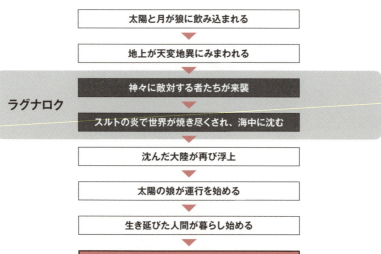

太陽と月が狼に飲み込まれる
↓
地上が天変地異にみまわれる
↓
【ラグナロク】
神々に敵対する者たちが来襲
↓
スルトの炎で世界が焼き尽くされ、海中に沈む
↓
沈んだ大陸が再び浮上
↓
太陽の娘が運行を始める
↓
生き延びた人間が暮らし始める
↓
神々の生き残りが現れて新たな時代へ

[ラグナロクの戦いの結果]

神々	敵対者
オーディン	フェンリル
結果	オーディンを丸呑みにした**フェンリルの勝ち**
ヴィーザル	フェンリル
結果	フェンリルの口を上下に引き裂いて、**ヴィーザルが勝利**
トール	ヨルムンガンド
結果	トールがヨルムンガンドの頭を叩き潰すが、猛毒を受けたトールも倒れて**相討ち**
テュール	ガルム
結果	テュールがガルムを打ち倒すが、ガルムが死に際にテュールの喉を食い破って**相討ち**
ヘイムダル	ロキ
結果	詳細は不明だが、**相討ち**
フレイ	スルト
結果	フレイは鹿の角を手に立ち向かうが、勝てるはずもなく**スルトの勝利**

COLUMN

『エッダ』と『サガ』

北欧神話を語る上で欠かせないのが『エッダ』と『サガ』だ。どちらもアイスランドに伝わるもので、『エッダ』には9世紀から13世紀にかけてまとめられた歌謡の集成と、13世紀に詩学の入門書としてまとめられた2種類があり前者を『古エッダ』、後者を『新エッダ』と呼ぶ。

一方『サガ』は神話伝承のほか、王の伝記的なものや英雄物語などの民族伝承が多く収録されている。ドラゴン退治で知られるシグルズが活躍する『ヴォルスンガ・サガ』も、名前通り『サガ』の1つである。

神話・伝承

リヴァイアサン

関連
- 悪魔 　➡ P.014
- 7つの大罪 〜キリスト教の世界〜 ➡ P.069
- バハムート ➡ P.161

海の怪物の代名詞的存在

【注1】フランスの作家コラン・ド・プランシーによって書かれた本。悪魔やオカルトに関連したエピソードを集めて、辞書形式にしてまとめてある。

　リヴァイアサンは、近年の創作では海に住む強大な怪物としてよく知られている。そのルーツは、『旧約聖書』の『ヨブ記』に登場する巨大な海の魔獣で、のちに悪魔として語られることもある。ユダヤ・キリスト教の伝承においてヤハウェが天地創造の5日目に作り出した存在で、その姿は伝統的に巨大な魚やワニ、蛇、ドラゴンとして伝えられ、その鱗は剣も矢も槍も、いかなる武器も通用しない。同じように神に作られたベヒモス（P.161）という魔獣とは二頭一対とされる。最後の審判の日には、ベヒモスと共に人々の食料となる宿命を負っている。

　もともとは邪悪な存在ではなかったが、その姿からやがて邪悪な魔獣としてのイメージをもたれるようになった。中世以降に7つの大罪の1つ「嫉妬」を司るようになり、ルシファーやベルゼブルといった大悪魔と同格の存在として扱われるようになった。また悪魔について手広くまとめた『地獄の辞典』【注1】では、地獄の海軍の大提督であり、第3位の地位をもつ強大な魔神と解説されている。

神話・伝承

武具

レーヴァテイン

関連
- 聖剣・魔剣 ➡ P.152
- ラグナロク ～北欧神話の世界と神々～ ➡ P.185
- ロキ ➡ P.192

一度も振るわれていない剣

【注1】北欧神話に登場する雄鶏。世界樹ユグドラシルの最も高い枝に止まるといわれており、輝く身体で世界中を照らしている。

【注2】北欧神話に登場する巨人。炎の国を統治している。神々と巨人との最終決戦ラグナロクでは、世界樹ユグドラシルを、手にした炎の剣で焼き尽くす。

　世界各地に伝わる名のある剣は、人間であれ神であれ誰かに振るわれ、その能力を存分に発揮することで有名となる。だが、北欧神話に登場するレーヴァテインは、強力な力があることがうかがえるものの、神話の中で一度も使われたことがないという、珍しい武器だ。

　この剣は「傷つける魔の杖」という別名があり、世界そのものである世界樹ユグドラシルの一番高い枝に止まっている鶏「ヴィドフニル」【注1】を殺す力があるとされる。ただし、気が遠くなるほど遠い位置にいるので、ヴィドフニルにどうやって攻撃するのかは謎。何かしらの魔術的な力を発するのか、はたまた投擲武器のように投げて使用するのか、詳細は推し量るしかない。そもそも物語では形状について言及しておらず、本当に剣なのかも不明なのである。

　レーヴァテインを所持するのは、ラグナロクで世界を滅ぼすことが運命づけられている巨人スルト【注2】の妻「シンモラ」。この剣には、ロキが死者の国であるニヴルヘイムでルーン文字（P.284）を唱えて制作したものだというが、ど

神話・伝承

ういった経緯でシンモラが所有することになったかは不明である。彼女は、レーギャルンと名づけた巨大な箱にレーヴァテインを収め、9つの錠前をかけて厳重に保管している。その厳重さの理由も神話では解説されておらず、レーヴァテインの謎を深める要因の1つとなっている。

剣を手に入れるための堂々巡り

【注3】「結局これは、選ばれた者しか入れないということを意味する」と解説する資料もある。

　この剣の名前が登場するのは『フョルスヴィーズルの言葉』という物語だ。ここではスヴィプダーグという若者がメングラッドという女性を探すため"炎の砦"という場所の門を通ることになるのだが、そこには2匹の猟犬が番をしており、通ることができない。

　彼はフョルスヴィーズルという巨人から「猟犬はヴィドフニルの肉が好物なので、それを与えている間に門を通るといい」というアドバイスを受け、実行しようとする。だが、同時にヴィドフニルを倒すにはレーヴァテインが必要であり、さらにシンモラからレーヴァテインを借りるためには彼女に「ヴィドフニルの尾羽」を渡す必要があることも知ることになる。つまり、ヴィドフニルを手に入れるにはヴィドフニルが必要という堂々巡り【注3】が発生する事態となってしまったのだ。

　結局、スヴィプダーグは別の方法で猟犬を手なずけて門を突破、無事にメングラッドと会うことができた。そのためレーヴァテインは言及こそされたものの、実際に使われることはなかったのである。

スルトの持つ剣との関連性

　レーヴァテインという名前は、巨人スルトが持つという燃えさかる剣の名前と解釈されることがあり、実際そのような創作作品は多い。レーヴァテインが謎の武器であることやスルトとシンモラが夫婦であることから、その可能性はあるかもしれないが、神話では「スルトの炎の剣＝レーヴァテイン」と明確にされていないので「あくまで創作の設定」であることには留意したい。

神話・伝承

神

ロキ

関連
- オーディン ➡ P.126
- ラグナロク ～北欧神話の世界と神々～ ➡ P.185
- レーヴァテイン ➡ P.190

巨人族ながら神々の列に加わる

【注1】オーディンをはじめおもな神々が属している神族で、アースガルズに住んでいる。一時は古い豊穣の神ヴァン神族と争っていたが、互いに人質を交換し合うことでのちに和解した。

多くの神話には「トリックスター」と呼ばれる存在がいる。悪戯や事件を起こすことでほかの神や人間を引っかき回したり、あるときは善人のように、あるときは悪人のようになるという、掴みどころのない役どころだったりする。その特性上から物語の「狂言回し」となることも多い。

ロキは北欧神話を代表するトリックスターである。その出生は、巨人ファールバウティとラウヴェイの息子であり、オーディンたちアース神族【注1】とは本来、敵対関係にある。しかし、ロキはオーディンに気に入られて義兄弟となったため、神々の一員として迎えられた。神々の中でも、特に雷神トールとは仲が良く、何度か巨人族の世界であるヨトゥンヘイムを一緒に旅している。

彼は美しい容貌のもち主だが、気質が邪悪なうえに気まぐれで嘘つき。狡猾さにかけては並ぶ者はなく、悪ふざけをしては神々を困難に巻き込む困った神だった。しかし、自らトラブルを起こしておきながら、最後には機転を利かせて神々の窮地を救うあたり、まさにトリックスターである。

神話・伝承

また、北欧神話にはオーディンの槍であるグングニルをはじめ、トールの戦鎚ミョルニル（P.181）や黄金を産む指輪アンドヴァリナウトなど、数々の武器や宝が登場するが、これらの大半はロキが小人をだまして作らせたり、奪ったりして手に入れたものだ。オーディンの愛馬として知られる8本足の馬・**スレイプニル**【注2】も、ロキがもたらした。

【注2】スヴァジルファリという馬と雌馬に化けたロキの間に生まれた駿馬。速く走るだけでなく空を飛ぶこともできたという。

神々の敵対者としての最期

ロキは悪戯が過ぎることもあったが、おおむね神々とはうまく付き合っていた。しかし、盲目の神ホズを罠にかけ、オーディンの息子である光の神バルドル【注3】を殺させたことを境にオーディンたちと険悪になる。

オーディンが義兄弟だったため、神々も当初はロキの態度を黙認していた。しかし、海神エーギルが開いた宴の席で、ロキが神々の秘密を次々に暴露し大いに恥をかかせたため、ついに神々も我慢の限界に達してしまった。

こうしてロキは洞窟の岩に縛り付けられ、<u>したたり落ちる蛇の毒が顔にかかる</u>という罰を受けることになる。ロキには妻の**シギュン**が付き添い、毒を鉢で受け止めた。しかし、彼女が一杯になった毒を捨てに行くときだけはどうにもならず、毒の苦痛で体を震わせるのである【注4】。

終末たるラグナロクが訪れると、ロキは解放され、巨人や怪物の子供たちと共にオーディンたち神々へ戦争をしかける。そして最後は、ヘイムダルと相打ちになり死ぬという運命が定められている。

【注3】オーディンと妻フリッグの間に生まれた2人目の息子。不吉な夢を見たフリッグは、世界にあるすべての生き物や無生物と「バルドルを傷つけない」という契約を結んだが、ヤドリギだけは幼かったため契約を結ばなかった。神々は不死同然となったバルドルにいろいろな物をぶつけて試したが、このとき盲目の神ホズがロキに渡されたヤドリギの枝を投げつけたところ、これが刺さって命を落とした。

【注4】神話では、これが地震の原因だと伝えている。

ロキの子供たち

ロキには、最初に妻とした巨人族のアングルボザとの間に3人の子供がいた。それが2人の息子、巨大な狼フェンリルと大蛇ヨルムンガンド、1人娘のヘルである。予言の力を得たオーディンがラグナロクでロキの子供たちが敵となることを予見していたため、神々はフェンリルを魔法の鎖で縛り、ヨルムンガンドは海に捨てられ、ヘルは冥界の主という名目で地下へと送られていた。

神話・伝承

神

ワルキューレ

関連
- オーディン ➡ P.126
- ラグナロク 〜北欧神話の世界と神々〜 ➡ P.185

勇ましき戦死者を天界へと運ぶ乙女

【注1】神々の世界アースガルズにある神殿の館。集められたエインヘリヤルたちが住んでいる。ヴァルハラに到着した戦士たちは、戦場で受けた傷がすべて完治し、日々互いに戦い殺し合いながら腕を高めていく。そして、一日の終わりには倒れた者も再び起き上がり、いくら食べても減らない魔法のイノシシの肉を頬張りながら、ヤギの乳から無限に出る蜂蜜酒を飲みつつ、酒宴を堪能するという。

北欧神話では、世界の終末であるラグナロクが到来すると、神々と巨人族による全面戦争が行われることが運命づけられている。この日まで重要な役目を果たすのが、半人半神の女性たち・ワルキューレである。

ワルキューレという名前は「戦死者を選ぶ者」という意味がある。ドイツ語ではヴァルキューレ、英語ではヴァルキリーと発音するが、北欧神話ではヴァルキュリアといった発音になる。ワルキューレはドイツ語の読みに由来する日本流の呼び名で、戦乙女と和訳されることもある。

彼女たちワルキューレの役目は、ラグナロクに備えて「優秀な戦士たちの魂を集める」こと。鎧兜に身を固めて天馬に乗ったワルキューレたちは、人間世界ミズガルズで戦争が起きると戦場に姿を現す。そして、主人（オーディン）の定めによって選ばれた戦士が倒れると、その魂を死せる戦士たちが集う天上の館**ヴァルハラ**【注1】へと連れて行く。

ヴァルハラへ連れて行かれた戦士たちは、「英雄的死者たち」という意味の**エインヘリヤル**と呼ばれ、ワ

いざ!!
ヴァルハラへ!!

神話・伝承

ルキューレたちの世話を受けながらラグナロクの到来に備えて武事に励むことになる。主人たちが選んだ戦士の魂を集めるだけでなく、ラグナロクが到来するまで彼らの世話をすることも、ワルキューレの重要な仕事なのだ。

現在では美しい乙女の姿で描かれることが多いワルキューレだが、死者を選ぶというだけに古くは死神や魔女と同一視され、恐れられる存在だった。

ワルキューレの恋愛事情

【注2】鍛治師のレギンに頼まれてファーブニルという龍を退治した英雄。このときアンドヴァリの黄金という小人の宝を手に入れたが、これは小人たちが炎の神ロキに奪われたもので、持ち主が破滅する呪いがかけられていた。シグルズとブリュンヒルドの恋が不幸な結末を迎えたのは、2人のすれ違いがあったためではあるが、その根本的な原因は宝の呪いによるものだった。

ワルキューレは、戦場から死者の魂を運ぶだけでなく、時に英雄の恋人や妻として勇者を見守ることもあった。

こうしたワルキューレでも有名なのがブリュンヒルドだ。彼女は主たるオーディンに逆らってしまったため、神性を奪われてしまう。そして、「恐れを知らぬ男」と結婚するという呪いをかけられて地上に落とされ、とある館の炎の壁の内側に封じられていた。やがて彼女は館にやってきた英雄シグルズ【注2】と出会い、惹かれるのだが、周囲の目論見などに翻弄され、結局は悲恋で終わってしまう。

上記は『ヴォルスンガ・サガ』など北欧に伝わる神話伝承だが、この物語に着想を得たドイツの19世紀の劇作家リヒャルト・ワーグナーは『ニーベルングの指環』というオペラを制作している。シグルズの名前が「ジークフリート」になるなど一部がドイツ風にアレンジされてはいるが、物語の大筋は同じで、ワルキューレやブリュンヒルドの存在を広めることに貢献している。

北欧地域の死生観

古代の北欧では「勇敢に戦って死んだ者はワルキューレがヴァルハラに運んでくれる」と信じていた。それ以外の病死や老衰などによる死は北欧の戦士にとってヴァルハラの厚遇を受けられないということであり、不名誉なことだったのである。戦士たちは勇敢に戦死してオーディンの兵士になろうとし、年老いた戦士は死に場所を求めるように積極的に戦場に出向くこともあったという。

神話・伝承

歴史・ミステリー

ワルプルギスの夜
~西洋の行事・風習~

関連
■聖人歴・典礼歴
~キリスト教の記念日~
→ P.047

魔女が集まる聖人の記念日

【注1】キリスト教の聖人である聖ボニファティウスの姪。710年にイギリスで誕生し、ドイツに渡ると尼僧となって布教に努めた。死後は聖人に列せられ、魔術や疫病に対する守護者として崇敬を受けている。

【注2】影の周囲に光の輪ができる「ブロッケン現象」が発生する場所として有名な山。

　ワルプルギスの夜とは、4月30日から5月1日にかけてドイツやスウェーデンなどの中欧、北欧の一部で行われる行事。もともとこの地域では古代ケルトの風習である「ベルティナ」という祭りが行われていた。ベルティナは暖かい季節の到来を祝う重要な行事であったが、のちにキリスト教の伝来によってケルトの風習は異端として弾圧を受けるようになったため、名前や性質が変化して後世に伝わっていったようだ。祭りの名はキリスト教の聖女ワルプルガ【注1】の名前から取られたもので、彼女の記念日が5月1日だったことから同化したものと考えられている。

　ワルプルギスの夜は生者と死者の境界線が弱まるため、祭りが行われる地域では夜通しかがり火を炊いて死者の魂を追い払う風習がある。そして祭りの参加者は歌を歌ったり酒を飲むなどして、大いに騒ぎ明かすという。地域によっては悪ふざけが過ぎて怪我人が出るほどの騒ぎになることもあるようだが、住民たちにとっては重要な娯楽の1つであり、観光行事としても人気が高い。

　ドイツに伝わる伝承では、ワルプルギスの夜には魔女たちがブロッケン山【注2】に集い、悪魔たちと酒宴を開いて大騒ぎすると伝えられる。これは聖人の記念日の前夜にあえて冒涜的な騒ぎを起こすことによって、魔女たちがキリスト教を挑発しているという解釈がなされることもある。

■ヨーロッパ各地で催されるワルプルギスの夜

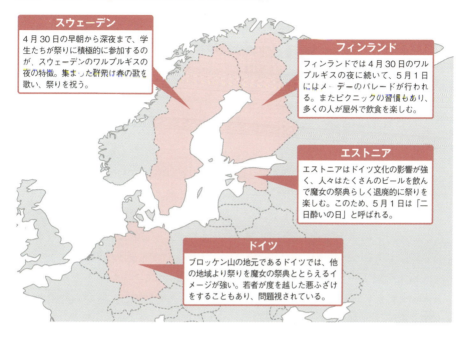

スウェーデン
4月30日の早朝から深夜まで、学生たちが祭りに積極的に参加するのが、スウェーデンのワルプルギスの夜の特徴。集まった群衆は春の歌を歌い、祭りを祝う。

フィンランド
フィンランドでは4月30日のワルプルギスの夜に続いて、5月1日にはメーデーのパレードが行われる。またピクニックの習慣もあり、多くの人が屋外で飲食を楽しむ。

エストニア
エストニアはドイツ文化の影響が強く、人々はたくさんのビールを飲んで魔女の祭典らしく退廃的に祭りを楽しむ。このため、5月1日は「二日酔いの日」と呼ばれる。

ドイツ
ブロッケン山の地元であるドイツでは、他の地域より祭りを魔女の祭典ととらえるイメージが強い。若者が度を越した悪ふざけをすることもあり、問題視されている。

■ヨーロッパのさまざまな祝祭

ヨーロッパにはワルプルギスの夜のほかにも、地域ごとの土着信仰やキリスト教の教義に基づいた祭典や行事が各数存在する。下記の表はそうした祝祭の一部をリスト化したもの。こうした祝祭の時期や成り立ちを学んでおけば、ヨーロッパの国々の文化により親しむことができるだろう。

1月	1日……聖母マリアの祭り 6日……三王礼拝		**7月**	6～14日……サン・フェルミン祭(牛追い祭り) 7月23日～8月23日……ドッグデイズ
2月	2日……マリアの光のミサ 復活祭の42日前の祝日……謝肉祭		**8月**	15日……聖母マリア被昇天祭
3月	12日……大グレゴリオの日 15～19日……バレンシアの火祭り 25日……受胎告知の日		**9月**	第1週の日曜日……サラセン人の馬上槍試合 8日……聖母マリア誕生の日 12日……聖母マリア命名の日 29日……大天使祭
4月	春分の日以後、 最初の満月の後の日曜日……復活祭 30日……ワルプルギスの夜		**10月**	不定……収穫祭 31日……ハロウィン（万聖節前夜）
5月	1日……メーデー 17日……ブルージュの聖血の行列 25～28日……ローテンブルクの歴史祭り		**11月**	1日……諸聖人の日（万聖節） 2日……死者の日（万霊節） 11日……聖マルティン祭
6月	第1週の日曜日……カザンルクのバラ祭り 15日……アルプスの山開きの日 24日……聖ヨハネ祭		**12月**	24日……クリスマス・イブ 25日……キリスト降誕祭 31日……ジルヴェスターの夜

歴史編

もっと二次元に強くなる雑学

こじらせイメージの強すぎる、信長、龍馬

　まず歴史ものでありがちなのが、後年になってやけにイメージが作り上がった人物が多いこと。典型的なのは戦国武将「織田信長」だ。彼の偉業や逸話は今更挙げるまでもないが、革命児・破壊者のようなイメージはルイス・フロイスの『日本史』にある「第六天魔王を自称した」という記述が発端だ。第六天魔王に関する史料は実はこれしかないのだが、インパクトが強すぎるのか、後年かなり信長像が一人歩きしてしまう結果になった。
　幕末の風雲児「坂本龍馬」も同様である。彼はもちろん何もしなかった人物ではないが、立場的にはただの素浪人の1人であるし、肝心の船中八策も書面が現存していない。現在の一般的な龍馬像は、実は司馬遼太郎の小説『竜馬がゆく』が発端になる。フィクション発信なことを踏まえると、歴史上の評価と比べて温度差があるのは否めない。

中二病魂をくすぐる、二つ名

　戦場で名を馳せた人物は、二つ名を付けられることが多い。日本では島津義弘の「鬼島津」、武田信玄の「甲斐の虎」などが有名だが、世界に目を向けると、これが一気に多くなる。あだ名なども織り交ぜて紹介すると、まずイギリスでは、リチャード1世の「獅子心王」、エドワード3世長男の「黒太子」、メアリ1世の「ブラッディ・メアリ」、エリザベス1世の「処女王」などが有名どころだ。
　更にフランスではフィリップ2世の「尊厳王」、ルイ8世の「獅子王」、ルイ9世の「聖王」、フィリップ4世の「端麗王」、シャルル5世の「賢王」、ルイ14世の「太陽王」、ルイ15世の「最愛王」などがある。このほか、神聖ローマ皇帝フリードリヒ1世バルバロッサの「赤髭王」、ドイツのフリードリヒ・ヴィルヘルム1世の「軍人王」などがある。

軍事・組織(犯罪・治安)

Military · Society (Crime · Public order)

軍事・組織（犯罪・治安）

組織
KGB
カーゲーベー

関連
- 軍事組織 ➡ P.203
- スパイ ➡ P.211

ソビエト時代に暗躍したスパイ組織

　KGB（Komitet Gosudarstvennoy Bezopasnosti）とは、1991年まで存在していた国「ソビエト連邦」【注1】に存在していた組織だ。日本語では「国家保安委員会」と訳され、アルファベットそのままの「ケージービー」と呼ぶこともある。

　この組織の目的は「共産主義のソビエトを擁護」すること。具体的には「反乱分子の摘発」「国境警備」「国内外での諜報活動」などで、「外国における破壊工作やテロ活動」のような物騒な役割もこなす。特に冷戦時代はアメリカのCIA【注2】やイギリスのSIS【注3】など敵対する諸外国の諜報組織と水面下でしのぎを削っていた模様だ。また、国内の権力構造においても軍や共産党に並ぶ力をもち、ソビエト連邦の恐怖の象徴ともいえる存在だった。

　この組織は、1917年のロシア帝国時代、のちにソビエトの初代大統領となるウラジーミル・レーニンが設立した秘密警察「チェーカー」を起源とする。その後、何度かの統廃合を繰り返して、1954年にKGBとして設立された。しかしソ連邦の崩壊と共に組織も解体。現在はロシア連邦保安庁、ロシア対外情報庁といった組織に分割、継承された。

　ちなみに現ロシアのプーチン大統領はKGB出身で、後継組織であるロシア連邦保安庁（FSB）の長官も務めた人物。これが過去、そして現在においても、ロシアでのKGBの影響力の強さを示している。

【注1】ソビエト社会主義共和国連邦の略。ほかにソ連、ソビエト、ソ連邦などと呼んでいた。1922年に社会主義国として成立。第二次世界大戦以降、東ヨーロッパを社会主義化して、衛星国になった。そして東側諸国のリーダーとして、アメリカを始めとした西側諸国と対立。冷戦構造を築く。しかし国内経済の悪化、東側諸国の相次ぐ民主化、民族問題などさまざまな問題が噴出。1991年に崩壊した。

【注2】「Central Intelligence Agency（セントラル インテリジェンス エージェンシー）」の略。日本語ではアメリカ中央情報局。アメリカの国外における情報活動を行なっている。予算や人員は原則非公開。冷戦終結以降は経済情報や企業活動、対テロ活動を重視するようになった。

【注3】「Secret Intelligence Service（シークレット インテリジェンス サービス）」の略で、英国情報局秘密情報部と訳される。通称はMI6（エムアイシックス）。国内外で情報収集を行う。SISとしては第一次世界大戦頃から活動していたが、イギリス政府が公式に認めたのは1993年。

軍事・治安・犯罪

気象兵器

関連	
■ 戦艦	➡ P.213
■ 戦闘機	➡ P.215

陰謀論も囁かれる禁止された兵器

【注1】アメリカのアラスカ州にある施設。大出力の高周波を電離層に照射して活性化させ、その影響などを調査することを目的とした施設だが、軍の敷地内にあることや、放たれた高周波が地上へと反射して地殻が揺り動かされる可能性があることなどから、「地震兵器ではないか」との疑念がもたれている。

　気象兵器とは、その名の通り「人為的に気象をコントロールする兵器」のことだ。1977年の軍縮NGOにおいて締結された「環境改変兵器禁止条約」では、「自然の作用を意図的に操作することにより地球（生物相、岩石圏、水圏および気圏を含む）または宇宙空間の構造、組成または運動に変更を加える技術」と定義されている。

　気象をコントロールするというダイナミックな発想はフィクションと相性が良いのか、しばしばSFなどの創作作品には気象兵器が登場することもある。

　だが実は、この禁止されているはずの気象兵器が使用された実例が存在する。ベトナム戦争におけるアメリカ軍の「ポパイ作戦」だ。これは、敵の補給路に人工的に雨を降らせることで、北ベトナム軍の兵站業務を妨害することを目的としたもので、1967から1972年まで継続して実行されていたといわれている。

　こうした実例があるため「表向きは条約で禁止されていても、裏では密かに気象兵器の研究が行われているのではないか」という陰謀論めいた意見も一部に存在する。なかでも「日本の震災は、アメリカが高周波活性オーロラ調査施設HAARP【注1】を使って引き起こした、人工地震であった」という説は有名で、日本でもこの話題を扱った多くの書籍が販売されている。

軍事・組織 (犯罪・治安)

■陰謀論者によるHAARP(ハープ)を使った地震発生メカニズム

図はHAARPを使った、地震発生メカニズムの仮説の1つ。HAARPから発射された高周波が電離層の原子を加熱することで、極超長波のELFが地上に放出され、これが地盤に影響を与えることで、意図的に地震を誘発させることが可能だと考えられている。

■人工降雨のしくみ

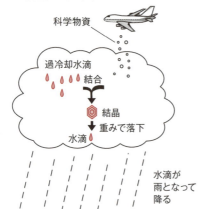

人工降雨の基本的な原理は、ある程度、発達した雲の上部にある過冷却水滴に化学薬品などを散布して強制的に氷晶を生成させることにある。つくられた氷晶は水蒸気と合わさって雪片となり、重みで雲中を落下する。すると、高度の低下と共に気温は上昇するため、途中で雪片が解けて水滴となり、これが雨となって地上に降り注ぐというわけだ。

COLUMN

ニコラ・テスラと人工地震

ニコラ・テスラといえば、「フィラデルフィア実験」(P.364)の伝説でオカルトファンにはお馴染みの科学者だが、実は彼の名はこの人工地震の陰謀論でも登場する。これは彼が20世紀初頭に地震兵器のアイデアを公表していることに由来しており、HAARPもテスラの発案した原理をもとにつくられものであるらしい。もちろん、これをもってHAARPが地震兵器であるという証拠にはならないのだが、こうした物語が生まれることが、陰謀論の醍醐味といえるかもしれない。

気象兵器

軍事・組織 (犯罪・治安)

軍事・治安・犯罪

軍事組織

関連
- 警察組織 ➡ P.207
- スパイ ➡ P.211

知ってるようで知らない軍隊の上下関係

【注1】専守防衛を主旨とする自衛隊は厳密には軍ではないが、日本人にとって身近な「戦闘力をもつ組織」であるため紹介。

　世界各国に存在する軍隊や日本の自衛隊には上下関係を示す<u>階級</u>が存在する。ここでは現代における軍隊の階級、および組織図について解説する。軍隊の階級と組織は時代や国によって異なるが、ここでは一般的な例としてアメリカ軍と自衛隊【注1】を取り扱う。

　まず、階級についてはP.204の通りで、大まかに「総司令官」「将」「佐官」「尉官」「准士官」「下士官」「兵」の7つに区分され、それぞれの区分の中で、更に細かく（将なら大将、中将、少将、准将の4段階）階級が設けられている。また、それぞれの名称は陸軍、空軍、海軍などの組織に応じても異なる。最高位には「大元帥」と「元帥」を併記してあるが、基本的には「元帥」が軍隊の最高位にあたり、「大元帥」は国家指導者（旧日本軍では天皇陛下、ソビエト軍ではスターリンなど）、あるいは多大な功績を残した軍人に対し、その退任後に名誉職として付けられる場合が多い。ただし、どの国も元帥の階級を設けているわけではなく、自衛隊ではこの階級は存在しない。従って、大将に相当する「統合幕僚長および〜」が自衛隊における最高階級となる。

　組織図はP.205〜206の通りで、アメリカは国防総省、日本は防衛省が統括組織としてあり、陸海空（アメリカはさらに海兵隊）の各軍はその下に位置している。

203

軍事・組織（犯罪・治安）

■軍隊の階級と呼称

一般的な区分		所属	アメリカ軍	自衛隊
総司令官	大元帥／元帥	【陸】	General of the Army	―
		【海】	Fleet Admiral	―
		【空】	General of the Air Force	―
将	大将	【陸】	General	統合幕僚長および陸上幕僚長たる陸将
		【海】	Admiral	統合幕僚長および海上幕僚長たる海将
		【空】	General	統合幕僚長および航空幕僚長たる空将
	中将	【陸】	Lieutenant General	陸将
		【海】	Vice Admiral	海将
		【空】	Lieutenant General	空将
	少将	【陸】	Major General	陸将補
		【海】	Rear Admiral Upper Half	海将補
		【空】	Major General	空将補
	准将	【陸】	Brigadier General	―
		【海】	Rear Admiral Lower Half	―
		【空】	Brigadier General	―
佐官	大佐	【陸】	Colonel	1等陸佐
		【海】	Captain	1等海佐
		【空】	Colonel	1等空佐
	中佐	【陸】	Lieutenant Colonel	2等陸佐
		【海】	Commander	2等海佐
		【空】	Lieutenant Colonel	2等空佐
	少佐	【陸】	Major	3等陸佐
		【海】	Lieutenant Commander	3等海佐
		【空】	Major	3等空佐
尉官	大尉	【陸】	Captain	1等陸尉
		【海】	Lieutenant	1等海尉
		【空】	Captain	1等空尉
	中尉	【陸】	First Lieutenant	2等陸尉
		【海】	Lieutenant Junior Grade	2等海尉
		【空】	First Lieutenant	2等空尉
	少尉	【陸】	Second Lieutenant	3等陸尉
		【海】	Ensign	3等海尉
		【空】	Second Lieutenant	3等空尉
准士官 ※1	准尉	【陸】	Chief Warrant Officer	准陸尉
		【海】	Chief Warrant Officer	准海尉
		【空】	Chief Warrant Officer	准空尉
下士官 ※2	兵曹長・先任上級曹長・先任伍長	【陸】	Sergeant Major of the Army	陸曹長
		【海】	Master Chief Petty Officer of the Navy	海曹長
		【空】	Chief Master Sergeant of the Air Force	空曹長
	曹長・上等兵	【陸】	Master Sergeant	1等陸曹
		【海】	Senior Chief Petty Officer	1等海曹
		【空】	Senior Master Sergeant	1等空曹
	軍曹・一等兵	【陸】	Sergeant First Class	2等陸曹
		【海】	Petty Officer First Class	2等海曹
		【空】	Technical Sergeant	2等空曹
	伍長・二等兵	【陸】	Sergeant	3等陸曹
		【海】	Petty Officer Second Class	3等海曹
		【空】	Staff Sergeant	3等空曹
兵	兵長	【陸】	Specialist	陸士長
		【海】	―	海士長
		【空】	Senior Airman	空士長
	上等兵	【陸】	Private First Class	1等陸士
		【海】	Seaman	1等海士
		【空】	Airman First Class	1等空士
	一等兵	【陸】	Private E-2	2等陸士
		【海】	Seaman Apprentice	2等海士
		【空】	Airman	2等空士
	二等兵	【陸】	Private	自衛官候補生
		【海】	Seaman Recruit	自衛官候補生
		【空】	Airman Basic	自衛官候補生

※1：アメリカ軍の場合、実際には准士官5階級に分かれている。
※2：ここでは便宜上4階級のみ表記したが、アメリカ軍の場合、更に細かく9つの階級に分かれている。

軍事・組織（犯罪・治安）

■アメリカ国防総省の組織図

　Secretary of Defense（国防長官）を頂点に、Office of the Secretary of Defense（国防長官オフィス）、Department of the Army（陸軍省）、Department of the Navy（海軍省）、Department of the Air Force（空軍省）、Joint Chiefs of Staff（統合参謀本部）の5つの部署に分かれ、陸軍、海軍、海兵隊、空軍の各軍隊はこれらの下部に位置している。

　また、このほかに、Combatant Commands（統合軍）というものもあり、ここにはアフリカやヨーロッパ、太平洋といった世界の各地域を担当する軍をはじめ、陸軍、海軍、空軍、海兵隊の特殊作戦部隊を統合指揮する特殊作戦軍や、核抑止力・敵ミサイル攻撃の防御・早期警戒およびサイバー戦などの統合指揮を行う戦略軍といった軍が置かれている。

Department of Defense（国防総省）
- **Secretary of Defense**（国防長官）
- **Office of the Inspector General of the Department of Defense**（国防総省監察総監室）

Office of the Secretary of Defense（国防長官オフィス）
Deputy Secretary of Defense, Under Secretaries of Defense, Assistant Secretaries of Defense, and other specified officials
（国防副長官、国防事務次官、国防長官補佐、およびその他の特定の職員）

Department of the Army（陸軍省）
- Secretary of the Army（陸軍長官）
  - Office of the Secretary of the Army（陸軍長官オフィス）
  - The Army Staff（陸軍スタッフ）
- The Army（陸軍）

Department of the Navy（海軍省）
- Secretary of the Navy（海軍長官）
  - Office of the Secretary of the Navy（海軍長官オフィス）
  - Office of the Chief of Naval Operations（海軍作戦部長オフィス）
  - Headquarters Marine Corps（海兵隊本部）
- The Navy（海軍）
- The Marine Corps（海兵隊）

Department of the Air Force（空軍省）
- Secretary of the Air Force（空軍長官）
  - Office of the Secretary of the Air Force（空軍長官オフィス）
  - The Air Staff（空軍スタッフ）
- The Air Force（空軍）

Joint Chiefs of Staff（統合参謀本部）
- Chairman of the Joint Chiefs of Staff（統合参謀本部議長）
- The Joint Chiefs（共同チーフ）
- The Joint Staff（共同スタッフ）

Defense Agencies（防衛機関）
- Defense Advanced Research Projects Agency（米国国防総省高等研究計画局）
- Defense Commissary Agency（国防省物品販売局）
- Defense Contract Audit Agency（国防契約監査局）
- Defense Contract Management Agency *（国防契約管理局）
- Defense Finance and Accounting Service（国防財務会計サービス）
- Defense Information Systems Agency *（防衛情報システム局）
- Defense Intelligence Agency *（国防情報局）
- Defense Legal Services Agency（防衛法務庁）
- Defense Logistics Agency *（国防補給庁）
- Defense Security Cooperation Agency（国防安全保障協力機構）
- Defense Security Service（国防セキュリティサービス）
- Defense Threat Reduction Agency *（国防脅威削減庁）
- Missile Defense Agency（ミサイル防衛庁）
- National Geospatial-Intelligence Agency *（アメリカ国家地球空間情報局）
- National Reconnaissance Office *（国家偵察局）
- National Security Agency/Central Security Service *（国家安全保障局／中央セキュリティサービス）
- Pentagon Force Protection Agency（ペンタゴンフォース保護庁）

DoD Field Activities（国防総省フィールド活動）
- Defense Media Activity（防衛メディア活動）
- Defense POW/Missing Personnel Office（戦争捕虜・行方不明者局）
- Defense Technical Information Center（国防技術情報センター）
- Defense Technology Security Administration（防衛技術セキュリティ管理）
- DoD Education Activity（DoD の教育活動）
- DoD Human Resources Activity（国防総省の人事活動）
- DoD Test Resource Management Center（DoD のテストリソースマネジメントセンター）
- Office of Economic Adjustment（経済調整オフィス）
- TRICARE Management Activity（アメリカ国防厚生管理本部）
- Washington Headquarters Services（ワシントン本部サービス）

Combatant Commands（統合軍）
- Africa Command（アフリカ軍）
- Central Command（中央軍）
- European Command（欧州軍）
- Northern Command（北部軍）
- Pacific Command（太平洋軍）
- Southern Command（南部軍）
- Special Operations Command（特殊作戦軍）
- Strategic Command（戦略軍）
- Transportation Command（輸送軍）

凡例：
- DoD Component（国防総省構成要素）
- Military Service（兵役）
- Senior Leader（上級幹部）

※ Identified as a Combat Support Agency (CSA) は「戦闘支援機関」
※日本語に対応しないものは直訳です。

軍事組織

軍事・組織（犯罪・治安）

■自衛隊（防衛省）の組織図

防衛省は、最高の指揮監督権を所有する内閣総理大臣を頂点とした組織となっている。防衛大臣は総理の指揮監督を受け、自衛隊の各部隊に直接の指示を下す役割がある。

いわば実行部隊である自衛隊は、陸、海、空ごとに「幕僚監部」という組織が設置され、各部隊を統括する本部にあたる。これら幕僚監部をまとめるのが「統合幕僚監部」。そのトップである統合幕僚長は陸海空の幕僚長からもち回りで選出され、自衛隊の中でもトップ中のトップである。

※防衛省・自衛隊HPより（平成27年10月1日）
※臨時または特例で置くものを除く。

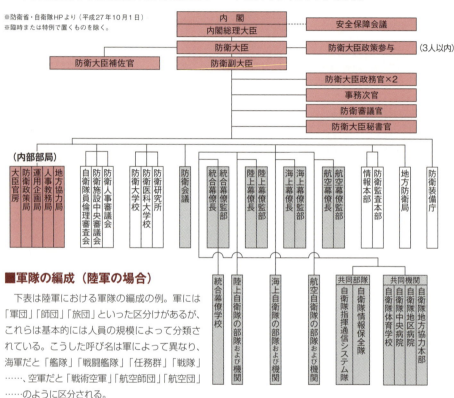

■軍隊の編成（陸軍の場合）

下表は陸軍における軍隊の編成の例。軍には「軍団」「師団」「旅団」といった区分けがあるが、これらは基本的には人員の規模によって分類されている。こうした呼び名は軍によって異なり、海軍だと「艦隊」「戦闘艦隊」「任務群」「戦隊」……、空軍だと「戦術空軍」「航空師団」「航空団」……のように区分される。

名　称	人　数	従属部隊	指揮官
総　軍	多数	複数の師団以上の部隊	元帥〜大将
軍集団	多数	2以上の軍	元帥〜大将
軍	5万以上	2以上の軍又は師団	元帥〜中将
軍　団	3万以上	2以上の師団	大将〜中将
師　団	1〜2万	2〜4の旅団又は連隊	中将〜少将
旅　団	2,000〜5,000	2以上の連隊又は大隊	少将〜准将〜大佐
連　隊	500〜5,000	1以上の大隊又は複数の中隊	大佐〜中佐
大　隊	300〜1,000	2〜6の中隊	中佐〜少佐
中　隊	60〜250	2以上の小隊	少佐〜中尉
小　隊	30〜60	2以上の分隊	中尉〜軍曹
分隊（又は班）	8〜12	なし。複数の組に分けられる場合もある	軍曹〜兵長
班（又は組）	4〜6	なし。複数の組に分けられる場合もある	伍長〜一等兵
組	1〜6	なし	伍長〜一等兵

軍事・組織（犯罪・治安）

軍事・治安・犯罪

警察組織

関連
- 軍事組織 ➡ P.203
- マフィア ➡ P.225

国と地方の2つに分けられる日本の警察組織

【注1】検察庁の上級幹部に対し必要な知識、技能、指導能力および管理能力を修得させるための教養を行うほか、警察業務に関する研究を行う施設。

【注2】天皇陛下をはじめ、皇族の警護を専門とする警察。皇居敷地内に本部がある。

　自衛隊がおもに国外からの脅威や戦闘集団から防衛するのに対し、警察は国内の治安維持を主とする組織だ。

　日本における警察組織は大きく2つに分類される。1つは国の警察機関で、これは「警察庁」と呼ばれる。もう1つは各都道府県系の警察機関で「警視庁（東京都）」や「神奈川県警」「大阪府警」などがこれに当たる。まれに警視庁と警察庁が混同されることもあるが、警視庁とはあくまで東京都の警察機関であり、立場としては神奈川県警や大阪府警などと同列である。

　国の警察機関である警察庁は、内閣総理大臣が管轄する国家公安委員会の管理下にあり、各都道府県警の指揮監督および関連法案の提出や犯罪統計、広域組織犯罪に対処するための体制構築といった、国全体で統一すべき事柄を担当する。また、警察大学校【注1】や科学警察研究所（科警研）、皇宮警察本部【注2】なども、警察庁の付属組織となる。

　なお、警察庁は国の行政機関であり、事件の捜査や違反の取締りといった実務は各都道府県警に一任されている。そのため、原則として警察庁が直接、犯罪捜査などの実務を行うことはない。ただ、地方機関である管区警察局を通じて指揮監督することは可能で、たとえば複数の県にまたがる大規模な事件や災害などが発生した場合、警察庁が主導して、各都道府県警の捜査の調整に当たることになる。

軍事・組織（犯罪・治安）

■日本の警察機構の組織図

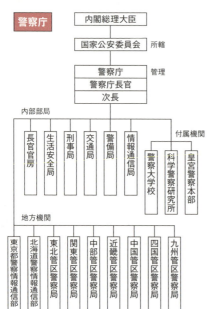
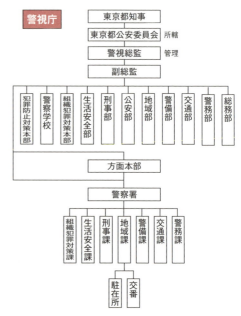

■階級と役職

日本の警察組織における階級と役職は下記の通り。警察庁の最高位は「長官」で、各自治体の警察の場合は警視庁のみ「警視総監」、それ以外の都道府県警では「本部長」となる。

階級＼所属	警察庁	警視庁	県警本部	警察署
―	長官	―	―	―
警視総監	―	警視総監	―	―
警視監	次長、局長、審議官、警察大学校長、管区警察局長	副総監、部長	本部長	―
警視長	課長、管区警察局部長	部長	本部長、部長	―
警視正	室長、理事官	参事官、課長	部長	署長
警視	課長補佐	管理官、課長	課長	署長、副署長
警部	係長	係長	課長補佐	課長
警部補	主任	主任	係長	係長
巡査部長	係	係	主任	主任
巡査	―	係	係	係

■キャリアとノンキャリアの出世の目安

キャリアとは、国家公務員Ⅰ種試験合格者の中から「警察庁」に採用された警察官のこと。彼らは、警察組織におけるエリートであり、その数は警察官の定員約25万人に対しわずか500人ほど。また、国家公務員Ⅱ種というのもあり、こちらに合格した者は準キャリアと呼ばれる。こうした立場の違いは、出世のスピードに如実に表われており、同じ新人でもノンキャリアが一番下の「巡査」からスタートするのに対し、もともとが警察組織の幹部候補生として採用されているキャリアの場合、最初から「警部補」の階級が与えられる。

	キャリア（Ⅰ種）	準キャリア（Ⅱ種）	ノンキャリア
警視監	48～49歳	―	―
警視長	40～41歳	50歳以上	―
警視正	33～34歳	43～44歳	53歳程度
警視	25～26歳	35～36歳	40歳程度
警部	23歳	29歳	29歳
警部補	22歳（採用時）	25歳	25～26歳
巡査部長	―	22歳（採用時）	22～24歳
巡査	―	―	18・22歳（採用時）

軍事・治安・犯罪

サイコパス&多重人格

関連

必ずしも悪ではない心の病

【注1】サイコパスになる原因は不明だが、研究者による一説によれば、幼少期に虐待された経験が引き金になるとされる。また、治療方法も明確には分かっていない。

【注2】1906年生〜1984年没。2人を殺害したほか、人間の死体を使ってランプシェードやベルトを作った。彼を題材にした映画『エド・ゲイン』も製作されている。

【注3】1942年生〜1994年没。30人以上の人間を殺害したアメリカの連続殺人犯。逮捕後に多重人格であると主張したが、詐病と判断されている。

　サイコパスは、**サイコパシー**という精神病質をもつ人間のこと。日本では精神病として考えられてはおらず、**反社会性パーソナリティ障害**【注1】と呼ばれている。
　サイコパスの特徴は、他人に対して冷淡、良心がなく行動に異常性が見られるなどさまざまだが、基本的には以下が挙げられる。

- 振る舞いや話し方が芝居がかっている
- 恐怖や不安、緊張を感じにくい
- 他人がためらう、または危険に感じる行為を平然と行う
- 口がうまく、人を乗せるのが得意
- 虚言癖があり、話を盛ったり主張を変えることが多い
- 飽きっぽく、物事を最後までやり遂げることが苦手
- 傲慢で尊大、批判されてもものともしない
- 他者に対する共感性が著しく低い

　近年のフィクション作品ではサイコパス＝犯罪者と描かれることが多いが、パーソナリティ障害をもっていても問題なく日常生活を送っている人もいるため、**必ずしも悪人というわけではない**。
　ただ、こういった傾向が強い人間は問題を起こしがちで、重犯罪を犯すケースも少なくはないといえる。大量殺人犯として知られるエド・ゲイン【注2】やジョン・ゲイシー【注3】などは、その性質からサイコパスと考えられていた。

軍事・組織（犯罪・治安）

1つの体に複数の人格が宿る

【注4】自分が自分ではない、現実が現実とは感じられないなど、非現実的な感覚にとらわれて日常生活に支障をきたす症状。解離性同一性障害のほかに、解離性健忘や解離性昏迷など、いくつか症状がある。

【注5】1955年生〜2014年没。強盗強姦事件で逮捕・起訴されたアメリカ人男性。解離性同一性障害で、ビリーを含む24人の人格をもっている。

サイコパス同様、フィクション作品などでよく見られる多重人格。これは解離性障害【注4】の1つで、**解離性同一性障害**と呼ばれている。

解離性同一性障害の患者は1つの体に複数の人格をもち、何らかの拍子でそれらの人格が入れ替わることがある。これらの人格は分断されているため、基本的には人格間で記憶は共有されないという。人格Aが表に出て行動しても、人格Bにはその内容が分からないのである。

犯罪者には、自らを多重人格だと称する者がいる。「別の人格が犯行に及んだのであって自分は無実である」と、解離性同一性障害の特性を逆手に取って刑を免れようとするのだ。では、すべての人間が嘘をついているのかというと、そうでもない。ビリー・ミリガン【注5】のように、「とても演技とは思えず、これは解離性同一性障害だ」と診断されるケースも存在する。

多重人格は、医師でも嘘か誠か見抜くのが難しい、厄介な症例だといえる。

■サイコパス診断に用いられる20の質問

下の表はアメリカの犯罪心理学者ロバート・D・ヘアが生み出したもので、対象者がサイコパスかどうか診断する際に用いられる。質問は全部で20あり、これを「あてはまる」「ややあてはまる」「あてはまらない」の3点法（0〜2点）で回答していき、ポイントが一定以上だとサイコパスとみなされる。ただし素人がこれを使っても、正しい診断結果は得られないので、周囲の人間で試すのは控えよう。

番号	質問
1	口達者で表面的には魅力的
2	自己中心的で、自尊心が強い
3	退屈しやすく、刺激を求める
4	虚言癖のごとく病的に嘘をつく
5	他人を意のままに操ろうとする
6	後悔したり、罪悪感を感じない
7	感情が希薄である
8	冷淡で他人に共感できないことが多い
9	他人に依存して行動する
10	欲望を抑えるのが苦手

番号	質問
11	性的に乱れた行動をとる
12	幼少時から犯罪歴がある
13	現実的・長期的な計画をもとに行動できない
14	衝動的に行動する
15	責任感が欠如している
16	自分の行動と責任を結び付けられない
17	短期間に結婚・離婚を繰り返している
18	幼少時の素行が悪かった
19	保護観察・執行猶予期間の再犯がある
20	多様な犯罪歴がある

軍事・組織 (犯罪・治安)

軍事・治安・犯罪

スパイ

関連
- KGB ➡P.200
- 軍事組織 ➡P.203
- 忍者 ➡P.247

秘密裏に活躍する情報戦の要

【注1】1876年生〜1917年没。フランスで踊り子、ストリッパーとして活躍していた女性。第一次世界大戦中、ドイツのスパイとしてフランス軍将校から情報を引き出していたという（ドイツ、フランスの2重スパイだったとも）。女性スパイの代名詞的存在。

【注2】1895年生〜1944年没。ゾルゲ諜報団というスパイグループのリーダーで、1933年から41年まで活躍。「駐日大使」を隠れ蓑（みの）に、日本やドイツの情報を集めていた。

【注3】北ベトナム軍の哨戒艇（しょうかいてい）がアメリカ海軍の駆逐艦に2発の魚雷を発射したとされる事件。

【注4】レーガン政権が秘密裏にイランへ武器を売却し、その利益をニカラグアの反共ゲリラ「コントラ」の援助に流用していた事件。1986年に発覚し、政治的大スキャンダルに発展した。

　軍事作戦や外交交渉において最も重要なのが情報である。こうした情報の収集や分析、つまり諜報活動を行うのがスパイだ。オランダの女性スパイ「マタ・ハリ」【注1】や、ソビエトの「リヒャルト・ゾルゲ」【注2】は、実在したスパイとして知られている。現在でもスパイ組織は世界各国に存在しているが、最も有名な組織といえば、やはりアメリカのCIA（Central Intelligence Agency）だろう。

　CIAはアメリカ合衆国大統領の直轄組織であり、米軍やその他の政府機関からは独立した存在である。その主な任務は、「情報収集」「情報操作」「弱体化工作」の3つで、敵国や戦闘地域へ潜入しての情報収集はもちろん、外交官の買収や脅迫、敵国内でのプロパガンダや民衆扇動、敵対指導者の暗殺、反政府組織やゲリラなどの援助・育成など、活動内容は多岐に渡る。

　また、CIAでは自身が収集した情報のほかに、国家安全保障局や国家偵察局、国防情報局（DIA）、各軍の情報部、財務省情報部、原子力委員会情報部などからの情報も集積して分析しており、まさにアメリカの諜報活動の中核を担う存在となっている。なお、CIAが関与したとされる事件は多数あり、中でもアメリカが本格的にベトナム戦争に介入するきっかけとなったトンキン湾事件【注3】や、一大スキャンダルとなったイラン・コントラ事件【注4】などが有名だ。

軍事・組織（犯罪・治安）

■アメリカ中央情報局（CIA）の組織図

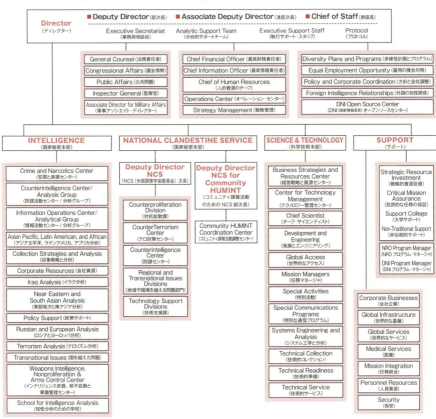

■各国のおもな諜報組織

 日本

警察組織の「公安」、防衛省の「情報本部」、外務省の「国際情報統括官組織」などがある。また、内閣官房の内部組織として「内閣情報調査室」（通称・内調）も置かれており、こちらは日本版CIAとも呼ばれるが、規模ははるかに小さい。

 アメリカ

「CIA（中央情報局）」が有名だが、そのほかにも国防総省の機関である「NSA（アメリカ国家安全保障局）」、各軍の機関である「INSCOM（アメリカ陸軍情報保全コマンド）」「ONI（アメリカ海軍情報局）」などがある。

 イギリス

イギリスの諜報組織といえば、何といっても「秘密情報部（通称・MI6）」が有名。映画『007』シリーズでもお馴染みのこの機関は、外務および英連邦省の管轄にあり、英国国外での諜報活動を主な任務としている。

 フランス

フランスの諜報機関としては国防省の傘下組織である「DGSE（対外治安総局）」のほか、軍事偵察に関する諜報を専門とする「DRM（軍事偵察局）」、警察機関の諜報機関である「DCRI（国内情報中央局）」などがある。

 ロシア

ソ連時代のKGBの後継機関といえるのが「FSB（ロシア連邦保安庁）」と「CBP（ロシア対外情報庁）」で、基本的には国内をFSB、海外をCBPが担当する。その他、軍の諜報機関である「GRU（ロシア連邦軍参謀本部情報総局）」がある。

 イスラエル

「イスラエル諜報特務庁」（通称・モサド）が有名。モサドは首相府管下にあり、対外諜報活動と特務工作を担当する。また、第二次世界大戦終結後にはホロコーストに関与し、逃亡したナチスの残党を追跡する活動なども行っていた。

軍事・組織 (犯罪・治安)

軍事

戦艦（せんかん）

関連
- 戦闘機
  ➡ P.215

高い攻撃力・防御力を誇る、砲撃海戦の花形

戦闘力をもつ艦艇を「軍艦」といい、その中でも砲撃による海戦で主力を務めるのが「戦艦」である。ギリシア・ローマ時代から軍船というものはあったが、装甲を施し、大砲を備えた近代的な軍艦が主役となったのは19世紀後半から。20世紀になると任務に対応した艦種が登場して細分化していく。これらの中でも攻撃力・防御力共に高いのが戦艦で、20世紀初頭から第一次世界大戦後までは、対艦戦闘を得意とする戦艦を主力として艦隊を組み、敵艦隊を撃破して制海権を奪取する「艦隊決戦主義」というものが海戦のトレンドとなった。こうした背景から、イギリスでは「ドレッドノート」【注1】という革新的な戦艦の建造が行われた。そして、それを更に超える戦艦を造ろうと、世界各国で大建艦競争が起きた時期もあった。

ところが、第二次世界大戦に突入するとそのトレンドはあっさり覆る。というのも軍艦が沈む最大の原因は、戦闘機による爆撃で起きる火災、魚雷による浸水だった。このため、戦闘機や洋上航空基地である「空母」が発達し、従来のような戦艦の価値が下がってしまったからだ。そして冷戦後は海戦自体が行われなくなり、更に技術開発競争によりレーダーや火器管制関連が発達。「イージス艦」【注2】といった新たな艦種も誕生したため、戦艦は現在全艦が退役している。

【注1】副砲を廃止し、単一口径の連装主砲塔5基を配備した、当時の戦艦概念を覆した戦艦。従来艦2隻分に相当する戦力、艦橋で統一して照準することで向上した命中率、蒸気タービンという新機関による高速度などを誇る。従来よりも圧倒的に強力な戦艦となったことから、類似艦は「ド級艦」と呼ばれる。

【注2】遠くの敵機を正確に探知できる索敵能力や、迅速に戦況を判断・対応できる情報処理能力、一度に多くの目標と交戦できる対空射撃能力を備えた「イージスシステム」を搭載する艦艇のこと。言葉としては軍艦の艦種を指すものではなく、システム自体は巡洋艦・駆逐艦・フリゲートにも搭載されている。

軍事・組織 (犯罪・治安)

■軍艦の主な種類

番号	質問
戦艦	強力な艦砲射撃による攻撃力と、射撃に耐える堅牢な防御力を備えている軍艦。高速を誇る「巡洋戦艦」のほか、改装によって航空機運用能力をもった「航空戦艦」という艦種もある。
空母（航空母艦）	飛行甲板を有し、航空機運用能力をもつ艦船のこと。垂直着陸しないCTOL固定翼機の運用を想定した「正規空母」、正規空母より小型の「軽空母」、飛行甲板に装甲を施した「装甲空母」、水上機を発進・回収する「水上機母艦」などの分類がある。
巡洋艦	戦艦よりも遠洋航行能力があり、高速で、艦砲などを主装備とする艦船。航空機運用能力を有する「航空巡洋艦」、大型の「重巡洋艦」、比較的小型の「軽巡洋艦」、改装により魚雷力を有する「重雷装艦」、ミサイルを装備した「ミサイル巡洋艦」などの種類がある。
駆逐艦	水雷艇（機雷のような水雷を装備した艦艇）を駆逐する艦種。第二次世界大戦時は対空・対潜を主任務とし、魚雷・爆雷や対空砲を主兵装としている。軽巡洋艦より小型だが、航洋性を有している。
潜水艦	水中を潜航できる船舶。軍事的には、レーダーも可視光線もほぼ届かない水中に潜航することで、自らの存在を気づかれることなく、敵艦を沈めたり、情報収集にあたるなどの運用ができる。第二次世界大戦後、原子力潜水艦が登場し、潜水艦の戦闘力は飛躍的に向上した。
フリゲート	対潜・対空戦能力がある、補給部隊や揚陸部隊、商船団などの護衛を主任務とする軍艦。帆船時代からある軍艦だが、時代によって任務や大きさは異なる。第二次世界大戦時の日本海軍では、船団護衛用の海防艦がこれに相当する。

■世界の主要な戦艦

大和型	国籍：日本／全長：263m／全幅：38.9m／基準排水量：65,000t 機関出力：153,553馬力／最大速度：27.46kt／航続距離：最大約7,200海里
	搭載火砲の口径(46cm)と排水量が、史上最大となる巨大戦艦。海軍軍縮条約明けの建艦競争再開をにらんだ日本海軍が、敵勢力を凌ぐ砲火力・射程を目指して製造した。同型艦の大和が1941年、武蔵が1942年に竣工。ただ第二次世界大戦は航空機主体の戦術に移っており、両艦は想定していた敵と戦う機会を逸したまま、戦争末期に突入。戦艦としての真価をあまり発揮することなく、武蔵はレイテ沖海戦で、大和は天一号作戦で撃沈された。
長門型	国籍：日本／全長：215.8m／全幅：28.96m／基準排水量：31,800t 機関出力：80,000馬力／最大速度：26.5kt／航続距離：最大約5,500海里
	建造当時（1920年竣工）としては世界最大だった41cm口径の主砲を搭載した、世界最大・最強・最速を誇った戦艦。クラシカルな構造ながら、防御的に非常に堅牢なことが特徴である。同型艦の陸奥の2隻。特に長門は大和就役までの連合艦隊の旗艦を務め、日本海軍の象徴となった。ただ太平洋戦争での活躍に恵まれず、終戦後はアメリカ軍に接収される。そしてビキニ環礁での原爆実験の被験艦となり、二度の被爆に耐えたのちに沈没した。
金剛型	国籍：日本／全長：222m／全幅：31.02m／排水量：32,000t 機関出力：136,000馬力／最大速度：30kt／航続距離：最大約10,000海里（※データはすべて改装後）
	高速を誇る、日本初の超弩級巡洋戦艦。まずイギリスのヴィッカース社に発注した一番艦の金剛が建造され、続けて国内で比叡、榛名、霧島が建造された。この4隻からなる第三戦隊は当時、世界最強とうたわれ、第一次世界大戦で活躍。その後、近代化改装され、水平防御力の強化や更なる高速化などが施された。第二次世界大戦時には最も古い戦艦となっていたが、空母に随伴できる速力をもっていたことから、結果的に活躍の機会も多かった。
アイオワ級	国籍：アメリカ／全長：270.43m／全幅：32.96m／基準排水量：45,144t 機関出力：212,000馬力／最大速度：33.0kt／航続距離：最大約16,600海里
	アメリカが建造した最後の戦艦。空母戦における制空権奪取を想定し、その空母の護衛として随伴可能な速度をもつ高速艦を設計した。口径では大和型に劣るが、射撃の初速では凌駕しており、戦艦の出番がほぼない第二次世界大戦時にあって、防空戦闘で力を発揮した。また、戦後も近代化改装を受けつつ生き残った戦艦で、湾岸戦争でもまだ現役だった。同型艦は、アイオワ、ニュージャージー、ミズーリ、ウィスコンシンの4隻。
ビスマルク級	国籍：ドイツ／全長：252m／全幅：36m／基準排水量：41,700t 機関出力：150,170馬力／最大速度：28kt／航続距離：最大約9280海里
	ドイツが新造し、第二次世界大戦で運用した戦艦。H級より大型戦艦の完成を待たずに開戦となったために、イギリス戦艦の拘束と通商破壊を担うことになる。主砲の砲身が長く、貫通力に優れており、また速度・防御力のバランスがいい戦艦とされる。同型艦はビスマルク、ティルピッツの2隻。特にビスマルクは、イギリスの巡洋戦艦フッドを轟沈、戦艦プリンス・オブ・ウェールズを中破する戦果を挙げている。
ネルソン級	国籍：イギリス／全長：216.4m／全幅：32.3m／基準排水量：33,313t 機関出力：45,000馬力／最大速度：23.9kt／航続距離：最大約7,000海里
	海軍軍縮条約後に新造され、第二次世界大戦でイギリスが運用した40cm砲戦艦。バランスタイプの長門型に比べると、攻撃力や防御力に偏っており、速度が犠牲となっている。主砲砲塔を前部甲板上に集中配置した珍しいタイプの戦艦で、同型艦はネルソン、ロドニーの2隻。第二次世界大戦では鈍足ゆえに輸送船団の護衛や上陸支援が主だったが、ロドニーはビスマルク追撃戦やトーチ作戦、ノルマンディー上陸作戦などに参加した。

軍事・組織 (犯罪・治安)

軍事
戦闘機（せんとうき）

関連
■ 戦艦 ➡ P.213

個人技、戦術、機体性能が光る空中戦の主役

【注1】第一次世界大戦時のドイツの単葉戦闘機。機銃を装備した状態で量産された、最初の戦闘機である。

【注2】主翼が2枚ある飛行機のこと。ちなみに単葉機は、主翼が1枚のみの飛行機を指す。

【注3】乗務員の座席が2つあるタイプのこと。

【注4】レシプロ・エンジンを動力とする航空機。プロペラ駆動で飛行するが、必ずしもプロペラ機＝レシプロではない。

戦闘機とは、広義では**武装した軍用飛行機**を指すが、本来は敵の飛行機を撃墜する空対空戦闘を主任務とする飛行機のこと。航空機が軍事用として有効だと実証されたのは第一次世界大戦直後で、当初は偵察機としての使用だったが、敵側の妨害も始まったことから、機体に固定銃を装備。これが戦闘機誕生のきっかけとなり、やがて対空戦闘を想定したフォッカー アインデッカー【注1】が登場した。

戦闘機はその後、機体自体が進化し、木製から全金属製へ、複葉機【注2】から単葉機へと変わり、エンジンも改良されて高出力化。第二次世界大戦時には、高高度で行動できたり、500km/h台の速度を叩き出したり、更には運動性も高い機体が活躍するようになった。この時代は、戦術的にも編隊空中戦という考え方が生まれたこともあってか、後方視界をもつ複座式【注3】戦闘機や、対戦闘機以外の要地防衛や援護・地上攻撃といった、さまざまな任務を担う戦闘機なども登場している。

第二次世界大戦末期には**ジェット**や**ロケット**といった動力を使う戦闘機が登場し、レシプロ機【注4】からジェット機の時代へと突入。冷戦時の開発競争を経て、現在では音速を超える速度、誘導式対空ミサイル、発見されにくいステルス性、幅広い任務に対応するマルチロール性といったものが強い戦闘機のトレンドとなっている。

軍事・組織 (犯罪・治安)

■第二次世界大戦時の、世界の主要な戦闘機

ノースアメリカン P-51 マスタング	国籍:アメリカ／全長:9.82m／全幅:11.27m／自重:約3.23t／最大速度:703km/h／航続距離:最大約3,700km（※データはP-51D型） 軽快な運動性と高い航続性能をあわせもつ、ノースアメリカン社製の高速戦闘機。その精強さから、ドイツ空軍から「マイティ・エイス」と恐れられた。ただ、アリソンエンジンは高高度性能が低く、エンジンを換装することが多かった。
ヴォート F4U コルセア	国籍:アメリカ／全長:10.30m／全幅:12.50m／自重:4.175t／最大速度:717km/h／航続距離:最大約2,510km（※データはすべて、F4U-4型） 逆ガル翼(への字をひっくり返した形の主翼)と、長い機首が特徴的なアメリカ軍戦闘機。エンジン出力は2,000馬力で、頑丈な機体と速度にものをいわせた一撃離脱戦法を得意とする。爆弾などを搭載し、対地攻撃にも活躍。
スーパーマリン スピットファイア	国籍:イギリス／全長:9.12m／全幅:11.23m／自重:2.309t／最大速度:605km/h／航続距離:最大約1,840km（※データはすべて、Mk-Vb型） 主翼を平面形の大きな楕円とすることで、高速と旋回性能を両立させた名機。バトル・オブ・ブリテンなど迎撃作戦で活躍した。また、エンジンや武装の強化に対する許容度が高く、基本設計を変えることなく第一線で活躍した。
三菱 零式 艦上戦闘機	国籍:日本／全長:9.05m／全幅:12m／自重:1.754t／最大速度:533.4km/h／航続距離:最大約3,350km（※データはすべて、二一型） 軽量で、航続力、旋回性能、上昇力に優れた戦闘機。通称、零戦。旋回格闘戦では無類の強さを発揮し、日米開戦から約1年半もアメリカ軍戦闘機を圧倒した。ただ、あまりにタイトな設計ゆえに、改良の余地が少なかった。
川西 紫電改	国籍:日本／全長:9.376m／全幅:11.99m／自重:2.657t／最大速度:644km/h／航続距離:最大約2,392km（※データはすべて、二一型） 水上戦闘機の強風を局地戦闘機化したものが紫電で、その改良型・二一型以降を紫電改という。第三四三海軍航空隊に配備され、本土防衛任務にあたり、大戦果を挙げたことで、零戦の後継機として認知されるようになった。
メッサーシュミット Bf109	国籍:ドイツ／全長:9.02m／全幅:9.92m／自重:2.67t／最大速度:621km/h／航続距離:最大約720km（※データはすべて、G-6型） ウィリー・メッサーシュミットを中心とした設計者たちが開発した、コンパクトなボディに高出力のエンジンを搭載した高速戦闘機。一撃離脱戦法に向いた機体性能から、ハルトマンなどのエース・パイロットの愛機として活躍した。

■世界の主な撃墜王

時期	氏名	所属	撃墜数	解説
第一次世界大戦	マンフレート・フォン・リヒトホーフェン	ドイツ陸軍	80	第一次世界大戦で最高の撃墜記録を誇るパイロット。乗機を真紅色に塗装していたことから「レッド・バロン」と呼ばれた。
	エルンスト・ウーデット	ドイツ陸軍	62	リヒトホーフェン率いる第1戦闘機大隊で中隊長として活躍。大戦を生き抜いたパイロットとしては、撃墜数No.1。
	マックス・インメルマン	ドイツ陸軍	15	北フランス戦線で活躍。宙返りの頂点から反転して元の方向に戻り、敵の後上方からダイブする「インメルマン・ターン」を編み出した。
	ルネ・ポール・フォンク	フランス空軍	75	重鈍なコードロンG.4でアルバトロスを撃墜して以降、コウノトリ部隊に編入。未公認も含めるとリヒトホーフェンよりも撃墜数は多い。
	レイモンド・コリショー	イギリス海軍	61	機体を黒く塗装した、カナダ人部隊のブラック・フライトのメンバー。リヒトホーフェン戦隊と再三交戦。
	ウィリアム・アベリー・ビショップ	イギリス海軍	72	イギリス軍トップ・エースのカナダ人。半年間で撃墜数45を記録し、ビクトリア・クロスを授章した。
	アルバート・ボール	イギリス海軍	44	敵機の後下方の死角から上向き斜め銃で攻撃する戦法を編み出す。リヒトホーフェン駆逐隊の隊長に抜擢されるが、還らぬ人に。
	エドワード・マノック	イギリス海軍	73	右目をほぼ失明していながら、撃墜数73を誇るエース。敵機が故障しようと、不時着したパイロットだろうと容赦なく打ちのめす非情の男。
第二次世界大戦	ヴェルナー・メルダース	ドイツ陸軍	101	スペイン内戦で、2機1組を最小単位とする戦術・ロッテ戦法を編み出す。1941年には史上初の生涯100機撃墜を果たした。
	エーリヒ・ハルトマン	ドイツ陸軍	352	スコア、撃墜率共に世界最高を誇る撃墜王。機首の両側に黒いチューリップの花弁を描いた機体を駆り、黒い悪魔と恐れられた。
	ハンス・ヨアヒム・マルセイユ	ドイツ陸軍	158	砂漠のキツネ、ロンメル将軍の北アフリカ進撃を支えた立役者。撃墜機すべて英米機というのも遺業である。通称、アフリカの星。
	西沢広義	大日本帝国海軍	143	台南空に配属され、激戦地のラバウルで活躍。1943年には100機撃墜記念の感状を授与された。戦後、ラバウルの魔王と評された。
	岩本徹三	大日本帝国海軍	約150	旧式零戦ながら練磨の頭脳と腕でカバーし、激戦地のラバウルで活躍した超エース。救命胴衣の背面には零戦虎徹などと書いた。
	菅野直	大日本帝国海軍	25	対大型爆撃機戦法を考案するなど、爆撃機キラーとしても戦果も挙げたエース。機体の黄色いストライプ模様から、イエロファイターとあだ名された。
	穴吹智	大日本帝国海軍	51	通称・ビルマの桃太郎。飛行第50戦隊三羽烏の1人で、吹雪、君雪と名付けた愛機で活躍した。
	リチャード・ボング	アメリカ陸軍	40	アメリカ全軍No.1のスコアを誇るエース。南西太平洋戦線に配属され、P-38ライトニングで日本軍機を相手に活躍した。
	フランシス・スタンリー・ガブレスキー	アメリカ陸軍	28	ヨーロッパ戦線における、米軍のトップ・エース。P-47サンダーボルトを駆り、28機をスコア。その後、朝鮮戦争にも参加。

軍事・組織（犯罪・治安）

軍事・治安・犯罪

ハンドサイン

関連
- 軍事組織 ➡ P.203
- 警察組織 ➡ P.207

会話以外の意思疎通手段

【注1】対テロや後方攪乱など機密性が高く、困難な作戦遂行のために特別に編成された部隊のこと。軍隊だけでなく、アメリカの「SWAT（スワット）」や日本の「SAT（サット）」など、警察組織に所属する特殊部隊も存在する。

　ドラマや映画、特に海外制作のもので特殊部隊【注1】や警察が突入しようとしているシーンで、先頭にいる兵士が**腕や指の動き**で続いているほかの兵士に**指示**を送る、というようなシーンを見たことがないだろうか。実際の突入場面でよく行われるやりとりで、この指や腕の動きがハンドサインまたはハンドシグナルだ。犯人や目標に気づかれずにコミュニケーションをとったり、銃器やヘリ、戦闘車両の音でうるさい戦場では音声でのやりとりよりも確実に意思疎通が可能なのだ。アナログながら有用性は高く、現在でも軍隊などでは当たり前に使われている。

　ハンドサインはその部隊やグループごとに違うが、ある程度共通しているので、基本的なハンドサインを知っておくと、映画やドラマでどんなやりとりをしたのかが分かって、より作品を楽しめる。

　なお、ハンドサインは**「腕や指を使ったジェスチャー」**を指すため、例えば手話もハンドサインの一種といえるだろう。また「ピースサイン」や親指を立てる「サムズアップ」などもハンドサインであり、中には侮辱の意味があるものも少なくない。なお、同じハンドサインでも国によっては意味が大きく変わってしまうものも多く、前述のピースサインはギリシアでは侮辱的な意味合いをもつため、外国での使用には注意しなければいけない。

軍事・組織 (犯罪・治安)

■代表的なSWAT(スワット)のハンドサインの意味

あなた	わたし	来い	動くな

止まれ	急げ	見ている	集合

こっちに来い	敵	了解	わからない

しゃがめ	攻撃	ドア	窓

※ Kemerovo Airsoft Team " Рысь " 参考

軍事・組織（犯罪・治安）

軍事・治安・犯罪

フォネティック・コード

関連
- 軍事組織　➡ P.203
- 戦闘機　➡ P.215

情報を確実に伝えるための手法(しゅほう)

【注1】最初の通話表は1927年に設定されたが、問題点が見つかり、1951年に現在のものになった。

【注2】航空交通管制ともいい、航空機の安全な運行を行うために、地上から航空交通の指示や情報を与える業務。公用語は英語なため、英語のフォネティック・コードを利用している。

　フォネティック・コードとは「通話表」【注1】のことを指す。通話表とは、無線通話などで、重要な文字や数字の組み合わせを、正確に伝達するために取り決めた、国際的な頭文字規則(かしらもじきそく)の通称のこと。かつての無線通信は音質が良くないので、聞き間違いや聞き逃す可能性もあった。それを解消するために、発音した単語の各文字を頭文字とする単語で表すが、その際に使われるのがフォネティック・コードだ。たとえばフェネティック・コードを使って「PEN(ペン)」という単語を伝える場合は「P」を「PAPA(パパ)」、「E」を「ECHO(エコー)」、「N」を「NOVEMBER(ノーベンバー)」と言って伝えるのだ。こうすれば通信者に訛(なま)りがあったり、発音(はつおん)を間違えたりしていても、疑問の余地(よち)なく「PEN」と伝わる。ただの雑談ならば、ここまで厳重(げんじゅう)な確認方法は必要ないかもしれないが、これが軍事の場合は、通信ミスが人命に関わるので、慎(しん)重すぎが丁度(ちょう)よいぐらいと言えるだろう。

　ちなみに外国映画で軍の部隊にアルファ中隊、ブラボー中隊などと名前が付いてることがあるが、これもA中隊、B中隊、C中隊と順番に付けたのを、フォネティック・コードで呼んでいるわけだ。なお英語のフォネティック・コードは、世界各国の「航空管制(こうくうかんせい)」【注2】でも利用されており世界標準ともいえるが、日本を含め、各国語独自のフォネティック・コードも存在する。

軍事・組織 (犯罪・治安)

■ NATO フォネティック・コード

文字	使用する言葉	
A	ALFA	アルファ
B	BRAVO	ブラボー
C	CHARLIE	チャーリー
D	DELTA	デルタ
E	ECHO	エコー
F	FOXTROT	フォクストロット
G	GOLF	ゴルフ
H	HOTEL	ホテル
I	INDIA	インディア
J	JULIETT	ジュリエット
K	KILO	キロ
L	LIMA	リマ
M	MIKE	マイク

文字	使用する言葉	
N	NOVEMBER	ノーベンバー
O	OSCAR	オスカー
P	PAPA	パパ
Q	QUEBEC	ケベック
R	ROMEO	ロメオ
S	SIERRA	シエラ
T	TANGO	タンゴ
U	UNIFORM	ユニフォーム
V	VICTOR	ビクター
W	WHISKEY	ウィスキー
X	X-RAY	エックスレイ
Y	YANKEE	ヤンキー
Z	ZULU	ズル

■ 和文通話表

文字	使用する語
ア	朝日のア
イ	いろはのイ
ウ	上野のウ
エ	英語のエ
オ	大阪のオ
カ	為替(かわせ)のカ
キ	切手のキ
ク	クラブのク
ケ	景色のケ
コ	子供のコ
サ	桜のサ
シ	新聞のシ
ス	すずめのス
セ	世界のセ
ソ	そろばんのソ
タ	煙草のタ

文字	使用する語
チ	千鳥のチ
ツ	鶴亀のツ
テ	手紙のテ
ト	東京のト
ナ	名古屋のナ
ニ	日本のニ
ヌ	沼津のヌ
ネ	ねずみのネ
ノ	野原のノ
ハ	はがきのハ
ヒ	飛行機のヒ
フ	富士山のフ
ヘ	平和のヘ
ホ	保険のホ
マ	マッチのマ
ミ	三笠のミ

文字	使用する語
ム	無線のム
メ	明治のメ
モ	もみじのモ
ヤ	大和(やまと)のヤ
ユ	弓矢のユ
ヨ	吉野のヨ
ラ	ラジオのラ
リ	りんごのリ
ル	るすいのル
レ	れんげのレ
ロ	ローマのロ
ワ	わらびのワ
ヰ	井戸のヰ
ヱ	カギのあるヱ
ヲ	尾張のヲ
ン	おしまいのン

軍事・組織（犯罪・治安）

組織

フリーメイソンリー
～おもな秘密結社～

関連
- 黄金の夜明け団 → P.230
- 薔薇十字団 → P.249

秘密結社の代名詞的存在

【注1】外部に対して構成人数や目的、活動などを秘密にしている、あるいは存在そのものを秘匿している団体。オカルト的なものだけでなく、政治的な秘密結社も存在する。広義の意味でとらえるなら、活動目的に謎の残る団体はすべて秘密結社だといえる。

【注2】しばしば組織の名前が「フリーメイソン」と紹介されるが、「フリーメイソンリー」がより正しい。「フリーメイソン」は所属する人物を指すときの言葉。

「一部の団体が世界を裏から牛耳っている」というような陰謀論は現在でもあとを絶たない。こうした陰謀論の話で必ずと言っていいほど登場するのが「秘密結社」【注1】であり、その代表格がフリーメイソンリー【注2】だ。この組織は300万人以上の会員がいるといわれる世界最大規模を誇る秘密結社で、「ロッジ」と呼ばれる拠点は日本にも存在する。結成の起源については諸説あるが、中世ヨーロッパの石工職人の組合が母体となったという説が有力だ。

秘密結社という響きから怪しげなイメージを受けるが、実はフリーメイソンリーの実態はかけ離れている。公式ホームページでは「会員相互の特性と人格の向上をはかり、良き人々をさらに良くしようとする団体」と標榜し、会員は自らがフリーメイソンであることを公開してもよい。また、具体的な活動内容は非公開となっているが、学校や病院の設営、孤児や老人を保護する施設の経営、資金援助などを行っているとされる。

こうした活動によってフリーメイソンリーは慈善団体というイメージが浸透しつつあるが、ある程度の秘匿性は有しているため、存在を危ぶむ勢力も存在する。特にカトリック教会（P.027）との対立は根深く、フリーメイソンリーへの入会は"破門に該当する行為"とされる。また、フリーメイソンには社会的な影響力が大きい有力者も多数いる。

軍事・組織 (犯罪・治安)

■フリーメイソンリーのメンバーとされる著名人たち

フリーメイソンリーは歴史の節目での暗躍や何らかの陰謀を企てているという噂がつきまとう組織だ。この原因の1つは、社会への影響力が大きいメンバーが在籍している点にある。下記の表は資料や文献などからフリーメイソンと推測される人々。思わぬ大物の名前に驚かされる。

名称	国籍	人物詳細
アーサー・コナン・ドイル	イングランド	小説家。著作にもフリーメイソンが登場。
アレクサンダー・ハミルトン	アメリカ	政治家。アメリカ合衆国独立の功労者。
アントニオ・サリエリ	イタリア	作曲家。
ヴォルフガング・アマデウス・モーツァルト	オーストリア	作曲家、演奏家。
エドモンド・ランドルフ	アメリカ	初代 アメリカ合衆国司法 長官。
カメハメハ4世	アメリカ	第4代 ハワイ王国 国王。
カリオストロ	イタリア	通称・カリオストロ伯爵。錬金術師。
ケント公エドワード王子	イングランド	イングランド・グランド・ロッジのグランドマスター。
ジョージ・ワシントン	アメリカ	初代アメリカ合衆国 大統領。
ジョン・アダムズ	アメリカ	第2第 アメリカ合衆国 大統領。
シルヴィオ・ベルルスコーニ	イタリア	第74・79・81代 イタリア首相。
セオドア・ルーズベルト	アメリカ	第26代 アメリカ合衆国 大統領。
タイ・カップ	アメリカ	MLBプロ野球選手。
ダグラス・マッカーサー	アメリカ	アメリカ陸軍 元帥。
トマス・ジェファーソン	アメリカ	第3代 アメリカ大統領。
ナポレオン・ボナパルト	フランス	フランスの軍人。フランス第一帝政 皇帝。
ピョートル1世	ロシア	初代ロシア皇帝。
フランツ1世	オーストリア	神聖ローマ帝国 皇帝。
ベンジャミン・フランクリン	アメリカ	物理学者、気象学者、政治家。
ヘンリー・ノックス	アメリカ	初代アメリカ合衆国陸軍長官。
ヘンリー・フォード	アメリカ	実業家。フォード・モーター創設者。
マシュー・ペリー	アメリカ	アメリカ海軍軍人。
ヨハン・ゴットリープ・フィヒテ	ドイツ	哲学者。
ラドヤード・キップリング	イングランド	小説家、詩人。
レオポルト・モーツァルト	ドイツ	作曲家、ヴァイオリニスト。

フリーメイソンリー～おもな秘密結社～

軍事・組織（犯罪・治安）

■世界各地で暗躍する秘密結社

　フリーメイソンリーのほかにも、世界にはたくさんの秘密結社が存在するといわれている。フリーメイソンリーのように比較的情報を開示しているものから、名前以外ほとんど実態がつかめない謎のものまで、組織の性質はさまざまだ。下記の表で、著名な秘密結社と大まかな活動内容を紹介しよう。

フリーメイソンリー〜おもな秘密結社〜

名称	人物詳細
アイルランド共和国軍	通称IRA。北アイルランドの独立を掲げる過激なテロ組織。1916年に結成された。
アルスター義勇軍	1913年にアイルランドで結成された武装集団。IRAと並ぶ過激なテロ組織として恐れられた。
暗殺集団	11〜13世紀にわたってイスラム教世界を中心に暗躍した殺人集団。
イルミナティ	1776年にドイツで結成。人類平等を目的としており、社会の裏での暗躍と陰謀説がつねに囁かれている。
ウィッカ	20世紀後半に誕生した結社。古代ケルトのドルイド魔術の流れを汲む魔女術の総本山。
ヴードゥー教	ハイチで勢力をもつ土俗宗教。生ける死体ゾンビの秘儀で知られている。
ウスターシャ	20世紀前半にクロアチア人の組織。セルビア人優遇の政策に反発し、抵抗運動を組織した。
ヴリル協会	20世紀初頭のドイツで結成された結社。地底世界と超エネルギー・ヴリルの探索を目的とした。
英国薔薇十字協会	1867年前後にロンドンで結成された魔術系結社。黄金の夜明け団の母体となった。
黄金の夜明け団（P.230）	1888年にロンドンで創設された魔術系結社。近代西洋魔術の基礎をつくりあげた。
黄金薔薇十字団	1710年にドイツで結成された魔術師系結社。フリードリヒ2世の庇護下で権勢を振るった。
斧の会	1860年代にロシアで誕生した学生中心の結社。メンバーの殺害事件をきっかけに自滅した。
カグール団	1935年にフランスで結成。ファシズムに傾倒した極右団体。裏切り者には死の制裁が下される掟があった。
カタリ派	12世紀にフランス南部で結成。キリスト教異端の一派で、禁欲生活を教義に掲げた。
カルボナリ	19世紀のイタリアで誕生。自由と平等の理想をもとに革命運動を支援して、国内統一を目指した。
救済同盟	19世紀にロシアで誕生した結社。ニコライ1世の殺害を計画したが失敗し、組織は壊滅した。
共産主義者同盟	1947年にロンドンで正義者同盟の再編によって誕生。共産主義の実現を目指したが、内部がまとまらず崩壊した。
ギロチン社	大正後期の日本のテロ組織。陸軍大将の狙撃や爆弾事件などを起こして東京の市民を震撼させた。
義和団	19世紀末の中国で誕生。外国人排斥を掲げて勢力を拡大したが、諸外国によって鎮圧された。
銀の星	魔術師アレイスター・クロウリーが創設した魔術系結社。さまざまなジャンルの魔術を研究した。
クー・クラックス・クラン	通称KKK。1865年にアメリカで結成された。白人至上主義者の集まりで、最悪の人種差別集団。
グノーシス派	古代ヨーロッパでキリスト教から分離した思想集団が母体。信仰心より英知による救済を目指す。
クムラン宗団	約2000年前に活動していたユダヤ教の一派。『死海文書』（P.237）を残したといわれる。
グレート・ホワイト・ブラザーフッド	神智学で存在が信じられている伝説の宗団。超存在と交信して得た知識で人類を導くという。
玄洋社	1881年に日本で設立された組織。自由民権運動を掲げ、アジア諸国の独立運動を支援した。
紅槍会	20世紀初頭に中国で誕生。呪法によって不死身の肉体を得ると考え、軍閥や賊と勇敢に戦った。

※ P.224に続く

軍事・組織（犯罪・治安）

フリーメイソンリー ～おもな秘密結社～

名　称	人物詳細
古代密儀宗教	古代ケルトやローマなどで信仰されていた原始的な宗教。さまざまな宗教結社の原点となった。
三百人委員会	裏社会の頂点に位置するといわれる組織。さまざまな陰謀説が取りざたされるが実態は正体不明。
四季の会	19世紀のフランスで革命家ブランキの主導により結成された。市民の力による武力革命を目的とした。
真言立川流	平安時代に誕生した密教の一派。性交を即身成仏の秘術とし、淫祠邪教（いんしじゃきょう）として弾圧された。
神智学協会	1875年にニューヨークで設立された神秘主義団体。霊的世界の研究により神の叡智を得ることを目的とする。
人智学協会	20世紀初頭にヨーロッパでクロアチア人ルドルフ・シュタイナーが設立した結社。シュタイナーは幻視能力をもっていたという。
スコプツウイ派	ロシア発祥の宗教結社。禁欲のため自らの性器を切り落とす厳しい教義を掲げていた。
スプリーミ・マエストリ・ベルフェッティ	19世紀のイタリアに存在した政治的結社。ナポレオンの一族と通じ、共和制創立を目指した。
正義者同盟	1837年にフランスの秘密結社・追放者同盟から分裂して誕生。共産主義に近い思想を掲げた。
青年ヨーロッパ	1834年にスイスで結成。ヨーロッパ諸国の民衆にナショナリズムを浸透させようと運動した。
タントラ派	7世紀頃に誕生したヒンドゥー教の一派。性交によって即身成仏を目指す性秘術を秘儀とする。
秩父困民党	明治時代に埼玉県で貧しい農民を中心に結成された。農民救済を旗印に活動し、秩父事件を起こした。
チャイコフスキー団	1869年にロシアで創設された結社。農民たちの自立を促したがうまくいかず、組織は消滅した。
青幇	中国史上最大の犯罪的結社。明王朝末期に誕生した臨済禅の一派が母体といわれる。
トゥーレ協会	1918年にドイツで誕生したカルト集団。反ユダヤ主義を掲げ、ナチス党（P.243）を生み出す地盤を作った。
東方聖堂騎士団	19世紀末にドイツで創設された魔術系結社。東洋の性魔術を導入した。
ドゥルーズ派	シリアの少数民族ドゥルーズ族が信仰する、イスラム教の異端宗派。
土地と自由	1860年に結成された組織。ロシア皇帝アレクサンドル2世を暗殺したが、弾圧によって消滅した。
拝上帝会	19世紀に中国で設立。太平天国の乱を起こした。
薔薇十字カバラ団	1888年に結成された魔術系結社。他の結社との抗争中、呪術による相手の抹殺を試みた。
薔薇十字団（P.249）	中世から存在するといわれるが、実態がない架空の存在である可能性も高い。
パンテオンクラブ	1795年にフランスで創設。平等思想を提唱したが、政府の弾圧を受け3ヵ月で閉鎖に追い込まれた。
東トルキスタン・イスラム党	中国からの分離独立を目指すウイグル族の結社。中国各地でテロ活動を行っている。
白蓮教	宋王朝末期に誕生した結社。元王朝の時代に反乱を起こし、明建国のきっかけをつくった。
フルイストウイ派	17～18世紀に誕生したキリスト教異端の宗教結社。怪僧ラスプーチンも会員であった。
紅幇	19世紀半ばに結成された犯罪的結社。20世紀後半には東南アジアやアメリカに勢力を移した。
マルティニズム教団	18世紀にフランスで創設された魔術系結社。内省と祈りによって高位の霊的存在に戻る道を探った。
水戸天狗党	幕末に水戸藩で誕生した集団。井伊直弼の暗殺をきっかけに尊王攘夷運動の一派となった。
立方石団	1960年代にイギリスで結成された魔術系結社。西洋儀式魔術、エノク魔術などの研究を行った。

軍事・組織（犯罪・治安）

軍事・治安・犯罪

マフィア

関連
■ 警察組織
➡ P.207

裏社会で暗躍する犯罪集団

【注1】ニューヨークのイタリア系犯罪組織の最高幹部で、マフィア史上最大の大物と呼ばれるラッキー・ルチアーノの組織に対して付けられた名称。ルチアーノは人種を問わずにメンバーにしたことから、通常のシチリア系の犯罪組織を指すマフィアと区分する意味で、この名称が付けられた。

【注2】1899年生～1947年没。正式な名前は「アルフォンス・カポネ」。禁酒法時代のアメリカで密造酒を売りさばいて財を築き、裏社会で一大権力を築いた。

マフィアとは、世界中に存在する暴力や密売など非合法な方法で生計を立てる組織犯罪集団のことだ。もともとはイタリア南部にあるシチリア出身の犯罪集団を指す用語だったが、現在では犯罪集団全般を指す言葉として用いられることが多い。その起源については9世紀にアラブの侵入に対して結成されたというものや、19世紀初めにナポレオン軍に追われたナポリ王室がこの島に逃げ込んだのが契機となったというものなど諸説あり、詳細は不明だ。

いずれにせよ、マフィアはシチリアで誕生し、その後、一部のマフィアが移民としてアメリカに渡り、これがコーサ・ノストラ【注1】などのアメリカマフィアへと発展していく。ちなみに、アメリカのマフィアといえばアル・カポネ【注2】が有名だが、彼はイタリア系ではあるが両親の出身がナポリで、シチリアではなかったため、マフィアの本流には加わっていない。そのため、アル・カ・ポネについてはマフィアではなくギャングと呼ばれることが多い。

なお、マフィアの各組織はファミリーと呼ばれ、原則として1都市につき1ファミリーが存在している。ただし、メンバーの多いニューヨークのアメリカマフィアだけは、5つのファミリー（ボナンノ一家、ジェノヴェーゼ一家、ガンビーノ一家、ルッケーゼ一家、コロンボ一家）が存在しており、これを「5大ファミリー」と呼ぶ。

軍事・組織（犯罪・治安）

■マフィアの組織と掟

マフィアのファミリーはボスを頂点としたピラミッド構造になっており、ボスの下にアンダーボス、その下に複数のカポ（幹部）がおり、カポそれぞれにソルジャー（構成員）が所属する形となっている。また、ボスにはコンシグリエーレと呼ばれる顧問役がおり、弁護士または高齢により引退したボスが就任した。

血の掟（通称：マフィアの十戒）

1. 第三者が同席する場合を除いて、独りで他組織のメンバーと会ってはいけない。
2. ファミリーの仲間の妻に手を出してはいけない。
3. 警察関係者と交友関係を築いてはいけない。
4. バーや社交クラブに入り浸ってはいけない。
5. コーサ・ノストラにはどんなときでも働けるよう準備をしておかなくてはならない。それが妻が出産しているときであっても、ファミリーのためには働かなければならない。
6. 約束は絶対的に遵守しなければならない。
7. 妻を尊重しなければならない。
8. 何かを知るために呼ばれたときは、必ず真実を語らなくてはならない。
9. ファミリーの仲間、およびその家族の金を横取りしてはならない。
10. 警察、軍関係の親戚が近くにいる者、ファミリーに対して感情的に背信を抱く者、素行の極端に悪い者、道徳心をもてない者は、兄弟の契りを交わさないものとする。

一般的なマフィアの組織図

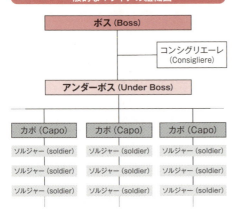

■世界のおもな犯罪組織

シチリアマフィア
シチリアで誕生した組織。言うなれば本場のマフィアだが、現在はマフィアという名称そのものが犯罪組織の通称として用いられるため、区別してシチリアマフィアとも呼ばれる。186組織、4000人の構成員がいるとされる。

イタリアマフィア
マフィアと呼ばれる組織が約170団体、カモッラと呼ばれる組織が約130団体、ウンドランゲタと呼ばれる組織が約150団体、サクラ・クローネ・ウニータと呼ばれる組織が約30団体それぞれ存在し、これを俗にイタリアの4大マフィアと呼ぶ。

ロシアンマフィア
ロシアの犯罪組織。国内のマフィアの組織の数は5600以上、構成メンバーは10万人を越えるとされるほか、ロシアGNPの40％を稼いでいるとも言われており、無視できない勢力となっている。

アメリカマフィア
ニューヨークの5大ファミリーをはじめ、シカゴ、ダラス、セントルイス、フィラデルフィアなど20以上のファミリーが存在。構成員約2000人を擁するとみられ、相当数の企業および労働組合を支配しているといわれる。

チャイニーズマフィア
中国人による犯罪組織で「黒社会」とも呼ばれる。世界中にグループがあり、その構成員の総数は150万人とも200万人ともされる。代表的なグループは上海マフィアの「青幇会（ちんぱんかい）」や福建マフィアの「蛇頭」など。

麻薬カルテル
麻薬の製造・売買に関する活動を行う組織。コロンビアのメデジン・カルテルやカリ・カルテルが知られるが、メデジン・カルテルはアメリカ軍の掃問作戦などにより、ほぼ壊滅状態となり、カリ・カルテルも幹部の多くが逮捕されるなど近年は衰退している。

韓国マフィア
組織数約300団体、構成員数約7000人の犯罪組織が存在するとみられている。その活動は、遊技場に対する恐喝、賭博場の開張のほか、近年では外国の犯罪組織との連携といった国際化の傾向もみられる。

ジャパニーズマフィア
いわゆる暴力団のこと。都道府県公安委員会による「指定暴力団」としては、日本最大の構成員を抱える兵庫県の山口組（約5200人）をはじめ、東京都の住吉会（約3100人）や稲川会（約2500人）など、計22団体が指定されている。

歴 史

History

歴史・ミステリー

ヴォイニッチ写本

関連

いまだ解明されぬ謎だらけの写本

【注1】1552年生〜1612年没。ハプスブルグ家の神聖ローマ皇帝として1576〜1612年に在位した。政治的能力には欠けていたが、教養に飛んでおり文化人として優れていた。芸術や学問を保護したことで、多くの芸術家が集まり、帝国首都のプラハは文化的に大きな繁栄を遂げている。

　世の中、謎が解明されていない奇書というのは数多い。その中でもトップクラスに不可解な存在が『ヴォイニッチ写本』だろう。この本は、1912年にイタリアで、古書商のヴォイニッチが発見したことから『ヴォイニッチ写本』と呼ばれるようになった。

　羊皮紙で装丁されている本書は、現存する約240ページが未知の文字で埋められている。彩色や挿絵も多いのだが架空のものと考えられるイラストも多く、何を描いたものなのかハッキリとしないものが多い。しかし、この本は内容を解明したくなるほどに魅惑的な作りをしており、今でも解明への取り組みは続けられている。例えば、暗号文を言語学の統計的手法で解析した結果、一応、何らかの意味をなした文章列であると判断されている。

　また、2011年にはアリゾナ大学で放射性炭素年代測定によって、使用されている羊皮紙が1404〜38年頃のものだということが解明された。歴史的にも、1582年にボヘミア王ルドルフ2世【注1】が購入したことまでは分かっている。

歴史・ミステリー

エニグマ

関連
- スパイ ➡ P.211
- ナチス（国家社会主義ドイツ労働者党）➡ P.243

ナチスドイツが誇る暗号製造機

【注1】幅は34cm、奥行は28cm、高さは15cm程度。野外と思われる場所でドイツ兵がエニグマを使用する姿をとらえた写真もある。

昔から各国の軍隊やスパイなどは情報のやり取りをする際、その情報が敵方に漏れても詳細が分からないよう暗号化してやり取りをする。エニグマは第二次世界大戦中にドイツ軍が使用していた暗号を作成する機械でエニグマで作られた暗号は、解読の難しさで知られている。なおエニグマとは、そのままずばり「謎」という意味である。

エニグマは、アルファベットを不規則に置き換える仕組みになっており、同じ内容の電文を何度打っても、その都度、異なる暗号に変換することができた。当初、エニグマは民間用の秘密保持機として販売されていたが、これが軍の通信将校の目に留まってドイツ軍に採用される。

軍用となったエニグマには更なる改良が加えられ、88桁という膨大な文字変換数を実現。第二次世界大戦中にも、随時改良されていった。かなりコンパクト【注1】なうえ、バッテリーで動くため、持ち運びも簡単だった。

ドイツ軍は、戦車を主軸とする機械化部隊と戦術空軍による電撃戦を構想しており、エニグマはこの戦術にマッチした暗号機だった。

組織

黄金の夜明け団

関連
■フリーメイソンリー
〜おもな秘密結社〜
→ P.221

19世紀に隆盛した魔術的結社

秘密結社の中には、魔術的な教義を軸としたオカルト的な団体も多い。黄金の夜明け団（日本では「ゴールデン・ドーン」とも呼ばれる）は、19世紀末頃にイギリスで創設された魔術的秘密結社で、ウィリアム・ウィン・ウェストコット【注1】、ウィリアム・ロバート・ウッドマン【注2】、マグレガー・メイザース【注3】の3人によって設立された。その教義は長い間、秘密にされてきたが、1937〜1940年にかけて**イスラエル・リガルディー**【注4】というオカルティストが『黄金の夜明け』という書籍を発表したことから、その教義などが明るみに出たのだった。

当初この組織は、オカルト的な知識をもつ人々が集う同好会のような組織だった。しかし、のちにメイザースが組織の実権を握るようになると、**実践的な魔術結社**として形を変えていったという。

メイザースの改革を機に、組織の内情は大きく変化。全盛期は100名以上の団員が存在し、黄金の夜明け団の名前は広まっていくが、改革がもたらした内部抗争により、まもなく瓦解することとなった。

【注1】1848年生〜1925年没。黄金の夜明け団の実質的な設立者。当時は、ロンドンで検死官として勤めていた。団の権威を勢いづけようと「シュプレンゲル書簡」を捏造し、トラブルの種をまいた張本人。

【注2】1828年生〜1891年没。黄金の夜明け団、設立時の1人。イギリス薔薇十字団の2代目会長を務めていた人物。1891年に死去したため、団の運営などにはほとんど関わることはなかった。

【注3】1854年生〜1918年没。本名はサミュエル・リドル・メイザース。近代西洋儀式魔術の確立者で、その世界では名の知れた魔術師である。

【注4】1907年生〜1985年没。20世紀を代表するオカルティスト「アレイスター・クロウリー」の弟子だったがのちに決別し、黄金の夜明け団から派生した「暁の星」に所属している。

歴史

騎士団(きしだん)

関連
- 円卓の騎士 〜アーサー王伝説〜 ➡ P.124
- テンプル騎士団 ➡ P.242

文学のモチーフともなった西洋の戦士たち

【注1】中世ヨーロッパでキリスト教勢力によって行われたイスラム教諸国に向けた大規模な軍事行動。主な目的は聖地エルサレムの奪還と確保であったが、エジプトやチュニスへの侵攻が目的とされたこともある。

　騎士団とは、その名が示す通り騎士たちを集めて結成された集団のこと。騎士とはいわゆる中世ヨーロッパ時代における戦士階級のを指す言葉だ。

　一般的な騎士団のイメージとして連想されるのは、王や諸侯に召抱えられていた騎士を中心に編成された軍事集団だろう。こうした騎士団は5〜6世紀頃、最大時はヨーロッパのほとんどを支配下にしていた「フランク王国」で多く結成され、王国の版図を拡大する原動力となった。だが、のちに王国の分裂・版図の縮小が進むと役割を終えて消滅していく。その後、11世紀末から多く見られるようになったのが、キリスト教の修道会として結成された騎士団だ。その目的は聖地エルサレムの回復や巡礼者の保護などで、彼らは十字軍運動【注1】において軍事の中心的な役目を担った。歴史学の分野において騎士団という場合は、前者の軍事集団ではなく後者のキリスト教修道会を指す。

　更に騎士や騎士団は文学のモチーフに選ばれることも多くなり、特に「騎士が悪党や怪物などを退治して美しい女性や姫と結ばれる」という筋立ての物語が多く制作された。14世紀頃からは『アーサー王伝説』などの騎士道文学に影響を受けた王や諸侯たちが、自身の名声を高めることを目的とした騎士団も結成される。こうした騎士団は軍事集団としての性質は薄れ、名誉職に近いものだった。

歴 史

■世界の主要な騎士団

名　称	創設時期	概　略
聖ヨハネ騎士団	1070年	アマルフィの商人が、エルサレムのヨハネ修道院跡地に巡礼者宿泊所を建設したことを発端に設立。1113年に騎士修道会として、正式に承認された。
テンプル騎士団	1118年	第1回十字軍運動の後、巡礼者の保護の目的で設立された騎士団。1128年に正式に承認された。聖ヨハネ騎士団と並び、十字軍運動の中心として奮闘した。
ドイツ騎士団	1128年	第3回十字軍運動のあと、遠征中のドイツ人のために設立された病院修道会が原点。1224年には、マルボルクを本拠地とするドイツ騎士団国を設立した。
アヴィス騎士団	1147年	ポルトガル王アルフォンソ1世によって設立された騎士団。他国の騎士団に比べて小規模であったため、カラトラーバ騎士団（後述）の支部のような扱いを受けた。
カラトラーバ騎士団	1158年	カスティリヤのシトー修道会の傘下の騎士団として設立され、1164年に正式に認可された。イベリア半島を巡る戦いで各地を転戦し、大きな戦果をあげた。
リヴォニア帯剣騎士団	1202年	リヴォニア地方で発足した騎士団。リヴォニア一帯を征服したが、異教徒への過剰な弾圧の結果、反発を受けて衰退。1237年にドイツ騎士団に吸収された。
聖ラザロ騎士団	4世紀	4世紀頃にカエサリアで設立された病院が起源とされる騎士団。13世紀にはフランスやイギリス、スペイン、ドイツなどヨーロッパ各国に勢力を誇った。
サンティアーゴ騎士団	12世紀	12世紀にイベリア半島で設立された騎士団。カラトラーバ騎士団と並び、イスラム教勢力との戦いで活躍。その後は16世紀まで存続し、のちにカラトラーバ騎士団と併合された。
ガーター騎士団	14世紀	設立の経緯は諸説あるが、1344年か1348年にイギリスで設立されたと考えられている。騎士団名の由来でもあるガーター勲章を授かった者が団員とされた。
バス騎士団	1399年	ヘンリー4世の戴冠に際して設立された騎士団。英語で風呂を表す「bath」が名前の由来。1725年に騎士団の名の勲章が制定され、現在まで受け継がれている。
金羊毛騎士団	1430年	フランスのフィリップ善良公によって設立された騎士団。カトリックの守護を目的としていた。現在では、スペインの勲章に、その名前が受け継がれている。
ドラゴン騎士団	1408年	ハンガリー王ジギスムントによって設立された騎士団。ハンガリー王室とキリスト教の守護を目的としていたが、ジギスムントの死後は勢力を失った。

騎士団

歴史

三国志
さんごくし

関連
- 百八星
  ～水滸伝の世界～
  ➡ P.293

3国が鎬を削る歴史ロマン

【注1】三国時代が終わり「晋」の時代が訪れた頃にまとめられた歴史書。「○○伝」という形で人物ごとに語る体裁となっている。

【注2】1368年～1644年の「明」の時代に書かれた。作者は判然としないが羅貫中（らかんちゅう）という作家だという説が有力。

　今から1800年前、中国大陸は「魏」「呉」「蜀」の3国による争いが起きていた。日本でも有名な「三国志」の時代だ。劉備や曹操といった人物名や「赤壁の戦い」というような名称を見聞きした人も、多いのではないだろうか？

　後漢時代の末期、時の皇帝の権力は弱体化。この事態に漢王朝の復興を志す者、皇帝の威光を傘に権力を握ろうとする者、王朝を潰そうと企む者などによる実力者たちの争いが勃発する。三国時代の初期は日本の戦国時代のような群雄割拠の戦乱の世であり、三国が鼎立するのはかなり経ってからなのである。また、三国志では多数の武将が活躍する。このようなキャラクターの魅力も『三国志』が親しまれている理由の1つだ。

　ひと口に「三国志」といっても実はいくつか種類がある。1つは、実際の歴史を記した正史の『三国志』【注1】。もう1つはこの正史を脚色し蜀の劉備を中心とした物語『三国志演義』【注2】だ。あくまで歴史書である『正史』と違い、『演義』は読み物として制作されているため、昨今の関連創作はこちらを参考にしていることが多い。日本では戦中戦後に吉川英治が翻案した『三国志』と、これを元に横山光輝が漫画化した作品が有名だ。更に三国志から発生した民間伝承もあり、こうした伝承や『演義』では『正史』にはいないオリジナルの人物が活躍することもある。

歴 史

■三国志に登場する主な武将

所属	名前（字）	説明
魏	曹操（孟徳）	覇道を唱え、「魏」の基礎を作り上げた実力者。
魏	夏侯惇（元譲）	曹操の信頼も厚い隻眼の猛将。
魏	張遼（文遠）	圧倒的武力を誇る魏の五大将軍筆頭。
魏	許褚（仲康）	曹操のボディーガードとして仕えた巨漢の将。
魏	楽進（文謙）	戦いとなれば一番に攻め込む勇将。
魏	于禁（文則）	厳格な態度と規律で隊をまとめる将軍。
魏	司馬懿（仲達）	諸葛亮と肩を並べる知謀のもち主。
魏	荀彧（文若）	「王佐の才」と称され曹操を支えた知将。
呉	孫権（仲謀）	兄・孫策の急死後、呉をまとめ上げた若きトップ。
呉	周瑜（公瑾）	知勇兼備のうえ、その美しさから「美周郎」と呼ばれた。
呉	黄蓋（公覆）	孫堅から3代に渡り仕えた呉の宿将。
呉	魯粛（子敬）	周瑜亡き後、呉を牽引する。
呉	呂蒙（子明）	最初は武勇のみだったが猛勉強のすえ、知謀も得た。
呉	陸遜（伯言）	若くして才能を認められ、関羽を討つ立役者になる。
呉	孫堅（文台）	呉の基礎を作るも志半ばで暗殺される。
呉	孫策（伯符）	父・孫堅の跡を継ぎ、周瑜らと共に勢力を広げる。
蜀	劉備（玄徳）	漢王朝の復興を目指し、各地で人徳を集める将。
蜀	関羽（雲長）	劉備、張飛の義兄弟で、死後は軍神と恐れられた。
蜀	張飛（益徳※）	無双の武力を誇るが酒好きゆえの失敗も。
蜀	諸葛亮（孔明）	「伏龍」の異名をもち、政治、軍事両面で劉備を支えた。
蜀	趙雲（子龍）	劉備の子を抱え1人で曹操軍に突撃する胆力のもち主。
蜀	黄忠（漢升）	70歳を過ぎて前線で活躍する老将。
蜀	馬超（孟起）	戦場での勇姿から「錦馬超」とあだ名される。
蜀	龐統（士元）	「鳳凰の雛」と評価され、戦いで劉備を支えた名軍師。
他	呂布（奉先）	剛勇随一だが傲慢な性格で、最後は曹操に討たれた。
他	董卓（仲穎）	皇帝を保護する名目で朝廷の実験を握るも呂布に討たれる。
他	袁紹（本初）	名家の生まれで、朝廷を牛耳る董卓の討伐軍を指揮した。

※『三国志演義』では「翼徳（よくとく）」。

歴史

シオン賢者の議定書

悪夢の発端となってしまった捏造文書

【注1】「シオニズム」という「ユダヤ人にとって故郷であるイスラエルの地に国を再建しよう」という思想のもと開催された、ユダヤ人の代表会議。第1回は1897年にスイスで開かれ、具体的に国を再建する手立てや諸外国から同意を得る方法などが話し合われた。

【注2】もともとはユダヤ教の宗教用語だったが、「大虐殺」、「大破壊」を意味するようになった。そして現在では、第二次世界大戦時、ナチスドイツがユダヤ人に対して行った大虐殺を指す。

『シオン賢者の議定書』は、第1回シオニスト会議【注1】で発表された「シオン24人の長老」による決議文。その内容はユダヤ人たちが、世界征服の陰謀を企み、世界を裏から支配するため、密かに開かれた会議の議事録。……という設定で、現在では捏造された偽造文書であると断定されている。そもそもこの文書は、ナポレオン3世の反民主的な政策を揶揄したモーリス・ジョリー著『モンテスキューとマキャヴェリの地獄対談』をもとにでっちあげられたものだ。これを行ったのは革命直前のロシア秘密警察で、国内の不満を外に逸らすためのものではないかといわれている。

こうした捏造文書は通称「プロトコル」と呼ばれ、ロシアで出版された。このプロトコルはロシア国内だけではなく、各国語に翻訳され、対ユダヤ人感情を刺激することになる。しかし、1921年に英誌タイムズが、捏造であると報道し、各国の騒動は収束するのだが、ドイツだけは様子が異なった。ナチス（P.243）は捏造だと認めつつも、その内容はユダヤ人を説明するのに適していると、プロトコルを反ユダヤ主義の根拠に利用。その結果、ドイツでの反ユダヤ主義が高まり、のちの「ホロコースト」【注2】に繋がったとされている。それゆえに、この『シオン賢者の議定書』は世にある偽書の中でも、「史上最悪の偽書」「史上最低の偽造文書」などと呼ばれているのだ。

歴史

■世界の偽造文書

コンスタンティヌスの寄進状
8世紀／ローマ

中世最大の偽書と言われている文書。内容はローマ皇帝コンスタンティヌス1世が病気を治癒してもらったお礼に、教会に領土を寄進した証拠とされている。この文書は一級の資料として、さまざまな問題で教会が有利となる証拠、根拠に使われたが、18世紀には偽書であったことが確定した。

フェニキア史
19世紀／ドイツ

フリードリヒ・ヴァーゲンフェルトにより書かれた古代ギリシア語によるフェニキア史の偽書。実は「フィニキア史」は原典は失われ、ごく一部分が別の書に引用されたのが残っていただけ。そのわずかな情報をもとにヴァーゲンフェルトは全9巻の「フィニキア史」をでっちあげた。

ヒトラーの日記
1980年代／ドイツ

西ドイツの雑誌「シュテルン(Stern)」が、アドルフ・ヒトラーが1932年から1945年まで書き綴った日記を発見したと発表した。この日記をめぐって莫大なお金が動くが、のちにこれは詐欺のために捏造されたものだと、ドイツ警察により確認された。

アインシュタインの予言
1950年代～／日本

アインシュタインの発言として流布している言葉。その内容はアインシュタインが日本について称賛し、やがて世界政府の盟主となると予言したもの。しかしアインシュタインがこのような発言をした証拠がないと、2005年に論証がされた。

五輪書（ごりんしょ）
17世紀／日本

天下の剣豪、宮本武蔵が記されたとされる兵法書。現代人にも人気のある書物だが、原本は焼失し、さらに内容的にも写本間での相違があったり、武蔵の死後の価値観による記述が多かったりしている。そのため弟子が創作したものだとも言われている。

福澤心訓（ふくざわしんくん）
19世紀／日本

福澤心訓とは、福沢諭吉が作ったとされる7つからなる教訓、ということになっていた。実際は誰が作ったのかは不明の偽作。ただ、内容は一生涯を貫く仕事をもつことが立派だ、嘘をつくことは悲しいことだなどといった具合に、まっとうな教訓、心訓である。

万歳三唱令（ばんざいさんしょうれい）
1990年代／日本

万歳三唱令とは、日本の万歳三唱の作法を定めた太政官布告と称する偽文書のこと。1990年代に官公庁を中心に出回る。内容は明治12年、4月1日施行の太政官布告第168号という体裁で表記され、万歳は両手を真上に上げると同時に右足を半歩踏み出すとしている。

東日流外三郡誌（つがるそとさんぐんし）
1970年代／日本

『東日流外三郡誌』は青森県の和田家という旧家の屋根裏から戦後に発見された古文書。内容は古代の津軽地方には大和朝廷から弾圧された民族の文明が栄えていたというものだが、筆跡が発見者と同じなど、いくつかの証拠から偽書であることが判明した。

歴史・ミステリー

死海文書

関連
■カトリックとプロテスタント
〜キリスト教宗派と組織〜
→ P.027

陰謀論にまで発達した20世紀最大の発見

【注1】『旧約聖書』に「塩の海」「アラバの海」などの名で登場しているほか、神によって滅ぼされた都市「ソドム」と「ゴモラ」は死海に沈んだという伝説が残っており、何かとユダヤ・キリスト教と関わりが深い。

【注2】ユダヤ教系の宗教派閥の1つで、『死海文書』に含まれる『クムラン文書』を作成した。共同生活を行ない、厳格な戒律と生活のあらゆる面での清浄さを強調していた。

　中東の国ヨルダンには、塩分濃度が濃く一部のプランクトン以外は棲息できないことから「死海」【注1】と呼ばれる塩湖がある。1947年以降、この死海周辺にある洞窟から900点以上の写本群が見つかった。その内容はヘブライ語で書かれた『旧約聖書』やその関連文書、クムラン教団【注2】の規則や儀式書からなっている。この文書はそれまでの発見された最古の聖書関連文書よりも更に古い紀元前に制作されたことが判明し、「20世紀最大の発見」とまで言われている。これらの文書は発見された場所から死海文書と呼ばれる。

　死海文書の内容は歴史的、宗教的にも貴重なものだった。特に、初期キリスト教との関連も予想されていて、関係者の注目を集めていた。ただ一方で、死海文書は陰謀論やオカルト的にも注目されることになる。

　いわゆる陰謀論では「文書の調査が遅れていたのは、カトリック教会が隠蔽していたからだ」という主張がある。これは死海文書の内容が、現在のキリスト教の聖書や教義にとって都合の悪いものだから、という推測に基づくものだ。もちろん、根拠のないものだと否定された。ほかにもオカルト方面では、その内容に何らかの啓示や予言、暗号を見つけようとしている。

　発見された文書には、財産の場所が書かれた銅板もあり、内容に関してさまざまな憶測を呼んでいる。

歴史

■死海文書発見の経緯

① 1947年春、死海の西側クムラン地区で、アラブ系遊牧民ベドウィン族の羊飼いの少年たちが発見。

② 当時の靴職人、シリア正教会の大主教、考古学者などさまざまなところを紆余曲折したうえで、最終的に最初に発見された7つの写本はイスラエルが所有。

③ 一方、クムラン洞窟を領有するヨルダン政府は、この地区の調査を進めていき、現在までに11の洞窟から870点以上の古文書を発掘した。

■死海文書の代表的な内容

旧約聖書の写本	旧約聖書全24巻中23巻の内容が発見。それまでのものより約1000年以上も歴史をさかのぼる写本が登場した。
ユダヤ共同体憲章	初期のキリスト教団との関連を物語る重要文書だといわれている。内容は「ヤハド」といわれるユダヤの集団規律などについて。
戦いの巻物	記した者たちの終末論が書かれている。アルマゲドン的な内容のほか、実際の戦争のマニュアル的なものも記してあるという。
銅の巻物	エルサレム神殿の隠し財宝の在処が記されているという。だが実際に財宝が見つかっておらず、すでにもち去られたとか、文書自体が悪戯だともいわれている。

COLUMN

死海文書は一体、誰が書いたのか

死海文書は誰が書いたのか、これについては現在でも諸説ある。だが最も知られ、また支持されている学説が、クムラン教団の人々が書いたというものだ。そのクムラン教団は、古代ユダヤ教のエッセネ派と呼ばれる共同体のようで、ユダヤ教の中でも神秘的で禁欲的な一団らしい。文書を洞窟に隠していることから、当時は異端とされていたのではとも考えられている。ほかの説としては、同じくクムランの教団だが、サドカイ派といった別のグループだというもの。クムラン教団ではなく、エルサレムで書かれたもの、初期キリスト教徒によるものだとという説もある。

さてこの死海文書が、クムラン教団のエッセネ派によるものだという説は、キリスト教的にも意味が大きい。なぜならキリストは古代ユダヤ教のエッセネ派に属していたか、関係が近いグループに属していたという。つまり、死海文書が古代ユダヤ教に関連したというだけでなく、初期キリスト教のテキストだという可能性もあるのだ。初期キリスト教の関係が疑われたゆえに、死海文書は世界的なニュースとなり、バチカンが隠蔽しようとするといった陰謀論が生まれることになったのだ。

歴史

爵位（公侯伯子男）

関連
- 騎士団 ➡ P.231
- テンプル騎士団 ➡ P.242

世界の爵位と日本の爵位

【注1】古代中国で皇帝が諸侯に与えた5つの位のこと。公・侯・伯・子・男の5階級から成り立っている。日本ではヨーロッパの爵位にこの五等爵を当てはめて翻訳をした。

爵位とは君主制に基づく国家において、貴族の血統別、または国家への**功労に応じて与えられる称号**のことだ。これらは国家内での上下関係も表し、世襲で受け継がれる。基本的には国内での称号ではあるが、正式な外交関係のある国においても、その爵位に応じた対応をするのが礼儀とされている。なお、ヨーロッパや戦前の日本で使われた爵位は基本的にP.240にある通り。

日本の場合、ヨーロッパの爵位を古代中国で使われていた「**五等爵**」【注1】に合わせて翻訳された。そのため同じ音の「公」と「侯」が混在するなど、分かりにくい部分もある。

ヨーロッパにおける各爵位は、**名誉称号**でもあると同時に、行政区分の役割を示すものであった。つまり公爵領を与えられ、支配する役割であったから公爵という爵位が与えられているのだ。そのためかつてのヨーロッパでは、領地と爵位がセットだった。ただ、これは時代と共に変化していき、領地をもたない貴族やただの名誉称号の爵位も出てくる。逆に日本の爵位は**家柄**に対する**格付け**として使われた。つまり日本の場合は功績によって爵位が上下するが、ヨーロッパの場合は爵位は新たな爵位（領地）を与えられたり没収とされたりするもので、場合によっては複数の爵位をもつこともあった。同じ爵位ではあっても、国や時代によって、その意味、重さも異なっているのだ。

歴史

■日本・世界の爵位表記

日本語	英語		フランス語	ドイツ語	
天皇／皇帝	Emperor エンペラー		Empereur アンプルール	Kaiser カイゼル	
王	King キング		Roi ロワ	König ケーニヒ	
大公／公	Grand Duke グランドデューク	Prince プリンス	Grand-Duc グランデュク	Grossherzog グロースヘルツォーク	
公爵	Prince プリンス	Duke デューク	Duc デュク	Herzog ヘルツォーク	
侯爵	Marquess/Marquis マークィス		Marquis マルキ	Fürst フュルスト	
伯爵	Earl（英国） アール	Count（英国以外） カウント	Comte コント	Graf グラーフ	
辺境伯	Margrave マーグレイブ		Margrave マーグラブ	Markgraf マークグラーフ	
子爵	Viscount ヴァイカウント		Vicomte ヴィコント	Vicomte ヴィコント	
男爵	Baron バロン		Baron バロン	Baron バロン	Freiherr フライヘア
準男爵	Baronet バロネット		—	—	
士爵（ナイト爵）	Knight ナイト		Chevalier シュヴァリエ	Ritter リッター	

■各爵位の意味

大公／公	王の下で公爵の上に位置する。大公国、公国を統治する。その権限や力は、一国の王に匹敵する。
公爵	古ゲルマンの軍事統率者に由来する爵位。公爵領の統治者。
侯爵	公爵の下、伯爵の上に相当する爵位で、侯爵領の統治者。
辺境伯	場所によってはのちに侯爵となった爵位。異民族と国境を接し、独自の軍を擁する領地の統治者。
伯爵	伯爵領の統治者。英語「Count」は、のちに行政単位となる国、郡、州を意味する「Country」の語源。
子爵	子爵領の統治者。フランスやスペインなどの影響を受けた地域にのみ存在した爵位。
男爵	子爵より下位の貴族の爵位。「Baron」は元々自由を意味する言葉で、のちに領主として一般的な名称に。
準男爵	イギリスにのみ存在する一番下の爵位。世襲はできるものの、法的には貴族ではなかった。
士爵（ナイト爵）	個人的功績や国家的功労者に贈られる称号。貴族ではなく、世襲もできず領地もない。

［その他の爵位］

副伯	もともとは伯（伯爵）を補佐する役職で、のちの子爵となった。
宮中伯	現在の大臣に相当する役職。国王の直轄地を代官として統治することも。
方伯	神聖ローマ帝国にあった爵位。伯爵に相当するが、権限はより強かった。
城伯	神聖ローマ帝国で城塞（Burg）の管理・統治者の爵位。

歴史・ミステリー

ダマスカス鋼

関連
- 日本刀 ➡ P.245

オーバーテクノロジーのようなインド産の鉱物

【注1】およそ0.0005mmの炭素原子製の筒。アルミニウムより軽く鋼鉄より強度が高いことから、さまざまな分野に利用しようと研究が進んでいる。

　ダマスカス鋼は、中東で刀剣の材料として使われた金属だ。もともとはインドで開発、製造されていた「ウーツ鋼」という鉱物を使って製造された剣が、当時ヨーロッパとの貿易の拠点であった中東の国シリアのダマスカスに集められ、そこからヨーロッパに流入されたため、ダマスカスソードと呼ばれるようになったという。

　ダマスカスソードの強度は斬れ味が抜群で、騎士たちが着ていた鉄製の甲冑を斬っても刃こぼれせず、しかも非常に錆びにくかったという。刀身には美しい紋が浮き出ていたといわれ、日本刀とも通じる点がある。

　その後、銃が発明されると刀剣の価値が薄れ、ダマスカス鋼の存在も次第に忘れ去られていった。西洋に技術が伝わらなかった理由としては、製法を記した文書がすべて焼き捨てられていたという説や、製法が一子相伝だったため伝わらなかったなどの説があるが、定かではない。

　近代に入って産業革命が起こると、ダマスカス鋼は優れた鉄鋼として再び注目を集めた。西洋人は優れていると評判だったインドの鉄鋼を分析し、ダマスカス鋼を復活させようと試みるも、近年ダマスカス鋼の内部に「カーボンナノチューブ」【注1】が発見されたこともあり、現在も完全再現には至っていない。なお、ダマスカス鋼の「錆びにくい」という点を追求した結果、誕生したのが「ステンレス」だ。

歴史

組織

テンプル騎士団

関連
■騎士団
→ P.231

民を護衛するために結成される

【注1】ユダヤ、キリスト、イスラム共通の聖地である「エルサレム」では、それぞれの教徒たちによって奪い合いが起きていた。十字軍は「イスラム教」がエルサレムを占領していたときに、その奪還に結成された遠征軍のことである。

【注2】フィリップ4世は自身の政策を実現させるため、多額の金銭を必要としていた。そのため、貴族たちから多額の資金を得ていたテンプル騎士団に目をつけ、あらぬ罪を着せて解散に追い込んだ。

　テンプル騎士団は、キリスト教徒によって中世ヨーロッパに組織された騎士修道会で、正式名称は「キリストとソロモン神殿の貧しき戦友たち」という。ヨーロッパが第1回十字軍【注1】にて、イスラム教徒から聖地であるエルサレムを奪い、王国を建国したのちに結成された。

　テンプル騎士団結成には「聖地巡礼」が関係している。ヨーロッパの人々は奪還した聖地へ赴くようになるが、山賊や追剥ぎが出没する道中は危険なものだった。そんななか、エルサレム付近の治安維持に努めるユーグという男が現われ、彼の行動を知ったエルサレム王は、ソロモン神殿跡を宿舎として与えた。更にユーグの行いに感銘を受けたものたちが集まり、やがて巡礼者を守る用心棒的な存在として、1128年にテンプル騎士団が結成されるのだ。設立当初は10名に満たなかったが、徐々に加入者は増えていき、権力者からは土地や金品の寄進が相次いだ。

　組織として確立されたテンプル騎士団は、エルサレムを奪わんとするイスラム教徒を退ける剣として、あるいはエルサレムに巡礼で訪れる人々を守る盾として活躍する。しかし、13世紀後半、イスラム教徒にエルサレムを奪い返されたことによって、その存在意義を失ってしまう。また、フランス王フィリップ4世の野望【注2】のため、解体されてしまうという結末を遂げるのだった。

歴史

ナチス
（国家社会主義ドイツ労働者党）

関連
- フリーメイソンリー
  〜おもな秘密結社〜
  ➡ P.221
- シオン賢者の議定書
  ➡ P.235

独裁者ヒトラーが率いた政党

【注1】1933年2月27日にベルリンの国会議事堂が放火された事件。ヒトラーはこれを敵対する共産党員の犯行と弾圧の口実にし、勢力を更に拡大させていった。

【注2】党内外の反ヒトラー派が一斉に粛清された事件。ヒトラーへの反乱を企んだ突撃隊幕僚長エルンスト・レームの抹殺を目的として決行された。しかし、実際はレームには反乱の意思などはなく、邪魔者になったレーム抹殺のために捏造されたものであるとされている。

　ナチスは1920年にドイツで結党した政党で、公式名称は「**国家社会主義ドイツ労働者党**」となる。その前身となったのは右翼秘密結社トゥーレ協会の流れを汲むドイツ労働者党で、1919年に入党し、のちに「20世紀最大の悪魔」と呼ばれる独裁者**アドルフ・ヒトラー**の主張を受け入れる形で**国家社会主義ドイツ労働者**に改名。25ヵ条の条文からなる政治指針を定めた文書を掲げて、再結党された。

　ヒトラーが党首となったのは1921年の7月で、扇動的な演説や党の宣伝、ルール工業地帯占拠領へのレジスタンスといった活動によって、次第に大衆の支持を集めるようになり、1933年の第8回選挙では288議席を獲得して、ドイツの第一党に躍り出る。当時の国際社会では、ナチス政権はそう長くはもたないと見られていたが、その後の「**ドイツ国会議事堂放火事件**」【注1】を追い風に合法的に全件委任法を成立させたことで、一党独裁政権が成立。更に、1934年6月には「**長いナイフの夜事件**」【注2】が発生。これにより独裁体制は更に磐石なものとなり、8月にはヒトラーが国家元首に就任する。

　以降、ヒトラーは最高指導者として政権に君臨し続けるが、第二次世界大戦での敗北が決定的となった1945年4月に自殺。同年5月にナチスが連合国に無条件降伏したことで、12年にもおよんだ独裁政権は消滅した。

243

歴史

■第二次世界大戦とナチス・ドイツ

　1939年にドイツ軍がポーランドに侵攻したことで第二次世界大戦が勃発。その後、ノルウェー、デンマークにも侵攻するなど序盤は快進撃を見せるが、1941年にアメリカが参戦したことで形成が逆転。連合軍の圧倒的な物量の前にドイツ軍は大敗を喫し、最終的には無条件降伏へと追い込まれた。

変遷	年月
ヒトラー内閣成立	1933年1月30日
全権委任法成立	1933年3月23日
ドイツ再軍備宣言、ヴェルサイユ条約破棄	1935年3月16日
ラインラント進駐、ロカルノ条約破棄	1936年3月7日
独ソ不可侵条約締結	1939年8月23日
ポーランド侵攻、第二次世界大戦開始	1939年9月1日
ノルウェー、デンマークに侵攻を開始	1940年4月9日
フランス、オランダ、ベルギー、ルクセンブルクに侵攻を開始	1940年5月10日
日独伊三国軍事同盟締結	1940年9月27日
ユーゴスラビアに侵攻を開始	1941年4月6日
バルバロッサ作戦を発動、独ソ開戦	1941年6月22日
アメリカに宣戦布告	1941年12月11日
イタリア王国が連合国に降伏	1943年9月8日
ヒトラー暗殺計画とクーデターが行われるが失敗	1944年7月20日
ヒトラーが総統官邸地下壕において自殺	1945年4月30日
ベルリンがソ連軍に占領される	1945年5月2日
無条件降伏	1945年5月7日

第二次世界大戦直前の国際情勢

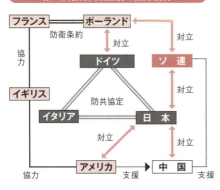

■親衛隊（SS）の組織図と国民の監視システム

　親衛隊（SS）は1925年に結成された、ヒトラー直属の護衛部隊。当初は8名のみの少数精鋭部隊であったが、1929年に親衛隊国家指導者に就任したハインリヒ・ヒムラーが、親衛隊の任務を「ナチスの政治的信条の遂行」と規定したことで組織の性質が変化していった。

　このヒムラーの方針はドイツ全体に適用され、保安諜報部（SD）とゲシュタポ（国家秘密警察）を中心とした強固な国民監視システムがつくりあげられたほか、各地でユダヤ人の虐殺も遂行するなど、親衛隊はナチスによる恐怖政治の象徴となった。

総統：アドルフ・ヒトラー

親衛隊国家指導者：ハインリヒ・ヒムラー

親衛隊（SS）配下組織：
- 親衛隊国家指導者幕僚本部
- 親衛隊作戦指導本部（SS）／武装親衛隊／髑髏部隊
- 親衛隊法制局
- 国家保安本部（RSHA）／刑事警察／ゲシュタポ（国家秘密警察）／保安諜報部（SD）
- 組織警察本部
- 人種・移民本部
- 経済・管理本部
- 海外同胞福祉本部
- ドイツ民族強化全国委員本部
- その他

→ 監視 → **国民**

- **父　ドイツ労働戦線**
  ナチスによる労働者・経営者の統合組織。職場の父親が所属。
- **母　ナチス婦人団**
  ナチスによる婦人組織。母親などの女性が所属。
- **子　ヒトラー・ユーゲント**
  ナチスによる地域の党青少年教化組織。10〜18歳の青少年全員の加入が義務づけられた。

※ドイツ国民はこれらの組織に直接間接的に加入させられることで、私生活までナチスに組み込まれ、強制的に体制に動員させられることとなった。

ナチス（国家社会主義ドイツ労働者党）

武具

日本刀
（にほんとう）

関連
- ダマスカス鋼 ➡ P.241
- 村正 ➡ P.253

世界一、斬れ味が鋭いとされる、日本独自の片刃刀

【注1】主に徒歩で行う戦闘で使う刀。腰に直接帯びたときに抜きやすい反り方（京反り）をしている。刃を上にして左腰に差したとき、茎（なかご・柄に覆われる刀身部分のこと）の銘が外向きの場合、だいたいは打刀とのこと。

【注2】建武期（1334～1336年頃）の山城国（京都府）の刀工。刀工集団・長谷部一派の始祖。

　日本刀とは文字通り、日本独自の鍛治技術によって製作された刀剣のことで、世界でも屈指の鋭さで知られている。よく「折れず、曲がらず、よく斬れる」と表現されるが、細身にして人間の骨をも真っ二つにする斬れ味をもっている。一応、日本製なら何でも日本刀といえるのだが、一般的には「刀身の側面に鎬と呼ばれる出っ張りがあり、反りがある、片刃の刀」を日本刀と定義することが多い。

　現在のように反りのある形が広まったのは平安時代からで、それまでの真っ直ぐな直刀は「大刀」と呼ばれていた。一方、戦国時代までに造られた、反りのある弯刀は、「太刀」と呼ばれている。この太刀が今では分類され、90cm以上が大太刀、60cm以下が脇差、30cm以下が短刀となっている。このほか、室町時代に登場した、刃を上にして帯に差すタイプの「打刀」【注1】というものもある。

　また、日本刀は呼び名がいくつかパターンがあるが、法律上は先の分類と、刀に刻まれた銘を組み合わせたものが正式名称となる。しかし、天下に名だたる名刀には、それとは別に、号と刀匠名を組み合わせた通称が付けられる。例えば「へし切長谷部」の場合、「へし切」が号で、外見的な特徴や由来、逸話などから付けられた正式なニックネームである。「長谷部」が、刀匠の名前（長谷部国重【注2】）を指している。

歴史

■由緒ある日本の名刀たち

名前がよく知られた名刀には、下記のようなものがある。日本刀は昔から、武器としての実用性だけでなく、美術品としての価値も認められている。このため、国宝・重要文化財に指定されているものも多い。また現存する名刀は、名家や皇室、神社仏閣、博物館の所有物であることが多い。

名称	種類	刀工	主な持ち主	刃の長さ	解説
一期一振（いちごひとふり）	太刀	粟田口吉光	豊臣秀吉	68.8cm	短刀作りの名工・粟田口吉光が鍛えた太刀。その名は、生涯で一番の出来栄えといえるほどの一振、という意味。御物。
大包平（おおかねひら）	太刀	包平	池田輝政	89.2cm	古備前の包平が鍛えたと伝わる名刀。刀身には華やかな刃文があり、長さのわりには1.35kgと軽い。国宝。
大倶利伽羅（おおくりから）	打刀	広光	伊達政宗	67.6cm	その名は、刀身にある倶利伽羅竜王の彫り物に由来。徳川秀忠から伊達家に与えられたという。重要美術品。
大典太光世（おおでんたみつよ）	太刀	三池典太光世	前田利家	66.1cm	足利家代々の重宝とされ、前田家に伝わる。太刀としては全体が短く、刀身の幅が一定で反りも大きい。国宝。天下五剣。
鬼丸国綱（おにまるくにつな）	太刀	粟田口国綱	北条時頼	78.2cm	夢に刀の化身が現れ、言葉に従って手入れすると、小鬼が現れなくなったという逸話から鬼丸と命名。御物。天下五剣。
歌仙兼定（かせんかねさだ）	打刀	和泉守兼定	細川忠興	60.5cm	持ち主である忠興がこの刀で36人の家臣を成敗し、その数にちなんで歌仙と命名された。外装の拵えも見事な名刀。
小烏丸（こがらすまる）	太刀	天国	平貞盛	62.7cm	桓武天皇が、伊勢神宮の者と名乗った巨大な鳥から受け取ったという刀。刀の一部が特殊な両刃になっている。御物。
五虎退（ごこたい）	短刀	粟田口吉光	上杉謙信	24.8cm	中国に渡った武将が虎5匹と遭遇し、この短刀を振り回して退けた逸話から命名。正親町天皇から下賜された上杉家家宝。
数珠丸恒次（じゅずまるつねつぐ）	太刀	恒次	日蓮	81.1cm	日蓮が後援者から譲られた太刀。柄に数珠を巻いて、破邪顕正の剣としたことが名前の由来。重要文化財。天下五剣。
童子切安綱（どうじぎりやすつな）	太刀	安綱	源頼光	80cm	頼光が酒呑童子を退治したときに使った刀。積み重ねた死体6体を、一気に断ち切るほどの斬れ味を誇る。国宝。天下五剣。
長曽禰虎徹（ながそねこてつ）	打刀	長曽禰興里虎徹？	近藤勇	70.9cm？	人気のあった刀工・虎徹の作で、新撰組局長・近藤勇も愛用。ただし当時から虎徹は贋作が多く、近藤の虎徹も贋作説がある。
にっかり青江（にっかりあおえ）	脇差	貞次	京極高次	60.3cm	ある領主が、にっかりと笑った女の幽霊を切り捨て、翌日確認すると上部が落ちた石灯篭があった、という逸話が由来。
へし切長谷部（へしきりはせべ）	打刀	長谷部国重	黒田官兵衛	64.8cm	黒田家に伝わる刀。織田信長が茶坊主を手討ちにした際、棚の下から押し当てただけで手応えもなく切れたという。国宝。
蛍丸（ほたるまる）	大太刀	来国俊	阿蘇惟澄	100.35cm	惟澄が、無数の蛍が自分の刀に群がる夢を見て、目覚めると戦いでボロボロだった刀身が修復されていたという。
三日月宗近（みかづきむねちか）	太刀	三条宗近	足利義輝	80.0cm	天下五剣の中で最も美しいとされる名刀。刃文に三日月状の模様が見られることから、この名が付いた。国宝。
山姥切国広（やまんばぎりくにひろ）	打刀	堀川国広	長尾顕長	70.6cm	本作長義の写しとして鍛えられた、国広の傑作。号は山姥退治の伝説に由来するが、写し側の話かは不明。重要文化財。

歴史

忍者
にんじゃ

関連
- スパイ
➡ P.211

歴史の影で暗躍した諜報のエキスパート

【注1】かつて伊賀と甲賀は1つの国で、伊賀の里と甲賀の里の距離もそれほど遠くない。歴史小説などでは「伊賀 対 甲賀」と銘打った作品もあるが、対立どころか親類関係にあった者も大勢いた。雇い主同士が争っている場合でも、お互い任務を果たすために情報交換をすることもあったようだ。

　歴史物の創作でよく登場する忍者は、黒装束をまとい手裏剣やクナイを武器に戦うことで良く知られる。忍者といえば、三重県北西部や滋賀県南東部に里をもっていた伊賀や甲賀【注1】の忍者が有名だが、実はこれらの地域だけでなく全国に存在していた。当時は呼び名も地方ごとに異なっており、山梨県付近を境に関東では「乱波」、関西方面では「透波」と呼ばれていた。

　忍者がいつ頃からいたのかは定かでないが、8～9世紀頃にはそれらしき人物の先祖がいたようだ。また、伊賀忍者で有名な服部家の先祖は古代中国から渡ってきたといわれ、忍術書の1つである『正忍記』にも、「忍術を習得した者が漢（中国）から渡ってきた」という記述があるという。

　そんな忍者たちが活躍したのが戦国時代。彼らが諸大名に雇われ、おもに諜報活動を行っていた。

　関東の北条氏に仕えた人物によれば、忍者は盗賊で悪事も働く不埒者だが雇えば忠実に働いたと評価している。しかも、自国では悪人を探し出すことに長け、他国に忍び込ませれば夜討ちや品物の強奪で活躍。時には暗殺を請け負うこともあり、さらに謀略をめぐらすことにも長けていたという。戦いにおいて、敵の情報が重要なのは今も昔も変わらない。情報を得難い昔なら、なお更だ。忍者が大名たちに重宝されたのも当然といえるだろう。

歴史

■現代にその名が伝わる忍者たち

影の仕事を請け負っていた忍者だが、現代にまでその名が知られている人物も存在する。そこで、いわゆる忍者らしさが伝わっている主な忍者の名前とその概略を、下記の一覧表にまとめた。

名前	流派	解説
服部半蔵正成	伊賀流	伊賀忍家の宗家に生まれた伊賀の上忍。本人は忍者ではなかったという説が有力だが、徳川家康のもとでは武功によって八千石の領主となった。家康が江戸に入ったのちには伊賀同心の頭領もつとめ、半蔵門にその名を残している。
百地丹波	伊賀流	伊賀流忍術の開祖ともいわれる上忍。服部半蔵保長、藤林長門守と共に伊賀の三大上忍と呼ばれていた。ただ上忍は素性を知られずに暮らすのがつねで、実は藤林と同一人物だったのではないかと考えられている。
城戸弥左衛門	伊賀流	伊賀の音羽出身。「音羽の城戸」と呼ばれ、鉄砲の名手として知られていた。浄土真宗の僧・本願寺顕如の依頼で織田信長を2度に渡って狙撃したが、信長の強運に阻まれて失敗。捕えられたのちも脱出したが、力尽きて自害した。
望月出雲守	甲賀流	甲賀の中でも屈指の名家で、煙玉の使い方に長けていたという。六角高頼が第9代将軍・足利義尚に攻められた際、高頼の逃亡を手助けして保護。更に、油断しきった幕府軍に逆襲して将軍に一太刀浴びせたという。
魚住源吾	甲賀流	毛利元就に仕えていた忍び。中国地方へ遠征した羽柴秀吉が三木城を包囲した際、源吾は毎晩、秀吉の陣を襲撃。暗殺は成功しなかったものの、秀吉に「城を落とすより魚住を殺せ」とまで言わしめた。
風魔小太郎	風魔忍術	関東の雄・北条氏に仕えた。小太郎は頭目が受け継ぐ名で本名ではない。彼らは馬術と白兵戦に長けており、北条氏が武田氏と対峙した際は、再三に渡って夜討ちを敢行。その度に敵陣を大混乱に陥れ、武田の兵たちを震え上がらせた。
雑賀孫市	雑賀流忍術	鉄砲集団として有名な雑賀党の頭領。一向宗の信者で、石山本願寺に協力して織田信長をさんざん苦しめた。最終的には降伏したものの、孫市は乱世を生き延び、最後は初代水戸藩主に仕えたという。
割田重勝	真田の忍び	上野（群馬県）吾妻地方の有力武将・真田氏に仕え、忍びの腕は古今無双といわれた。大豆売りに変装して北条氏の陣に乗り込み馬と鞍を奪った逸話や、上杉謙信の陣中に忍び込んで刀を奪ってきたという逸話がある。
鉢屋弥三郎	不明	尼子氏に仕えた鉢屋衆の頭目。月山富田城から追い出されてしまった尼子経久に協力する。元旦に祝いを述べる芸人に扮して城に潜入すると、機を見計らって各所に放火。城外にいた経久と呼応して、見事、城を取り戻す働きを見せた。
茶屋四郎次郎清延	不明	徳川家康に仕えた隠密商人で、武将として戦場でも活躍した。本能寺の変で織田信長が討たれた際、伊賀を越えようとする家康に同行。惜しみなく金をまいて地元勢力の協力を取り付け、家康を無事に送り届けた。

組織
薔薇十字団
（ばらじゅうじだん）

> **関連**
> ■ フリーメイソンリー
>   ～おもな秘密結社～
>   ➡ P.221
> ■ 黄金の夜明け団
>   ➡ P.230

架空の人物が創設した謎の秘密結社

　秘密結社「薔薇十字団」（Rosenkreuzer）は、**「クリスチャン・ローゼンクロイツ」**という人物が創設したという。「無報酬で病人やけが人を癒す」「100年間、自分たちの存在を公にしない」「毎年、聖霊の家（ローゼンクロイツの僧院）で会合をする」といったことを規約として、団員は秘密裏に慈善活動や著述活動などを行ってきた。

　秘密裏にされてきたという薔薇十字団の存在が明らかとなったのは、1614〜1616年にかけてドイツで出版された『友愛団の名声』『友愛団の告白』『化学の結婚』（3冊を合わせて『**薔薇十字団の宣誓書**』と呼ばれる）という作者不詳の3冊の書籍による。ここには「薔薇十字団」の存在や教義、開祖であるローゼンクロイツの生涯などが盛り込まれており、多くの人がその思想に魅了されたという。

　そして、薔薇十字団の存在は、ドイツだけでなくヨーロッパ中に広まっていく。

　こうして薔薇十字団の存在が話題となると、彼らに接触しようと試みる人物も現れる。『友愛団の名声』には「著作あるいは口頭で薔薇十字団へ関心をもって

歴史

【注1】本人たちは『友愛団の名声』『友愛団の告白』については制作を否定している。そのため、この2冊は"本物"だと考える者も少なくない。

いることを公開する」ことで、団体への参加を呼び掛けていたこともあり、多くの人物が名乗りを上げたが団員と接触できた者はいなかった。「我思う、ゆえに我あり」と唱えたことで有名なフランスの哲学者ルネ・デカルトも、薔薇十字団に興味をもった1人だが、彼のような有名人でさえも接触は果たせなかったという。団体の存在は広く知られながらも、不思議なことに所属している人間は一切表に出てこなかったのである。

しかしあるとき、意外なところから『化学の結婚』の著者が発覚する。ドイツの聖職者で著述家である**ヨハン・ヴァレンティン・アンドレーエ**が「大学時代の仲間と共に『化学の結婚』を制作した」と彼の死後に出版された本の中で告白していたのである。現在では残り2冊【注1】もアンドレーエと仲間たちによる著作と考えられている。

各地に出没する薔薇十字団

アンドレーエの告白もよそに、薔薇十字団は伝説的な秘密組織と化していった。熱狂的なファンたちは自分たちで秘密結社を結成し、その思想を受け継いでいったのである。

現代においても薔薇十字団の派生であると名乗る集団や、薔薇十字団の思想を受けた団体がいくつも誕生していった。だが結局のところ、薔薇十字軍の存在についてはうやむやのままとなっている。もしかしたら、アンドレーエらによる創作ではなく、本当に秘密結社「薔薇十字団」は存在する可能性も捨てきれないのである。

アンドレーエはなぜ名乗り出なかったか？

『薔薇十字団の宣誓書』がアンドレーエらによる創作だった場合、なぜ彼らは名乗り出なかったのか。これには「戸惑いから名乗り出られなかったのではないか」という仮説がある。当時の薔薇十字団に関連した熱狂ぶりはすさまじく、アンドレーエの知らないところで尾ひれが付くような状態だったらしい。このような状態に、出るに出られなくなってしまったのではないか、というのだ。

歴史・伝承

埋蔵金伝説

関連
■世界七不思議
➡ P.358

日本各地にはお宝が眠る!?

【注1】1963年東京都中央区荒川にあった日清製油本社ビル増築工事の際、敷地内から発見された埋蔵金。約8億円相当の古銭が発見され、過去最大級の埋蔵金発見例といわれている。江戸時代にこの地で酒問屋を営んでいた、鹿嶋清兵衛のものと判明している。

　少し前に、財政的に「霞ヶ関埋蔵金」という言葉が横行したことがあった。どうやらそんなものはなかったらしいが、もともと日本には埋蔵金伝説というものが全国各地に存在する。埋蔵金とは文字通り行方不明となった財宝のことで、所有者が何らかの目的で隠したり、歴史的な事件や事故の中で行方不明になったものが多い。

　P.252は日本の主な埋蔵金伝説と、その推定される場所の一覧になる。有名なのは日本三大埋蔵金と呼ばれるもので、知名度ナンバー1の「徳川幕府の埋蔵金」、日本最大級ともいわれる「豊臣秀吉の埋蔵金」、数兆円規模ともいわれる「結城晴朝の埋蔵金」だ。

　もっとも三大埋蔵金などはまだ信憑性があるほうだが、基本的に埋蔵金は伝説や類推からくるものがほとんど。確実な情報に基づくものはわずかしかなく、かつてはあったがすでに発掘されてしまったという見解も少なくない。

　それでも日本人が埋蔵金伝説を愛してやまない理由は、歴史ロマンに想いを馳せただけでなく、実際に発見された埋蔵金もあるからだ。1956年には銀座の工事現場から小判200枚以上、1963年には荒川の工事現場から1900枚の小判と約7万8000枚の二朱金（鹿嶋清兵衛の埋蔵金）【注1】が発見されている。もしかしたら……と、一攫千金を感じさせるところに、埋蔵金の魅力はあるのだろう。

歴史

■主な埋蔵金伝説が伝わる場所

全国各地に存在する埋蔵金伝説の中で、主なものを紹介していく。埋蔵金伝説はほぼ全都道府県に存在するが、知名度の高いもの、またはある程度、信憑性の高いものを厳選した。

源義経の埋蔵金
北海道・恵庭市?

源義経が奥州で死なず、蝦夷地に落ち延び、再起のための軍資金を隠したとされる埋蔵金伝説。

豊臣秀吉の埋蔵金
兵庫県・多田銀山跡?

秀吉が息子への遺産として、多田銀山の坑道内に隠したとされる。推定埋蔵金は日本最大級と目されている。

佐々成政の埋蔵金
富山県・鍬崎山?

佐々成政が三河にいる徳川家康に会うため、飛騨山脈を越えて雪中行軍した「さらさら峠越え」の際、隠したとされる。

ナイル号の財宝
山口県・祝島

1914年、大正天皇即位の祝いとして出航したものの、座礁し沈没した英国船に積んであったとされる財宝。

護法救民の宝
京都府・亀山城跡?

明智光秀が生き伸び、天海と名前を変えて僧侶となった際、世のため人のために使うべく隠したとされる埋蔵金。

蘆名義広の軍資金
福島県・猪苗代湖?

武家の名門・蘆名氏の20代目当主が、摺上原の戦いで敗走した際、若松城にあった財宝を運び出し猪苗代湖に沈めたとする伝説。

天草四郎の埋蔵金
熊本県・天草下島?

島原の乱で鎮圧された天草・島原の一揆軍が、軍資金やキリシタンの象徴である宝物などを隠したとされる埋蔵金。

徳川幕府の埋蔵金
群馬県・赤城山?

幕末、開国して海外との貿易が盛んになり、国内の金が海外流出するのを恐れた徳川幕府が隠したとされる伝説。

竜王丸の財宝
愛媛県・芸予諸島?

1818年、海難事故で沈んだ船・竜王丸に積まれてあったとされる大量の黄金。実際、地元で小判が発見された。

結城晴朝の埋蔵金
茨城県・結城市?

徳川幕府に命じられて国替えになる直前に隠したとされる結城家の財宝。総重量380tの黄金が眠る?

帰雲城の埋没金
岐阜県・帰雲山

1585年の大地震で崩れ、地中に埋没した帰雲城にあったとされる大量の金。埋蔵金というより、埋没金である。

大久保長安の埋蔵金
神奈川県・仙石原?

徳川幕府で財政の要職を歴任した大久保長安が、隠したとされる埋蔵金。事実、彼は幕府の利益を着服していた。

キャプテンキッドの財宝
鹿児島県・トカラ列島宝島?

世界中の海を荒らし回った、伝説の海賊の隠し財宝。キッドの財宝伝説は世界各地にあるが、ここもその1つ。

武田信玄の埋蔵金
山梨県・黒川金山?

武田信玄やその重臣・穴山梅雪が隠したとされる。武田軍団を支えたのが金山だけに、伝説も各地に伝わる。

埋蔵金伝説

歴史

歴史・伝承

村正（むらまさ）

関連
- 聖剣・魔剣 ➡ P.152
- 日本刀 ➡ P.245

徳川に仇（あだ）なす妖刀？

【注1】正式には「村正 妙法蓮華経」。刀身に「妙法蓮華経」の文字が彫られていることから、その名前がついた。初代村正の晩年の作とされる。

　日本刀に詳（くわ）しくない人でも創作などで「村正（むらまさ）」という名前の日本刀が出てくるのを見たことがあるのではないだろうか。よく「妖刀村正（ようとうむらまさ）」といわれ、禍々（まがまが）しい描写で描かれることも少なくない刀だ。

　村正は実在する刀であり、現在の岐阜県南部に当たる美濃国（みののくに）出身の刀匠（とうしょう）「村正」の作刀（さくとう）を指す。彼の刀はまっ直ぐの刃文（はもん）である「直刃（すぐは）」に近く、茎（なかご）の部分が「タナゴ腹」と呼ばれる魚の腹のような形をしていることが特徴だ。現在、美術品としての価値を評価されることは少なく、現在残っている村正で文化財に指定されているのは重要美術品の「妙法村正（みょうほうむらまさ）」【注1】のみだ。ほかの名匠たちと比べると明らかに少ないが、これは彼が「数打（かずう）ち」という、量産するための作刀をしていたからだと考えられる。つまり、村正にとって刀は「鋭（するど）く斬（き）れる武器」であり「美術品」ではなかったのだ。実際、村正の制作した刀は比較的安価（あんか）で手に入りながら斬れ味が鋭く、村正の刀を求める者は多かった。

　さて、村正が「妖刀」として知られるようになった

アッアカン！
せいっ
イエヤス
徳
ホトトギスを鳴くまで待とうとしたのだが…

歴史

のは彼の刀が天下を統一し江戸幕府を開いた「徳川家」に仇なすと伝えられているからだ。まず、徳川家康の祖父を討ち取ったのは、村正の刀であったという。更に家康の父を斬ったのも、家康の長男が織田信長の命令で切腹させられたときも、使用されたのは「村正」だったのである。のちに家康は、徳川家の武器管理人に村正の刀をすべて捨てるように命じている【注2】。こうした事情からか江戸時代以降、江戸の武士たちは村正の刀を差すのを自重し、更に「村正の刀を差すことは禁止されている」という誤解まで生まれたほどだった。一方で、幕府に敵意をもつ藩の武士、幕末に倒幕を目指した維新志士などは、こぞって村正を買い求めたと言われている。

【注2】なお、家康の部下である猛将「本多忠勝(ほんだただかつ)」の愛槍で知られる蜻蛉切(とんぼきり)は村正作といわれるが、正しくは弟子の藤原正真(ふじわらまさざね)作である。また、家康が村正を嫌った話自体「後世の創作」だとする説もある。

妖刀「村雨」とは

村正はしばしば「村雨」と書かれることがある。これは、村正が『南総里見八犬伝』【注3】に登場する「村雨」と語感が似ているための間違いと思われる。物語に登場する村雨は「抜けば玉散る氷の刃」と表現され、茎の部分から水を噴き出すという神秘的な力があった。こうした、いかにも「妖刀」のような表現も混同された一因かもしれない。

なお、創作の刀が有名であるため「村雨という刀は存在しない」という意見もあるがそれも間違いで、複数の「村雨」という号が付いた刀は存在する。特に江戸時代の名匠で「濤瀾乱れ」という刃文を発明した津田越前守助広作の村雨は、特別重要刀剣に指定されている。

【注3】幕末の頃に曲亭馬琴(きょくていばきん)によって書かれた。伏姫(ふしひめ)という人間の女性と八房(やつふさ)という雄の犬の子供たちとして生まれた、それぞれ珠(たま)をもつ8人の「犬士」たちが数奇な出会いと別れを繰り返し、伏姫の家である里見家の家臣となって活躍する。

徳川に仇なすのは当然のこと?

村正が徳川家に危害を加えたのは、オカルトの面以外でもありえる話のようだ。幕府を開く前の徳川家の本拠地は愛知県東部の岡崎。対して村正の工房はそこから約50kmほどの位置にあった。そして、数打ちで斬れ味鋭い村正を武士たちはこぞって買い求めた……。つまり、家康の周囲には村正を所有する武士が多数おり、確率として家康の周囲で村正が振るわれていてもおかしくないのだ。

暦・占い・天文
Calendar · Fortune telling · Astronomy

暦・占い・天文

十干十二支
~東洋の暦~

関連
■五行思想
➡P.032

中国発祥の順序記号

【注1】十干十二支は推古天皇10年（602年）頃にもたらされたと推測されている。

【注2】古くから存在する祝い事の1つ。生まれ年に還る（赤ちゃんに還る）という理由から還暦を迎えた人に赤いちゃんちゃんこや赤い頭巾などを贈ることがある。

　十干十二支は古代中国で生まれた**序数詞**。さまざまな用途で使用されていたが、両者は本来は別々のものとして活用されていたらしく、いつ頃から「十干十二支」とまとめられるようになったのかは定かではない。また、日本には奈良時代以前【注1】に伝来したとされるが、こちらについても詳細は不明とされている。

　十干十二支の内訳としては、十干が甲、乙、丙、丁、戊、己、庚、辛、壬、癸の10種類、十二支が子、丑、寅、卯、辰、巳、午、未、申、酉、戌、亥の12種類あり、昔は十干十二支の文字を使った暦（干支表）も存在した。これは「甲子」「乙丑」といったようにそれぞれの文字を組み合わせて単語を作り、それを現代でいうところの「月曜」「火曜」としていたそうだ。また、干支表が60年で1周して元に戻ることから、60歳を祝う日本の行事「還暦【注2】」が生まれたとされている。

　十干と十二支を合わせて**「干支」**と呼ぶことがあるが、これは十干の別名である「天干」が元だという。また「甲」や「乙」は訓読だと「きのえ」「きのと」となるため、語尾である「え」と「と」から干支と呼ばれるようになったのではないかとも推測される。どちらにせよ、干支は十干ありきの言葉であり、十二支のみを指して「えと」と呼ぶのは正確ではないということだろう。

■十干の内訳と対応するもの

十干	読み	五行	別名
甲	こう、かつ	木	木の兄（きのえ）
乙	おつ、いつ		木の弟（きのと）
丙	へい	火	火の兄（ひのえ）
丁	てい		火の弟（ひのと）
戊	ぼ	土	土の兄（つちのえ）
己	き		土の弟（つちのと）

十干	読み	五行	別名
庚	こう	金	金の兄（かのえ）
辛	しん		金の弟（かのと）
壬	じん	水	水の兄（みずのえ）
癸	き		水の弟（みずのと）

■十二支の内訳と対応するもの

十二支	読み	対応する動物	五行	方位	時刻
子	ね	鼠	水	北	午前0時
丑	うし	牛	土	北北東	午前2時
寅	とら	虎	木	東北東	午前4時
卯	う	兎		東	午前6時
辰	たつ	龍	土	東南東	午前8時
巳	み	蛇	火	南南東	午前10時
午	うま	馬		南	午後0時
未	ひつじ	羊	土	南南西	午後2時
申	さる	猿	金	西南西	午後4時
酉	とり	鶏		西	午後6時
戌	いぬ	犬	土	西北西	午後8時
亥	い	猪（豚）	水	北北西	午後10時

■小十干十二支からつくられる干支表

数	十干	十二支
1	甲	子
2	乙	丑
3	丙	寅
4	丁	卯
5	戊	辰
6	己	巳
7	庚	午
8	辛	未
9	壬	申
10	癸	酉
11	甲	戌
12	乙	亥
13	丙	子
14	丁	丑
15	戊	寅

数	十干	十二支
16	己	卯
17	庚	辰
18	辛	巳
19	壬	午
20	癸	未
21	甲	申
22	乙	酉
23	丙	戌
24	丁	亥
25	戊	子
26	己	丑
27	庚	寅
28	辛	卯
29	壬	辰
30	癸	巳

数	十干	十二支
31	甲	午
32	乙	未
33	丙	申
34	丁	酉
35	戊	戌
36	己	亥
37	庚	子
38	辛	丑
39	壬	寅
40	癸	卯
41	甲	辰
42	乙	巳
43	丙	午
44	丁	未
45	戊	申

数	十干	十二支
46	己	酉
47	庚	戌
48	辛	亥
49	壬	子
50	癸	丑
51	甲	寅
52	乙	卯
53	丙	辰
54	丁	巳
55	戊	午
56	己	未
57	庚	申
58	辛	酉
59	壬	戌
60	癸	亥

十干十二支 〜東洋の暦〜

暦・占い・天文

タロットカード

関連
- 黄金の夜明け団 ➡ P.230
- 錬金術 ➡ P.372

人生を占う、神秘的かつ芸術的な78枚のカード

【注1】ワンド、ペンタクル、ソード、カップの4つのマーク。これらは四大元素を象徴している。

【注2】「黄金の夜明け団」のメンバーだったアーサー・エドワード・ウェイトが、1910年に考案したもの。小アルカナにも絵を付けたのが最大の特徴。

　今も昔も占いの道具として根強い人気を誇っているタロットカード。神秘的な図柄と象徴が魅力的で多くの人を虜にしているが、その起源は今もよく分かっていない。タロットはそもそもゲーム用のカードで、少なくとも14世紀頃にはヨーロッパに伝来し、それが占い遊びとしても用いられていたようだ。その後、ルネサンス文化による美しい図柄、木版印刷の誕生などの歴史を経て、タロットは量産され本格的な占いとして一般化した。

　タロットカードは22枚の**大アルカナ**、56枚の**小アルカナ**で構成されている。よく使われる大アルカナは右記の通りで、その図像には人生で遭遇する象徴・寓意が込められている。小アルカナはワンド（棍棒）、ペンタクル（コイン）、ソード（剣）、カップ（杯）の4つのスート【注1】に分かれており、それぞれに10枚の数札、4枚の人物札がある。一般的によく占いで使われるのは大アルカナのほうで、人生で大事な事柄を占う際に適しているとのことだ。

　なお、長い歴史の中でタロットはいくつかのバリエーションが存在し、今日最も有名なのがウェイト版【注2】と呼ばれるものになる。このほか、マルセイユ版やヴァスコンティ版といったものもあり、それぞれカードの順番や図像が異なるので、タロット占いで使用する際はどの系統なのか注意しよう。

■大アルカナと意味

　タロットは、カードの図像が示す寓意から、占う対象にそって内容を読み解いていく。カードの正位置・逆位置によって、その意味が変わるのも大きな特徴だ。なお、ウェイト版とマルセイユ版では「正義」と「力」の数位置が逆になり、ウェイト版のほうがⅧ＝「力」、Ⅺ＝「正義」になる。

番号	大アルカナ	英文字	正位置の意味	逆位置の意味
0	愚者	THE FOOL	自由、型にはまらない、無邪気、純粋、天真爛漫、可能性、発想力、天才	軽率、わがまま、気まぐれ、無節操、逃避、優柔不断、無責任、愚行、落ちこぼれ
Ⅰ	魔術師	THE MAGICIAN	物事の始まり・起源、可能性、エネルギー、才能、チャンス、感覚、創造	混迷、無気力、スランプ、裏切り、空回り、バイオリズム低下、消極性
Ⅱ	女教皇	THE HIGH PRIESTESS	知性、平常心、洞察力、客観性、優しさ、自立心、理解力、繊細、清純、独身女性	激情、無神経、我が儘、不安定、プライドが高い、神経質、ヒステリー
Ⅲ	女帝	THE EMPRESS	繁栄、豊穣、母権、愛情、情熱、豊満、包容力、女性的魅力、家庭の形成	挫折、軽率、虚栄心、嫉妬、感情的、浪費、情緒不安定、怠惰
Ⅳ	皇帝	THE EMPEROR	支配、安定、成就・達成、男性的、権威、行動力、意思、責任感の強さ	未熟、横暴、傲岸不遜、傲慢、勝手、独断的、意志薄弱、無責任
Ⅴ	法王	THE HIEROPHANT	慈悲、連帯・協調性、信頼、尊敬、優しさ、思いやり、自信、法令・規律の遵守	束縛、躊躇、不信感、独りよがり、逃避、虚栄、怠惰、お節介
Ⅵ	恋人	THE LOVERS	合一、恋愛・性愛、趣味への没頭、調和、選択、楽観、絆、試練の克服	誘惑、不道徳、失恋、空回り、無視、集中力欠如、空虚、結婚生活の破綻
Ⅶ	戦車	THE CHARIOT	勝利、征服、援軍、行動力、成功、積極性、突進力、開拓精神、独立・解放	暴走、不注意、自分勝手、失敗、独断力、傍若無人、焦り、挫折、好戦的
Ⅷ	力 ※	STRENGTH	力量の大きさ、強固な意志、不撓不屈、理性、自制、実行力、知恵、勇気、冷静、持久戦	甘え、引っ込み思案、無力、人任せ、優柔不断、権勢を振るう
Ⅸ	隠者	THE HERMIT	経験則、高尚な助言、秘匿、精神、慎重、思慮深い、思いやり、単独行動	閉鎖的、陰湿、消極的、無計画、誤解、悲観的、邪推
Ⅹ	運命の輪	WHEEL OF FORTUNE	転換点、幸運の到来、チャンス、変化、結果、出会い、解決、定められた運命	情勢の急激な悪化、別れ、すれ違い、降格、アクシデントの到来
Ⅺ	正義	JUSTICE	公正・公平、善行、均衡、誠意、善意、両立	不正、偏向、不均衡、一方通行、被告の立場に置かれる
Ⅻ	吊るされた男	THE HANGED MAN	修行、忍耐、奉仕、努力、試練、着実、抑制、妥協	徒労、痩せ我慢、投げやり、自暴自棄、欲望に負ける
ⅩⅢ	死神	DEATH	終末、破滅、離散、終局、清算、決着、死の予兆	再スタート、新展開、上昇、挫折から立ち直る
ⅩⅣ	節制	TEMPERANCE	調和、自制、節度、献身	浪費、消耗、生活の乱れ
ⅩⅤ	悪魔	THE DEVIL	裏切り、拘束、堕落	回復、覚醒、新たな出会い
ⅩⅥ	塔	THE TOWER	崩壊、災害、悲劇	緊迫、突然のアクシデント、誤解
ⅩⅦ	星	THE STAR	希望、ひらめき、願いが叶う	失望、無気力、高望み
ⅩⅧ	月	THE MOON	不安定、幻惑、現実逃避、潜在する危険、欺瞞、猶予ない選択	失敗にならない過ち、過去からの脱却、徐々に好転、未来への希望、優れた直感
ⅩⅨ	太陽	THE SUN	成功、誕生、祝福、約束された将来	不調、落胆、衰退、堕落・流産
ⅩⅩ	審判	JUDGMENT	復活、結果、発展	悔恨、行き詰まり、悪い報せ
ⅩⅪ	世界	THE WORLD	完全、総合、成就	未完成、臨界点、調和の崩壊

※表はフェイト版。マルセイユ版では逆になる。

暦・占い・天文

二十八宿
～東洋占星術の世界～

関連
■陰陽道
→ P.024

二十八宿と宿曜占星術

【注1】発祥は古代の中国。日本に伝来したことで呪術として発展した。

【注2】山本勘介は武田信玄に仕えた軍師。竹中半兵衛は豊臣秀吉の参謀として有名な武将。ほかにも真田幸村が宿曜占星術を使ったとされている。

　二十八宿とは、月が地球の周囲を一周する際に、星座Aから星座B、星座Bから星座Cにと、一晩ごとに1つの星座を移動するように、その移動ルート（白道）を28分割し星座を割り当てたもの。これは約3000年前にインドで生みだされ、暦を作るのに用いたり、惑星の動きを計測するために重宝されていた。その後、二十八宿は中国に伝来し、「中国宿曜道」として発展。平安時代の僧侶・空海が日本にもち帰ったのである。

　空海は宿曜占星術を日常的に活用し、その有用さを周囲に広めていく。その甲斐もあり、宿曜占星術は「宿曜道」として、当時人気であった「陰陽道」【注1】の地位を脅かすほどにまでになった。戦国時代には山本勘介や竹中半兵衛【注2】などが宿曜占星術を用いて戦略を打ち立てていたという逸話も残っている。

　なお、占星術においては二十八宿ではなく「二十七宿」を用いるのが通常とされている。これは中国に渡り占いとして確立された際、牛宿を取り除いて使うというのが一般的になり、日本においてもそのようになったのだとされる。また、28の星座を青龍、玄武、白虎、朱雀の4つのグループに振り分けたうえで占うこともある。その場合、星座がどの四神のグループに属するかで、占いから導き出される結果が変化するようだ。

■星宿一覧表

星宿	星宿	読み	和名	星宿の性質
東方青龍	角	かくしゅく	すぼし	義理人情に厚く、人柄は穏やか。また、話上手な一面もあり。
	亢	こうしゅく	あみぼし	プライドや正義感が強く、掲げている信念は絶対に曲げない。
	氐	ていしゅく	ともぼし	金運に優れているが、女性の場合は恋愛運に乏しい。
	房	ぼうしゅく	そいぼし	明朗快活な性格で、実行力や判断力に優れた傾向にある。
	心	しんしゅく	なかごぼし	カリスマ性があり、他人に慕われやすい。野心家な一面も。
	尾	びしゅく	あしたれぼし	冒険心が強く、肝が据わっているため何事にも動じない。
	箕	きしゅく	みぼし	1ヵ所に留まるのが苦手。女性やお酒が好きな人が多い。
北方玄武	斗	としゅく	ひきつぼし	穏やかな性格に見えるが、非常に頑固でプライドも高い。
	牛	ぎゅうしゅく	いなみぼし	——※
	女	じょしゅく	うるきぼし	真面目な性格ゆえ融通が効かず、自分にも他人にも厳しめ。
	虚	きょしゅく	とみてぼし	短気でプライドが高い。人間関係が希薄な一面がある。
	危	きしゅく	うみやめぼし	子供のように純粋で好奇心旺盛。落ち着きがない。
	室	しつしゅく	はついぼし	楽天的で身勝手な性格。軽率な行動を取り周囲を困らせる。
	壁	へきしゅく	なまめぼし	人柄が良く頼まれると断れない性分。引き立て上手な一面も。
西方白虎	奎	けいしゅく	とかきぼし	礼儀正しく品があり思慮深い。物静かなようで行動力がある。
	婁	ろうしゅく	たたらぼし	負けず嫌いで猪突猛進な性格。1人で突っ走ってしまうことも。
	胃	いしゅく	えきえぼし	短気で気性が荒く、好き嫌いがハッキリしている。
	昴	ぼうしゅく	すばるぼし	性格は臆病だが、どこか他人を惹きつけるものがある。
	畢	ひつしゅく	あめふりぼし	頑固で意思を曲げないため、自分勝手だと思われやすい。
	觜	ししゅく	とろきぼし	純粋なようでいて実は計算高く腹黒い。お喋り好きが多い。
	参	さんしゅく	からすきぼし	短気な毒舌家で孤立しやすい。それでいてどこか憎めない。
南方朱雀	井	せいしゅく	ちちりぼし	自尊心が人一倍あり頭脳明晰。やや潔癖な一面がある。
	鬼	きしゅく	たまのおぼし	好奇心旺盛で行動的。社交的なので他人と打ち解けやすい。
	柳	りゅうしゅく	ぬりこぼし	興味をもったことには夢中で取り組むが、すぐに飽きてしまう。
	星	せいしゅく	ほとほりぼし	自己主張が弱いが芯は強く負けず嫌いなところがある。
	張	ちょうしゅく	ちりこぼし	やや自己中心的だが、それを補うだけのカリスマ性をもつ。
	翼	よくしゅく	たすきぼし	正義感が強く真面目な性格で妥協を許さない完璧主義者。
	軫	しんしゅく	みつかけぼし	直感力や洞察力がある。気まぐれで自由奔放な一面も。

※牛宿は1ヵ月間、必ず正午に見える宿星であるため、宿星占星術では取り除くのが一般的とされている。

暦・占い・天文

88星座

関連
- ホロスコープ ➡ P.262
- 北斗七星 ➡ P.268

古代ギリシアの星が世界の星座？

【注1】紀元前4世紀の古代ギリシアの数学者で天文学者。独創的な人物で天動説を唱えた。

【注2】83年頃生〜168年没。古代ローマの天文学者、数学者、地理学者、占星術師。その著作『アルマゲスト』において天動説を唱えた。

　星座とは複数の恒星の配置を、その見かけの特徴からさまざまな連想をして、**グループ化、名前を付けた**ものだ。現在では一般的に88種類の星座で固定されている。もともと星座はその地域、文化、時代によってさまざまな種類が作られてきた。同じ配置の星を見ても、場所が違えば違う星同士を結び、違う名前を付けていた。しかし現在定められている88星座は、国際会議において名前や星の種類を正確に定めている。

　最初に定められた星座は恐らく**黄道十二星座**で、古代メソポタミアが発祥といわれている。こうして生まれていった星座は、やがて古代ギリシアにも継承されていく。そして紀元前4世紀に天文学者のエウドクソス【注1】は、現代に繋がる44の星座を決定したとされる。そして紀元前2世紀に、古代ローマの天文学者クラウディオス・プトレマイオス【注2】が、その著作において48の星座を定め記述した。これを**「トレミーの48星座」**といい、長らく星座の基準として16世紀まで使われることになった。16世紀の大航海時代になると、南半球で新たな星が観測されるようになったため、多数の星座が新設され、星図の作成者によって星座がバラバラになった。

　そして1928年の国際天文学連合において、これらの星座をまとめて88星座を決定。現在に至っている。

暦・占い・天文

■88星座の一覧

名　前	学　名	略　語	設定者	表しているもの
アンドロメダ座	Andromeda	And	プトレマイオス	アンドロメダー（神話の人物）
いっかくじゅう座	Monoceros	Mon	バルチウス	一角獣（ユニコーン）
いて座	Sagittarius	Sgr	プトレマイオス	ケンタウロスの射手
いるか座	Delphinus	Del	プトレマイオス	イルカ
インディアン座	Indus	Ind	バイエル	アメリカインディアン
うお座	Pisces	Psc	プトレマイオス	2匹の魚
うさぎ座	Lepus	Lep	プトレマイオス	野うさぎ
うしかい座	Boötes	Boo	プトレマイオス	牛飼い
うみへび座	Hydra	Hya	プトレマイオス	海蛇ヒュドラ
エリダヌス座	Eridanus	Eri	プトレマイオス	エリダヌス川
おうし座	Taurus	Tau	プトレマイオス	牡　牛
おおいぬ座	Canis Major	CMa	プトレマイオス	勇者オリオンの猟犬
おおかみ座	Lupus	Lup	プトレマイオス	狼
おおぐま座	Ursa Major	UMa	プトレマイオス	大熊（母親）
おとめ座	Virgo	Vir	プトレマイオス	乙女（ギリシア神話の女神）
おひつじ座	Aries	Ari	プトレマイオス	金の皮をもつ羊
オリオン座	Orion	Ori	プトレマイオス	巨人オリオン
がか座	Pictor	Pic	ラカイユ	画　架
カシオペヤ座	Cassiopeia	Cas	プトレマイオス	エチオピアの女王カシオペア
かじき座	Dorado	Dor	バイエル	魚（ドラド）
かに座	Cancer	Cnc	プトレマイオス	化け蟹カルキノス
かみのけ座	Coma Berenices	Com	ティコ・ブラーエ	ベレニケの髪の毛
カメレオン座	Chamaeleon	Cha	バイエル	カメレオン
からす座	Corvus	Crv	プトレマイオス	アポロンの使いのカラス
かんむり座	Corona Borealis	CrB	プトレマイオス	アリアドネーの冠
きょしちょう座	Tucana	Tuc	バイエル	巨嘴鳥
ぎょしゃ座	Auriga	Aur	プトレマイオス	戦車の御者
きりん座	Camelopardalis	Cam	バルチウス	麒　麟
くじゃく座	Pavo	Pav	バイエル	孔　雀

※赤字は黄道十二星座。

暦・占い・天文

名　前	学　名	略　語	設定者	表しているもの
くじら座	Cetus	Cet	プトレマイオス	巨大怪物クジラ（ケートス）
ケフェウス座	Cepheus	Cep	プトレマイオス	ギリシア神話のエチオピア王
ケンタウルス座	Centaurus	Cen	プトレマイオス	想像上の動物ケンタウロス
けんびきょう座	Microscopium	Mic	ラカイユ	顕微鏡
こいぬ座	Canis Minor	CMi	プトレマイオス	アクタイオンの猟犬
こうま座	Equuleus	Equ	プトレマイオス	名馬ケレリス
こぎつね座	Vulpecula	Vul	ヘベリウス	ガチョウをくわえた小キツネ
こぐま座	Ursa Minor	UMi	プトレマイオス	小熊（息子）
こじし座	Leo Minor	LMi	ヘベリウス	小獅子
コップ座	Crater	Crt	プトレマイオス	大きな杯
こと座	Lyra	Lyr	プトレマイオス	オルペウスの琴
コンパス座	Circinus	Cir	ラカイユ	製図用具のコンパス
さいだん座	Ara	Ara	プトレマイオス	祭壇
さそり座	Scorpius	Sco	プトレマイオス	英雄オリオンを殺したサソリ
さんかく座	Triangulum	Tri	プトレマイオス	三角、ギリシア文字のΔ（デルタ）
しし座	Leo	Leo	プトレマイオス	ネメアの獅子
じょうぎ座	Norma	Nor	ラカイユ	定規
たて座	Scutum	Sct	ヘベリウス	ヤン三世ソビエスキの楯
ちょうこくぐ座	Caelum	Cae	ラカイユ	彫刻具
ちょうこくしつ座	Sculptor	Scl	ラカイユ	彫刻室
つる座	Grus	Gru	バイエル	鶴
テーブルさん座	Mensa	Men	ラカイユ	ケープタウンのテーブル山
てんびん座	Libra	Lib	プトレマイオス	正義を計る天秤
とかげ座	Lacerta	Lac	ヘベリウス	蜥蜴
とけい座	Horologium	Hor	ラカイユ	振り子時計
とびうお座	Volans	Vol	バイエル	飛魚
とも座※	Puppis	Pup	ラカイユ※	アルゴー船の船尾
はえ座	Musca	Mus	バイエル	蠅
はくちょう座	Cygnus	Cyg	プトレマイオス	ゼウスが変身した白鳥
はちぶんぎ座	Octans	Oct	ラカイユ	八分儀

暦・占い・天文

名前	学名	略語	設定者	表しているもの
はと座	Columba	Col	ロワーエ	ノアの方舟の鳩
ふうちょう座	Apus	Aps	バイエル	極楽鳥
ふたご座	Gemini	Gem	プトレマイオス	神話の双子ディオスクーロイ
ペガスス座	Pegasus	Peg	プトレマイオス	神話のペガサス（天馬）
へび座	Serpens	Ser	プトレマイオス	アスクレーピオスの蛇
へびつかい座	Ophiuchus	Oph	プトレマイオス	医師アスクレーピオス
ヘルクレス座	Hercules	Her	プトレマイオス	勇者ヘラクレス
ペルセウス座	Perseus	Per	プトレマイオス	英雄ペルセウス
ほ座※	Vela	Vel	ラカイユ※	アルゴー船の帆
ぼうえんきょう座	Telescopium	Tel	ラカイユ	望遠鏡
ほうおう座	Phoenix	Phe	バイエル	フェニックス（不死鳥）
ポンプ座	Antlia	Ant	ラカイユ	真空ポンプ
みずがめ座	Aquarius	Aqr	プトレマイオス	ひっくり返した水瓶
みずへび座	Hydrus	Hyi	バイエル	水蛇
みなみじゅうじ座	Crux	Cru	ロワーエ	南十字
みなみのうお座	Piscis Austrinae	PsA	プトレマイオス	女神が化けた魚
みなみのかんむり座	Corona Australe	CrA	プトレマイオス	南の冠
みなみのさんかく座	Triangulum Austrinus	TrA	バイエル	南の三角
や座	Sagitta	Sge	プトレマイオス	愛の神エロスの矢
やぎ座	Capricornus	Cap	プトレマイオス	上半身が山羊、下半身は魚の神
やまねこ座	Lynx	Lyn	ヘベリウス	山猫
らしんばん座	Pyxis	Pyx	ラカイユ	アルゴー船の帆柱
りゅう座	Draco	Dra	プトレマイオス	竜（ラードーン）
りゅうこつ座※	Carina	Car	ラカイユ※	アルゴー船の竜骨
りょうけん座	Canes Venatici	CVn	ヘベリウス	アステリオンとカーラという2匹の猟犬
レチクル座	Reticulum	Ret	ラカイユ	照準器
ろ座	Fornax	For	ラカイユ	化学用の炉
ろくぶんぎ座	Sextans	Sex	ヘベリウス	六分儀
わし座	Aquila	Aql	プトレマイオス	ゼウスが化けた鷲

※ラカイユが旧アルゴー座を区分した星表を発表し、それをもとに後年、とも座、ほ座、りゅうこつ座が制定された。

暦・占い・天文

八卦
～易経の世界～

関連

中国の偉人が生み出した占い

【注1】中国神話に登場する架空の人物。八卦の考案者とされる。

【注2】卦は漢字の「一」やそれを半分に割ったような記号を3つ組み合わせてつくられる。手順や仕組みさえ学べば卦ではなくコインを使って占うといったことも可能になる。

　中国古来より伝わる占いの手法の1つ「易」。中国の歴史書『漢書』の「芸文志」にも易が登場しており、そこには「易は非常に奥が深い。そもそも、易は三代にわたる長いときを経て、三聖人の手によって完成されたものだ」と書かれている。

　三聖人とは古代中国の伝説上の帝王である伏犠【注1】、周王朝の開祖である文王、日本人でもその名を知る者は多い孔子のことだ。真偽は定かではないが、易が古来より親しまれ敬われていたのは間違いないだろう。

　実際に易で何かを占う際は、2種類の棒状の記号【注2】が3つ集まりできた卦を使って行なう。それぞれの卦には司るものがあり、例えば八卦の乾は「天」「父」「首」「馬」「陽」「西北」「上司」などを象徴する。ほかの卦にも、このように象徴するものが決まっており、易占ではこれらをもとに占いの結果を導き出していくのだ。

　当初、易では八卦のみ使用して占いを行っていた。しかし、8つの卦だけでは、そこから得られる情報が余りに少なく占えることが限られてしまう。そこで後世の人が考案したのが六十四卦だ。八卦と八卦を組み合わせて坤為地や地天奉といった六十四卦を作り、易に取り入れたのである。これにより、扱える情報の量は格段に増え、占いの精度も大きく向上したそうだ。

■八卦の一覧

乾（けん） ☰
- 象徴するもの: 性質:天 動物:馬 身体:首
- 家族:父 方位:北西 五行:金

坎（かん） ☵
- 象徴するもの: 性質:水(雨) 動物:豚 身体:耳
- 家族:次男 方位:北 五行:水

艮（ごん） ☶
- 象徴するもの: 性質:山 動物:犬 身体:手
- 家族:三男 方位:北東 五行:土

震（しん） ☳
- 象徴するもの: 性質:雷 動物:龍 身体:脚
- 家族:長男 方位:東 五行:木

巽（そん） ☴
- 象徴するもの: 性質:風(木) 動物:鶏 身体:尻
- 家族:長女 方位:南東 五行:木

離（り） ☲
- 象徴するもの: 性質:火(日) 動物:鳥 身体:目
- 家族:次女 方位:南 五行:火

坤（こん） ☷
- 象徴するもの: 性質:地 動物:牛 身体:腹
- 家族:母 方位:南西 五行:土

兌（だ） ☱
- 象徴するもの: 性質:沢 動物:羊 身体:口
- 家族:三女 方位:西 五行:金

■六十四卦の一覧

坤為地 (こんいち)	艮為山 (ごんいさん)	坎為水 (かんいすい)	巽為風 (そんいふう)	震為雷 (しんいらい)	離為火 (りいか)	兌為沢 (だいたく)	乾為天 (けんいてん)
地雷復 (ちらいふく)	山火賁 (さんかひ)	水沢節 (すいたくせつ)	風天小畜 (ふうてんしょうちく)	雷地豫 (らいちよ)	火山旅 (かざんりょ)	沢水困 (たくすいこん)	天風姤 (てんぷうこう)
地沢臨 (ちたくりん)	山天大畜 (さんてんたいちく)	水雷屯 (すいらいちゅん)	風火家人 (ふうかかじん)	雷水解 (らいすいかい)	火風鼎 (かふうてい)	沢地萃 (たくちすい)	天山遯 (てんざんとん)
地天泰 (ちてんたい)	山沢損 (さんたくそん)	水火既済 (すいかきせい)	風雷益 (ふうらいえき)	雷風恒 (らいふうこう)	火水未済 (かすいびせい)	沢山咸 (たくさんかん)	天地否 (てんちひ)
雷天大壮 (らいてんたいそう)	火沢睽 (かたくけい)	沢火革 (たくかかく)	天雷无妄 (てんらいむぼう)	地風升 (ちふうしょう)	山水蒙 (さんすいもう)	水山蹇 (すいざんけん)	風地観 (ふうちかん)
沢天夬 (たくてんかい)	天沢履 (てんたくり)	雷火豊 (らいかほう)	火雷噬嗑 (からいぜいこう)	水風井 (すいふうせい)	風水渙 (ふうすいかん)	地山謙 (ちざんけん)	山地剝 (さんちはく)
水天需 (すいてんじゅ)	風沢中孚 (ふうたくちゅうふ)	地火明夷 (ちかめいい)	山雷頤 (さんらいい)	沢風大過 (たくふうたいか)	天水訟 (てんすいしょう)	雷山小過 (らいざんしょうか)	火地晋 (かちしん)
水地比 (すいちひ)	風山漸 (ふうざんぜん)	地水師 (ちすいし)	山風蠱 (さんふうこ)	沢雷随 (たくらいずい)	天火同人 (てんかどうじん)	雷沢帰妹 (らいたくきまい)	火天大有 (かてんたいゆう)

八卦 〜易経の世界〜

暦・占い・天文

北斗七星(ほくとしちせい)

関連
- 88星座 ➡ P.262

春の夜空の案内人

【注1】星の明るさを示す単位。この数値が小さい星ほど明るいということになる。

【注2】夏の星座として知られる射手座の一部を構成する6つの星のこと。その形が北斗七星に酷似していることから「南斗六星」と名づけられた。

　北斗七星は大熊座を構成する星の一部で、季節ごとに位置は異なるものの1年中見ることができる。また、7つの星のうち6つが2等星【注1】と比較的明るく見つけやすいため、春に星座を探す際の目印として使われる。

　北斗七星は<u>南斗六星</u>【注2】の対になる星ともいわれており、2つの星に関する伝承は数多く存在する。中国に伝わる<u>「北斗と南斗の仙人」</u>もその1つだ。

　あるところに、名のある人相見から20歳まで生きられないと宣告された子供がいた。驚いた父親は、どうすれば子供の命を伸ばせるのか人相見に訪ねる。すると、人相見は「酒と干し肉をもって、麦畑の南の端にある桑の木の元へ向かい、そこで碁を打っている2人の仙人にお酌をして肉を勧めなさい」と答えた。言われた通り、子供が酒と肉を持って桑の木の元へ向かうと、そこには碁に夢中になっている2人の仙人の姿があった。子供は黙って2人の仙人に酒と肉を勧めるが、北側にいた仙人は鬱陶しいと怒りだしてしまう。しかし、南側にいた仙人はそれを諌め、同時に寿命帳を取り出して「19歳」と書かれていたのを「90歳」と書き換えた。これによって子供は20歳を超えても元気に日々を過ごしたという。実はこの仙人というのは人間の生死を司る神で、<u>北側の北斗が死を、南側の南斗が生を司る神だったのだ。</u>

■北斗七星と北極星

　北斗七星は同じ場所から見た場合でも季節によって形や向きが変化する。
　ただし、いずれの時期でも北斗七星（ドゥーベ）の延長線上には、必ず北極星が見えるようになっている。そのため、北斗七星は星座を探す際に役立つのだ。

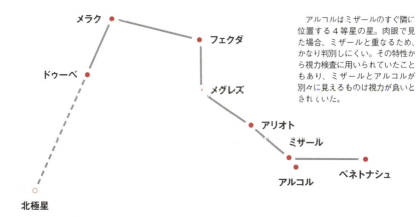

アルコルはミザールのすぐ隣に位置する4等星の星。肉眼で見た場合、ミザールと重なるため、かなり判別しにくい。その特性から視力検査に用いられていたこともあり、ミザールとアルコルが別々に見えるものは視力が良いとされていた。

■春の星座の見つけ方

　春の星座を探す際は、まず北の空に浮かぶ北斗七星を探そう。これが見つかれば北極星や大熊座が簡単に見つかり、そのほかの星座も探しやすくなる。

大熊座
春の星座だが、北斗七星と同様に1年を通して北の空に見ることができる。

冠座
この星座はギリシア神話の神ディオニュソスが女王アリアドネに贈った宝冠だといわれる。

牛飼座
冠座の横にある星座。1等星アルクトゥルスを含むため比較的見つけやすい星座といえる。

獅子座
ギリシア神話に登場する、半神半人の英雄ヘラクレスに退治された獅子が星座になったもの。

乙女座
麦の穂をもった乙女の姿を描いたこの星座は、ギリシア神話の農業の神デメテルだとされる。ほかの説もあり。

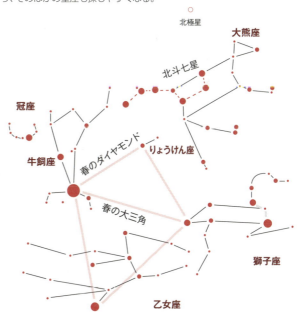

暦・占い・天文

ホロスコープ
～西洋占星術の世界～

関連
■ 88星座 ➡ P.262

生誕時の天体が運命を占う

【用語解説】春分点、秋分点……天上の星座は、一年をかけて見え方が変わっていく。このとき太陽の軌道である黄道と、地球の赤道の真上にある天球の赤道が交差するところが春分点と秋分点だ。太陽が南から北に移る点が春分点、北から南に移る点が秋分点。太陽が春分点と秋分点それぞれに重なる日が春分の日、秋分の日なのである。

　夜空の星は観測具のない紀元前であっても自然と眼に入るものであったせいか、チグリス・ユーフラテス川で発生したメソポタミア文明、バビロニアにおいて、すでに占星術が始まっていたという。閏月のある<u>太陰太陽暦</u>を用い、1週間を7日間に設定した彼らのことだから、<u>天体観測や占星術の基礎</u>を築いていたとしても何の不思議もない。この時代に惑星運行の記録がつけられていたことは、当時に刻まれた粘土板の発見によって明らかになっている。また、星の動きが何らかの<u>予兆（オーメン）</u>であるとする考え方もあったようで、この科学的な宇宙観測と予兆という概念が合わさり、占星術を生んだのである。黄道と惑星を総合して予兆を導きだすという技術はすでに存在していた。

　その後、こうした考えがギリシアにわたり、ホロスコープ占星術は本格化した。ティベリウスの時代には宮廷に受け入れられ、専任の<u>占星術師</u>を置くにいたるが、宗教的、政治的な理由で排斥されるようになり、いっとき衰退する。中世ルネサンス期には学問として認められ復活。しかしコペルニクス的転回後、科学万能の時代に入った17世紀には学問としての地位を失い、大衆の楽しみへと移行していく。現代ではオカルトやニューエイジ思想の後押しを受け、<u>ホロスコープ占星術は自分探しツールとして活用される</u>ようになっているのだ。

暦・占い・天文

■ホロスコープ

　中心点の地球から放射線を伸ばし、30度ごとに区切ったものが「十二室」。この12等分の1片を「ハウス」と呼ぶ。円の外周にあるのは「十二星座」。十二室はイベント、十二宮は本人の資質や性格をあらわしている。加えて10の星々の座標や角度を計算し解釈する。

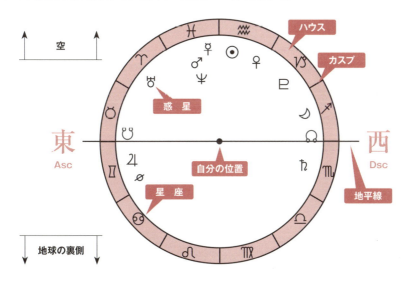

COLUMN
十二室と十二宮がそれぞれもつ意味とは？

　十二室はそれぞれ暗示する内容が決まっている。第1室は本人、第2室は所有、第3室は知性、第4室は家庭、第5室は娯楽と創造、第6室は仕事と健康、第7室は結婚と強調、第8室は死と生、第9室は精神と旅行、第10室は天職と社会、第11室は友人、第12室は障害と秘密である。第12室は少々意味が分かりにくいかもしれないが、潜在意識や隠れた事象、達成などを暗示したもの。進行中の何かや今後、未知のものに関係してきそうなハウスだといえる。仕事運の意味では第6室と第10室が関係してきそうだ。

　これらに対して十二宮は星座が性格や資質を言い当てる。ここでは書ききれないが、通常の誕生日占いを思い出してもらえれば大丈夫だ。すなわち、水瓶座であれば独特の個性をあらわしているし、蟹座であれば母性的な優しさをあらわしている。また十二宮は男性か女性かという2つの区分、活動か不動か柔軟かという3つの区分、火、風、水、地という四大元素（P.372）の区分でも認識できる。こうしてホロスコープの見方をある程度覚えておくと自分でも診断できるが、少々複雑な図であることもたしか。困ったら詳しい専門家に占ってもらおう。

ホロスコープ ～西洋占星術の世界～

もっと二次元に強くなる雑学
キーワード編

使いたくなる物理用語集

とっつきにくい印象の物理だが、実はネタ単語的には宝庫である。いくつか魅力的な用語を紹介しよう。

- **「エントロピー」**……無秩序さを表す尺度。熱力学第2法則では「孤立した系ではエントロピーは減少しない」。
- **「スペクトル」**……光（電磁波）に含まれている電波や可視光線、紫外線、X線など、一連の波全体のこと。
- **「絶対零度」**……物質が冷えすぎて、あらゆる原子が動きを止める想像上の限界点。摂氏−273.15度。
- **「ドップラー効果」**……音などを発する波源と観測者の位置によって、近いと周波数が上がり、遠いと下がる現象。
- **「反物質」**……質量やスピンはまったく同じだが、性質が粒子とはまったく逆の性質の反粒子でできた物質。
- **「ヒッグス粒子」**……素粒子が質量をもつ原因とされる粒子。2012年に、これと思わしき新粒子が発見されている。

ちょっとカッコいい哲学用語集

また哲学用語は、パッと聞いた限りでの小難しさではほかの追随を許さない。使うと、少しインテリっぽくなりそうな哲学・心理学用語をいくつか紹介しよう。

- **「カタルシス」**……心の中にあるわだかまりが、あるきっかけで一気に浄化・解消すること。
- **「テーゼ」**……最初に立てた、正しいとするある命題。これに反する命題がアンチテーゼ。
- **「パラドックス」**……反論しようがない前提から、根拠が確かと思われる推論をし、矛盾した結論が導かれる論証。
- **「ペルソナ」**……周囲に適応しようとしすぎて仮面を被ること、または被らなすぎて自分や周囲を苦しめること。
- **「ルサンチマン」**……弱者が強者に対して、憤ったり憎悪したり批判したりする感情。
- **「レーゾンデートル」**……存在理由・存在価値。

文字・シンボル

Letter・Symbol

文字・シンボル

トンパ文字

関連

司祭たちの間で継承されてきた膨大な文字体系

【注1】雲南省北部や四川省南部、チベット自治区東部などに居住区をもつ少数民族。雲南省麗江市には玉竜（ぎょくりゅう）ナシ族自治県という民族自治区を所有する。2000年に行われた調査によると、人数は合計30万人ほど。一妻多夫制の母系社会を形成しており、女性の地位が高い民族である。

　中国の雲南省や四川省、チベット自治区には、ナシ族【注1】という少数民族が住んでいる。彼らの日常語は主にナシ語だが、漢民族との交流も多いため中国語（北京語）を理解できる住民も多い。また、トンパ文字という独自の象形文字を継承していることでも知られている。

　ナシ族の司祭は「トンパ」と呼ばれており、トンパ文字の名前はここから取られたもの。トンパ文字は司祭たちの間に代々伝えられてきたもので、基本的な文字だけでも約1400種類あり、同じ意味だが表記が異なる異体字も豊富に存在する。文字の形状は単体で完結するものが基本だが、漢字の部首のように単体の文字やその一部を組み合わせて作り出された複雑な形状のものもある。また、文字の色によっても意味が変化するという特徴もある。

　こうした性質から表現のバリエーションはとても多く、すべての文字の意味を正確に理解するのはとても難しいといわれている。

　トンパ文字は現在のところ、実際に使用されている世界で唯一の象形文字とされ、ナシ族の居住区がある麗江市では看板や案内板などに表記されたトンパ文字を頻繁に目にすることができる。しかし、漢字の浸透によってトンパ文字を使いこなせるナシ族は少なくなっており、存続は安泰とはいえない。

■トンパ文字の一部

トンパ文字は一見すると子供の落書きのようにも見えるユニークな造作が特徴で、文字の外観を見ただけでその意味を推察できるものも多い。下記では数多くのトンパ文字の中から人間や動作、感情表現、家畜などの動植物といった日常生活に関連性が深い分野の文字20個を紹介しよう。

人間

父

母

子供

将軍

兵士

巫女

歩く

走る

飛ぶ

話す

笑う

食べる

鳥

鶏

牛

狼

魚

木

王・統治者

文字・シンボル

ヒエログリフ

古代エジプトの正式な文字

【注1】文字の書体の1つで、一筆書きのように文字を繋げて書く書体。

【注2】文字そのものに意味はなく、読む際に発音する音を表すことに主眼を置いている文字のことを指す。その代表的なものが、英語圏のアルファベットだ。

　古代エジプトでは、**ヒエログリフ**、**ヒエラティック**、**デモティック**と3種類の文字が使われていた。このうち、ヒエラティックはヒエログリフを書きやすくした筆記体【注1】で、デモティックはヒエラティックをより簡略したもの。つまり、ヒエログリフが古代エジプトで使われていた最も正式な文字といえる。

　ヒエログリフは、英語のアルファベットと同じような表音文字【注2】だ。通常は左から右に読むが、文字の向きを変えることで右から読むこともできる。縦に書かれることもあり、比較的自由が利く。可能な限り隙間を詰めて書くのが特徴で、遺跡の壁面などにびっしり文字が並んでいるのはこのためだ。ヒエログリフが誕生した時期はまだ不明だが、文字が刻まれた紀元前3200年頃の遺物が見つかっており、この頃には使われていたと考えられている。

　墳墓などに彩色されているヒエログリフは、多くの人々を惹きつけてきた。この文字が解読されるきっかけになったのは、1799年にエジプトのロゼッタで発見された**ロゼッタ・ストーン**と呼ばれる石碑だった。この石碑には、ヒエログリフとデモティック、ギリシア文字で同じ文章が刻まれており、フランス人の研究者が1822年に解読に成功。

　現在では、数ある古代文字の中でもかなり解読が進んだ文字となっている。

文字・シンボル

■ヒエログリフとアルファベットの対応と使用例

ヒエログリフ	形	発音
	エジプトのハゲワシ	ア a
	葦の穂	イ i
	葦の穂2本	イ y
	斜線2本	イ y
	人の前腕	アー a
	ウズラのヒナ	ウ u
	人の足	ブ b
	葦のマット	プ p
	ツノがある蛇	フ f
	フクロウ	ム m
	さざ波	ン n
	唇	ル r
	よしず張りの囲い	フ h

ヒエログリフ	形	発音
	より合わせた麻布	フ h
	胎盤	ク kh
	雌の動物の腹と尾	ク kh
	カンヌキ	ス s
	横から見た掛けた布	ス s
	上から見た人工の池	シュ sh
	丘の斜面	ク k
	把手の有るあるかご	ク k
	土器を置く台	グ g
	パン	トゥ t
	動物を繋ぐ縄	チュ tj
	人の手	ドゥ d
	コブラ	ジャ dj

[使用例]

ジョージ・ワシントン（George Washington）

安倍晋三（あべ　しんぞう）

ヒエログリフの文字は種類が多い。すべてを紹介できないが、その一部を紹介しておこう。上の表は、1つの文字で1つの音を表す単子音文字の一覧だ。英語のアルファベットに似たもので、ヒエログリフを読むうえで重要となるものだ。これらを組み合わせるだけでも、人名や地名など、ある程度の言葉を書くこともできる。近年では、ヒエログリフの読み書きを扱った書籍も出版されているので、より本格的に学びたい人はそちらも参考にしてみるといいだろう。

文字・シンボル

ヘブライ文字

関連
- 死海文書 ➡ P.237
- タロットカード ➡ P.258

ユダヤ民族による奇跡の復活劇？

【注1】紀元前11世紀に建国。南北に分裂後、北はアッシリア、南は新バビロニアに滅ぼされた。

【注2】ほぼ独力でヘブライ語を話し言葉として現代に復活させた人物。全17巻からなるヘブライ語大辞典は、彼の死後に完成した。

　ヘブライ文字とはイスラエルの公用語で使われる文字。古代ユダヤ人の国家【注1】は古代ローマ帝国に滅ぼされてしまい、それ以来ユダヤ人たちは世界各地に散ってしまう。そのためユダヤ人たちの言葉、ヘブライ語も日常生活では使わなくなっていった。ただ、ユダヤ教会ではヘブライ語で『旧約聖書』や文書を読み、使っていたので、現代までヘブライ語の知識は失われずに済んだのだ。そして19世紀、ロシアからパレスチナに移り住んだエリエゼル・ベン・イェフダー【注2】がヘブライ語を日常語で使うことを実践、ヘブライ語を復活させた。やがてヘブライ語は建国されたイスラエルの公用語になるが、2000年間も使われていなかった古代の言葉を、現代に復活させたのは奇跡とまで言われている。

　ヘブライ文字のことは「アレフベータ」と呼ぶが、これは文字を順番に並べたときの1文字目が「アレフ」、2文字目が「ベート」となっているところからきている。基本的にアレフベータは日本語のかなと同じで表音文字。22文字の子音を表す文字があり、母音は子音に補助記号を付けて表す。書き文字は右から左へと書いていく。ちなみに『旧約聖書』をはじめとしたユダヤ教や初期キリスト教の重要文献はヘブライ語で書かれており、その歴史的な重要性や神秘性から、オカルト面でも人気が高い文字でもある。

文字・シンボル

■ヘブライ文字簡易表

文字	名前	シンボル	大アルカナ
א	alef アレフ	雄牛	愚者
ב	bet ベート	家	魔術師
ג	gimel ギーメル	ラクダ	女教皇
ד	dalet ダレット	戸、扉	女帝
ה	he ヘー	窓	皇帝
ו	vav ヴァヴ	釘、爪	教皇
ז	zayin ザイン	剣	恋人
ח	chet ヘット	柵	戦車
ט	tet テット	蛇	正義
י	yod ヨッド	手	隠者
כ	kaf カフ	手掌	運命の輪

文字	名前	シンボル	大アルカナ
ל	lamed ラメド	突き棒	力
מ	mem メム	水	吊るされた男
נ	nun ヌン	魚	死神
ס	samech サメフ	支柱	節制
ע	ayin アイン	目	悪魔
פ	pe ペー	口	塔
צ	tsadi ツァディー	釣り針	星
ק	kof コフ	後頭部	月
ר	resh レーシュ	頭	太陽
ש	shin シン	歯	審判
ת	tav タヴ	十字	世界

COLUMN

ヘブライ文字と日本語の共通点!?

　ヘブライ語やその文字は、イスラエルの言葉で、使っているのはユダヤ人だ。日本とは距離的にも心理的に非常に遠く、接点もない。普通ならそう考えるのだが、実はヘブライ語と日本語の共通点を指摘する声があがっているのだ。

　その主張は、日本語のカタカナとヘブライ語が似ている。いくつかの文字では、文字とその読みが同じだというのだ。確かにいくつかの文字を並べてみると、似ているような気もする。ただ、これだけなら不思議な偶然、面白いこともあるものだと、へえと唸るぐらいだ。

　しかし、この2つが似ているということが、更なるミステリーへと繋がる。それが日ユ同祖論。これは簡単にいえば、日本人とユダヤ人は共通の先祖をもつ兄弟民族であるという説だ。紀元前722年にアッシリアに滅ばされた北イスラエル王国、その民がシルクロードを渡り、日本まで来ていたという。荒唐無稽の話に聞こえるが、ヘブライ語と日本語が似ていること、鳥居や山伏のほら貝など古代ユダヤ文化を彷彿とさせるものがあるというのが、その根拠だ。簡単には頷けない説ではあるが、魅力的なミステリーを感じてしまうのも仕方ない話だといえる。

文字・シンボル

梵字(ぼんじ)

関連
- 仏（如来・菩薩・明王・天部）〜仏教の尊格〜 ➡ P.083
- 密教 ➡ P.091

インドで誕生した聖(せい)なる文字

【注1】梵字では2つ以上の文字が重なって、はじめて1つの言葉が完成する。文字を組み合わせる際は、基本的に各文字の上半身と下半身となっている。

【注2】ほかには「仏教書以外の書物の中に梵字梵書を交えてはいけない」などがある。

　梵字とは、梵語を表記するためにインドで生みだされ発達した文字のこと。インドでは表音(ひょうおん)文字だったものが中国に伝わったことで漢字のような表語(ひょうご)文字に変化。のちに密教を学ぶため唐(とう)へ留学した弘法大師(こうぼうたいし)・空海(くうかい)の手によって、日本へ伝来されたという経緯がある。さらに彼が「梵字には無量(むりょう)の功徳(くどく)がある」と説いたことで、梵字はいつしか仏(ほとけ)や菩薩(ぼさつ)を表す文字となったのだ。

　梵字には字形、字音、字義を基本とする一定の基準が設けられているため、日本語でいう五十音が存在する。ただし、五十音を覚えただけで誰でも書けるというわけではない。梵字において単語とは、複数の文字を切り繋(つな)いで完成したものを指す。この手法は「悉曇切継(しったんきりつぐ)【注1】」と呼ばれるもので、P.281にある「不動明王(ふどうみょうおう)」や「阿弥陀如来(あみだにょらい)」などは複数の文字を切り繋げて書いたもの。文字をどのように切って、どのように繋げるのか。そのルールを記した「悉曇章(しったんしょう)」まで覚えなければ梵字を読み書きすることはできないのだ。「どうしても梵字を使いたい！」という方は、P.281にある梵字で書いた五十音表を使うといいだろう。なお、梵字を学ぶうえで必要とされる十の心得「悉曇十不可事(しったんじゅうふかじ)【注2】」の一節によれば、梵字を重ね書くことは厳禁であり、また書いたものを焼き捨ててはならないそうなので注意しよう。

文字・シンボル

■梵字が表す仏

これらは悉曇切継のルールを元に仏の名を梵字で書いたもの。このように仏を1文字で表したものを種字と呼ぶ。発音としては、左から「カンマン」「キリク」「ウーン」となる。

不動明王

阿弥陀如来

愛染明王

■梵字で書く五十音

あ	い	う	え	お	か	き	く	け	こ

さ	し	す	せ	そ	た	ち	つ	て	と

な	に	ぬ	ね	の	は	ひ	ふ	へ	ほ

ま	み	む	め	も	や		ゆ		よ

ら	り	る	れ	ろ	わ				ん

文字・シンボル

マヤ文字（もじ）

マヤ文明で用いられたミステリアスな文字

【注1】メキシコの北部を除いた全域、グアテマラ、ベリーズ、エルサルバドル全域、ホンジュラス、ニカラグア、コスタリカの西側部分を含む地域。これらの地域は16世紀にスペイン人がくるまで外部の影響をまったく受けなかったため、マヤやテオティワカン、アステカといった独自の文明が繁栄した。

マヤ文字とは、メソアメリカ【注1】で栄えた「マヤ文明」で用いられた文字のこと。その起源（きげん）は定かではないが、これまでの調査から紀元前400年頃には独自の文字があったことが判明している。

マヤの文字の種類は、大きく「音をあらわすもの」と「意味そのものをあらわすもの」に区分でき、こうした点は日本の「ひらがな」と「漢字」の関係に似ているとも言える。たとえば日本語で「魚」を表す場合、ひらがなの「さかな」と漢字の「魚」のように異なる表記方法があるが、マヤ文字もこれと同じく「さ」「か」「な」の音をあらわす文字を組み合わせて表記する方法と、1文字でそのまま「魚」をあらわす表記方法がある。また、同じ文字でも簡単な書き方をする場合と複雑な書き方をする場合があり、前者は「幾何体（きかたい）」、後者は「頭字体（とうじたい）」と呼ばれている。日本語の例であらわすなら、これは漢字で「一」と書くか「壱」と書くかの違いのようなものだといえるだろう。

もう1つ、マヤ文字の面白い特徴として、読みが同じであれば自由に文字を入れ替えて使用してもよいというものもある。こうした入れ替えを行うのは、我々が文章を書く際に、同じ表現を繰り返すことを避ける感覚に近いとされており、マヤ人たちが非常に豊かな感性をもっていたことをうかがわせる。

文字・シンボル

■マヤ文字

ジャガーのつづり例

マヤ文字でのジャガー（バラム）のつづりにはこのように、1文字でそのまま「バラム」の意味になる文字を用いる場合と、「ba」「la」「m (a)」の音を意味する文字3つを組み合わせる場合がある。また、「バラム」の表意文字に補助的に「ba」や「m (a)」といった文字を組み合わせて表記することもある。これはふりがなに近いもので、補助文字を添えることで、読み手の誤読を防止する役割がある。

マヤの数字

0	1	2	3
4	5	6	7
8	9	10	11
12	13	14	15
16	17	18	19

マヤのカレンダー

キン (1)

ウィナル (20)

トゥン (360)

カトゥン (7200)

バクトゥン (144000)

（ ）内は日数の単位。左の数字と単位を組み合わせることで日数をあらわす。たとえば1キン＝1日、1ウィナル＝20日、5ウィナル＝100日、10トゥン＝3600日となる。

文字・シンボル

ルーン文字

関連
- オーディン ➡ P.126
- ナチス（国家社会主義ドイツ労働者党）➡ P.243

北欧神話に伝わる魔術文字

【注1】神話における最高神。戦争と死の神でありながら、詩の神でもある。知識に対して貪欲で、叡智を求めるために自らの眼球や命さえも差し出すことも。

【注2】ジョン・ロナルド・ロウエル・トールキン著作のファンタジー小説。北欧神話やケルト神話の影響が強く出ている。

　ルーン文字とは、2世紀ごろから北欧、ドイツを中心にゲルマン語の表記に使われた文字で、石や木、骨に刻んで使われていた。「ルーン」という言葉には神秘、秘密、ささやきといった意味がある。このルーン文字だが、ただの古い言葉という以上に、呪術、魔術的な力のある文字として知られている。ルーン文字は24文字からなるが、文字それぞれに勝利のルーン、嵐のルーンといった具合に特別な意味がある。そしてそのルーンを刻むことで、呪術、魔術的な力を発揮するといわれているのだ。

　ちなみに北欧神話では、このルーンは最高神であり魔術師でもあるオーディン【注1】の叡智によってもたらされたとされる。彼はルーン文字の奥義を獲得するために、自ら木で首を吊り、己を槍で刺して9日間瞑想を続けた。こうして冥界へと向かったオーディンはそこでルーンの神髄を獲得。命を失う寸前に蘇生し、現世へと戻ったのだ。つまり冥界に行かなければならないほどの神秘、力を秘めているとこの神話が語っている。

　当然、現在でも占いや呪術にルーン文字は使われているほか、ナチス・ドイツの親衛隊がロゴにルーン文字を使用。更にはフィクションの世界でも、魔術文字としてルーン文字は取り入れられ、『指輪物語』【注2】をはじめとした名作にも登場している。

文字・シンボル

■ルーン文字の種類と意味するもの

シンボル	ルーンの読み方 / ルーンの意味	英字
ᚠ	フェイ / ヒュー / フェオ	F
	冨のルーン。家畜の牛、冨を象徴。仕事で成功し、富を得ること、財産を築くことをできると示す。	
ᚢ	ウルズ / ウル	U
	雄牛のルーン。野牛、勇気を象徴。勇敢さや前進、挑戦を意味し、困難を切り開くことを示している。	
ᚦ	スリサズ / ソーン	Th
	門のルーン。巨人、刺、門を象徴。試練や忍耐を表すルーンで、試練や障害の存在を示している。	
ᚨ	アンサズ / アンスル	A
	アンザス神のルーン。神、口、情報を象徴。情報の伝達や知識を意味し、新たな出会いも表している。	
ᚱ	ラグズ / ラド	R
	乗り物のルーン。乗り物や騎乗を象徴し、移動や旅を意味。身の回りの変化、新たな船出を意味している。	
ᚲ	カノ / ケン	K
	炎と始まりのルーン。松明、明かり、開始を象徴。未来を照らす新たな希望を表している。	
ᚷ	ゲーボ / ギョーフ	G
	贈り物のルーン。贈り物、結合、出会いを象徴。愛のルーンともいわれ、好意や贈り物を受けることを表す。	
ᚹ	ウン / ジョー / ウィン	W
	喜びのルーン。喜び、成功、愛情を象徴。幸福、または幸福が訪れるであろうことを意味している。	
ᚺ	ハガラズ / ハガル	H
	嵐のルーン。嵐や雹を象徴。避けることのできない災害、アクシデントやトラブルの存在を意味している。	
ᚾ	ナウシズ / ニイド	N
	忍耐のルーン。欠乏、忍耐、束縛を象徴。抑圧や苦難、忍耐の必要性を示している。	
ᛁ	イサ / イス	I
	凍結のルーン。氷、凍結、停止を象徴。物事の停滞や停止、休息を意味している。	
ᛃ	ジュラ / ヤラ	J
	収穫のルーン。収穫・サイクルを象徴。収入や成果、季節の巡りを意味している。	
ᛇ	エイワズ / ユル	Y
	防御のルーン。イチイの木、防御を象徴。何らかの危険と防御の必要性、また物事の終了と再生を示す。	
ᛈ	パース / ペオース	P
	秘密のルーン。賭博、秘密を象徴する。秘密の暴露や何らかの賭け、選択が成功に繋がることを示す。	
ᛉ	アルジズ / エオルー	Z
	保護のルーン。ヘラジカ、保護を象徴。何かを守る、あるいは守られることを意味する。	
ᛋ	ソウイル / シゲル	S
	太陽のルーン。太陽、勝利、生命力を象徴。成功や勝利、健康を手に入れること示す。	
ᛏ	テイワズ / ティール	T
	戦いのルーン。テュール神、勝利、戦いを象徴。戦い、または戦いでの勝利を表す。	
ᛒ	ベルカナ / ベオーク	B
	成長のルーン。白樺、誕生、成長を象徴。何らかの成長、育成または母性を示している。	
ᛖ	エワズ / エオー	E
	移動のルーン。馬、移動、変化を象徴。自由や躍動感から物事の前進、好転を表している。	
ᛗ	マンナズ / マン	M
	人間のルーン。人、自分を象徴。自己や自我の確立、良好な人間関係や助言者の獲得を示す。	
ᛚ	ラグズ / ラグ	L
	水のルーン。水、感性、女性を象徴。鋭い直感や美的な感性、霊感の発揮を示す。	
ᛝ	イングワズ / イング	
	豊穣のルーン。イング神、豊穣、完成を象徴。豊かな実りを迎えること、活力がみなぎることを示す。	
ᛟ	オシラ / オセル	O
	遺産のルーン。領土、遺産を象徴。故郷や伝統、引き継がれるべきものを表している。	
ᛞ	ダガズ / ダエグ	D
	日光のルーン。日、日常を象徴。豊かな日常、順調な生活を示している。	
	ウィアド	—
	空白のルーン。宿命を象徴。本来のルーンには存在しないが占い、呪術では何らかの宿命・運命との遭遇を示す。	

もっと二次元に強くなる雑学
文学編

日本の文豪は変人？

　文学は作品自体が想像力を掻き立てられるが、日本の明治〜昭和初期の文豪・詩人は、特に偏屈な人物が目立つ。その代表的な人たちを紹介しよう。

- **芥川 龍之介**……人間のエゴや生死をテーマに描く、ざっくりいって皮肉屋タイプ。心身共に病気を煩って睡眠薬自殺したことは、文壇に大きな衝撃を与えた。
- **江戸川 乱歩**……推理ものも書いているが、自らの趣向でもあった猟奇・残虐系の作風が得意なエログロ派。
- **太宰 治**……心中や自殺未遂を繰り返し、『人間失格』を書き上げたのち、本当に死んでしまったマイナス思考型。
- **中原 中也**……虚無からくる、常識や秩序への攻撃・否定といった思想「ダダイズム」的な作品を記す。酒乱詩人。
- **宮沢 賢治**……ファンタジックな世界観と卓越したリズム感がもち味。自然との交感を思わせる、不思議な人。

口に出して言いたい、海外文豪の名言集

　続いて海外文豪たちの名言・名台詞をベストチョイス。

- 「いちばんうまくできるのは、倒れたままでいることです」
　　　　　　　　　　　　　　　　　　　　　　　（カフカ／ラブレターの一節）
- 「決して人に欺かれるのではない。自分で己を欺くのである」
　　　　　　　　　　　　　　　　　　　　　　　（ゲーテ／『箴言と省察』）
- 「砂漠が美しいのは、どこかに井戸を隠しているからだよ……」
　　　　　　　　　　　　　　　　　　　　　（サン・テグジュペリ／『星の王子さま』）
- 「彼ら十人、二十人の剣よりも、お前の目に千人の人間を殺す力がある」
　　　　　　　　　　　　　　　　　　　　（シェイクスピア／『ロミオとジュリエット』）
- 「神と悪魔が闘っている。そして、その戦場こそは人間の心なのだ」
　　　　　　　　　　　　　　　　　　　　（ドストエフスキー／『カラマーゾフの兄弟』）
- 「死の恐怖は、解決されない生の矛盾の意識にすぎない」
　　　　　　　　　　　　　　　　　　　　　　　（トルストイ／『人生論』）

文学

Literature

文学

神

クトゥルフ

関連
■クトゥルフ神話
➡ P.289

形容しがたき邪神・クトゥルフ

【注1】1890年生〜1937年没。アメリカの小説家、詩人。宇宙的恐怖・コズミックホラーと呼ばれるホラー小説で有名。特にクトゥルフ神話と呼ばれる一群の作品は、のちのクリエイターに多大な影響を与えた。死後、彼の小説世界は、友人オーガスト・ダーレスがクトゥルフ神話として発表した。ただ、ダーレスが追加した設定には、旧支配者と旧神の対立という善悪二元論がある。これをラヴクラフトの世界観にそぐわないと、否定的に見る者もいる。

【注2】1909年生〜1971年没。アメリカ・ウィスコンシン州生まれの小説家。出版社アーカム・ハウスを設立し、ラヴクラフトの作品を出版。ラヴクラフトの残した作品群をクトゥルフ神話として体系化した。

　クトゥルフとは、ハワード・フィリップス・ラヴクラフト【注1】の描いた小説世界をもとに、彼の友人の作家オーガスト・ダーレス【注2】がまとめた架空の神話体系・**クトゥルフ神話**に出てくる神の1柱を指している。

　クトゥルフに関する基本設定はこうだ。クトゥルフは、かつて地上を支配した「旧支配者」と呼ばれる太古の神々の1柱で、司祭の役割を担っていた。現在は**ルルイエ**と呼ばれる深海の都に、深き者どもにかしずかれ、深い眠りについている。クトゥルフの夢がテレパシーとなって漏れ出すだけで、世界は精神的なショックを与えられると伝えられ、存在そのものが人を狂気に導くと語られる。その外見はまるでタコのような頭部に、イカのような触手が無数に生えた顔。手足には巨大な鉤爪があり、体は鱗に覆われた山のように大きなゴム状で、背中にコウモリのような翼が生えている。

　ルルイエは星辰（星）が適切な位置になったときに浮上し、クトゥルフも復活すると伝えられる。その復活を望む信者たちが、ポナペ諸島、インスマス、ペルー山岳地帯にいる。

ザッパーンッ

クトゥルフ

文学

クトゥルフ神話

関連
■ クトゥルフ ➡ P.288
■ ネクロノミコン ➡ P.291

ホラー小説から誕生した近・現代の神話

【注1】宇宙を創世したり時間や次元の法則に拘束されないなど、神的な存在。

【注2】宇宙の星々や地球など、特定の場所にいる存在。人間から見れば神のごとき力をもつが、実体も備えている宇宙的な生物である。

　クトゥルフ神話は、アメリカの小説家ハワード・フィリップス・ラヴクラフトをはじめ、数多くの作家たちが取り上げた世界観を体系化したシェア・ワールドだ。一連の作品には、人類が誕生するより以前、太古の時代から存在する異界の存在と、それらにまつわる恐怖が描かれている。

　クトゥルフ神話の大元は、ラヴクラフトが執筆したホラー作品だった。当初は神話などではなかったが、彼が親交があった作家たちと設定を貸し借りする「お遊び」をしていているうちに、ぼんやりとした世界観が生まれてきた。その後、ラヴクラフトの弟子を自任するオーガスト・ウィリアム・ダーレスをはじめ、作家たちが世界を体系化。「クトゥルフ神話」として確立された。

　クトゥルフ神話には、「外なる神」【注1】や「旧支配者」【注2】といった強大な力をもつ存在をはじめ、彼らを信奉し仕えている異形の生物たちが多数登場する。中でも、神話にその名があるクトゥルフが有名だ。クトゥルフは地球に棲む旧支配者で、現在は活動していない。しかし、彼が棲む伝説の島「ルルイエ」が浮上するとき、統率下にある信者たちの儀式で復活し、地球を破壊するという。

　こうした世界観に惹かれたファンは世界中におり、小説やゲームなど数多くの作品が題材としている。文字通り「神話級」の世界なのだ。

289

文学

■クトゥルフ神話の主な神々の関係

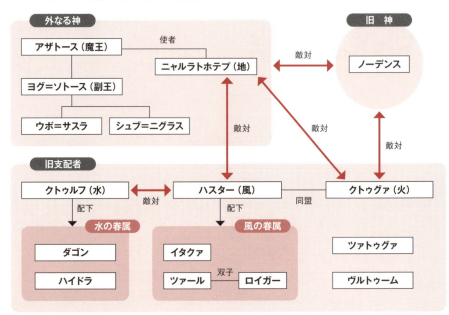

■クトゥルフと信者たち

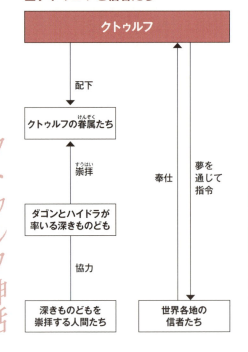

COLUMN
クトゥルフ神話と呼ばれる理由

　クトゥルフ神話には数々の邪神が存在している。中には、アザトースやヨグ＝ソトースといったクトゥルフよりも強力な存在もあるのだが、なぜクトゥルフ神話なのだろうか。ダーレスがクトゥルフ世界を神話にしようとした際、「ハスター神話」にしようという案もあった。

　しかし、ラヴクラフトからやんわりと難色を示され、この案は破棄したという。そして、ダーレスは敬愛するラヴクラフトの作品、『クトゥルフの呼び声』から名をとって、「クトゥルフ神話」と命名したようだ。

文学

神話・伝承

ネクロノミコン

> 関連
> ■クトゥルフ神話
> ➡P.289

クトゥルフ神話から生まれた人気魔道書

【注1】1890年生〜1937年没。ハワード・フィリップス・ラヴクラフト。アメリカの小説家、詩人で1937年没。宇宙的恐怖・コズミックホラーと呼ばれるホラー小説で有名。特にクトゥルフ神話と呼ばれる一群の作品は、のちのクリエイターに多大な影響を与えた。

【注2】ラヴクラフトの書いた小説世界をもとに、彼の友人である作家オーガスト・ダーレスがまとめた架空の神話体系。世界観や設定を共有するシェア・ワールドでもあり、多くの作家がクトゥルフ神話を使い作品を残した。

【注3】アラビア語にない単語を使用したタイトル。意味としては、魔物の遠吠え、精霊の遠吠えといった意味になる。

【注4】クトゥルフ神話において、かつて地上を支配していた神。現在は何らかの事情で活動を制限されている。

　ネクロノミコンとは、ラヴクラフト【注1】が書いた作品に登場する架空の魔道書。クトゥルフ神話【注2】においては重要なアイテムとして設定されており、クトゥルフ神話の世界観を引き継いだ各国の作品にネクロノミコンを登場させている。

　設定では8世紀頃に、原典となる『アル・アジフ』【注3】、または『キタブ・アル＝アジフ』がアラビア語にて執筆されている。著者はアブドゥル・アルハザード（アブドル・アルハズラット）という人物で、アラブ人だがイスラムやコーランの教えよりも、旧支配者【注4】を信奉していた。常軌を逸した言動が多かったため、「狂えるアラブ人」、「狂える詩人」などの異名をもっており、彼はこの本を執筆後、ダマスカスの路上で目に見えない怪物に生きたまま貪り喰われたという。

　その書物の内容は、アブドゥル・アルハザードが秘術で体験したこと、宇宙的存在から学んだ知識、外なる世界の神々との接触方法や時間と空間を超越する方法、魔導や旧支配者たちに関するものなど、多岐に

文学

渡る。非常に読みにくいが、旧支配者や魔導についての知識を得るなら最適な魔道書で、そのために多くの魔術師が手に入れようと躍起になっている。

時代を超えて受け継がれる魔道書

【注5】16世紀イギリス、ロンドン生まれの錬金術師、占星術師、数学者。実在の人間で、エノク語という独自言語を使い、天使と交信したとされている。

その後、『アル・アジフ』はコンスタンティノープルに姿を表し、ビザンチン人のテオドラス・フィレタスにより、ネクロノミコンというタイトルでギリシア語に翻訳された。これ以降、同書のタイトルはネクロノミコンに統一される。なお、ネクロノミコンとはギリシア語による造語で、『死者の掟の書』『死者の書』といった意味になる。

11世紀になると、この危険な書物は正教会から焚書処分される。が、錬金術師や魔術師によって密かに保管され、のちの時代に伝えられた。13世紀にはギリシア語版からラテン語翻訳が、16世紀にはジョン・ディー博士【注5】による英語翻訳版が出された。しかし、その冒涜的な内容からたび重なる焚書や出版禁止処分を受け、完全な状態の本が少なくなり、不完全な写本や偽物が世に出回るようになったという。

ほかにも『悪の祭祀』、通称『サセックス断章』と呼ばれる雑な翻訳の写本や、ミスカトニック大学附属図書館に『イスラムの琴（カノーン）』と間違ったタイトルの表紙のネクロノミコンなども存在する。偽書や不完全な本が増え、正確に把握することは困難だが、完全な写本は現在では5冊だけ存在すると語られている。

ネクロノミコンが登場する作品

クトゥルフ神話の関連作品から飛び出してしまったネクロノミコン。どういった作品に登場しているかというと、ゲームの『ファイナル・ファンタジー』『テイルズ』シリーズや、ライトノベルの『とある魔術の禁書目録』が有名なところ。メジャーになった結果、今ではクトゥルフ神話を知らないけれど、ネクロノミコンという魔道書の存在を知っているという人も珍しくなくなっている。

文学

百八星
～水滸伝の世界～

108人の英傑を描いた壮大な物語

　百八星は中国三大奇書の1つ『水滸伝』に登場する108人の英傑のこと。本書は明の時代に書かれた小説で、12世紀初めに実際に起きた方臘の乱などから着想を得ており、登場する英傑・百八星は、天魁星や地魁星など何らかの星を宿している。

　あるとき、中国を統一していた宋という国の首都・東京で疫病が大流行した。これを祈祷で祓ってもらうべく、宋の皇帝は竜虎山に住まう法主・嗣漢天師のもとに洪信という人物を使者として派遣。事情を聞いた嗣漢天師は雲に乗って東京に向かった。1人残された洪信はここで、あることを思い出す。それは、竜虎山に存在するという108人の悪魔を封じた伏魔殿と呼ばれる祠であった。怖いもの見たさから祠の中を覗いてみたくなった洪信は、道士たちに命令して無理やり祠を開かせ、中にあった石碑を動かしてしまう。すると、そこから黒雲が立ち上がり、天罡星36柱、地煞星72柱の魔王たちが光となって各地に飛び散ってしまったのである。

　この108柱の悪魔が生まれ変わった人物たちというのが、何を隠そう『水滸伝』の主要人物である百八星なのだ。のちに彼らは何かに導かれるように梁山泊【注1】に集い、天罡星・宋江が率いる宋軍として数々の戦場にて武勲を挙げて、その名を中国大陸に轟かすのである。

【注1】百八星の本拠地が存在した水沢地。周囲が山々で囲われており、作中では難攻不落の要塞として描かれている。また、ある日ここに火の玉が落ち、その場所から天罡星36人、地煞星72人の名前が順位通り刻まれていた1枚の石碑が掘り出されたという話も存在する。

文学

■百八星一覧

宿星	別称	名称	使用武器や特技	梁山泊での役割
天魁星（てんかいせい）	呼保義（こほうぎ）	宋江（そうこう）	槍棒	梁山泊軍（宋軍）の指揮官
天罡星（てんこうせい）	玉麒麟（ぎょくきりん）	盧俊義（ろしゅんぎ）	棍棒	梁山泊の副頭領
天機星（てんきせい）	智多星（ちたせい）	呉用（ごよう）	兵法、策略	軍師
天閑星（てんかんせい）	入雲龍（にゅううんりゅう）	公孫勝（こうそんしょう）	棍棒、道術	道士兼軍師
天勇星（てんゆうせい）	大刀（だいとう）	関勝（かんしょう）	青竜偃月刀	騎兵軍五虎将
天雄星（てんゆうせい）	豹子頭（ひょうしとう）	林冲（りんちゅう）	槍棒	騎兵軍五虎将
天猛星（てんもうせい）	霹靂火（へきれきか）	秦明（しんめい）	狼牙棒	騎兵軍五虎将
天威星（てんいせい）	双鞭（そうべん）	呼延灼（こえんしゃく）	双鞭	騎兵軍五虎将
天英星（てんえいせい）	小李広（しょうりこう）	花栄（かえい）	弓	騎兵軍八驃騎 兼 先鋒使
天貴星（てんきせい）	小旋風（しょうせんぷう）	柴進（さいしん）	槍棒	金銭および兵糧管理の頭領
天富星（てんふうせい）	撲天鵰（ぼくてんちょう）	李応（りおう）	点鋼鎗	金銭および兵糧管理の頭領
天満星（てんまんせい）	美髯公（びぜんこう）	朱仝（しゅどう）	武芸全般	騎兵軍八驃騎 兼 先鋒使
天孤星（てんこせい）	花和尚（かおしょう）	魯智深（ろちしん）	禅丈	歩兵軍頭領
天傷星（てんしょうせい）	行者（ぎょうじゃ）	武松（ぶしょう）	体術	歩兵軍頭領
天立星（てんりつせい）	双鎗将（そうそうしょう）	董平（とうへい）	槍	騎兵軍五虎将
天捷星（てんしょうせい）	没羽箭（ぼつうせん）	張清（ちょうせい）	投石	騎兵軍八驃騎 兼 先鋒使
天暗星（てんあんせい）	青面獣（せいめんじゅう）	楊志（ようし）	刀、槍、弓	騎兵軍八驃騎 兼 先鋒使
天祐星（てんゆうせい）	金鎗手（きんそうしゅ）	徐寧（じょねい）	金鎗法（槍）	騎兵軍八驃騎 兼 先鋒使
天空星（てんくうせい）	急先鋒（きゅうせんぽう）	索超（さくちょう）	大斧、弓	騎兵軍八驃騎 兼 先鋒使
天速星（てんそくせい）	神行太保（しんこうたいほう）	戴宗（たいそう）	神行法 ※	情報担当総責任者
天異星（てんいせい）	赤髪鬼（せきはつき）	劉唐（りゅうとう）	槍、朴刀	歩兵軍頭領
天殺星（てんさつせい）	黒旋風（こくせんぷう）	李逵（りき）	板斧	歩兵軍頭領
天微星（てんびせい）	九紋龍（くもんりゅう）	史進（ししん）	武芸全般	騎兵軍八驃騎 兼 先鋒使
天究星（てんきゅうせい）	没遮攔（ぼつしゃらん）	穆弘（ぼっこう）	朴刀	騎兵軍八驃騎 兼 先鋒使
天退星（てんたいせい）	挿翅虎（そうしこ）	雷横（らいおう）	朴刀	歩兵軍頭領
天寿星（てんじゅせい）	混江龍（こんこうりゅう）	李俊（りしゅん）	水泳、操船術	水軍頭領
天剣星（てんけんせい）	立地太歳（りっちたいさい）	阮小二（げんしょうじ）	操船術	水軍頭領
天平星（てんぺいせい）	船火児（せんかじ）	張横（ちょうおう）	水泳、操船術	水軍頭領
天罪星（てんざいせい）	短命二郎（たんめいじろう）	阮小五（げんしょうご）	操船術	水軍頭領
天損星（てんそんせい）	浪裏白跳（ろうりはくちょう）	張順（ちょうじゅん）	水泳、操船術	水軍頭領
天敗星（てんはいせい）	活閻羅（かつえんら）	阮小七（げんしょうしち）	操船術	水軍頭領
天牢星（てんろうせい）	病関索（びょうかんさく）	楊雄（ようゆう）	斬首刀	歩兵軍頭領
天慧星（てんけいせい）	拚命三郎（へんめいさぶろう）	石秀（せきしゅう）	槍棒	歩兵軍頭領
天暴星（てんぼうせい）	両頭蛇（りょうとうだ）	解珍（かいちん）	刺又	歩兵軍頭領
天哭星（てんこくせい）	双尾蝎（そうびかつ）	解宝（かいほう）	刺又	歩兵軍頭領
天巧星（てんこうせい）	浪子（ろうし）	燕青（えんせい）	弓、相撲	歩兵軍頭領

※同術の1つで、これを使えば1日に約400kmも歩けるといわれる。

文学

宿星		別称	名称	使用武器や特技	梁山泊での役割
地煞星	地魁星	神機軍師	朱武	兵法、策略	副軍師
	地煞星	鎮三山	黄信	喪門剣	騎兵軍小彪将 兼 斥候担当頭領
	地勇星	病尉遅	孫立	弓、長槍、鉄鞭	騎兵軍小彪将 兼 斥候担当頭領
	地傑星	醜郡馬	宣賛	剛刀	騎兵軍小彪将 兼 斥候担当頭領
	地雄星	井木犴	郝思文	武芸全般	騎兵軍小彪将 兼 斥候担当頭領
	地威星	百勝将	韓滔	棗木槊	騎兵軍小彪将 兼 斥候担当頭領
	地英星	天目将	彭玘	三尖両刀	騎兵軍小彪将 兼 斥候担当頭領
	地奇星	聖水将	単廷珪	兵法、策略	騎兵軍小彪将 兼 斥候担当頭領
	地猛星	神火将	魏定国	兵法、策略	騎兵軍小彪将 兼 斥候担当頭領
	地文星	聖手書生	蕭譲	書の作成	軍隊派遣の管理や文書作成
	地正星	鉄面孔目	裴宣	事務処理	軍規取締役
	地闊星	摩雲金翅	欧鵬	鉄槍	騎兵軍小彪将 兼 斥候担当頭領
	地闔星	火眼狻猊	鄧飛	鎖鎌	騎兵軍小彪将 兼 斥候担当頭領
	地強星	錦毛虎	燕順	朴刀	騎兵軍小彪将 兼 斥候担当頭領
	地暗星	錦豹子	楊林	槍	騎兵軍小彪将 兼 斥候担当頭領
	地輔星	轟天雷	凌振	砲術、火砲製造	大小号砲の製造
	地会星	神算子	蒋敬	計算、兵法、槍棒	金銭や兵糧の出納の管理
	地佐星	小温侯	呂方	方天戟	騎兵軍鏡将（中軍司令部護衛）
	地祐星	賽仁貴	郭盛	方天戟	騎兵軍鏡将（中軍司令部護衛）
	地霊星	神医	安道全	医療（人間）	疾病治療（内科・外科）担当医師
	地獣星	紫髯伯	皇甫端	医療（獣）	馬匹の治療
	地微星	矮脚虎	王英	槍	騎兵軍頭領（三軍内の検察担当）
	地急星	一丈青	扈三娘	二刀流	騎兵軍頭領（三軍内の検察担当）
	地暴星	喪門神	鮑旭	剣	歩兵軍将校
	地然星	混世魔王	樊瑞	流星鎚、道術	歩兵軍将校
	地好星	毛頭星	孔明	槍棒	騎兵軍鏡将（中軍司令部護衛）
	地狂星	独火星	孔亮	槍棒	騎兵軍鏡将（中軍司令部護衛）
	地飛星	八臂那吒	項充	飛刀、投げ槍、盾	歩兵軍将校
	地走星	飛天大聖	李袞	刀、投げ槍、盾	歩兵軍将校
	地巧星	玉臂匠	金大堅	印刻	兵符や印章の制作
	地明星	鉄笛仙	馬麟	大滾刀	騎兵軍小彪将 兼 斥候担当頭領
	地進星	出洞蛟	童威	水泳、操船術	水軍頭領
	地退星	翻江蜃	童猛	水泳、操船術	水軍頭領
	地満星	玉旛竿	孟康	大船建造	軍船の建造
	地遂星	通臂猿	侯健	槍棒、仕立物	旌旗や衣服の製造
	地周星	跳澗虎	陳達	点鋼槍	騎兵軍小彪将 兼 斥候担当頭領

※ P.296 へ続く

百八星 ～水滸伝の世界～

文学

宿星	別称	名称	使用武器や特技	梁山泊での役割
地隠星（ちいんせい）	白花蛇（はくかだ）	楊春（よう しゅん）	大桿刀	騎兵軍小彪将 兼 斥候担当頭領
地異星（ちいせい）	白面郎君（はくめんろうくん）	鄭天寿（てい てんじゅ）	朴刀	歩兵軍将校
地理星（ちりせい）	九尾亀（きゅうびき）	陶宗旺（とう そうおう）	鉄鍬	梁山泊の城壁築造
地俊星（ちしゅんせい）	鉄扇子（てつせんし）	宋清（そう せい）	ー	宴会の準備
地楽星（ちらくせい）	鉄叫子（てつきょうし）	楽和（がく わ）	歌	歩兵軍頭領（機密伝令担当）
地捷星（ちしょうせい）	花項虎（かこうこ）	龔旺（きょう おう）	投げ槍	歩兵軍将校
地速星（ちそくせい）	中箭虎（ちゅうぜんこ）	丁得孫（てい とくそん）	投げ刺又	歩兵軍将校
地鎮星（ちちんせい）	小遮攔（しょうしゃらん）	穆春（ぼく しゅん）	朴刀	歩兵軍将校
地稽星（ちけいせい）	操刀鬼（そうとうき）	曹正（そう せい）	屠殺	家畜の屠殺
地魔星（ちません）	雲裏金剛（うんりこんごう）	宋万（そう まん）	槍棒	歩兵軍将校
地妖星（ちようせい）	摸着天（もちゃくてん）	杜遷（と せん）	槍棒	歩兵軍将校
地幽星（ちゅうせい）	病大虫（びょうだいちゅう）	薛永（せつ えい）	槍棒	歩兵軍将校
地伏星（ちふくせい）	金眼彪（きんがんひょう）	施恩（し おん）	武芸全般	歩兵軍将校
地僻星（ちへきせい）	打虎将（だこしょう）	李忠（り ちゅう）	槍棒	歩兵軍将校
地空星（ちくうせい）	小覇王（しょうはおう）	周通（しゅう とう）	槍	騎兵軍小彪将 兼 斥候担当頭領
地孤星（ちこせい）	金銭豹子（きんせんひょうし）	湯隆（とう りゅう）	鍛冶、槍棒	武器や甲冑の製造監督
地全星（ちぜんせい）	鬼瞼児（きれんじ）	杜興（と こう）	拳術、棒術	居酒屋経営（南山酒店※）
地短星（ちたんせい）	出林龍（しゅつりんりゅう）	鄒淵（すう えん）	大斧	歩兵軍将校
地角星（ちかくせい）	独角龍（どくかくりゅう）	鄒潤（すう じゅん）	大斧	歩兵軍将校
地囚星（ちしゅうせい）	旱地忽律（かんちこつりつ）	朱貴（しゅ き）	ー	居酒屋経営（南山酒店）
地蔵星（ちぞうせい）	笑面虎（しょうめんこ）	朱富（しゅ ふう）	槍棒	酒酢の製造および供給
地平星（ちへいせい）	鉄臂膊（てっぴはく）	蔡福（さい ふく）	斬首	死刑執行斬首人
地損星（ちそんせい）	一枝花（いっしか）	蔡慶（さい けい）	斬首	死刑執行斬首人
地奴星（ちどせい）	催命判官（さいめいはんがん）	李立（り りつ）	ー	居酒屋経営（北山酒店）
地察星（ちさつせい）	青眼虎（せいがんこ）	李雲（り うん）	槍棒	家屋の建築や修繕
地悪星（ちあくせい）	没面目（ぼつめんもく）	焦挺（しょう てい）	相撲	歩兵軍将校
地醜星（ちしゅうせい）	石将軍（せきしょうぐん）	石勇（せき ゆう）	短棒	歩兵軍将校
地数星（ちすうせい）	小尉遅（しょううつち）	孫新（そん しん）	槍、鞭	居酒屋経営（東山酒店）
地陰星（ちいんせい）	母大虫（ぼだいちゅう）	顧大嫂（こだいそう）	刀、短刀	居酒屋経営（東山酒店）
地刑星（ちけいせい）	菜園子（さいえんし）	張青（ちょう せい）	ー	居酒屋経営（西山酒店）
地壮星（ちそうせい）	母夜叉（ぼやしゃ）	孫二娘（そん じじょう）	武芸全般	居酒屋経営（西山酒店）
地劣星（ちれつせい）	活閃婆（かつせんば）	王定六（おう ていりく）	俊足	居酒屋経営（北山酒店）
地健星（ちけんせい）	険道神（けんどうしん）	郁保四（いく ほうし）	ー	元帥旗の捧持
地耗星（ちこうせい）	白日鼠（はくじつそ）	白勝（はく しょう）	博打、泥棒	歩兵軍頭領（機密伝令担当）
地賊星（ちぞくせい）	鼓上蚤（こじょうそう）	時遷（じ せん）	泥棒	歩兵軍頭領（機密伝令担当）
地狗星（ちくせい）	金毛犬（きんもうけん）	段景住（だんけいじゅう）	早歩き	歩兵軍頭領（機密伝令担当）

※梁山泊の周辺で経営されていた居酒屋。東西南北の4カ所にあり、訪れた客から情報を収集していた

百八星 〜水滸伝の世界〜

地煞星（ちさつせい）

自然・数学

Nature · Mathematics

自然、数学

化学・物理

永久機関

関連
■マクスウェルの悪魔
→ P.335

永久機関開発の失敗から生まれた、物理の大原則

【注1】エネルギー保存の法則は、物理学で基本とされる法則の1つで、熱力学の第1法則ともいわれる。ひと口にエネルギーといっても、電気や熱、光など、いくつか種類がある。これらは相互に変換できるが、エネルギーの総和自体は変わらない、というのがこの法則である。

　永久機関とは、外部からエネルギーの入力がなくても仕事をし続ける仕組みのこと。昔から、多くの科学者たちは、真剣に永久機関を研究していたという長い歴史がある。これが完成すれば、石油も石炭も不要となるからだ。しかし、研究が積み重ねられた結果、永久に永久機関は作れなかった。むしろ、なぜ作れないのかということを考えて、「エネルギーという言葉をつくり、エネルギー保存の法則【注1】（熱力学第一法則）というものが誕生した。高校の物理の授業で教わるこの法則は、「あらゆる自然現象におけるエネルギーの変換では、関係したすべてのエネルギーの和は一定になる」というもの。つまりは「エネルギーは勝手に湧いてきたりはしないので、永久機関は作れない」という、夢に敗れたことを潔く認めた定理がこれなのだ。

　永久機関には2種類あって、先のエネルギー保存の法則に逆らおうとするものが「第一種永久機関」。つまり、外部から熱もエネルギーもなく、ひとりでにエネルギーを発生させるものである。これが科学者たちが必死に作ろうとしても作

自然、数学

れなかったロマンの装置なのだが、先述の通り、結果作れずにエネルギー保存の法則という結論を導いた。

次に「**第二種永久機関**」だが、これはエネルギー保存の法則を破らずに実現しようとしたもので、仕事を行う機関を装置に組み込み、熱源から熱エネルギーを取り出し、それで仕事をさせて熱を熱源に回収しようというものだ。しかしこれも実現には至らず、やはり「熱は高い方から低い方に流れる」という<u>エントロピー増大の原理</u>【注2】（熱力学第二法則）を誕生させるに至っている。永久機関は実現できなかったが、その勢力的な研究によって、物理法則の大発見がなされたことは大きな意味があったといえる。

【注2】熱は必ず高い物体から低い物体へと移動し、その逆は起こらないという法則。エントロピーとは無秩序の程度を表し、孤立した系ではエントロピーは減少しない、ということを表している。

それでも永久機関を追い求める眉唾話は絶えず

熱力学の2つの法則は、物理学での常識となったが、1973年ごろにアメリカで、エドウィン・グレイによって永久機関のような働きをする**EMAモーター**が作成されただとか、また最近でも民間の科学者が**超効率インバーター**の開発に成功したという話もある。しかし、正直これらの話は眉唾もの。というのも、とにかく永久機関に関してはロマンがあるのか、<u>似非科学の類</u>や、<u>詐欺</u>として<u>故意犯的に発明する輩</u>が、昔から多いからだ。2011年の原発事故以来、新エネルギーへの期待が高まる昨今ではあるが、何百年とかけて科学者たちが実験してきた成果を一気に壊すブレイクスルーなど、そんな簡単には生まれない。生半可な知識でトンデモに引っかからないよう、気をつけたい。

そもそも永久機関の特許は無理

今なお永久機関を追い求める人たちはいるようだが、実は永久機関が不可能だと分かっている現代日本において、自然法則に反する永久機関は特許が認められていない。仏国科学アカデミーや米国特許庁に至っては、永久機関の提案の受付すら禁じている。つまり、特許出願中を謳う永久機関的なものは、出願だけで永久に認可されないか、そもそも永久機関でないかだと言い切れる。

自然、数学

科学・医学

エーテル

関連
■アカシック・レコード
→ P.010

現代の量子力学がとってかわる

【注1】特殊相対性原理と光速度不変の原理からなる理論。それまでの学説では、エーテルに対する地球の動きが光の速さを変えてしまうと考えられていたのだが、光の速度は常に一定であるとする特殊相対性理論が否定するかたちに。

　その昔、人は音が空気を伝い、波が海水を伝うように、光を伝える物質が宇宙にあると考えた。古代ギリシアで空気の上層をあらわす言葉であった「エーテル」は、アリストテレスによって神学的な意味で"天を満たすもの"だと定められた。この用語が物理の領域で意味をもち始めたのは、まだ量子力学の基礎が確立される以前の17世紀。ルネ・デカルトは1644年に『哲学原理』で「宇宙は真空ではなく、隙間なくエーテルに埋められている」と主張した。サー・アイザック・ニュートンは光は粒子であるといい、クリスティアーン・ホイヘンスは光の波動説を唱えたが、共にエーテル説を支持していた。しかし、それならエーテルの中を進んでいる地球にはエーテルの風が吹いているはずであり、科学者たちはその存在を立証しようとした実験をしたものの、エーテルの風は検出されなかった。

　その後、アルベルト・アインシュタインが1905年には「特殊相対性理論」【注1】を発表、電磁波の伝達に媒介物質は不要だとしてエーテル理論を事実上破棄した。宇宙に進出した現在では、宇宙空間がエーテルに満ちているという概念がいかに前時代的だということが分かる。

　しかし眼に見える光が電磁波の一種と解明されたことを考えると、波を伝える何かがあるとする発想自体は、無駄だったと言いきれないのではないだろうか。

自然、数学

■宇宙に満ちるエーテルの予想図

過去にはエーテルがまんべんなく宇宙を満たしていると、人々は図のように予想していた。音が伝わらず、慣性の法則が働き続けるのは、ほぼ真空に近い希薄な状態だからで、エーテルではないが宇宙には何らかの物質が漂っている。ただ、宇宙を構成する4％の通常物質以外については、まだ謎が多い。

[光を伝播する物質]

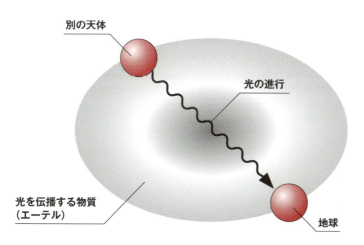

別の天体／光の進行／光を伝播する物質（エーテル）／地球

COLUMN

エーテルのどこに無理があったのか？

光の波が横波であることが分かると、にわかにエーテル理論は怪しくなった。波の進む向きに対して媒質が垂直に振動し、波の向きに伝わるのが横波だが、直角に伝わるためには媒質を構成する粒子同士の結びつきが強くなければならない。気体や液体のように柔らかいものでは横波を伝えることできず、固体でないといけなくなる。しかし、宇宙をカチンコチンのエーテルが満たしているとは考えにくい。これが行きづまりの1つだった。さらにマクスウェルの方程式から、光は電磁波の一種であり、観測者の動きに関係なく光の速さは不変であると考えられると、ガリレオ・ガリレイの相対性原理（相対する者同士にとっては相手が自分の速度を足した速さで動いているように見えることから、光と同じ方向に進むものにとっては光が遅く、相対するものにとっては早く見える）との矛盾が生じた。

結局、その後のさまざまな研究は、極端にいえばこの矛盾をこじつけるためのものとなり、特殊相対性理論で否定されるまで迷走することになったのだ。ただし特殊相対性理論は実測に基づいた理論であるため、測定結果が変われば、これもまた否定される可能性がある。

自然、数学

数学

黄金比（おうごんひ）

関連

美しく見えるには、鉄板の比率アリ

【注1】1452年生〜1519年没。ルネサンス期を代表するイタリアの芸術家。『モナ・リザ』や『最後の晩餐』などの絵画、彫刻、建築だけでなく、科学技術にも通じている。

【注2】1792年生〜1872年没。ドイツの数学者。導電現象において、抵抗に流れる電流と、それによって発生する電位差の法則「オームの法則」を公表したゲオルク・オームの弟。

　世の中には<u>一番安定していて美しく、理想的な長方形</u>というものがある。その縦横比を「黄金比」、黄金比を二次方程式の正の解で求めたものを「黄金数」、その比でできた長方形を「黄金矩形」という。古代ギリシアの頃から芸術・美術・建築の分野でこの比率に近いものはいろいろな作品で認められていたが、意図的に黄金比を使おうとし、数秘的な地位を確立するのはルネッサンス時代だ。かのレオナルド・ダ・ヴィンチ【注1】もこれを発見したという記録が残っている。そして、黄金比という用語が初めて文献に登場したのは、1835年にドイツの数学者マルティン・オーム【注2】の著書『初等純粋数学』とされている。

　具体的に黄金比の長方形を作図すると、まず正方形のabcdを作り、bc辺の中点oを中心に線分odを半径とした円を書き、辺bcの延長線上の交点をeとする。このabとbeの比が黄金比となる。黄金矩形の特徴は、この長方形をabefとして、正方形部分を取り除いたdcefという長方形とabefが同じ縦横比でできていると

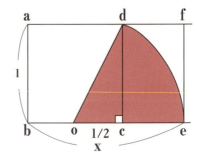

[黄金比の長方形]

いうことにある。このことから、ab辺の長さを1、be辺をxとした場合、1:x = x-1:1という比率になり、ここからxを求めると、x=(1+√5)/2という計算になる。この(1+√5)/2が黄金数で、数学的にはφ（ファイ）と表される。このφは正確には1.6180339887……と、小数点以下が永遠に続くので、だいたいの黄金比としては**1:1.618**や**約5:8**とする場合が多い。

クレカやディスプレイ、数列にまで黄金比

【注3】1170年頃生〜1250年頃没。イタリアの数学者。13世紀初頭に『算盤の書』を出版し、アラビア数字のシステムをヨーロッパに導入した。ちなみにフィボナッチ数列は『算盤の書』の出所であるインドの数学者には既知なものであったが、西洋で初めて紹介したのが彼だったため、その名がつけられている。

　黄金比及び黄金矩形は、現代においてもよく見かける。名刺やクレジットカード等のカードの縦横比は黄金比を利用しているものが多く、ディスプレイのアスペクト比やA版用紙の縦横比も黄金比に近い。また黄金矩形以外でも、黄金比や黄金数は登場する。例えば「フィボナッチ数列」もそうで、これはイタリアの数学者レオナルド・フィボナッチ【注3】が『算盤の書』に記載したもので、彼は「1つがいの兎は、産まれてから1ヵ月後から毎月1つがいずつの兎を産む。1つがいの兎は、1年で何つがいの兎になるのか？」という問題を考えた。具体的な計算は省略するが、0ヵ月目〜12ヵ月目までのつがいの合計数を数列として並べると、「1、1、2、3、5、8、13、21、34、55、89、144、233」となり、<u>この数列はどの月の数も、その前の2ヵ月の和という特性をもっている</u>。これがフィボナッチ数列の定義で、この数列の隣り合う数字同士の比は、なぜか徐々に黄金比に近づいていく。まさに、数字の世界の不思議だ。

黄金比が潜むあれこれ

　偶然にせよ意図的にせよ、黄金比はさまざまなところに出てくる。偶然のパターンでいえば、植物の葉脈や、巻き貝の断面図などは、黄金比の例としてよく取り挙げられている。意図的なパターンでいえば、美容外科においては、足底から臍までの長さと、臍から頭頂までの長さの比をはじめ、顔面の構成や細かな形態なども、黄金比に合致すれば美しいとされているという。

自然、数学

数学

カオス理論

規則的なのに、なぜかランダムっぽい？

【注1】初期値をほんの少し変えただけで、まったく違った結果を生み出すという性質。カオスの特徴は、初期値鋭敏性とストレンジ・アトラクター（非整数次元のアトラクターやカオス理論でしか説明できない集合体）が挙げられる。

　カオスは和訳すると混沌だが、数学的にカオスとは、完全な混沌というよりも、<u>ランダムのように見える複雑な現象</u>のことで、カオス理論はそれを扱う理論である。カオスかどうかを認定するための必要十分条件はないのだが、主な特徴としては、①単純な数式からはランダムに「見える」振る舞いが発生。②短期的な未来予測はできるものの、長期的には予測不能。③初期値のわずかな違いが、未来の状態に大きな違いを引き起こす（初期値鋭敏性【注1】）、などがある。これらの傾向が見られたものに対し、<u>数学的には「カオス」</u>だと判別される。

　では具体的にどういうものがカオスなのかを見てみよう。例えば「$a \times p \times (1-p)$」という数式（$0<p<1$、$0<a<4$）で、pの推移を表に表すとする。とりあえず$a=2$、$p=0.3$と入力すると$2 \times 0.3 \times (1-0.3) = 0.42$となり、この$0.42$を$p$に代入する。これをどんどん計算していくと最初こそ不規則にみえるが、段々と規則的な形に収束していき、だんだんとpは0.5に落ち着いてくる。

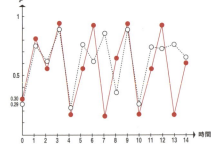

[カオス的数値の変動]

自然、数学

しかし、同じことを a=3.9 で入力すると、先ほどの形とはまったく異なる不規則なグラフを描くようになり、長期的な未来予測ができない。これをカオスと称するのである。

特にカオスで最も重要なのが初期値鋭敏性で、2と3.9の差以上に微小な差でもカオスが発生する場合も往々にありうる。例えばそれが観測・計測データで、観測・計測を行うのが人間である以上、小数点以下を完全に把握したデータ、誤差の生じないデータなどありえないからだ。

わずかな誤差が、大きな差を生み出してしまうカオス

【注2】1917〜2008年。アメリカの気象学者コンピューターシミュレーションで気象モデルを観察する中でカオスモデルを発見。また、カオス的なふるまいをする、ローレンツ方程式も提示した。

【注3】ローレンツ方程式による、変数の集合で、非線形である。蝶の形によく似ている。

このカオスモデルは、1961年にアメリカの気象学者エドワード・ローレンツ【注2】によって発見された。彼は気象データの計算をコンピューターに任せていたときに、小数点以下の入力ケタが異なる設定のために誤差が発生し、結果が大きく変わることに気づく。このことから彼は、「決定論的な法則に従っているのにもかかわらず、長期的な未来予測ができない」というカオスの概念を発表した。

そしてこうした複雑な軌道の概念は1975年にアメリカの物理学者らによって「カオス」と名づけられ、ローレンツが発表したカオスモデルは「ローレンツカオス」、それを表にした図形「ローレンツ・アトラクター」【注3】（蝶の形に非常によく似ているのが特徴）として広く知れ渡ることとなる。以降、こうしたカオス現象が認められる物理運動についての研究も進められ、物理現象すべてを決定論的にとらえる風潮を大きく変えることとなった。

バタフライ効果とは？

「ローレンツアトラクター」が蝶の形に似ていることと、ローレンツが1972年に行った講演のタイトル「予測不可能〜ブラジルでの蝶の羽ばたきはテキサスでトルネードを引き起こすか〜」から、「バタフライ効果」という言葉が生まれている。これは「ブラジルの蝶の羽ばたきが、テキサスの気象に大きな影響を与える可能性がある」という、カオス理論を端的に表現した比喩として知られる。

カオス理論

自然、数学

宇宙

軌道エレベーター

関連

軌道エレベーターは理論的に実現可能

【注1】軌道エレベーターという呼称は、小説や解説書でも使われている。以前は一般的だったが、英語では「Space elevator」と表記することが多いので、最近では宇宙エレベーターと呼ばれることが多くなってきている。

軌道エレベーター【注1】とは、地上から軌道上までを繋ぐエレベーターのこと。垂直に立てたガイドレールに沿って籠が上下するという仕組みは、通常のエレベーターと同じだ。しかし、軌道エレベーターを造るには10万kmという高さが必要で、巨大すぎる構造物は自重で潰れてしまうのではとも思うが、理論的には建設可能だという。

地球には自転による遠心力が働いており、地球から離れていくほど重力は弱まり、赤道上空の高度約3万6000kmの地点でちょうど重力と遠心力がつりあう。これが、人工衛星などが置かれる静止軌道だ。ここから更に宇宙側へ進むと今度は遠心力のほうが強くなるので、遠心力と重力が等しく働くように構造物を建設すれば、その物体は高度を保ったままでいられるのである。

実は、軌道エレベーターのアイデア自体は古くからある。最初に記録に残したのは旧ソ連の科学者コンスタンチン・E・ツィオルコフスキーで、1889年に完成したエッフェル塔を見て思いついたという。この構想を更に広げたのが、旧ソ連

工科大学の学生だったユーリイ・アルツターノフで、宇宙空間に届く構造物の建設は理論的に可能としている。ただ、地上から積み上げて完成させるのは無謀と考え、かわりに静止軌道上から上下に建設していく方法を、1960年の段階で発表している。現在の軌道エレベーター構想のほとんどは、この案をベースにしている。

実現できるかは素材の開発次第

【注2】破断長とは、物質を均一な太さの紐状にして上から垂直方向に伸ばしていったとき、その物質の耐久度が自重に耐えられなくなって切れる長さ。素材の強度によって異なり、これが長いほど頑丈な物質ということになる。

ただ、軌道エレベーター最大の問題は、物質の**破断長**【注2】にあった。頑丈な物質といって一般に思い浮かべる鋼鉄では50km、鋼鉄の4〜5倍の強度をもつケブラー繊維でも、せいぜい200kmしかない。宇宙に届くエレベーターを作るには、5000km程度の破断長をもつ物質が必要なので、1980年代半ばまでは到底不可能と考えられていた。

ところが1991年に、炭素繊維の分野で**カーボンナノチューブ**という革新的な発見があった。カーボンナノチューブはアルミニウムの半分ほどの比重しかなく、しかも鋼鉄をはるかに上回る硬度をもっている。特に、繊維に沿って引っ張った時の強度はダイヤモンドより強く、何と理論的な破断長は1〜10万kmだという。あくまで理論値であり、実際に作れるのかは未知数だが、実現すれば軌道エレベーターに必要なケーブルが製造可能ということになる。宇宙関連機器開発メーカーの技術者も「開発予算と人員さえ確保できれば、20年程度で完成できるかも」と語っており、実現の日もそう遠くないかもしれない。

一番の敵は宇宙ゴミ

軌道エレベーターの実現には、籠の動力を始め、下りの減速方法や放射線被曝対策など課題は多い。しかし、現在の科学技術の延長線で対処が可能なものが多く、むしろ一番の問題は宇宙ゴミであるようだ。現在、地球の周りにはロケットの打ち上げなどによるゴミが、3000〜5000トンもあり、秒速10kmほどで飛び回っている。まずは、これらを片づけることが必要なようだ。

自然、数学

宇宙

サイクリック宇宙論

関連
■ダークマター
➡ P.314

> 宇宙は最終的に一点に潰れてしまう!?

【注1】ビッグバン理論を補完する初期の宇宙の進化モデルで、宇宙が量子のゆらぎから開闢（かいびゃく）し、10の100乗倍にまで一気に膨れ上がる状態のこと。途方もなく膨れ上がってしまうため、観測できる範囲が非常に限られてしまう。

【注2】インフレーションの後、真空の相転移によって、真空の状態が変わり、膨大な熱量が解放される状態。この熱によって宇宙は超高温の火の玉状になる。広義では、インフレーションも含めてビッグバンということもある。

【注3】ビッグバンから時間が経って、宇宙が冷えた状態。温度が下がり、電子の動きが鈍くなり原子が誕生するとともに、散乱していた光が空間を直進し、遠くまで届くようになる。

　宇宙は約137億年前に誕生し、「インフレーション」【注1】→「ビッグバン」【注2】→「宇宙の晴れ上がり」【注3】ののちに、銀河や星が生まれる、というのが、今有力とされる宇宙モデルだ。このインフレーション宇宙論の場合、宇宙の膨張は加速し、いずれは冷えきってしまう「ビッグフリーズ」を迎えるということになっている。

　しかし、今ある宇宙が今後どうなるかについてはいろいろなシナリオが考えられている。ビッグフリーズではなくて、宇宙は膨張したのちに収縮し、一点に潰れてしまう「ビッグクランチ」を迎えるというシナリオもある。これが、サイクリック宇宙モデルだ。このモデルの場合、宇宙は膨張と収縮のサイクルを何度も繰り返していることになり、再びビッグバンで膨張し収縮した宇宙（ハドゲン宇宙）は、前のサイクルで得たエネルギーによって、以前よりも膨らむと考えられている。文字通り循環している宇宙というわけで、今の宇宙はこうしたサイクルを繰り返した50回目の宇宙だ、と主張する研究者もいるようだ。

　もともとこのモデルはアインシュタインの時代から考察されてきたが、21世紀になってダークマターが発見されたことで論理的に整合性のある最新のサイクリック宇宙モデルが提唱されるようになった。だが、研究者によってこのモデルもバリエーションがさまざまである。

科学・医学

催眠術
さいみんじゅつ

関連

磁石治療から生まれた心理療法

【注1】物理攻撃、精神攻撃、薬物投与などの暴力的な手段で強制的に思想を変えさせる行為を指す。いっぽうマインドコントロールは、心を操作されていると気付かせないよう、巧みに対象の人物を思い通りに操る技術のことである。医療のための催眠とはそもそも目的が異なるが、心理操作の危険性は知っておくべきだ。

　一般に催眠術というと、手品のように言うことをきかせたり、体が動かなくなったりという結果を見せるエンターテインメントの印象が強い。だが実際には、催眠療法やイメージトレーニングに用いられる技術のことを指す。フィクションに描かれるような強制的に殺人を起こす命令を被験者に下すことは、そう容易ではない。一定期間をかけて洗脳【注1】する場合にはカルト宗教やインチキ占い師の使うブレインウォッシュ技術のほうが適している。

　現在の催眠術は、フランツ・アントン・メスマー（1733年生〜1815年没）が提唱、実施していた「メスメリズム」を起点とするものだ。メスマーは人間の体には動物磁気が存在し、それを操ることで健康が回復すると考えてこれを実践した。18世紀にはメスメリズムがいっとき流行るも、フランス国王の任命した委員による調査で科学的事実がないと判明し、下火になってしまった。しかし、ジークムント・フロイトがメスメリズムを採りあげ、19世紀にジェームズ・ブライドが「凝視法」という催眠術を開発して精神療法の下地をつくるなどの、後世の歴史にメスマーが影響を及ぼしたことは間違いない。

　現代では、人間の意識を意識から潜在意識に誘導し、暗示にかかりやすく、命令に意識が集中する「催眠」状態に被験者を置く技術として定義されている。

自然、数学

■催眠が関与する部分

現在では「催眠術は潜在意識を活用するもの」という考えもある。フロイトやユングが指摘する、普段は知覚できない意識の深層にある潜在意識に到達する技術としても、催眠術は用いられる。

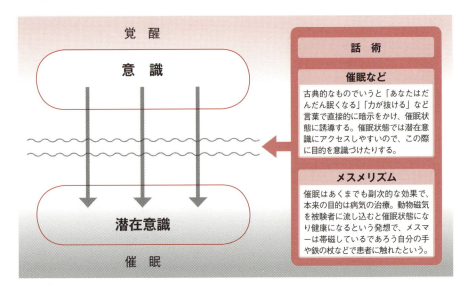

話術

催眠など
古典的なものでいうと「あなたはだんだん眠くなる」「力が抜ける」など言葉で直接的に暗示をかけ、催眠状態に誘導する。催眠状態では潜在意識にアクセスしやすいので、この際に目的を意識づけたりする。

メスメリズム
催眠はあくまでも副次的な効果で、本来の目的は病気の治療。動物磁気を被験者に流し込むと催眠状態になり健康になるという発想で、メスマーは帯磁しているであろう自分の手や鉄の杖などで患者に触れたという。

COLUMN

尻すぼみ、あだ花に終わったパリのメスメリズム

ウィーン大学で医学を学んだれっきとした医師であったメスマーは、女性に磁石治療を施す過程で、磁石のもつ鉱物磁気ではなく、人間の体内にある動物磁気を動かすことで癒しがもたらされると仮定した。思想的には体内の気を操る気功に相似しているが、指圧と凝視、楽器の演奏を伴うメスメリズムは疑似科学、オカルトのそしりを受けることになる。1778年、フランスのパリに出て開業したメスマーは、目立ちすぎたためか、フランス国王ルイ16世が組織した調査委員会の査察を受ける。そして「科学的な根拠と効果なし」とする判定をくだされ て失意のまま1785年にパリを去り、名声と縁を切ったまま余生の30年間を過ごしたのだった。

くだんの調査委員会は、治療が成功したとしても、それは偶発的なものだとみなしていた。たしかに偶然の結果ではあるのだが、そうだとしても、メスマーの行為が治癒に繋がったことは事実だった。そこから正解の技法を取りだしたのが、後世の催眠療法ということになる。誤った認識ゆえに有効ではない患者に施術して失敗も経験したメスマー。しかし、その疑似科学の中に本物の医学が潜んでいたのである。

自然、数学

化学・物理

シュレーディンガーの猫

関連
- 多世界解釈
  〜量子力学の世界〜
  ➡ P.316
- パラレルワールド
  ➡ P.325

量子の世界を例示するための猫

【注1】電子や原子核、素粒子などの現象を研究する物理学理論。量子は極めて異質な特徴があり、粒子の位置と運動量を同時に測定できず、粒子としての特徴も電磁波としての特徴もあり、確率分布でしか数学的に記述できない。この現象を理解するため、解釈を巡り大論争が巻き起こった。

【注2】1887年生〜1961年没。オーストリアの物理学者。波動力学を構築し、量子力学の基本方程式である「シュレーディンガー方程式」などを提示。1933年にノーベル物理学賞を受賞している。

　ニュートン力学、特殊相対性理論に続く、物理学の大きな革命といわれているのが「量子力学」【注1】だ。科学技術が進歩し、物質の最小構成物質である分子や電子、素粒子(=量子)にまで研究範囲が広がったとき、1つの壁が立ちはだかった。これら量子の動きは、一定の規則性がないのだ。そんな量子力学において、避けて通れない概念が「重ね合わせ」だ。例えば原子は、上向き回転のこともあるし、下向き回転のこともある。観測すればどちらかに決まるのだが、それまでは「上向き回転状態」と「下向き回転状態」が重ね合わせの状態にある、と解釈する。

　そして、この状態をどうとらえるかということで、「シュレーディンガーの猫」が登場する。これはオーストリアの物理学者エルヴィン・シュレーディンガー【注2】が考案した思考実験で、ミクロの世界を身近な形に置き換えたものだ。概要は以下の通りで、①放射線を感知すると青酸ガス発生装置が作動するガイガーカウンターを用意。それとラジウム、猫を箱の中に入れる。②もしラジウムから放射性物質が出

311

自然、数学

シュレーディンガーの猫

れば、ガイガーカウンターが感知しガスを発生させ猫は死ぬ。③猫の生死はあくまで放射性物質が出たかで決まる。④一時間後、箱の中の猫は生きているか、死んでいるか、というもの。これはあくまで思考実験なので、「この猫をどう捉えるか」という物理哲学的な問題になる。もともとシュレーディンガーは、「猫の生死はどっちかに決まっている。ただ、人間が知らないだけ」と考え、重ね合わせや確率解釈に否定的だった。

猫は50%死んでいるし、50%生きている

しかし後年になると、「どちらでもないグレーゾーンな猫は、人間が観測したときに結果が決まる（波束の収束）」という、重ね合わせ状態を容認し、波束の収束の原因を追及しない考えが一般的になってくる。これを「コペンハーゲン解釈」【注3】という。例えば、放射性物質の発生確率が50％とすると、猫の生死の状態は1：1になる。箱を開けていない以上、生きている猫と死んでいる猫は1：1で重なり合っている状態ととらえるのだ。

また、これ以外にも猫の解釈はいろいろある。例えば、生きている猫を観測した観測者と、死んでいる猫を観測した観測者の重ね合わせに分岐すると考える「エヴェレット解釈」【注4】。外部環境からの熱ゆらぎが原因となって、極めて短い時間で波動関数が収束する「量子デコヒーレンス解釈」など、量子の世界をどうとらえ、それにどんな理論的な裏づけをしているかで、さまざまな意見がある。

【注3】デンマークの首都、コペンハーゲンにあるボーア研究所から発信されたことに由来する、量子力学の解釈の1つ。いくつかの異なる状態が、どれともいえない状態だと解釈し、観測者が実行する観測によって波動関数が収縮し、物体の観測される状態が1つに決定される、と解釈する。

【注4】プリンストン大学の大学院生だったヒュー・エヴェレット3世によって提唱された、量子力学の解釈の1つ。波動関数の収縮を定式化したものだが、実体が伴っていない。その実体を伴わせるために、我々が住む日常世界の他に多世界があると解釈している。

アニメ等にも箱の猫は登場

重ね合わせを箱の中の猫として例示する考えは、しばしば科学分野以外にも波及している。特にアニメやマンガの世界などでは、多元世界を考えるネタとして非常に多く活用されている。「状態の決定に影響する力をもつ、神のような観測者」とか、「生きている世界もあれば、死んでる世界もあるパラレルワールド」といったネタは、シュレーディンガーの猫が元になった発想だろう。

自然、数学

宇宙

スペースコロニー

関連
■テラフォーミング
➡P.320

オニール博士が提唱した人工の宇宙植民地

【注1】地球と月の引力がちょうど釣り合う地点のこと。月の軌道上に数ヵ所確認されている。

　スペースコロニーとは、宇宙空間に地球と同じような環境を再現した人工の植民地である。1969年、アメリカの宇宙船アポロ11号が、人類初の月面着陸に成功した。このとき、アメリカのプリンストン大学の教授のジェラルド・オニール博士が学生たちとセミナーを行っており、その中でスペースコロニーの案が誕生したという。

　オニール博士は、宇宙空間に地球環境を再現した都市を建設し、数万から数十万の人々を移住させることで、激増しつつある地球人口を減らせるのではないかと構想。この都市をスペースコロニーと名づけて、提唱したのである。この案は、その後の1974年に『ニューヨーク・タイムズ』で発表され、大きく世間に知られることとなった。

　その後、スペースコロニーの構想はNASA（アメリカ航空宇宙局）に引き継がれた。そして、さらに研究が進められた結果、月の軌道上にあるラグランジュポイント【注1】ならば、スペースコロニーを設置できるだろうと考えられている。宇宙開発の技術が進歩した現代では、技術的にもスペースコロニーを作れる域に達しているのだが、唯一の障害が資金だ。スペースコロニーを作るには、日本円にして60兆円という国家予算規模の資金が必要だといわれている。実現させるには、宗教や文化を超えた世界政府でもできない限り、無理なのかもしれない。

自然、数学

宇宙

ダークマター

関連
- 超弦理論 ➡ P.318
- ブラックホール ➡ P.332

広大な宇宙の中に「見えない何か」

　広大な宇宙を占める物質の中には、「目に見えない、質量をもった何か」がある。それがダークマター、もしくは暗黒物質と呼ばれているものだ。その存在は、実は1930年代頃から予想されていた。銀河が集まって作られる銀河団は、星等の物質の重さだけでは明らかに軽すぎるため、「見えない何かがあるのでは？」と考える学者もいた。

　そして、1934年にフリッツ・ツビッキー【注1】は光学的に観測できる質量よりも、その400倍と推定される質量が存在することを発見。それらがあるから銀河は互いに引き寄せ合い、重力を生んでいると推測した。それから技術が進むと、1970年代にヴェラ・ルービン【注2】によって銀河の回転速度が外側も内側も変わらないことから、ダークマターの存在が間接的に発見される。さらに、1970年代後半から銀河の分布を示す「宇宙地図」【注3】の製作が行われたが、その観測においてもダークマターが存在しないと説明がつかないことが分かった。

　2003年から行われた最新のWMAP衛星観測によれば、ダークマターは宇宙

【注1】1898年生～1974年没。スイス国籍の天文学者。ウォルター・バーデ（ドイツの天文学者）とともに、超新星研究のパイオニアで、超新星が中性子星に移行する過程であることや、超新星が宇宙線の発生源であることを発表した。

【注2】1928年生～2016年没。アメリカの女性天文学者。アンドロメダ銀河を観測していた彼女は、この大発見をする。

【注3】広大な宇宙に銀河がどのように散らばっているかを示す分布図。扇形をしており、要部分を地球とするのが通例である。現在は25億光年までの、約100万個の銀河について調べた地図がある。

自然、数学

全体の密度の22％を占めると考えられている。残る78％のうち、元素からなる物質はわずか4％程度、残りの約74％は正体不明のエネルギー、ダークエネルギー（または暗黒エネルギー）だと言われている。また、2007年には、日米欧の国際研究チームが、ダークマターは存在することで光が曲げられるので、その背後にある銀河の形が歪んで見える。その歪み具合を調べればダークマターの3次元的空間分布を測定できると発表。同年、この方法を使って、ハッブル宇宙望遠鏡でダークマターの巨大なリング構造を確認したとNASA（ナサ）は発表している。

ダークマターの正体を探れ！

ざっと歴史を振り返ったが、要するに、ダークマターの正体に関してはほぼ分かっていないのが現状。その正体を掴むため、今も天文物理学や素粒子学等さまざまな方向からいろいろな予想がなされている。例えば天文物理学からは、ブラックホール、白色矮星・中性子星、MACHO【注4】などが候補に挙がってきた。これらはいずれも、バリオン（亜原子粒子）からなる。一方の素粒子学からは、ニュートリノ【注5】、ニュートラリーノ、アキシオン、ミラーマターといった超対称性粒子が候補に挙がっている。この中で最有力候補といわれているのがニュートラリーノだが、これは超対称性理論【注6】が正しければ存在するはずと言われているもので、実はまだ未発見である（実際に発見されているのはニュートリノしかない）。

【注4】電磁波を放出しているが、暗すぎて今の観測能力では検出できないとされる暗黒物質候補の1つ。

【注5】素粒子のうちの、中性レプトンを差す。電子やミュー粒子、タウ粒子と呼ばれる素粒子で、電荷をもたない段階のもの。その存在が仮定されたが、実験によって存在が証明されている。

【注6】理論上のボース粒子やフェルミ粒子に対応する超対称性粒子が存在すると考える仮説。最新宇宙論として有名な超弦理論もこの仮説の一種である。ただ、超対称粒子は現在のところ実験的に発見されてはいない。

ダークエネルギーとは

宇宙の7割近くを占めるダークエネルギーもまた正体不明な存在だ。分かっているのは、真空に付随するエネルギーで、物質のない領域に負の圧力をかけているということだけ。あのアインシュタインは静かで膨張しない宇宙を考えていたとき、反重力＝宇宙定数を導入し、それを生涯最大の過ちとして否定した。が、実はこの宇宙定数が意味するものこそダークエネルギーといわれている。

自然、数学

科学・医学

多世界解釈
～量子力学の世界～

関連
- シュレーディンガーの猫 ➡ P.311
- パラレルワールド ➡ P.325

観測者の側も多数存在する!?

【注1】量子力学上、粒子は観測以前に広がりをもっているが、観測した瞬間に一点に収束してしまう。観測するとその状態に定まってしまうので、観測前にどんな広がりがあったかを知ることはできない。これを説明するものが波動関数の収縮を想定するコペンハーゲン解釈で、量子力学の主流となっている。

量子力学では、電子はある1点ではなく、広がりをもって存在すると考えられている。これを電子雲と呼ぶ。6つの炭素原子の上に、原子間を二重結合するπ電子が電子雲として漂っているという見方が現在では一般的だ。この電子は、観測者が観測した瞬間に、ある1点にその位置が定まる。これを「波束の収縮」といい、それまで確率論的に"その辺に"あることになっていた電子が、現実に観測可能な対象として、1点にあらわれるわけだ。見た瞬間に確定するということは目を放すとどこかに行ってしまうことにもなるが、ともかく観測者の行為が観測対象に影響して確定し、1つに定まるという、日常からはやや離れた特異な世界の捉え方が、量子力学にはある。この解釈をコペンハーゲン解釈【注1】という。

これを違う面から捉えたのが、「エヴェレットの多世界解釈」だ。エヴェレットは、観測者の見た1点に電子が定まるのではなく、観測者が見ていないところにも電子が存在する可能性が続いていると考えた。

シュレーディンガーの猫の例でいえば、猫の生死がどちらかに定まるのではなく、猫の入っている箱を開けた瞬間にも、生きている状態と死んでいる状態の両方の可能性が存在し続けるということになる。何とも並行世界の根拠として使えそうな理論なのだ。

■エヴェレットの多世界解釈による世界の分岐

エヴェレットの考えでは、観測者が観測しようとしまいと、世界は影響されない。つまり観測者が1つの現実を見たとしても、観測者が見ていないところに別の現実が存在し続けるのだ。ただし、観測者は今見ている現実以外を観測することはできないから、観測者にとっては存在しないのと同じではある。

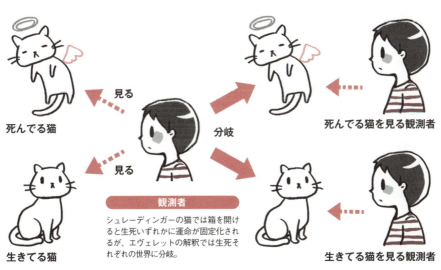

死んでる猫 / 見る / 分岐 / 死んでる猫を見る観測者 / 生きてる猫 / 生きてる猫を見る観測者

観測者
シュレーディンガーの猫では箱を開けると生死いずれかに運命が固定化されるが、エヴェレットの解釈では生死それぞれの世界に分岐。

COLUMN

コペンハーゲン解釈とエヴェレット解釈、どちらを支持するか？

　繰り返しになるが、シュレーディンガーの猫が、箱のふたを開けたとたんに、生きているか死んでいるかの1つに収束してしまうというのがコペンハーゲン解釈の考え方である。それに対して、箱のふたを開ける以前から開けた後まで、生きている猫と死んでいる猫が両方存在し続け、観測している自分も2つの状態で存在し続けるというのがエヴェレット解釈だ。

　人はつねに猫を1つの状態でしか確認できないという事実からはコペンハーゲン解釈のほうが分かりやすい。観測対象に起きていることを観測者の側にも応用すれば、見かけ上の結果がつねに1つの状態でしかないという事実を説明しやすいからと、人が重なり合っている状態を有りにしてしまうエヴェレット解釈は、並行世界好きのSFファンはともかく一般的には受け入れがたいことだろう。いずれにしても死んだ猫を生き返らせることはできないし、死んだ猫がいる世界線から生きた猫がいる世界線に移ることもできない。生きた猫がいる世界が重なっていると思うと何らかの感慨が沸くという点をプラスに捉えるなら、エヴェレット解釈を受け入れることもできるかもしれない。

自然、数学

科学・医学

超弦理論
ちょうげんりろん

関連
- ダークマター　➡ P.314
- ブラックホール　➡ P.332

10次元の世界。最小の素粒子は紐だった

　超弦理論は物質の最小単位を、1次元の広がりをもつ極小の紐と考えた弦理論に超対称性を組み込んだ理論のことである。この極小紐の大きさは10のマイナス35乗メートル。これはビッグバン直後にまだエネルギーが統一されていた、その時間帯のエネルギーを距離に換算したものだ。これまで数百種類あるといわれてきた素粒子が、実は<u>紐状の素粒子が振動してさまざまなあらわれ方をしている</u>だけだったという謎解きにインパクトがあるこの理論は**10次元空間**を前提としている。

　人間が住む空間はXYZ軸に時間を加えた4次元で、計算上あることになっている5次元から10次元（超弦理論を包括する新しいM理論は11次元）まではコンパクトに折りたたまれた状態で見えないものと考えられている。

　しかし問題はいくつかある。物理的に5次元以上の余剰次元時空を確認する手段がないのだ。また、弦理論を超弦理論たらしめている超対称性理論の超対称性粒子も発見されていない。しかし、CERN（欧州原子核研究機構）の加速器ラージ・ハードロン・コライダー（LHC・世界最大の衝突型円型加速器）での発見が期待されており、極小ブラックホールの検出からの5次元以上の検証も検討されてはいる。高エネルギー物理学【注1】で扱う新しい分野であり、宇宙の謎解明に近づく可能性を秘めている。

【注1】微小の素粒子を扱うべく加速器で衝突実験を行う学問。CERNが開発した世界最大の加速器LHCを用いた実験では、ヒッグス粒子や超対称性粒子の発見が重要なテーマとなっている。ビッグバン直後に比肩する高エネルギー状を再現する加速器を開発する国際リニアコライダーに期待が寄せられている。

自然、数学

■超弦理論の世界

5次元から10次元までの「多次元」は極小サイズに折りたたまれてしまっており、人間には知覚できない状態になっている。観測には未来に開発される先進的な技術が必要になる。

[未知の次元を含む10次元]

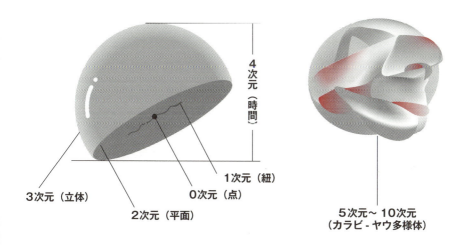

- 4次元（時間）
- 3次元（立体）
- 2次元（平面）
- 1次元（紐）
- 0次元（点）
- 5次元〜10次元（カラビ-ヤウ多様体）

COLUMN

ヒッグス粒子発見で宇宙の謎解明に近づく!?

　超弦理論のもととなった弦理論の提唱者の1人が南部陽一郎である。南部は自発的対称性の破れの発見により、2008年にノーベル物理学賞を受賞した。自発的対称性の破れとは、本来どちらでもよいものが、あるきっかけで非対称になっていることだ。たとえば人間の利き腕は右でも左でもよいはずだが、対称性が破れて右利きのほうが多くなっている。こうした対称性の破れによってエネルギーの小さな波が起こることを説き、宇宙に満ちているはずのヒッグス粒子の存在を予見したのだ。このヒッグス粒子はほかの素粒子に当たって質量を生む役割を果たしているとされている。発見されれば宇宙の物質が質量をもつ理由や、人間が存在する理由の解明につながると期待された。

　そして、新たに見つかった粒子を、ヒッグス粒子と断定したというニュースが2013年3月に世界を駆け巡った。もしこれがヒッグス粒子だとすると、標準理論が完成する。しかし、標準理論で説明できるのは宇宙全体の4％だけで残りは未知のダークマターなどが占めている。標準理論を超えた新たな領域の研究に繋がるものとして、世間一般でも大きな話題となっている。

自然、数学

宇宙

テラフォーミング

関連
■スペースコロニー
　→ P.313

住めなければ、住める環境（かんきょう）の星にしてしまおうという計画

　人口が増え続ければ、地球資源が枯渇（こかつ）するなど、さまざまな環境問題が発生する。こうした事態に備え、人類が生き延びる手段として考えられているのが、**スペースコロニー**や**テラフォーミング**といった計画である。テラフォーミングとは一言でいえば**「地球化」**で、人工的に別の天体の環境を作り変えて、人類が生活できるようにする計画のこと。まるでSF（エスエフ）のような話だが、実は金星環境改造に関する論文「惑星（わくせい）金星」（1961年）をきっかけに、その方法や必要な技術について真面目に研究されている。

　で、今この話題でホットなのは、**火星**である。1970年代の探査（たんさ）では水も生物もいない星という結果に至った火星だが、当時の分析方法にはかなり限界があった。そこで新たな技術で少しずつ解明を進め、これまでの探査機（たんさき）が収集したデータをもとに、NASAは1991年に「火星のテラフォーミング構想（こうそう）」を公表した。これは実現性と実効性が高いとされており、更なる火星探査と技術開発がどんどん進められている。

　最新の探査によれば、アメリカの探査機フェニックス【注1】や、ヨーロッパの周回探査機マーズ・エクスプレス【注2】の探査によって、火星の南北両極（りょうきょく）の地下に**大量の氷**が眠っていることが判明。生物にとって大切な水資源があることは、大きな希望といえるだろう。

【注1】NASAの長期火星探査計画「マーズ・エクスプロージョン・プログラム」で最初に打ち上げられた探査機。2007年に打ち上げられ、2008年に火星の北極地域に着陸。水と二酸化炭素の氷を直接調査する（その後、火星の冬の到来でバッテリー機能が低下し、通信途絶）。ちなみにNASAは、マーズ・サイエンス・ラボラトリー（通称・キュリオシティ）を打ち上げており、21012年に着陸させ、広範囲な探索・調査を行なっている。

【注2】ESA（欧州宇宙機関）が2003年に打ち上げた周回火星探査機。放出した着陸船、ビーグル2号のほうは降下に失敗してしまうが、マーズ・エクスプレスそのものは今も火星探査を継続している。

自然、数学

■火星のテラフォーミング例

[火星の基本スペック]
- 赤道半径は地球の半分以下。
- 重力は地球の40%ほど。
- 表面積は地球の約4分の1だが、地球の陸地面積とほぼ同じ。
- 自転周期は24時間と40分ほど。
- 地球より外側を公転しているため、火星の1年は地球の687日(1.881年)に相当。
- 自転軸が傾いており、地球と同じく四季がある。
- 大気が薄く、地球の100分の1以下。二酸化炭素が95%、窒素が3%、アルゴンが1.6%。また、メタンの存在も確認されている。少ないとはいえ、大気自体はあるので、水蒸気の雲や大規模な砂嵐も発生する。
- 平均気温は−43度。気温差も、−135度から0度と大きい。
- 表面は玄武岩と安山岩からなる。土に多くの鉄分が含まれており、土が赤い。
- オリンポス火山という、エベレストの3倍はある巨大火山がある。
- 南北両極には、ドライアイスと氷でできた極冠(氷に覆われた高緯度地域)がある。

第1段階 火星を暖める
とにかく気温が低すぎるので、まず地球温暖化のような温暖化機構を利用して、フロンガスやメタンガスを火星にまく。次に火星の地面に黒い炭素を敷き詰め、火星の軌道上の空間に鏡を置き、太陽光を反射させ、火星に日光があたるようにする。時間は数百年。

第2段階 二酸化炭素を充満させる
温暖化により、火星の両極にあるドライアイス(二酸化炭素の氷)を溶かすことができる。これを溶かして二酸化炭素が火星中に充満。太陽のエネルギーを火星の大気の中にとどめておき、温暖化で気温を上昇させる。

第3段階 海を作る
火星の土に入っている永久凍土が溶け始め、海ができるようになる。こうして「大気の主成分が二酸化炭素で海がある」という太古の地球の姿にもっていく。ここからはかつて地球が歩んだような過程で、天体の環境を作っていくことになる。

第4段階 植物を生息させる
本来の地球の進化ならば、じっくりと生物の進化を待ち、やがて植物が生息し、光合成で有機物と酸素を作るようになる。しかし、動植物は地球から持ち込むことで、進化の過程をショートカット。まずは海の中に藻などを入れ、光合成で酸素に変えさせ、徐々にほかの植物も生息させていく。

■ミッションに成功した、火星探査機一覧

探査機	国	解説
マリナー4号	アメリカ	1964年、初の火星フライバイに成功。
マリナー6号	アメリカ	1969年、火星から3550kmの地点を通過、表面写真74枚を送信。
マリナー7号	アメリカ	1969年、火星から3550kmの地点を通過、表面写真126枚を送信。
マリナー9号	アメリカ	1971年、世界で初めて火星周回軌道に入る。翌年、火星表面の70%を撮影。
バイキング1号、2号	アメリカ	1号2号共に1976年、火星周回軌道に入り、着陸機も火星に軟着陸。火星地表の鮮明な写真を送信。
マーズ・グローバル・サーベイヤー	アメリカ	1997年、周回軌道に入り、火星の詳細な地図の製作に成功した。
マーズ・パスファインダー	アメリカ	1997年、火星に着陸。写真のほか、火星の磁力、気圧、温度や風の観測が行われた。
2001マーズ・オデッセイ	アメリカ	2001年、周回軌道に入る。火星の表層に水の痕跡を発見、地表の鉱物の分布、放射線測定などを行う。基本ミッションは終了しているが、のちの火星探査機の通信中継に活用されている。
マーズ・エクスプレス	欧州	欧州宇宙機関初の惑星探査ミッション。2003年、周回軌道に入る。着陸機のビーグル2は降下失敗となったが、母船のほうは探査継続中。
マーズ・エクスプロレーション・ローバー	アメリカ	スピリット、オポチュニティとも2004年、火星に着陸。火星に水の活動があった手がかりを探し、その証拠を見つけようと試みた。オポチュニティのほうは、探査車による地球外の走行距離記録を塗り替えている。
マーズ・リコネッサンス・オービター	アメリカ	2006年、周回軌道に入る。高解像度カメラや分光器、レーダーなどの科学機器を備え、地形や地層、鉱物、氷の解析を行った。また、惑星間のネット通信システムの第一歩となったものである。
フェニックス	アメリカ	2000年、火星の北極地域に着陸。北極の地表を掘り、火星の地下の氷を直接探査。過去の水に関する情報などを調べた。
マーズ・サイエンス・ラボラトリー	アメリカ	2012年、探査機のキュリオシティを軟着陸。マーズ・エクスプロレーション・ローバーの5倍の重量、10倍の重量の科学探査機器を搭載。
MAVEN (メイヴン)	アメリカ	一般の研究機関からの提案を採用するマーズ・スカウト計画の2つめ。2014年、周回軌道に入る。主に火星の大気を調査。
マーズ・オービター・ミッション	インド	2014年、周回軌道に入る。日本、中国は先行して打ち上げられたが、どちらも失敗しており、本機がアジアで初めて火星に到達した探査機となった。

テラフォーミング

自然、数学

宇宙

特異点
とくいてん

関連
■ブラックホール
➡P.332

物理学者を悩ませる宇宙の点

【注1】事象の地平線あるいはシュバルツシルト面とも呼ばれる。事象の地平面はブラックホールの外と中を区別する境界線のようなもの。これを超えるとブラックホールの中に吸い込まれてしまう。また、特異点から事象の地平面までをシュバルツシルド半径と呼ぶ。

【注2】1931年生～。イギリスの宇宙物理学者。事象の地平面や宇宙検閲官仮説を唱えた。

　ビッグバン理論によれば、宇宙は膨張し、現在の大きさに至った。つまり何十億年前、宇宙のはじまりのときには、宇宙の全物質が一点に集まっていたことになる。それこそが特異点であり、ここには無限大のエネルギーが存在するという。

　特異点はブラックホールの中心にも存在する。ただし、この特異点は「事象の地平面」【注1】の内側に存在するため、通常は観測できないもの（存在しないもの）として扱われてきた。しかし、のちの研究によって事象の地平面に覆れていない、むき出しの特異点「裸の特異点」の存在が示唆される。

　世界に干渉しなければ特異点は存在しても問題はないが、観測できる場所に特異点があるというのは大問題だった。あらゆる事象を論理的に説明できる物理の世界に、物理法則が通用しない謎の点が存在するのだから、物理学者たちは大いに悩んだという。

　そこでロジャー・ペンローズ【注2】は、自然界には裸の特異点を許さない何らかの法則が存在するという「宇宙検閲官仮説」を提唱した。イメージとしては、特異点が現れそうなとき、宇宙を監視する何者かがそれを止めるといった感じだ。ただ、この仮説も証明されていないため、裸の特異点が本当にあるのかどうかは謎に包まれている。

自然、数学

■ブラックホールごとの特異点

ブラックホールはその性質からいくつかに分類されており、これによって特異点の形状も異なるという。例えばシュヴァルツシルト・ブラックホールの特異点は文字通り点だが、カー・ブラックホールはリング状とされている。また、後者のブラックホールは吸い込まれても脱出することが可能だという。

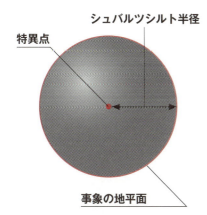

シュバルツシルト・ブラックホール
- 特異点
- シュバルツシルト半径
- 事象の地平面

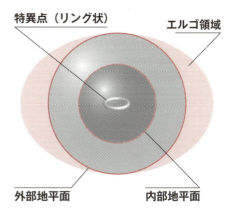

カー・ブラックホール
- 特異点（リング状）
- エルゴ領域
- 外部地平面
- 内部地平面

■観測不可能とされる特異点

特異点は暗黒の天体ブラックホールの中央に存在する。
現在の科学力では観測できないため、それが一体どのようなものなのかは不明だ。

特異点

自然、数学

宇宙

パイオニア・アノマリー

太陽系を越えた探査機は、なぜ減速した？

　1972年に打ち上げられたパイオニア10号【注1】は、史上初めて<u>太陽系を脱出できる速度を獲得した木星探査機</u>である。本機は木星観測後、太陽系を脱出する軌道に乗るのだが、1980年に天王星の軌道を越えたあたりから予想軌道とは異なり、太陽系の内側に向いた加速が発生し、<u>あらぬ方向</u>に移動してしまったのだ。これが、「パイオニア・アノマリー」と呼ばれる現象である。

　この原因を追及するため、いろいろな可能性が考えられた。現在、最も有力視されているのが、原子力電池【注2】や探査機の機器から生じる熱放射による推進力である。原子力電池から発する熱放射はほぼ等方的になるはずが、不均一に伝達されたり、不均等な熱放射が大きいと、予期せぬ推進力が働いたりしてしまう。これが原因だとして、探査機をモデル化し温度データを再現するシミュレーションも行われ、2011年にはこの予期せぬ推進力の効果は大きく、事故原因の可能性が高いことが発表されている。しかしそれでも、現象の大きさの約30％までの説明しかできていない。

【注1】NASAの惑星探査計画、パイオニア計画で開発された惑星探査機。この10号は1972年に木星探査のために打ち上げられ、探査後は外宇宙に向かって今も飛行中である（ただし、2003年に通信途絶となっている）。また、地球外生命体に遭遇することを想定し、地球人の簡単な図解を記した金属板が搭載されていることでも有名。

【注2】パイオニア10号に搭載されている動力源。放射性元素の原子核崩壊で発生するエネルギーを利用して電力を発生させる。寿命が長く、人工衛星や惑星探査機などで使用されているが、現在は地球軌道周辺では太陽電池を使うのが一般的である。

自然、数学

化学・物理

パラレルワールド

関連
- 多世界解釈 〜量子力学の世界〜 ➡P.316
- 超弦理論 ➡P.318
- タイムリープ ➡P.360

ifの世界は、あなたの世界と併存して存在する？

【注1】1942年生〜。イギリスの理論物理学者。車椅子の物理学者として知られ、ホーキング放射やブラックホールの蒸発、特異点の存在などを発表している。

【注2】ホーキングが相対的量子論から導いた、今の宇宙のもとになった宇宙のこと。インフレーション宇宙論の、マザーユニバースから生まれるチャイルドユニバースとは別物である。

　ある世界と並行して存在する世界をパラレルワールドという（または並行世界）。簡単にいえば、「もしこうだったら、どうなっているのか」というifの世界であり、SFなどの世界では長年題材となってきたポピュラーなアイデアである。近年では、アニメやゲーム、特撮などで非常に多く使われている。

　しかし、この概念は今はもう完全な夢物語ではなく、実際に物理学の理論で可能性があるとされている。例えば、量子力学では事象は確率論的に決定し、無数の可能性が存在するが、エヴェレット解釈はそうした可能性全部が異なる、どの世界も併存していると考えるものである。また、イギリスの理論物理学者スティーヴン・ホーキング【注1】が仮定した「ベビーユニバース」【注2】も量子力学的なアプローチなので、多世界解釈の可能性を含んでいるし、超弦理論の中にも多世界解釈のバリエーションが存在する。

　非科学的に思えた並行世界は、科学の世界で今や完全にまかり通っているのである。

タイムパラドックスとは？

　タイムパラドックスとは、タイムトラベルによって過去の事象が改変され、因果関係が不一致を起こしてしまうという矛盾である。よくこのタイムパラドックスを説明するために、パラレルワールドが用いられ、歴史の改変で時間軸が分岐するという。量子力学的にも、物理的な相互作用が時間上に及ぶので、歴史の改変は素粒子レベルで世界が再構成されるから矛盾は起きないとしている。

325

自然、数学

化学・物理

VR & AR
～仮想現実&拡張現実～

関連

現実世界と仮想世界を融合する革新的な技術

【注1】VRやARなどの技術が活用されはじめ、多種多様なコンテンツが生み出された。そのため、2016年はVR元年と呼ばれている。

【注2】VRゴーグルやVRヘッドセットなど、VRコンテンツを利用するためのアイテムが多数存在する。

　近年、耳にする機会が増えたVR = Virtual Reality（仮想現実）。これはコンピュータによって作られた空間やオブジェクトを現実として**知覚可能**にする技術のこと。VR元年【注1】以降、この技術はさまざまな分野で活用されている。身近なものを挙げると、家庭用ゲームやスマートフォンのアプリだろう。いずれも専用の機器【注2】を使うことでVRが体験できるコンテンツが次々と登場。プレイヤーがゲームの世界に入り込んで遊べるため、それまでのゲームでは得られなかった臨場感が味わえるようになり、徐々に利用者も増えている。

　また、VRと同様にAR = Augmented Reality（拡張現実）も普及しつつある。これは**現実世界の情報に、別の情報を加えて現実を拡張表現**する技術のこと。例えば、スマートフォンやタブレットのカメラに表示される現実世界の映像に、実際にはその場にないはずの映像やCGを表示させるものがARにあたる。このARには、GPSやデバイスの加速度センサーを利用した「ロケーションベースAR」、事前に配置されたマーカーをカメラで読み取って意図した場所に映像や画像を重畳させる「マーカー型ビジョンベースAR」など、いくつか種類があるそうだ。

　今後これらの技術が更に普及すれば、これまでにないまったく新しいコンテンツも登場するかもしれない。

VRやARのほかにも仮想世界を使った技術がある

VRやARのほかにも仮想世界を用いた技術が存在する。それが MR = Mixed Reality（複合現実）と、SR = Substitutional Reality（代替現実）だ。

まずMRは、CGなどで人工的に作られた仮想世界と現実世界を融合させる技術である。現実世界の一部に仮想世界を反映させるARに似ているが、こちらのほうが規模が大きい。例えば周囲の風景をすべて仮想世界にしたり、部屋の中にオブジェクトを配置するといったこともできる。

一方でSRは、あらかじめ撮っておいた音や映像などを用いて、本来はそこに存在しない人物や出来事が存在する、もしくは起こっているかのように錯覚させるもの。

VRやARと異なり、これらの技術は実用化が難しく、現在はそれほど普及していないが、いずれも大きな可能性を秘めた技術であり、さまざまな業界から注目されている。

■ VRやARを利用するためのアイテム

VRやARが利用できるアイテムはいくつか存在するが、最も手軽なものは、誰もが持っているスマートフォンやタブレットだろう。AR機能が搭載されたカメラアプリなどは、本体にインストールするだけで利用できる。VR対応のアプリも、本体とVRゴーグル（VRヘッドセット）などを用意すれば利用可能だ。また、ゴーグルがあれば動画サイトで配信されているVR対応動画を楽しむこともできる。

スマートフォン & タブレット

VRゴーグル

自然、数学

数学

フェルマーの最終定理

謎のメモゆえに悩ましすぎた超難問！

数学の世界では、ある仮説や予想をたて、それを完全証明することで定理とする。そんな数学界において、360年もの間、証明されることがなかった定理。それが「フェルマーの最終定理」である。概略を説明すると、あの有名なピタゴラスの定理【注1】「$X^2 + Y^2 = Z^2$」から発想したもので、「$X^n + Y^n = Z^n$」の場合、「3以上の自然数 = n について、$X^n + Y^n = Z^n$ の0でない自然数解の組合せは存在しない」というものである。

17世紀フランスの数学者ピエール・ド・フェルマー【注2】は、古代ギリシアの数学者ディオファントス【注3】の著書『算術』を読んで、この定理を予想する。ところが彼はよく本の余白にメモ書きをする習慣があって、定理の証明も『算術』の余白のあちこちに書き散らかしてしまい、しかもしばしば過程が省略されていた。これが難問をこじらせた最大の要因である。そして、この合計48ヵ所に及ぶ書き込みは、フェルマーが死んでから息子のサミュエルによって発見され、その書き込み入り『算術』が刊行されて初めて世に知れ渡るようになる。

そしてメモには、「立方（= 3乗）数を2つの立方数の和に分けることはできない。4乗数を2つの4乗数の和に分けることはできない。一般に、冪（= n乗）が2より大きいとき、その冪乗数を2つの冪乗数の和に分けることはでき

【注1】直角三角形の斜辺の長さの二乗は、ほかの辺の2乗の和であるという、定理。古代ギリシアの数学者、ピタゴラスの逸話からその名が付いているが、定理そのものはそれ以前から知られていた。

【注2】1608年生～1665年没。フランスの数学者。パスカルと共に確率論の基礎を作り、デカルトとの文通を通して解析幾何学を創案するなど、多くの業績を残している。

【注3】生没年不詳。古代ギリシアの数学者。代数学の父と呼ばれ、13巻にも及ぶ著書『算術』が有名である。

ない」と書かれてあった。メモ書きに関する真偽についてはほぼ何らかの形で決着はついたが、「一般に、冪が2より大きいとき、その冪乗数を2つの冪乗数の和に分けることはできない」という定理だけが決着をみなかった。そのため、これは「フェルマーの最終定理」と呼ばれ、幾多の数学者がその証明に挑むようになったのである。

最終定理証明のための長き道程

この定理を証明するうえで最初期は、nの数を片っ端から調べる方法がとられた。18世紀から19世紀にかけて、n＝3、4、5、7の場合が個々に証明されている（4の場合はフェルマー自身によるもの）。この証明問題は、定理全体の証明を誰かが発表しては、その不備を指摘されるといった歴史を長年にわたって繰り返してきた。その中で光明を見いだしたのは幾何学的なアプローチで、1955年に谷山豊【注4】が原型を予想し、志村五郎【注5】が定式化した「すべての楕円曲線はモジュラー【注6】である」という谷山・志村予想が、証明への糸口となった。

そして、1993年イギリスの数学者アンドリュー・ワイルズ【注7】は、谷山・志村予想を含め、さまざまなアプローチから7年越しでフェルマーの最終定理の証明に挑み、誤りを修正したうえで、1994年に証明を発表する。そして、その証明に誤りがないことが1995年に確認され、フェルマーの書き込みから360年も経って、ようやく数学界の難問は真実だと証明されたのである。

【注4】1927年生～1958年没。日本の数学者。アーベル多様体の高次元化などの業績がある。谷山・志村予想の原型を提示したが、31歳の若さで自殺している。

【注5】1930年生～。日本の数学者。谷山の死後、彼の研究を発展させ、谷山・志村予想を定式化させる。

【注6】複素数平面の上半分の各点ごとにある数を、対称性の良い特殊な方式で対応させた商。

【注7】1953年生～。イギリスの数学者。フェルマーの最終定理の証明のほか、楕円曲線論や岩沢理論の研究などで業績をあげている。ちなみに、彼がフェルマーの最終定理に出会ったのは10歳のときで、以来とりつかれて数学の道を進んだ。

数学の超難問はまだある

このほかにも、数学界には「ポアンカレ予想」（単連結な3次元閉多様体は3次元球体S3に同相である）や、「リーマン仮説」（ゼータ関数を複素数全体（s≠1）に拡張した場合、ζ（s）の自明でない零点sはすべて実部が1／2の直線上に存在する）といった難問がある。その内容は割愛するが、前者は発表から100年以上経って証明され、後者は1859年の発表以来今なお未解決である。

自然、数学

化学・物理

双子のパラドックス

関連

歳の取り方が変化する双子の物語

【注1】「真空中の光の速さは、光源の運動状態に影響されない」と、「お互いに等速度で運動しているすべての慣性系において、すべての基本的物理法則は、まったく同じ形で表される」の二大原理を基本とする物理学原理。

【注2】1872年生～1946年没。フランスの物理学者。原子の構造から磁性の起源を説明したり、水晶振動子を開発して超音波を発生させることに初めて成功するなどの業績がある。

【注3】慣性の法則が成立する座標系。慣性系によって物体の運動状態を記述する場合、その物体は外力を受けない限り等速直線運動を行う。

特殊相対性理論【注1】による運動系の時間の遅れに関するパラドックス。アルベルト・アインシュタインが**時計のパラドックス**として提示し、1911年にポール・ランジュバン【注2】が双子に置き換えたもので、その概要はこうである。双子の兄弟がいて、弟が地球に残り、兄が光速に近い速度で飛べるロケットで、宇宙の果てまで旅行して地球に戻るとする。弟から見れば兄が動いているため、特殊相対性理論から兄の時間が遅れるので、地球に帰って来る頃には弟よりも兄のほうが若くなっている。一方、兄から見れば弟が動いているので、弟の時間が遅れて弟のほうが若くなる。結果が逆になり、矛盾するというのだ。

この問題はよく特殊相対性理論が間違っているという指摘に使われていたが、実際には矛盾していない。というのも、弟は慣性系【注3】にある地球にいるが、ロケットにいる兄は出発時やUターン時に加速系に一時期いる。そのため、双子の運動が対称でないから、兄からの視点は考えなくてよいので、「兄の時間のほうが遅れる」で正解だ。

自然、数学

数学

フラクタル

一部も全体も一緒な、摩訶不思議な図形

【注1】1924年生〜2010年没。フランス系アメリカ人の数学者。金融市場の価格変動が正規分布ではなく、安定分布であることを発見し、フラクタルを考案した。

【注2】スウェーデンの数学者、ニールス・ファビアン・フォン・コッホが発見。線分を3等分し、分割した2点を頂点とする正三角形の作図を無限に切り返すことでできるフラクタル図形。

【注3】ポーランドの数学者、ヴィツワフ・シルビンスキーが発見。正三角形の各辺の中心を互いに結んでできる正三角形を切り取る。残った正三角形3つも、同様に作り切り取る、という手順を繰り返していく図形。

フランスの数学者、ブノワ・マンデルブロー【注1】が導入した幾何学の概念で、図形の一部分と全体とが自己相似になっているものを差す。こうしたフラクタルの近似形は、海岸線の形や樹木の枝分かれ、雲の形成など、多くの自然物に見られるという。以前から「コッホ雪片」【注2】や「シルビンスキーのガスケット」【注3】など、フラクタルの存在は確認されていたが、詳しく調べるための計算には限界があった。しかし1980年、マンデルブローはコンピューターを活用することでその研究の道を開いた。

マンデルブローが作図した例はこうだ。まず、「$X^2 + c$」という式を作り、$c = -0.5$とすると、$X = 0$の場合の解は-0.5となる。そしてこの解である-0.5をXに代入して計算し、次の解答をまたXに代入して計算……と、ひたすらこれを反復していく。Xの値は、-0.5、-0.25、-0.5625、-0.18359375、となっていき、徐々に解は$-0.3660…$へと収束していく（$c = 0.5$と正数の場合は無限に広がる）。このようにX = 0から始めて無限大に逃れないcの値の集合、これを「マンデルブロー集合」という。そしてさらに、xやcに二次元である複素数を代入すると、二次元のマンデルブロー集合ができあがり、その図形はXの値に応じて踊っているようにも見えるが、どんなに拡大しても、図形の部分と全体が自己相似になっているのである。

自然、数学

宇宙

ブラックホール

関連
■特異点
➡ P.322

ブラックホール誕生のしくみ

【注1】物質を構成する原子の核同士が融合して、より重い原子核になること。太陽などの恒星が光っているのは、核融合で発生した熱を放射しているためである。

【注2】星を構成する物質が、星の中心部に向けて落ち込む現象。

　ブラックホールは、太陽の数倍以上も重い星が最後に到達する姿のこと。ブラックホールの生成は星が誕生する原理の延長線上にあるので、星の誕生から順に説明したい。

　宇宙には数多くの物質が漂っており、こうしたガスや微粒子が集まって雲のようになり、そこで物質同士が互いの引力によって引き合い、凝縮されていく。凝縮を重ねて密度が高まると、次第に雲は加熱して光を放ち始め、これが星の核となる。この核は自己収縮をするのだが、やがて内部のエネルギーが外に出ようとし始めるので、収縮しようとする力と打ち消し合い、ようやく星として安定する。

　こうして誕生した星は、軽い元素の原子核を核融合【注1】させて重い元素を作りながらエネルギーを放出。しかし、軽い元素を使い果たして重い元素だけになると、逆にエネルギーを消費するようになり、重力による自己陥没【注2】を打ち消せなくなる。この状態になると、物体が落ちこむことで星の重い中心部分がエネルギーを吸収し、自己陥没に抵抗して地殻を押し上げるようになる。そして、地殻を吹き飛ばして

自然、数学

起きるのが **超新星爆発** だ。

　超新星爆発ののち星の芯とでもいうべき部分が残り、あまり重くない星の場合は星を構成する物質の強度が陥没する力に対抗するので、収縮が停止。そして、その星の重さに応じて白色矮星や中性子星へと変化する。しかし、重すぎる星の場合は重力が非常に強いので、星を構成する物質が重力に対抗できず引き込まれてしまう。このため収縮が止まらず、**星の核に働く重力によって自分の中に自分がめり込んで** しまい、ブラックホールが誕生するのだ。

吸い込まれるとどうなるのか

【用語解説】ホワイトホール……相対性理論では、ブラックホールの対極として、物質を吐き出すホワイトホールというものが想定されている。ブラックホールと対になったものをワームホール（虫食い穴）と呼んでおり、このワームホールを使った移動方法が、SF作品でよく登場する「ワープ」である。ただ、ホワイトホールは数学的に成立するが、実際にそうなのかは確認できていない。そもそもブラックホールに入って無傷とは考えにくいので、もしワームホールが実在しても、現時点での利用は不可能とされている。

　こうして誕生したブラックホールは、重力が大き過ぎるために周囲の空間を歪め、ほかの空間との間に仕切りができてしまう。物質的な障壁ではないので、外から入ることはできるのだが、引力によって外に出ることはできない。宇宙に開いた落とし穴と表現されるのはこのためだ。

　またブラックホールは、その中心に近づくほど重力が大きくなり、中心点では **無限大の強さ** になるという。例えば人間がブラックホールに足から落ちた場合、足先に働く重力が頭のほうよりも強く、中心部に近付くほどこの差が拡大。さらに圧縮する力も働くので、人の体は縦に引き伸ばされつつ横からも押し潰される。やがて人間は重力に耐えられず、中心点に到達する前に死亡。そして、粉々になった人体は、落下中に小さく圧縮され、ついには完全に大きさがなくなるという。

20 ほどの候補がある

　ブラックホールの存在は、1915年にドイツの天文学者シュヴァルツシルトが、理論上で発見したものだ。しかし、ブラックホールは光を反射しないので、光学的に直接観測されたことはない。どうやって見つけるのかというと、ブラックホールの周囲ではガスや塵が衝突してX線を放つので、このX線を観測するのである。この観測によって、「白鳥座X-1」など約20の候補が見つかっている。

ブラックホール

自然、数学

数学

ヘンペルのカラス

すべてのカラスは黒いのか？

【注1】1905年生〜1997年没。ドイツ生まれの科学哲学者。倫理経験主義を代表する哲学者で、科学的説明の基本形となる2つのモデルを考え、演繹的法則的説明の分野を発展させる業績を挙げた。

【注2】個別的で特殊的な例から、一般的で普遍的な法則を導こうとする推論方法。数学的帰納法は、実は論理学的な帰納法とは異質で、演繹法（えんえきほう）と呼ばれるものである。

【注3】論理を成立させるための論証の構成や体系を研究する学問。古来は哲学の一分野だったが、数学が発展すると数理論理学という新分野も誕生する。

　ドイツの科学哲学者カール・ヘンペル【注1】が1940年代に提示した、帰納法【注2】が抱える問題について考えるモデルである。概要としては、「すべてのカラスは黒い」という命題をたて、それを<u>対偶論法</u>で証明するというもの。対偶論法とは、数学的に「AならばB」の対偶「BでないならAでない」の真偽は一致するので、対偶を証明すれば命題のほうも証明できるという論法のこと。つまり「すべてのカラスが黒い」を証明するためには、その対偶「すべての黒くないものはカラスでない」を証明すれば、<u>カラスを1羽も調べなくとも命題が事実かどうか分かるのだ。</u>

　ただ、これは我々の日常感覚からすれば奇妙な話になる。というのも、世の中の「黒くないもの」はあまりにも膨大で、そのすべてを調べることは事実上不可能だからだ。そんな不可能なことで証明するのは常識的ではなく、相手を納得させるための手段としては不適切といえる。

　ただ、論理学【注3】的にいえば、ヘンペルの論法は何も間違っていない。例えば「あるカラスの群れの中」と、調べなければいけない事例が常識的な範囲において命題を証明しようとするなら、この対偶論法は有効になるのである。ちなみに、「すべてのカラスは黒い」という命題は現実には反証されており、東南アジアなどに生息するカラスは黒一色ではない。つまり、その対偶も偽である。

化学・物理

マクスウェルの悪魔

関連
■永久機関　➡P.298

熱力学の首根っこを掴む、いたずら悪魔

【注1】1831年生〜1879年没。イギリスの理論物理学者。古典電磁学を確立した電磁気学で最も偉大な学者といわれ、電磁波の存在を理論的に予想した。

【注2】熱は必ず高い物体から低い物体へと移動し、その逆は起こらないという法則。エントロピーとは無秩序の程度を表し、孤立した系ではエントロピーは減少しない、ということを表している。

【注3】熱現象を物質の巨視的性質から扱う、物理学のジャンル。エネルギーや温度、エントロピー、体積、圧力などの物理量を用いて記述する。

　スコットランドの物理学者ジェームズ・クラーク・マクスウェル【注1】が提唱した思考実験で、概要は次の通り。

　①均一な温度の気体で満たされた容器を用意し、この容器を小さな穴が空いた仕切りで分割し、それぞれA、Bとする。②分子を見ることができる存在＝悪魔がいたとする。彼は穴の開閉によって、素早い分子だけをAの部屋へ、動きが遅い分子をBの部屋へ通り抜けさせようとする。③この行動を繰り返すと、悪魔が何もしなくても、Aの温度は上がり、Bの温度は下げることができてしまう。

　しかし、エネルギーにはエントロピー増大の原理【注2】があるため、悪魔の行いとは矛盾する。マクスウェルはあくまで思考実験の上での仮想の存在として、この悪魔を提唱したのだが、熱力学【注3】的にはこの悪魔の行為は永久機関を認めることになるため、科学者たちは真剣に悪魔の所業の解明に心血を注いでいる。今のところ、穴の開け閉めにはエネルギーと情報の消去が必要なので、システム全体からエントロピーが減ることはない、という説が有力。

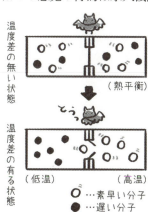

自然、数学

数学

無限の猿定理

どんなに低い数字だろうと、確率は0じゃない！

無限の猿定理とは、「たとえ猿でもタイプライターの鍵盤を膨大な時間をかけて叩き続けていれば、いつかはウィリアム・シェイクスピア【注1】の作品を打ち出す」という例えで、確率論【注2】などでよく使われる思考実験である。確率的にいえば30文字のキーボードだとして、意味のもつ「King Lear」（リア王）という単語（8字）が完成する確率は、1／30×1／30×1／30×1／30×1／30×1／30×1／30×1／30＝1／6561億になる。もちろん長い文章になるほどにその確率は減っていくが、決して0になることはないのである。

もともとこの思考実験は、例えば、猿が偶然打った文章を文学といってよいのかといった、観念そのものは昔からあった。しかしアルゼンチンの作家ホルヘ・ルイス・ボルヘス【注3】はエッセイ『完全な図書館』でその概念の歴史を論じ、教育分野で確率を解説するうえでの常套句となったことで、ほかの分野でもよく活用されようになった。例えば、統計力学【注4】では、「実際上の出来事としてそれは起こりえないから、シェイクスピアを打ち出す確率は0」としている。つまり、あまりに膨大な数については誤った結論を導くという基礎を説明するうえで、無限猿を活用している。ちなみに、この例えがあまりに有名すぎるため、実際に猿を使った実験は過去何度も行われている。

【注1】1564年生～1616年没。イギリスの劇作家、詩人。エリザベス朝演劇を代表する作家で、「オセロ」「リア王」「ハムレット」などの作品を残している。

【注2】不確かで、確率的な予言しかできない偶発現象に対して解析する数学の一分野。集合論や測度論、ルベーグ積分などの知識が要求される。

【注3】1899年生～1986年没。アルゼンチン出身の作家、詩人。「伝記集」「砂の本」などの代表作があり、幻想的な短編作品が有名。ちなみに、無限猿は彼が提示したものではない。

【注4】系のミクロな物理法則をもとに、マクロな性質を導き出すため、統計等を応用した学問。

自然、数学

化学・物理

レールガン

関連

電磁力で弾を発射するレールガンの原理

【注1】電気を帯びた粒子のこと。プラスとマイナスの粒子があり、物質はすべて荷電粒子でできている。一見、電気とは無関係に見えるものでも、例外ではない。

【注2】絶縁物を2枚の金属板で挟んだもの。電流を流すと、電気を貯めることができる。

【注3】発電機などにおいて磁力によって回転する中心の部分で、鉄心に電線を巻きつけたものが一般的。電線部分に電流を流すと、磁界に対して回転運動をするという仕組みになっている。

レールガンは**電磁場を利用した砲**のことで、**電磁砲**とも呼ばれる。現代の武器や兵器では、拳銃から大砲まで火薬を使ったものが主流で、火薬を燃焼させて生じるガスの圧力で砲弾を飛ばす。しかし、レールガンの場合は<u>荷電粒子【注1】という電気を帯びた粒子が作る電磁場を使って、砲弾を加速、発射する</u>という仕組みになっている。

基本的な原理を説明すると、まずコンデンサー【注2】と呼ばれる機器に電流を流し、均等だったプラスとマイナスの電子に偏りを起こさせる。次にコンデンサーへの電力を止め、コンデンサーの両極にコイルを接続。すると、コンデンサーの一方に集まっていた電子がコイルを通り、プラスとマイナスの偏りを正そうとする。このとき、磁場が生じてコイルの外側方向に圧力が生じるので、コイルの一部が可動できる場合はその部分が外に飛び出すことになる。レールガンは、この圧力を利用するのだ。

レールガンの具体的な仕組みだが、コンデンサーに2本のレールを接続し、そのレールの間に電機子【注3】を取り付けた

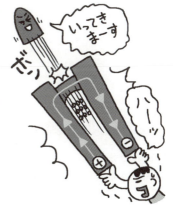

337

弾を装填する。すると、これが先に述べたコイルのかわりになって、コンデンサーから流れた電気は片方のレールから電機子を通じて、もう片方のレールに流れていく。

この結果、2本のレールの間に磁場が発生して圧力が生じ、コイルの可動部分に相当する電機子付きの弾が飛び出すというわけだ。

レールガンの課題と、技術の応用

【注4】この場合でいうと電機子に流れ込む電流が、レールの表層付近に集中する現象のこと。2本のレールには電機子を介して電気が通っているので、電機子を中心にレールの前方と後方で、通電している部分としていない部分が生じる。電機子が前へ進むとレールの通電していない部分に電流が流れ込むのだが、周囲に導電性があるので、入り込もうとする電流に対し打ち消そうとする電流が生じる。この結果、電気の流れが徐々に電機子側の表層へと寄っていき、電流密度が高まるというわけだ。

レールガンの原理は比較的簡単なのだが、課題も多い。流す電流が大きすぎたり、電機子が移動することで生じる速度表皮効果【注4】によって電流密度が高くなると、レールガンを構成する素材が溶けてしまったりするからだ。溶けて蒸発した金属はプラズマ化するので、電気の通り道が増えてしまう。この結果、電磁力が電機子に伝わらなくなり、一定速度を超えて弾を加速できなくなる。レールガンは、電気エネルギーを短時間で放出することで得られる<u>高い出力を利用</u>することに意義がある。よって、より大きな電気を蓄えられるコンデンサーと高い電流密度への対処は必須だ。アメリカ海軍では以前からレールガンの実験を行なっており、2016年からプロトタイプのテストを開始したというが、果たして……？

ちなみに、レールガンの原理は兵器分野以外への応用も考えられている。貨物を宇宙へ上げるマスドライバーのなかには、レールガンを応用した案もあるという。ただ、こちらはあまり実用的ではなさそうだ。

アメリカでの研究

アメリカでは、レールガンの実用化に向けて研究が進められている。2008年には、バージニア州ダールグレンにある海上戦術センターで行われた発射実験のムービーが公開され、出力10.64メガジュールを記録。2010年のテストでは、33メガジュールと新記録を出し、軍では64メガジュールでの発射を最終目標としている。研究は着々と進んでいるが、素材の耐熱管理が課題だという。

自然、数学

宇宙

ロッシュ限界

関連

近づきすぎ、引っ張られすぎると、星が崩壊

【注1】1820年生〜1883年没。彗星に関する論文やラプラスの星雲仮説などを発表したフランスの天文力学者。土星の環が、土星の衛生がロッシュ限界を超えて崩壊してできたものだとする説で有名。ロッシュ限界やロッシュ・ロープ、ロッシュ球といった天体と重力に関する用語は、すべて彼に由来する。

　ロッシュ限界とは、重力が働く星と星が破壊されずに近づける限界距離のことで、フランスの天体力学者エドゥアール・ロシュ【注1】が理論的に計算したものである。

　まず重力がある星と星が接近するとどうなるのか。地球と月で考えてみると、お互いに重力で引き合っているので、星には潮汐力というものが働く。潮汐力というのは、星にかかる重力が一定でないために加わる、引き伸ばされたような力のこと。重力は距離が遠いほど小さくなるので、地球でいえば、月に近い側の表面、地球の中心、月に遠い側の表面とで、月からかかる重力は変わり、ここから地球自身の重力を引き算したものが、潮汐力となる。

　そして、ある小型の星が軌道運動などの影響で別の星に接近する際、ロッシュ限界に近づくほど、潮汐力によって楕円形に変形し、ロッシュ限界を超えると潮汐力に耐えきれず崩壊してしまうのである。この現象を潮汐分裂といい、単なる計算だけでなく、実際に観測もされている。それが1994年に木星に衝突したシューメーカー・レヴィ第9彗星で、この彗星は、木星に接近してロッシュ限界を突破して崩壊し、少なくとも21片もの破片となって、相次いで木星の大気上層に衝突した。

　ちなみにロッシュ限界を超えた場合でも、天体自体が十分に小さすぎる場合は崩壊しないそうだ。

339

自然、数学

■ロッシュ限界と潮汐力

彗星に限らず、さまざまな軌道運動によって、ロッシュ限界を突破する可能性がある。主星の自転よりも公転のほうが速い、火星の衛星・フォボス（3000万年後～5000万年後に崩壊）や、海王星の衛星・トリトン（1億6000万年後～3億6000万年後に崩壊）もそうした運命をたどると考えられている。

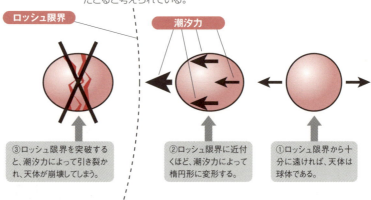

③ロッシュ限界を突破すると、潮汐力によって引き裂かれ、天体が崩壊してしまう。

②ロッシュ限界に近付くほど、潮汐力によって楕円形に変形する。

①ロッシュ限界から十分に遠ければ、天体は球体である。

■有名な彗星

彗星の名称	解説
クリンケンベルグ彗星	1743～1744年にかけて出現。近日点（太陽に最も近付く位置）に達したときは、日中でも肉眼で観察できるほど明るく、また地平線上に6本の尾が扇状に広がって現れるという珍しい現象も起きた。
レクセル彗星	1770年に発見された彗星。歴史上最も地球に近づいた彗星。－2等級まで明るくなったという。
テバット彗星	1861年、約3ヵ月間に渡って観察された長周期彗星。最も地球に接近した際には、夜中でも影を落とすほど明るかった。また2日間ほど地球はこの彗星の尾の中にあり、ガスやチリが彗星の核に向かう様子が確認できたという。
ホームズ彗星	1892年に発見された短周期彗星で、直近だと2014年に近日点を通過している。この彗星は2007年にペルセウス座付近にあったとき、2日足らずで急激に明るくなるアウトバーストを起こしたことで話題となった。その際、増光で放出されたダストが球状に広がり、一時的にその直径は太陽よりも大きく広がったという。
ハレー彗星	約76年周期で地球に接近する短周期彗星。比較的地球に接近した1910年、初めて写真撮影された。また、ハレー彗星の尾の中を地球が通過すると予想され、彗星の尾の中にあるシアン化合物によって生物が窒息死する、地球上の空気が5分間なくなるなど、デマが一部で広まった。しかし実際には、彗星のガスが非常に薄く、地球の大気に阻まれて何の影響も出なかった。
池谷・関彗星	1965年に観測された彗星。推定－17等級に達し、過去数千年で最も明るくなった部類となる。日本人のアマチュア天文家が発見したことも話題となり、この彗星をきっかけに天文を趣味とする日本人も増えたという。
ウェスト彗星	1976年に発見された彗星で、20世紀を代表する美しい彗星として有名。近日点通過直前、彗星の核が分裂して急激に増光、扇型に広がった尾を帯びる大彗星となった。
百武彗星	1996年に発見された彗星で、過去200年で最も地球に接近した彗星。科学的な観測により、彗星からX線放射があったことなど、いくつかの大きな発見がなされた。また、太陽探査機ユリシーズが、偶然百武彗星の尾を通過したことから、今まで観測されたなかで最も長い尾をもつ彗星であることも確認された。
ヘール・ボップ彗星	1995年に太陽から最も遠いところで発見され、1997年に最接近すると－1等級前後と非常に明るくなった彗星。そこから約18ヵ月もの期間に渡って肉眼で確認された。おそらく過去最も長く、そして最も多くの人が見ることができた彗星といえる。一方で、それが原因なのか、なぜか宇宙人の宇宙船がやってくるなどの噂から、パニックを引き起こした度合いも大きい。
マックノート彗星	2007年に近日点を通過した非周期彗星。近日点通過付近では最大－6等級に達し、池谷・関彗星以来の明るさとなり、白昼でも肉眼で確認することができた。また南半球では夕空に肉眼で確認でき、数十度に達する大きく曲がった尾も見られた。
ラヴジョイ彗星	2011年に発見された彗星。太陽表面から13万kmとかなり近い距離を通過したにもかかわらず、蒸発や衝突もせず生き残ったことで話題となった。クリスマス時期には南半球で見ることができた。

不思議・オカルト

Mystery・Occult

不思議・オカルト

歴史・ミステリー

アトランティス、ムー
～超古代文明～

関連
- オーパーツ
  ➡ P.350

栄華を誇った幻の大陸、今は海底に眠る？

【注1】紀元前427年生〜紀元前347年没。後年の西洋哲学に大きな影響を与えた、古代ギリシアの哲学者。目に見える世界「現実世界」と、その元になる完全で不変な存在「イデア」を分けるイデア論を展開。いわば「心の目」で、ものごとの「真理の姿」に言及するのが、「知る」ことだと論じた。

　昔から謎の大陸や島にまつわる伝承などは存在したが、今もそんな幻の大陸伝説は息づいている。それがこの、アトランティスやムーである。

　まずアトランティスだが、そもそもの発端はかなり古い。古代ギリシアの哲学者・プラトン【注1】が記した対話篇『ティマイオス』と『クリティアス』の中でその名前は登場し、<u>栄華を誇った夢の島</u>として紹介されている。そして後年、大航海時代を経て世界地図の全容が次々と明らかになると、その土地がどこなのかという研究もいろいろとなされるようになった。現在、有力視されているのは、地中海のサントリニ島、大西洋のアゾレス諸島などである。

　一方、ムーは<u>イースター島からマリアナ群島あたりまでを占める巨大大陸</u>といわれている。イギリスの探検家ジェームズ・チャーチワードは、1931年に著作『失われたムー大陸』を発表。彼はインドの古僧院にあった古い粘土板を解読し、その後、世界各地に飛んで碑文や古文書も解読・検証し、ムー大陸の仮説を提唱するようになった。ただ、その証拠はいまだにない。

　伝説のいきさつはそれぞれだが、共通しているのは栄華を誇った文明をもちながら、一昼夜にして沈没という<u>盛者必衰な大陸</u>であるということ。古代ロマンを感じさせてくれるという意味で、今なお人々を魅了してやまない。

不思議・オカルト

■失われた大陸の推定場所

アトランティス
ポセイドン神殿を中心に栄えた、豊かな王国をようする大陸。巨大地震と津波によって一昼夜にして沈没してしまったという。1968年に発見されたビミニ海中遺跡は、その名残か?と注目されている。

大西洋
太平洋
インド洋

ムー
人類史上初めての絢爛たる文明が開花した、約1万2千年前にあった巨大大陸。やはり海底火山の爆発によって沈没した。イースター島など、太平洋の小島群や遺跡群はその名残か、と目されることも。

レムリア
イギリスの動物学者スクレーターが提唱した幻の大陸。レムールというキツネザルの一種の分布が特異なことに気づき、この大陸の存在を主張したが、その後の研究で、レムールの分布は特別特異でもないと判明。

■今なお謎多き遺跡の数々

証拠はないが存在がささやかれる幻の大陸に対し、ハッキリ存在しているのに謎が多すぎる遺跡というものも世界には数多い。そんな古代文明ロマン漂う遺跡の数々を紹介しよう。

オルメカ・ヘッド	メキシコ湾岸オルメカ文化遺跡に見られる巨石人頭像。最大のもので3m以上になるものも。不思議とネグロイド的な風貌をしている。
イースター島のモアイ	絶海の孤島、イースター島に乱立する巨石像。すべてのモアイが海に背を向けており、その制作目的は今もって解明されていない。
カッパドキア	トルコの岩原に建てられた、深さ150mに及ぶ地下都市。キリスト教徒が多数住んでいたといわれるが、なぜか人骨が発見されない。
カルナック列石	フランス北西部ブルターニュ地方の巨石遺構。4kmにわたる巨石が列をなすが、正体は不明。ストーンヘンジとの関連性も疑われている。
グレート・ジンバブエ	石造遺構が並ぶ、ジンバブエを代表する大遺跡。ソロモン王伝説に間違えられ、歴史解釈の違いから研究が遅れた。
ストーンヘンジ	牧草地帯にそびえる、イギリスの巨石遺構。数千年にわたり、3期に分けてつくられたと目されるが、その目的は今もって謎である。
チチェン・イッツァー	メキシコを代表するマヤ遺跡で、正確無比なマヤ暦を裏づける天文台やカスティーヨなどがある。一方で、血なまぐさい生け贄の儀式跡も。
チョガ・ザンビール	イランにある、古代エラム人の古代都市。中央にあるウルのジグラットは最大規模の遺跡で、バベルの塔のモデルでは、とも噂される。
テオティワカン	メキシコの古代宗教都市遺跡。太陽のピラミッド、月のピラミッド、死者の大通りなど、意味のある施設配置が施されている。
ナスカの地上絵	ペルーの乾いた高原地表面に描かれた巨大な絵。動植物や幾何学図形がいくつも描かれているが、制作された目的はとにかく謎。
莫高窟	中国の敦煌(とんこう)市近郊にある石窟寺院(せっくつじいん)で、仏像や壁画、書物が多数現存。遺物の海外流出や膨大な資料ゆえに、今なお全貌は見えない。
パレンケ古代都市	メキシコにある古代都市で、マヤ遺跡の典型。碑文の神殿と呼ばれるピラミッドからは、翡翠の仮面をまとった王の遺体が発見された。
ペトラ遺跡	ヨルダンにある、砂岩の岩壁に刻まれた渓谷の遺跡群。古代ナバテア人の隊商都市と考えられているが、広すぎて解明がまだ序の口。
ボロヴドゥール寺院	インドネシアのジャワ島にある仏教遺跡。何層にも重なる構造物に、仏像、仏塔が多数並び、巨大曼荼羅(まんだら)の立体板ともいえる。
マチュ・ピチュ	ペルーの、絶壁の頂にあるインカ帝国の遺跡。神殿を中心に石組みで造られているが、なぜ渓谷の頂にあるのかは不明。
モヘンジョダロ	パキスタンにある、インダス文明の都市遺跡。下水機構があるなど行き届いた整備都市だったようだが、なぜか生活用品の出土が一切ない。
与那国島海底地形	1986年に発見された、人工物を思わせる海底の巨石群。自然地形という見方が一般的だが発見当初から遺跡と見る説が根強い。
ラサのポタラ宮	チベットの中心地にある宮殿。ダライ・ラマが政治的執務や宗教上の儀式を行う場所であるが、その主は現在インドに亡命中である。

アトランティス、ムー 〜超古代文明〜

不思議・オカルト

ESP
～超能力～

関連
■超常現象 ➡ P.362

超能力は、真面目に研究されている！

【注1】超常現象や超能力を研究し、その実在の証明や仕組みの解明を行う学問。1927年、アメリカのデューク大学に超心理学研究所が設立されたことから研究が本格化。異端学問とする向きもあるが、博士号を与えられた者もいて、超常現象研究の分野では一番アカデミックといえる。

「人間は脳の10％しか使っていない」という迷信はよく聞くが、もしその部分を使えたら未知の力が発揮されるかもしれない。このような想像から、よく話題にのぼるのが超能力である。超能力とは、文字通り既知の常識を超えた超人的な能力のこと。よく耳にするESPという言葉はExtra-sensory Perceptionの略で、超能力の中でもテレパシーや透視といった、通常の手段以外で外界情報を得る能力全般を指す。一方、アポートやテレポーテーションのように、外界のものに影響を与える超能力はサイコキネシス、またはテレキネシスという。

そもそも人間にそんな能力があるとは信じ難いが、事例としてESPやサイコキネシスの報告は多い。そこで、そのような超常現象を科学的に調査し研究する学問「超心理学」【注1】は生まれた。1927年にアメリカのデューク大学に超心理学研究所が設立されると、研究は本格化。扱う事例は心霊現象にまで及んで入るものの、この学問は基本的に霊の存在を介在しない超能力研究を行っており、オカルトとは一線を画する真面目な学問なのだ。

このように科学的アプローチから超能力の研究は長年進められているが、基本的には事象の実在を証明しては否定されの繰り返しが延々と続いているのが現状。超能力の開発、という夢物語にまでは至っていない。

不思議・オカルト

■主な超能力の種類

超心理学的に、超能力はESPとサイコキネシスの2種類に大別される。主な能力と、その分類は以下の通り。ちなみに、超心理現象を示すものとして、「サイ」という言葉がよく使われる。

[ESP]……通常の手段を用いずに外界に関する情報を得る能力のこと。具体的にはテレパシーや千里眼、予知などがこれに類し、超感覚的な知覚能力全般を指す。

[サイコキネシス]……既知の物理的エネルギーや媒介を用いずに、物質に影響を与える能力のこと。精神が物質に影響を与える現象全般が、これに類する。PKと略されることも。

テレパシー	別の固体の思考や情念、状態を知ったり、影響を受けたりする現象・能力。精神感応、思念伝達ともいう。生きている者同士の感応のみならず、死者が夢枕に立つ現象などもテレパシーの一種とされる。
サイコメトリー	写真や物に触れることで、それに関連する事件や人物などについて知覚する能力。ゲラルト・クロワゼなど、犯罪捜査に協力する能力者の存在が明らかになって以来、有名になった。テレパシーや千里眼との境界は不明瞭。
透視	通常の視覚に頼らず、外界の状況を視覚的に認識する能力。一般的には、遮蔽物の後ろにあるものや伏せたカードの模様を当てたりする事例が多い。特定の人物の過去や、特別な事項を知る能力を指すこともある。
千里眼、遠隔透視	通常手段や類推に頼らず、遠隔地の光景を知る能力。日本では、御船千鶴子や長尾郁子らを中心に起きた明治期の「千里眼事件」が有名。なお、英語では透視・千里眼ともに「クリアボヤンス」と呼ぶ。
予知	五感情報や論理的推察なしに、未来の出来事を事前に知ることができる能力。虫の報せから予知夢まで、さまざまな形式が含まれる。一般的な意味での地震予知や危険予知は含まない。

アポート	物体が別の場所に移動したり、物体が出現したりする現象・能力。無生物だけでなく、動物や人間が対象になることもある。逆に物体が消えたりする現象は、「アスポート」と呼ぶこともある。
テレポーテーション	広義にはアポートも含まれるが、主に本人自身が時間的経過なく、他の空間に移動する現象・能力を指す。能力者による報告はあるものの、実際に確認された事例はない。瞬間移動、観念移動とも訳される。
空中浮揚	人体や物体が、何の支えもなく空中に浮遊する現象。報告事例や伝説は世界各地に数多くあり、特に宗教上の聖人や修行僧が成した事例が目立つ。超能力というより、奇跡伝承としての面が強い。
ヒーリング	通常手段を用いることなく、病気や怪我の治療を行う能力・現象。遠隔地へのヒーリング事例もあるが、霊の力を借りる場合は「心霊治療」と呼ぶ場合が多い。気功による治療が近いが、超能力とするかどうかだろう。
念写	念の力で、思い浮かべていることや透視で見えていることなどを、写真に像として映し出す能力・現象。千里眼事件で長尾郁子が発揮した代表的な能力だが、有名なエピソードほどトリックだと暴露されている。

COLUMN
超能力と霊能力の違いについて

簡単にいえば、心霊的な力を使って発揮するのが霊能力で、人間そのものに秘められた力が超能力である。それを踏まえると、霊を見る、霊と交信する、前世の記憶をたどるといった行為は霊能力にあたるといえよう。

超心理学の研究対象には、こうした霊能力・心霊現象の類いも含まれているのだが、先述した通りこの学問は霊の存在を前提にしていない。むしろ、心霊現象の類いはすべて超能力で説明がつくとする「超ESP仮説」という論もあるくらいなので、オカルティックな分野に踏み込む場合は、超心理学と呼ばないことが通例のようだ。

ただ一般的には、超能力だろうと霊能力だろうと、見た目に大差はない。物体が移動するテレポートという現象が、超能力によるものか、霊の力を媒介したものかというのは、能力者にしか分からないのだから。

また、近年はスピリチュアルブームもあって、SFめいた超能力よりも神秘的な霊能力のほうがフィーチャーされることが多い。昔はブームもあってメディアを賑わせた超能力だが、今は霊能力に押されっぱなし。往年の不思議・オカルト好き的には少し寂しい限りだ。

不思議・オカルト

エイリアン

関連
- エリア51 ➡ P.348
- オーバーロード ➡ P.354
- UFO ➡ P.368

地球外に存在するという知的生命体とは？

【注1】1979年制作のSFホラー映画。宇宙船の中で異星生命体エイリアンに襲われる乗組員たちの恐怖と闘争を描いた作品。登場するエイリアンはグロテスクな容貌で、乗組員を次々に殺害する凶暴な怪物として描かれている。SFホラーの先駆けとして、以後のSF創作物に大きな影響を与えた古典的名作といわれる。

エイリアンとは、もともとは英語で「外国人」という意味の言葉である。しかし、現在ではSF映画『エイリアン』【注1】をはじめとするさまざまな創作物の影響から、本来の解釈から拡大されて「宇宙人」や「地球外生命体」という意味で使われるようになったといわれている。

現代科学の世界では、表向きには地球外の知的生命体と人類が遭遇したという実例は報告されていない。しかし確たる証拠はないものの、人類とは異なる種族を目撃したり、遭遇後に事件に巻き込まれたり、といった報告は毎年のように挙げられており、超常現象やオカルトの分野では宇宙人の存在は確実なものと考えられている。観測された宇宙人たちの多くは人類とは異なる外見で、いくつかのパターンに分類されている。地球を訪れる目的は不明だが、宇宙人が起こしたとされる事件の報告を見ると必ずしも友好的な存在ではないようだ。

地球以外の惑星に高度な科学力をもつ知的生命体が存在し密かに地球を訪れている、という説はロマンがある。世界各地の神話や伝承には、人類以外の知的な存在から助言を受けたり文化を伝授されるといった逸話が数多く残っている。一方で、科学的にも地球外生命体がいるかいないかは真面目に考察されている。夜空の星を見て、思いを馳せる気持ちは、今も昔も変わらない。

不思議・オカルト

■さまざまな形態のエイリアンたち

現在までに目撃されているエイリアンは、地球に住む我々人類とは異なる容姿をもつ場合が多い。これは、彼らが重力や気温など地球とは異なる環境で進化を遂げたことが原因と考えられている。どういった容姿のエイリアンが目撃されているのか、目撃談の多いタイプを下記にまとめた。

グレイ	大きな頭部をもつ、ややアンバランスな体型の人間型エイリアン。肌の色が灰色であることが名前の由来。近年報告されるエイリアン目撃証言の多くは、グレイの特徴を備えていることから、スタンダードなエイリアンと認知されている。
火星人	19世紀末に天文学者たちによって「火星表面の線状模様が運河だ」という説が提唱され、火星には知的生命体が存在すると考えられるようになった。1960～70年代からの探査機による調査によって火星の表面には水がほとんど存在しないことが判明しており、火星人存在の可能性は絶望的とされる。
レプティリアン	鋭い爪や尻尾、鱗に覆われた肌など爬虫類の特徴を備えたエイリアン。太古の爬虫類が進化を遂げて、人類と同じような知性をもつに至った地球の生物という説もある。変身が得意で、政府要人や社会的地位の高い人間に変身し、社会の中に潜んでいるという。
金星人	1952年にアメリカ人ジョージ・アダムスキーが出会ったと証言したエイリアン。人類とほとんど変わらない外見で、テレパシーで相手の心を読んで会話することができたという。アダムスキーはこのほかに、火星人や土星人にも会ったと主張しているが、真相は定かではない。

■エイリアンが関連しているとされる事件

地球を訪れるエイリアンたちが起こしたとされる事件は、20世紀中頃から急激に増加している。こうした報告は信憑性が怪しまれるものも多いが、なかには専門的な調査機関によって詳細な調査が行われ、大きな話題となったものも存在する。下記の3つはエイリアン関連では特に有名な事件である。

ロズウェル事件	1947年7月8日、アメリカニューメキシコ州ロズウェルで、アメリカ陸軍が墜落した円盤を回収したと発表。数時間後にこの発表は、回収した物体は気象観測用の気球であったと訂正された。その後、1970年代後半にUFO研究科たちが事件に着目し、経緯を徹底的に検証。これによって墜落した円盤の破片や宇宙人の死体などの目撃証言が得られたほか、宇宙人の解剖シーンを撮影したフィルムも発見された。しかし、のちの調査によって証言の多くは信憑性に欠け、フィルムも偽造だったことがわかっている。
ヒル夫妻誘拐事件	1961年9月19日、アメリカニューハンプシャー州で発生した事件。この日の夜に車を走らせていたヒル夫妻は、謎の光る物体に追いかけられた記憶を最後に2時間半にわたって記憶を失ったという。事件から2年後に逆行催眠による記憶の回復を試みたところ、ヒル夫妻はレティクル座ゼータ星からきた宇宙人によって誘拐されてUFOの中で身体検査をされていたという報告がなされた。この事件以降、宇宙人による誘拐事件は「アブダクション」と呼ばれるようになり、同様の事件が多発するようになった。
キャトルミューティレーション	1970年代からアメリカで頻発するようになった事例で、血液がすべて抜き取られ目や臓器などが切り取られた家畜の死体が発見されるという猟奇的な事件。死体の状態の異常性や、周辺で謎の飛行物体の目撃情報があったことなどから、当時は宇宙人による犯行という説が立てられて話題となった。その後の調査により、家畜の死体を放置すると血液は地面に吸い込まれて失われ、目や臓器などは他の動物や虫などに食べられて、キャトルミューティレーションを受けた死体に近い状態になると判明している。

不思議・オカルト

エリア51

関連
- エイリアン ➡ P.346
- UFO ➡ P.368

エリア51にはアメリカの秘密基地がある!?

エリア51とは、アメリカのネバダ州南部にある<u>アメリカ空軍の管理区</u>のこと。空軍の基地はあるが、実戦部隊は配置されておらず、新型機のテストや飛行訓練などに使用されているという。しかし、この地域周辺ではUFO【注1】の目撃が相次いでおり、地元ではUFO出現スポットとして知られていた。そして、UFOの存在を信じる人たちは、このエリアの地下に<u>秘密基地</u>が造られており、墜落したUFOや宇宙人【注2】の遺体が保管され、政府の特殊機関によって極秘に<u>地球版UFOの製造</u>まで行われていると主張する。ただ、この基地では1988年に公表されたステルス機F-117のテスト飛行も行われている。F-117は、従来の戦闘機とはかなり異なる姿をしており、その特異な形からUFOと認識されていた可能性もある。

エリア51に対するこうした情報が、事実かどうかは定かでない。しかし、アメリカでUFO研究の第一人者として知られるレオナード・ストリングフィールド氏の発表によれば、アメリカでは1947年にUFOが墜落・回収されたロズ

【注1】未確認飛行物体のこと。正体不明の飛行物体全般を指すので、気象観測用バルーンや雲に反射したライトなどを目撃した場合でも、確認がとれなければUFOになるが、ここでは、知的生命体が乗った宇宙船の呼称として扱う。

【注2】地球外から来た知的生命体、いわゆるエイリアンのこと。ほかの惑星から来たと考えられているが、異次元から来ているという説もある。

【注3】アメリカのニューメキシコ州ロズウェル付近で、UFOが墜落・回収されたとする事件。実際は、極秘に進められていた計画に関わる観測用の熱気球が落ちてきたものだといわれている。

ウェル事件【注3】を始め、UFOの墜落事件がたびたび発生。中には、宇宙人の死体が回収されたケースもあり、一部の空軍基地に保管されているという。

エリア51が重要な地域なのは確実？

1952年7月26日の夜、アメリカの首都ワシントンで、正体不明の発光体が編隊を組んで飛来し、数時間に渡って上空を飛び回る事件が発生。当時のトルーマン大統領がアルベルト・アインシュタイン博士に電話で意見を求めたところ、博士は「もしこれが地球外の知的生命体のものなら、我々がかなうはずがない。攻撃を仕掛けるのは自ら災いを招くようなものなので、絶対に攻撃をしないように」と返答したという。このやり取りが事実なら、科学者の中でも高度な知的生命体が飛来している可能性を、否定しなかった人物もいたということになる。一方、当時はソ連との冷戦の最中だったので、UFOがソ連の新兵器【注4】なのではないかという意見もあったようだ。

このような背景もあってか、エリア51はハリウッド映画にもしばしば登場し、宇宙人や超自然現象と関係する施設として描かれている。現在では、エリアの存在が広く知られているのだが、アメリカ政府や軍は、その存在を認めてもいないし否定もしていない。ただ、この地域に関しては一切の取材を受け付けておらず、もちろん撮影は厳禁。「無断侵入すれば発砲する」という警告文がいたるところに掲げられており、厳重な警備態勢が敷かれているそうだ。

【注4】第二次世界大戦後、アメリカやソ連は敗戦国のドイツから多くの軍事資料を入手し、新兵器開発の参考にした。例えば核兵器を搭載する弾道ミサイルも、ドイツの兵器を基にしたものである。冷戦下では米ソのあいだで激しい軍拡競争が行なわれており、時代を考えればUFOがソ連の新兵器ではないかと疑われたのも当然のことだった。

UFOはブラフか!?

エリア51には何か重要な機密があることは間違いなさそうだ。そこで生まれたのが、UFOの噂を放置してブラフとすることで、本当の極秘実験をカムフラージュしているという説。エリア51で新型機のテストが行われていたことを考えると、一定の説得力はある。ただ、特殊な実験でないなら、ほかの基地でひっそりやればいい、という反論があるのも確か。皆さんはどう思われるか？

349

不思議・オカルト

歴史・ミステリー

オーパーツ

関連
- アトランティス、ムー 〜超古代文明〜 ➡ P.342

考古学の常識を打ち破る驚異の遺産

【注1】過去に確立されながら、文明の滅亡や後継者が途絶えるといった理由で後世に伝達されなかった技術。東ローマ帝国のギリシア火薬、シリアのダマスカス鋼、北宋の青磁（せいじ）などが該当する。

【注2】四大文明の成立以前に存在していたとされる幻の文明。現代を凌ぐ高度文明であったとされる。

　考古学の世界では、ときおりそれらが誕生した時代では考えられないような、高度な発想や技術力を用いて作られた物品や遺跡が発見されることがある。これらはオーパーツと呼ばれる。オーパーツとは out of place artifacts を略したoopartsが語源で、正式な考古学用語ではない。

　オーパーツとされるものは現在までに100種類を超える点数が見つかっているが、そのほとんどは、発見当時の考古学の知識に基づいて調査されたために、製造方法不明とされたものである。現在の考古学では、古代人たちは過去に考えられていたよりも高度な技術力や斬新な発想をもち合わせていたことが判明してしている。そして新しい基準を当てはめて検証した結果、話題づくりや、人々の好奇心を刺激するため売名行為や詐欺の目的で捏造されたものも、少なくない。

　しかし、過去にいったん確立されたが歴史の中で埋もれてしまった、いわゆるロストテクノロジー【注1】と呼ばれる技術によって製造されたオーパーツも存在するし、現在の考古学の知識をもってしても製造方法がなお不明な物品があるのも確かである。考古学の主流からは外れた考えだが、もしかしたらこうした物品がアトランティスやムーといった超古代文明【注2】の遺産である可能性も捨て切れない。

不思議・オカルト

■世界のオーパーツ

　下記のリストは、これまで世界で発見されたオーパーツの中でも特に知名度の高いものだ。この中にはすでに当時の技術で再現できることが判明しているものや、捏造品の可能性を強く疑われているものも含まれているが、オーパーツに対する解釈は諸説あるため真贋については重視せずに紹介していく。

名　称	詳　細
アショカ・ピラー	インドのデリーにある鉄柱。415年に建てられたものとされ、1500年以上経過していても表面はほとんど錆びていない。鉄柱の表面を覆う化合物が錆を防いでいるという説が有力。
アッシリアの水晶レンズ	紀元前7世紀の古代アッシリアの遺跡から発見された水晶片。長さ4.2cmで凸レンズの機能を備えている。実際には装飾品の一種であり、レンズの形状は偶然の産物とされる。
アビドス神殿の壁画	エジプトの古代都市アビドスの遺跡で発見された壁画。飛行機やヘリコプターなどが描かれているように見える。壁画の文字を掘り直す際、偶然こうした形になったと考えられている。
アルミニウムの帯止め	4世紀頃の中国の武将・周処の墓から発掘された帯止め。実際は近代に盗賊に盗掘された際に混入したアルミニウムの破片を鑑定してしまっただけであり、帯止めは銀製だった。
アンティキティラ島の機械	ギリシアのアンティキティラ島近海で発見された紀元前100年頃の機械。大小の歯車が組み合わされた複雑な構造で、天体の動きを計算するために作られたものと考えられている。
ヴィマナ	インドの聖典『リグ・ヴェーダ』や、叙事詩『ラーマーヤナ』などに登場する空飛ぶ乗り物。機体の性能や操縦方法について書かれた書物も発見されているが、信憑性が疑われている。
ヴォイニッチ写本	14世紀から16世紀に作成された、未知の文字で記された古文書。植物の挿絵が多く描かれているが、実在しない種類ばかりで作成された意図は現在でも不明とされている。
エル＝バウル記念碑27号	グアテマラのエル＝バウル遺跡で発見された石碑。ヘルメットのようなものをかぶった人物が描かれている。絵はマヤ人の球技の様子とされるが、宇宙服を着た人物という説もある。
黄金スペースシャトル	コロンビアの遺跡から発見された5cmほどの黄金細工。飛行機やスペースシャトルのような形をしていると話題になったが、現在では鳥や魚を模している可能性が高いとされる。
黄金ブルドーザー	パナマのコクル地方で発掘された黄金細工。アメリカの動物学者アイヴァン・サンダーソンは古代のブルドーザーであると提唱したが、単なるジャガー像であるという説が有力。
褐炭の頭蓋骨	1500万年前の地層から発見された頭蓋骨の形をした工芸品。CTスキャンによる調査で、内部には樹木の年輪のような層があり、作成には高度な加工技術が必要なことが判明した。
カッパドキア※	トルコのアナトリア高原にある岩石遺跡群。ローマ帝国で迫害を受けた初期のキリスト教徒たちがこの地に隠れ住み、岩山を掘り抜いて巨大な地下都市をつくり上げた。
カブレラ・ストーン	ペルーで発見された恐竜と人間の絵が彫刻された石のコレクション。所有者の名前から「カブレラ・ストーン」と呼ばれる。石を作ったという証言者がいるため、捏造品の可能性が高い。
カンブリア紀の金属ボルト	ロシアのブリャンスクで発見された金属ボルト。15億年以上前に生成された石の中に埋まっていたことから、太古の地球にやってきた宇宙船の部品の一部という説がある。
恐竜土偶	メキシコのアカンバロで発見された、恐竜の形をした土偶。考古学上は人類と恐竜が共存した時代はなかったとされているため、どのような経緯でつくられたものなのか話題を集めた。

※ P.352へ続く

不思議・オカルト

オーパーツ

名　称	詳　細
更新世のスプリング	ロシアのウラル山脈で発見された、らせん状の部品。大きさは1mm以下〜3cmほどで、2万〜30万年前に作成されたものだという。のちに、この地にあった工場の産業廃棄物と判明。
コスタリカの石球	コスタリカの森の中で発見された数百個の石の玉。最大で直径2mほど。発見当初は製造方法が謎であったが、現在では、原始的な機材で作成可能と判明している。
コソの点火プラグ	カリフォルニア州のコソ山脈で発見された点火プラグ。50万年前の地層から発見したという触れ込みだったが、鑑定の結果、1920年代にアメリカの会社で製造されたものと判明した。
古代アンデスの頭蓋骨手術	ペルーで発見された紀元前3世紀頃のものと思われる人間の頭蓋骨。手術の痕跡と思わしき跡が残っているが、埋葬する際の防腐処理の跡ともいわれている。
古代エジプトのグライダー	古代エジプトの墳墓から発見された木製の埋葬品。飛行機のような形をしているとして話題を集めたが、実際には目とくちばしがついており鳥を模したものである。
聖徳太子の地球儀	兵庫県の斑鳩寺に伝えられる地球儀。ユーラシア大陸や南北アメリカ大陸、南極大陸のほか、南半球には幻の大陸であるムー大陸と思わしき大陸も描かれている。
水晶髑髏	水晶で作られた人間の頭蓋骨の模型。インカやマヤ、アステカなど中南米の古代文明の遺跡から10数個が発見されている。光を当てると色が変わるなど、特殊なレンズ効果がある。
スコットランドの鉄釘	スコットランドの採石場にある3億6000万年前〜4億年前の地層から発見された鉄の釘。長さは4cmほどで、岩石に埋まっていた部分はほとんど錆びていなかったという。
ストーンヘンジ※	イギリスのソールズベリー郊外にある巨大な石のサークル。紀元前2500年から紀元前2000年頃に立てられたという。建設目的は諸説あるが、天体観測用の施設という説が有力。
タ・ブロームの恐竜レリーフ	カンボジアのタ・ブローム遺跡で発見された寺院の壁に描かれたレリーフ。背中に複数の骨板のようなものが並んだ、ステゴサウルスにそっくりの動物が描かれている。
中国の衛星撮影地図	2100年前の墓から発見されたとされる長沙南部の地図。非常に精度の高い地図で、作成方法には謎が多い。現在は湖南省の湖南博物館に収蔵されている。
ツタンカーメンの短剣	ツタンカーメン王の墓から発掘された短剣。当時のエジプトには加工技術が存在しなかったとされる純度99%以上の鉄で作られている。最新の研究で、隕石の鉄からとられたと判明。
テキサスのハンマー	アメリカのテキサス州で発見されたハンマーのような物体。測定の結果、1億4000万年前から4億年前のものと分析されたが、表面の物質を調査しただけなので精度が怪しまれている。
ドゴン族の天文知識	マリ共和国に住むドゴン族がまだ未知の種族だった頃、彼らの神話には肉眼では確認できないはずのシリウス連星に関する情報が存在すると、誤った分析がなされた時期があった（1950年頃）。
トリンギット族のラトル	アメリカの先住民族であるトリンギット族が作ったラトル（打楽器の一種）。鳥を模して作ってあり、伝説の巨鳥サンダーバードがモデルともいわれている。
トルコの古代ロケット	トルコのトゥスパ遺跡から発見された彫像。長さ22cm、幅は7.5cmの円錐型。ロケットの先端のような形をしており、パイロットと思わしき人物が中央に座っているように見える。
ナスカの地上絵※	ペルーのナスカ川周辺の高原に描かれた地上絵。鳥や動物、植物などが描かれており、航空機で上空から見ないと全体像がつかめないほど巨大なことが特徴。
何かが貫通した頭蓋骨	ザンビアで発見された古代人の頭蓋骨。調査の結果、左側に高速で発射された物体が貫通したような跡が確認された。頭蓋骨を貫通した物体は、弾丸であったという説がある。

不思議・オカルト

名称	詳細
ナン・マトールの遺跡	ミクロネシア連邦のポンペイ島で発見された巨石構築物。五角形または六角形の玄武岩の柱を用いて、海上に多数の人工島が作られている。
人間と恐竜の足跡	アメリカのテキサス州で発見された足跡の化石。人間と恐竜の足跡が並んでいるように見えるが、実は小型恐竜の足跡を人間の足跡に見えるように加工したものだという。
ネブラ・ディスク	ドイツのザーレラン地方で発見され青銅製の円盤。調査の結果、約3600年前に作られた天文盤とされた。同種の物品としては現在のところ、人類最古のものである。
白亜紀の人間の指の化石	アメリカのテキサス州で発見された化石。5cmほどの石で、人間の爪のような部分が確認できるが、第一関節にあたる部分が存在しない。
バグダッド電池	イラクのバグダッド近郊で発掘された土器。中にアスファルトで固定された銅の筒と鉄の棒が差し込まれており、何らかの液体が入っていた痕跡があるため、「電池だった」という説がある。
ハトホル神殿の壁画	エジプトのデンデラにあるハトホル神殿で発見された壁画。電球のような絵が描かれているが、その正体は壺と蛇の絵。フィラメントのように見える部分には、ちゃんと蛇の顔がある。
パレストリーナのナイルモザイク	イタリアのパレストリーナで発見されたモザイク画。紀元前1世紀頃のもので、恐竜に似た生物やサーベルタイガー、ワニやカバの特徴をもつ謎の生物などが描かれている。
パレンケの石棺※	メキシコのパレンケにあるマヤ文明の遺跡で発見された王の棺。ロケットのような乗り物に操縦士が乗っている絵が彫られているが、生命の樹（P.051）の下に寝そべる王の姿ともいわれる。
ピーリー・レイスの地図	オスマン帝国の軍人ピーリー・レイスが記したという航海地図。1513年に作られたものだが、当時は未発見であった南極大陸の海岸線が書き込まれているとされる。
兵馬俑のクロムメッキの剣	秦の始皇帝の墓から発見されたクロムメッキが施された剣。クロムメッキの技術は近代になって開発されたものであり、紀元前の中国でどのようにつくられたかは不明。
ピラミッド・アイ・タブレット	エクアドルのラ・マナで発見された石のタブレット。高さ27cmの三角形で、目の紋様と13本の段が刻まれており、底面にはオリオン座の配置が刻まれている。用途不明の物品。
踏まれた三葉虫の化石	アメリカのユタ州で発見された三葉虫の化石。サンダルで踏まれたような跡がある。足跡のように見える巨大な三葉虫の化石という説や、単なるくぼみという説など諸説ある。
ポンペイ遺跡のモザイク画	イタリアのポンペイ遺跡で発見されたモザイク画。ピグミー族が恐竜のような生物を狩猟している姿が描かれているが、単にワニなどの動物が描かれているだけともいわれる。
マチュ・ピチュ※	ペルーのウルバンバ谷で発見された15世紀頃のインカ帝国の遺跡。ほとんど隙間なく積まれた石垣で構成された都市で、かなり高度な技術を用いて建設されたと考えられている。
ミッキーマウス壁画	オーストラリアのマルタ村の教会で発見された壁画。700年前に描かれたものとされ、ミッキーマウスによく似た直立するネズミのような動物が描かれている。
南アフリカの金属球	南アフリカの西トランスヴァール州の鉱山で発見された金属球。28億年前に形成されたとされる葉ろう石の中から見つかったが、どのようにして生成されたものかは不明。
モヘンジョダロのガラス※	パキスタンのモヘンジョダロ遺跡で発見された、高温で解けたガラス質の石やレンガなど。原因は火山の噴火によるものとされるが、古代の核戦争の痕跡という説を唱える者もいる。
与那国島の海底遺跡※	沖縄県の与那国島沖の海底で発見された巨石群。通路のような溝や階段状の巨石など人工的な形状を備えていたため、古代文明の遺跡という説が生まれた。

※ P.343の下、遺跡の表も参照。

不思議・オカルト

宇宙

オーバーロード

関連
- エイリアン ➡ P.346

神か悪魔か!?　人類の進化に関わる異星人たち

【注1】1917年生〜2008年没。イギリス出身のSF作家。ロバート・A・ハインライン、アイザック・アシモフと並んでSF界の大御所として知られており、『幼年期の終り』『2001年宇宙の旅』『銀河帝国の崩壊』『火星の砂』などが有名。

【注2】1953年に発表された、アーサー・C・クラークの長編小説。クラークの代表作でもあり、ファンの間でも彼の最高傑作だといわれている。

　オーバーロードとはSF世界でよく使われる異星人のタイプで、もともとはアーサー・C・クラーク【注1】の傑作長編小説『幼年期の終り』【注2】に登場した**異星人の種族名**である。非常に進んだ技術をもっている彼らは、はるばる地球までやってきて、地球人を正しく導いて新たなステージへと進化させようと介入を試みる存在だ。

　あらすじはこうだ。20世紀末、突如、異星人・オーバーロードの宇宙船団が世界各地に飛来。しかし彼らは人類に危害を加えるでもなく交流するでもなく、進んだ技術を用いて、ただ進化の手助けをするためだけにそこに存在し続けた。その間、人類の生活水準は向上し続け、地球には平和な世界ができあがる。そして船団出現から50年後、ついに彼らは姿を表す。皮に似た強靭な翼に短い角、逆トゲのある尻尾。悪魔のイメージそのままな彼らの姿は、オーバーマインドという高次元の思念体に指示を受けた使いであり、彼ら自身も進化の袋小路にあることが分かる。

　物語はこの後、平和で大きな繁栄の時代を経て、新たに進化した人類が生まれると、旧人類は絶滅。人類が新たなステージに上がったことを確認したオーバーロードは、母星へと帰還した。結末は割愛するが、この人類史を裏から操る異星人は、当時かなりインパクトがあり、以降オーバーロード系はSFでよくネタに使われるようになった。

不思議・オカルト

終末予言
～世界を震撼させた予言～

関連
- ハルマゲドン　➡ P.076

古来より度々、予言されてきた終末の日

　誕生以来、人類は自らの文明を順調に発展させ続け、歴史を紡いできた。しかし、こうして積み上げられた歴史はある定められた日に崩壊して、**すべてが無に帰する日**がくると考える思想が存在する。こうした思想を「終末思想」【注1】または「終末論」といい、終わりが訪れる日を予言した言葉を「終末予言」という。

　終末思想は、古来より宗教の歴史観の中でよく論議された思想だ。メジャーなキリスト教、イスラム教、ユダヤ教などのほか、仏教にも終末思想に似た考え方がある。こうした宗教視点での終末論は、やがて訪れる終末の日に魂が救いを得られるよう、信者に善行を促す目的で浸透したものと考えられる。具体的な終末の日の日時は明言されていないため、『聖書』や『コーラン』などの解釈によって、昔からさまざまな終末予言がなされてきた。

　また、終末予言の中には古代の遺跡や文献から得た情報を分析した結果として提唱されるようになったり、ある日突然ひらめきを得た人物が唱えたりするタイプもある。マヤ文明の暦から推測されたという「2012年人類滅亡説」や、二十世紀末期にブームを起こした「ノストラダムス【注2】の予言」などはこのケースだ。しかし、現在までいかなる終末予言も的中したことはなく、今後もこうした予言が人々の理解を得られることは少ないだろう。

【注1】宗教における終末思想は、神やそれに類する絶対的な力をもつ存在が人類を裁くというパターンが多い。このとき、該当する宗教の信者だけは救済される（死後のケースもある）とされる。

【注2】1503年生～1566年没。16世紀のフランスの医師。のちに予言集として話題となるいくつかの詩集を残した。

不思議・オカルト

■主要な終末予言と日時

終末の日	預言者	概要
1033年	キリスト教信者	キリストの死から1000年後の節目にあたったため。
1186年9月	ヨハネ	全惑星が天秤宮に集まり大災害が発生すると予言。
1524年2月1日	ロンドンの占星術師	大洪水の発生を予言。予言が外れたあと1624年に訂正。
1524年2月20日	ヨハネス・シュテフラー	大洪水の発生を予言。1528年の洪水も予言したが両方的中せず。
1532年	フレデリック・ノウゼア	異常気象が続いたことから世界の終わりを予言した。
1533年10月3日	ミハエル・シュティッフェル	世界が終わると予言したが、的中しなかったため失職した。
1583年4月28日	リチャード・ハーヴィー	木星と土星が直列に並ぶことで大洪水が起きると予言。
1658年	クリストファー・コロンブス	著名な探検家。聖書の研究から終末の年を割り出した。
1665年	ソロモン・エックルズ	同年にペストが大流行し、これによって世界が滅びると予言した。
1700年	ジョン・ネイピア	『黙示録』の研究から、最後の審判が起きる年代を予測した。
1719年5月19日	ヤコブ・ベルヌーイ	地球に接近した彗星により、大破壊が訪れると予言。
1761年4月5日	ウィリアム・ベル	同年に2回地震が発生したことから、世界の終わりを予言した。
1843年1月3日	ウィリアム・ミラー	聖書から最後の日を予言。外れると3回に渡って日時を訂正した。
1881年	チャールズ・ピアッツィ・スミス	クフ王のピラミッドの通路の長さをもとに、世界の終わりを予言した。
1899年	アイザック・ニュートン	万有引力の法則の発見者。聖書をもとに終末の年代を計算。
1910年5月19日	カミーユ・フラマリオン	SF小説の内容を語ったところ、民衆に予言と誤解された。
1919年12月17日	アルバート・ポルタ	太陽系の惑星が直列に並ぶ天体現象の発生から最後の日を予言。
1925年2月13日	マーガレット・ロウアン	天使ガブリエルの神託を受けて終末の日を予言。
1944年8月	ムニョス・フェラーダス	彗星が地球に衝突して人類は滅亡すると予言した。
1954年6月28日	ヘクター・コックス	古代エジプトの『死者の書』を解析して最後の日を予言。
1962年2月2日	インドの占星術師たち	惑星直列の発生から、世界の終わりを予言した。
1973年	スチュアート・マンロウ・ロブ	ピラミッドの通路の長さをもとに、終末の日の年代を計算した。
1980年4月29日	リーランド・ジェンセン	『黙示録』とピラミッドの通路の長さをもとに、世界大戦の勃発を予言。
1982年	スティーヴン・プレイジマン	同年に惑星直列が起きることから、天変地異の発生を予言。
1988年	ケネス・リング	予知能力者の研究の結果、同年に地球に大変動が起きると予言。
1997年1月10日	モーリス・シャトラン	惑星直列によって地球に異変が起きると予言した。
1999年	ジーン・ディクソン	巨大彗星が地球に接近して地軸が狂い、大災害が発生すると予言。
1999年7月	ノストラダムス	最も有名な終末予言。空から恐怖の大王が来ると予言した。
2000年	エドガー・ケイシー	アカシックレコードをもとに世界の滅亡を予言。2001年も候補とした。
2012年12月21日	マヤの予言	マヤ暦をもとにした終末予言。同月の23日という説もあった。

終末予言 〜世界を震撼させた予言〜

不思議・オカルト

歴史・ミステリー

ジョン・タイター

関連
- 多世界解釈
  〜量子力学の世界〜
  ➡ P.316
- タイムリープ
  ➡ P.360

アメリカで話題となった自称・未来人

【注1】1878年に設立された、世界最大規模の複合企業（GEの略称でおなじみ）。電気機器やインフラストラクチャー、軍事産業、金融事業など、手がけるビジネスが多岐にわたっている。

　2000年11月2日、アメリカの大手ネット掲示板に、2036年からきた**タイムトラベラー**と自称する男が書き込みを行った。彼はいくつかの掲示板やチャットで、タイムトラベルの理論や自分がいた未来のことなどを次々に掲示していった。この謎の男こそ、ジョン・タイターである。

　よくある愉快犯にも思えるのだが、彼の主張は実に魅力的で、ある程度、理にかなっていたため、人々を惹きつけることとなった。例えば、彼はゼネラル・エレクトリック社【注1】製の「C204型重力歪曲時間転移装置」なるタイムマシンに乗って来た。エヴェレットの多世界解釈は正しく、それらの世界線を移動することでタイムトラベルは行われる。自分が未来に帰還する場合、よく似た別の世界の1つにすぎない、などと話していた。

　そして一番気になる未来についてだが、タイターのいた世界線では、例えば2015年に核戦争が起こり、2017年に30億人もの死者を出した末にロシアの勝利に終わり、2036年には核戦争による汚染が深刻化。戦争に疲れ果てた人類はそれぞれの国が孤立化した状態になり、活発な外交関係はなくなるという。彼の発言は荒唐無稽だが、そもそも**多世界解釈**をしている以上、**未来予言**が外れたとしても矛盾はない。結局、彼は人々を煙に巻くだけ巻いて、任務を終えたとして2001年3月以降、書き込みをやめている。

不思議・オカルト

歴史

世界七不思議

関連
■オーバーツ
➡P.350

時代の経過と共に変化する七不思議

【注1】古代ギリシアのフィロンの著書。フィロンは旅行家でもあり、地中海周辺の建造物で見ておくべき名所をこの書物にまとめた。一般的な古代の七不思議にはアレクサンドリアの大灯台が含まれていることが多いが、この書物が書かれた時代にはまだ大灯台は建造されていなかった。

　世界には見る者を圧倒したり心を強く惹きつける、魅力的な外観の建造物がいくつも存在する。そうしたものの中でも**特に著名な7つの建造物**は、「世界七不思議」と呼ばれている。世界七不思議が選定されたのは、紀元前2世紀頃の古代ギリシア時代のことで、ギリシアの数学者フィロンが書いた『世界の七つの景観』【注1】という書物で紹介されていた7つの建造物が元といわれている。このとき紹介されていたのは、ギザの大ピラミッド、バビロンの空中庭園、エフェソスのアルテミス神殿、オリンピアのゼウス像、ハリカルナッソスのマウソロス霊廟、ロードス島の巨像、バビロンの城壁であった。その後、時が経つとバビロンの城壁が七不思議から外れ、代わりにアレクサンドリアの大灯台が七不思議に選ばれた。しかし、それに至った経緯はよく分かっていない。

　古代ギリシア時代の七不思議はいずれも地中海周辺に存在した建築物であったが、中世になってヨーロッパの人々の行動範囲が広がると、いつしか新たな七不思議が提唱されるようになった。また、現代においてもスイスの財団の呼びかけによって投票が行われ、**現代版の世界七不思議**が選ばれている。更に各国の観光団体が提唱する各国版の七不思議や自然七不思議などもあり、現代は七不思議のバーゲンセールともいえる時代に突入している。

不思議・オカルト

■時代ごとに変化する世界の七不思議

時代	名称	概要
古代	エフェソスのアルテミス神殿	トルコの古代都市エフェソスにあった神殿。現在は復元された柱がわずかに残る。
	オリンピアのゼウス像	紀元前435年に建造されたというゼウスの像。現在は焼失したと考えられている。
	ギザの大ピラミッド	紀元前2500年頃に建築されたピラミッド。古代の七不思議では唯一現存する。
	バビロンの空中庭園	古代都市バビロンに作られた庭園。高さ25mの5段の階段状建築物だった。
	バビロンの城壁	古代都市バビロンを取り囲む城壁。高さ90m、厚さは24mあった。
	ハリカルナッソスのマウソロス霊廟	トルコの古代都市ハリカルナッソスにあった霊廟。紀元前350年に建築された。
	ロードス島の巨像	エーゲ海のロードス島に建造された、太陽神ヘリオスの像。全長34m。
中世	アレクサンドリアのカタコンベ	エジプトのアレクサンドリアにあった地下墓所。
	イスタンブールの聖ソフィア大聖堂	360年に建設されたキリスト教の大聖堂。モスクへの転用を経て、博物館となった。
	ストーンヘンジ	イギリスにある巨石のストーンサークル。紀元前2500年頃に立てられたといわれる（P.343、P.352参照）。
	南京の陶塔	15世紀に建てられた高さ80mの塔。太平天国の乱の際に破壊された。
	万里の長城	中国遼寧省から甘粛省まで延びた城壁。世界最長の人工建造物といわれる。
	ピサの斜塔	12世紀から14世紀にかけてイタリアのピサに建てられた塔。3.99度傾いている。
	ローマのコロッセウム	ローマ時代に建設された楕円形の闘技場。4万5000人の観客を収容できたという。
現代	インドのタージ・マハル	1653年に建設されたムガール帝国の皇妃のための霊廟。
	コルコバードのキリスト像	リオデジャネイロにある高さ39.6mのキリスト像。1931年に完成した。
	チチェン・イッツァー	メキシコにあるマヤ文明の遺跡。カスティーヨと呼ばれるピラミッドがある（P.343参照）。
	万里の長城	中世の七不思議と共通。紀元前2世紀の秦代から16世紀の明代まで建設が続いた。
	マチュ・ピチュ	ペルーの山岳地帯にあるインカ帝国の遺跡。1911年に発見された（P.343、P.353参照）。
	ヨルダンのペトラ	ヨルダンにある遺跡。渓谷の中に岩を削って作られた、天然の要塞（P.343参照）。
	ローマのコロッセウム	中世の七不思議と共通。正式名称はフラウィウス闘技場という。

不思議・オカルト

タイムリープ

関連
■ジョン・タイター
→ P.357

過去へ、未来へ時間旅行

【注1】「サイエンス」（科学）「フィクション」（空想）をかけあわせた言葉。SF作品は大旨「科学的な空想に基づいたフィクション」と解釈されるが、実際にはかなり幅広いジャンルに適用されている。

【注2】一応、単語ごとに設定の傾向はある。タイムリープは「自分が生きている時間にのみ時間移動できる」、タイムスリップは「ある出来事をきっかけとした受動的な時間移動」というような設定とされることが多く、タイムトラベルはそうした制限が設けられることがあまりなく比較的自由に時間移動が可能とされる。

【注3】1895年に発表され、「タイムマシン」という発想を広く知らしめたタイムリープ作品の金字塔的小説。

SF作品【注1】などではたびたび遠い未来、あるいは過去に行く」というような「時間を越える」ことを題材とした作品がある。もちろん、現在の科学では時間を飛び越えることは不可能なので、こうした「時間を飛び越える行為」には独自の名称を付けられることが多い。ここで紹介する「タイムリープ」のほか、「タイムトラベル」「タイムスリップ」「タイムワープ」といった用語のほか、こうした外来語を訳して「時間旅行」「時間跳躍」「時間移動」などという言葉が使われることもあるようだ。こうした単語はあくまでそれぞれの創作で設定されていることであり、各名称ごとに決まった定義があるわけではない【注2】。

ほかと意味合いが大きく違うのは「タイムループ」だろうか。ほかの用語で語られる設定はほとんどの場合「未来や過去へ移動できる」というものだが、タイムループはその名前の通り「ある一定の時間をくり返す」というもの。例えば月曜からはじまる1週間が日曜まで経過したあと“来週の月曜に進まずにまた同じ週の月曜に戻る”といった具合だ。「ある一定の日付まで時間を巻き戻す」というものもタイムループの一種といえるだろう。

名称が不確定なら、タイムリープする方法もそれぞれだ。H・G・ウェルズの『タイム・マシン』【注3】や日本でも有名な映画『バック・トゥ・ザ・フューチャー』などでは、

時間を越えるための乗り物が登場する。ほかにも「時計などの道具を使用する」「超能力や魔法のような超自然的な力」という方法がある。また「何らかの行動や出来事によって起動する」というように自分の意思ではタイムリープできないパターンもあり、特にタイムスリップやタイムループを設定した作品ではこのケースが多いようだ。

タイムパラドックスと時間旅行者

「タイムリープは不可能である」ということを示す根拠の1つとしてよく挙げられるテーマが**タイムパラドックス**（時間の逆説）だ。これはタイムリープをした際の矛盾点や時間を越えて起こりうる変化のことをいう。

代表的なパラドックスが「過去に戻って親を殺せるのか？」というものだ。もしタイムリープができたとして、自分が生まれる前の時代に行き自分の親を殺すとする。そうすると「過去の時点で親は死んだのだから自分は生まれることはない。しかし自分が生まれなければ親が死ぬことはない」という矛盾が発生してしまうのである。中にはこのパラドックスを効果的に利用したり、矛盾がでないように独自の設定を盛り込んだSF作品も存在する。

さて、こうした「タイムリープは不可能」という考えをよそに、世の中には「未来（過去）へ行ってきた」と証言する人や、ジョン・タイターのように「未来から来た」と名乗る人物も少なくない。もちろん、これらを裏づける証拠もなければ、確かめることも不可能だが。

実現可能なタイムリープ？

実は限定的ではあるが科学的に「可能」とされるタイムリープがある。これは相対性理論に基づくもので「光に近い速度で移動するほど時間の進みが遅くなる」という現象を利用する。例えば、光の速さのロケットで宇宙に行き、何年か後に地球に帰還する。すると、地球では何十年も経過しているのだ。この現象は「ウラシマ効果」と呼ばれやはりSFなどに盛り込まれることがある。

不思議・オカルト

超常現象(ちょうじょうげんしょう)

> 関連
> ■ESP ～超能力～　➡ P.344
> ■フィラデルフィア実験　➡ P.364

世界は謎の現象がいっぱい！

【注1】北大西洋にある海域。メキシコ湾流、北大西洋海流、カナリア海流、大西洋赤道海流の4つの海流に囲まれており、時計回りに大きな渦をつくっている。浮遊性の海藻・サルガッスムが多く、海水自体の透明度は世界一を誇る。特異な海域である一方、古くから多くの船が沈没・行方不明になる伝説が伝わる。

　本書ではUFOや超能力、聖人の奇跡など不思議ジャンルをいくつか紹介しているが、既知の科学では説明がつかない現象は全般的に「超常現象」と呼ばれる。別に項目立てしたもの以外では、右記のようなものが挙げられる。中でも有名な、ドッペルゲンガーとバミューダ・トライアングルを紹介しよう。

　同じ人物が同時に複数の場所に現れるドッペルゲンガーは、フランス人教師のエミリー・サジェの事例が有名。彼女は赴任先の学校で、校内の違った場所で同時に目撃された。しかもこの事象は1年以上にもわたって続発したことから、父兄からの要請で彼女は解雇されたらしい。またドッペルゲンガーは、死期の近い人が見かける報告も多い。このことから、逆に「ドッペルゲンガーを見ると死期が近い」という迷信が流布していったようだ。

　一方、バミューダ・トライアングルは魔の海域として有名。北米大陸東部の海域で謎の失踪を遂げる船舶や飛行機が多いことから、こう呼ばれるようになった。この海域を含む一帯はサルガッソー海【注1】と呼ばれ、海難事故が多い魔の海として古くから恐れられてきた。その現代版ともいえる現象だが、実際は普通の海難事故が面白おかしく書かれただけという指摘も多い。ただ、飛行機が消えるという現象もあるだけに、グレーゾーンはまだ残る。

不思議・オカルト

■主な超常現象／奇怪事件

　本書ではさまざまな不思議事項を取り扱っているが、そのどれにも属さない不可思議な現象や奇怪事件は多数ある。その中でも、代表的な現象をいくつか紹介しよう。

神隠し	人間がこつぜんと姿を消す現象で、天狗隠しともいう。何の予兆も前触れもなく行方不明になることから、日本では神様の仕業と考えられた。海外でもマリー・セレスト号事件など、不可解な失踪事件は多い。
シンクロニシティ	意味のある奇妙な偶然の一致のことで、もともとは分析心理学者のカール・ユングが提唱した概念。23エニグマなどが主な事例だが、いわゆるジンクスの類いもシンクロニシティにあやかったものである。
人体発火現象	人間が自然発火して消失する現象。通常周囲に高熱の原因になるものが存在せず、人体は焼失するのに周囲の物や部屋は燃えていないケースが多い。1951年アメリカのメアリー・リーサー事件が有名。
タイムスリップ	人間が突如、別の時代に迷い込む現象で、本人の意志に関係なく遭遇する場合を指す。1901年のベルサイユ宮殿でイギリス人観光客2人が、マリー・アントワネット時代に迷い込んだ事例が最も有名である。
ツングースカ大爆発	1908年、シベリアの上空で起きた謎の大爆発で、約2150km²にわたって木々がなぎ倒された。隕石の爆発と見られているが、隕石孔や残片は見つかっておらず、爆発の原因は今もって特定されていない。
ドッペルゲンガー	同じ人物が、同時に複数の場所に出現する現象。自分がもうひとりの自分を目撃するケース（自己像幻視）も含む。ゲーテやリンカーン、芥川龍之介なども自分のドッペルゲンガーを見たといわれている。
バミューダ・トライアングル	北米大陸東部、フロリダ半島・バミューダ島・プエルトリコを結ぶ三角形地帯のこと。船や飛行機の失踪事件が多発しているという魔の海域である。1945年のフライト19事件が有名だが、全体的には真偽が怪しい話も多い。
ファフロツキーズ(怪雨)	空から雨や雪など以外で、その場にあるはずのない物体が降り注ぐ現象。昔から世界中で記録や報告があり、魚やカエル、石などが天から降り注いでいる。2009年にも石川県で多数のオタマジャクシが降った報告あり。
ピラミッドパワー	ピラミッド、またはそれに相似した物体がもつ神秘的な力のことで、瞑想や成長促進効果などがあるとされている。疑似科学に近いが、そもそもは実際のピラミッド内で腐敗しない死骸があったことから噂が広まった。
ホープ・ダイヤモンド	アメリカ・国立自然史博物館に所蔵されているブルー・ダイヤモンドで、呪いの宝石として有名。所有者のほとんどが死亡する血塗られた歴史が語り継がれている。似たような呪い伝承としては、ファラオの呪いが有名。

■主な心霊現象

　超常現象の中でも、心霊やオカルト方面にまつわるものは一般的に「心霊現象」などと呼ばれている。ポルターガイストや金縛りなど、代表的なものを抜粋して紹介しよう。

悪魔憑き・狐憑き	霊などが人間に乗り移ったりする現象を憑依といい、悪魔が憑依する場合は悪魔憑き、狐が憑依する場合は狐憑きと呼ばれる。大抵は因縁や恨みがある霊が、本人やその家族に乗り移って害をなす場合が多い。
EVP	電子音声現象の略で、テープなどに死者からの伝言など超常的な音声が紛れ込む現象。日本でもテープに偶然霊の声が記録されたという事例はあるが、海外の場合積極的にEVPを録音しようとする研究が多い。
エクトプラズム・幽体離脱	霊魂の姿を物質化・視覚化させる際のエネルギー体のこと。エクトプラズムが体外に出る場合、口や鼻から煙のように白または半透明の物質として出てくるケースが多い。ただし霊能力がないと見えないらしい。
金縛り	意識ははっきりしているのに、肉体の自由が利かない状態。金縛り状態のときに人影などを見るケースが多く、霊の仕業とする考えが根強い。生理学的には、脳と身体の睡眠リズムのズレからくる現象とされている。
自動書記	本人が意識していないのに身体が動く自動作用現象で、手が勝手に動いて文字や絵を書き残す。本人が知らない内容・言語が書かれる事例も多い。ちなみに、本人が意識せず勝手に口が動いて喋る現象は自動言語という。
心霊写真	霊の姿や霊現象をとらえた写真のこと。通常撮影時には異変に気づかないケースが多く、心霊写真と思しきものの大半は、勘違いかトリックとされる。ただ、それでも科学的に解明できない心霊写真は多数存在する。
テーブル・ターニング	1人または数人で三脚のテーブルを囲んで座り、霊を呼び出して質問すると、テーブルがその挙動で答えるという現象。日本の代表的な降霊術・占い「コックリさん」は、このテーブル・ターニングを起源としている。
ポルターガイスト	食器が舞う、家具や家全体が振動するなどの物理的な現象が自然発生する現象。世界中で目撃事例が報告されており、水が染み出したり、壁に文字が現れる事例もある。言葉自体はドイツ語で「騒々しい幽霊」という意味。
ラップ現象	霊が出現する際に、何かを叩くような音や木が割れるような怪音がする現象。霊が姿を表さず、音だけ鳴るケースも多い。また、音の数で返事をさせるなど、霊との交信に活用されることもある。
臨死体験	医学的に死を宣告されたり、死にかけている状態から甦生した人間が体験したと感じる不可思議体験。意識不明状態のなか、肉体から魂が分離し、死者や超自然的な存在に出会うなど、事例によって内容はさまざまある。

不思議・オカルト

歴史・ミステリー

フィラデルフィア実験

関連
■超常現象
➡P.362

海軍が行なった物質透明化実験

【注1】アメリカ合衆国ペンシルベニア州南東部にある工業都市。

【注2】アインシュタイン博士が、1925～1927年頃に完成させたという理論。「電磁力」「重力」「核力」という3つの基本的な力の相互関係を、1つの科学法則が導き出せる1組の方程式で数学的に説明しようというもので、非常に複雑な計算を必要とする。博士はこの理論から人類が開発しそうな利用法に恐れを抱き、のちに自ら撤回。人類の「人格」がその域に達していないとして、亡くなる数ヵ月前に関連文書を焼き捨ててしまったという。

【注3】人間の体が突然燃え上がる現象。アメリカでは、この実験以外でも数件発生している。死体は酷く炭化し、内側から強い熱を加えたような燃え方をするという。

　フィラデルフィア実験とは、アメリカ海軍がフィラデルフィア【注1】の海軍工場（工廠）で行ったとされる駆逐艦透明化実験のこと。当初は、『統一場理論』【注2】をもとに、船の周囲に強力な電磁波を張り巡らせることで、敵の魚雷をそらすことを目的に研究されていた。のちに、「同じ力場を空中に展開することで、光学的不可視の状態を作り出す」という研究も進められるようになった。

　かくして1943年10月、護衛駆逐艦エルドリッジ号とその乗員を対象に、実験は開始された。電磁波を照射された船体の周囲に力場が形成され、やがて緑色のかすみが生じたのち、船体は乗員もろとも透明化。外から見えたのは海上に残された船体による凹みだけだったという。実験は大成功となったが、乗員に関しては、実験中に1～2名が何もない空間に足を踏み入れて消滅し、帰還後も1名が壁の中に踏み込んだきり行方不明。また3名が人体発火現象【注3】を起こして死亡したほか、ほとんどの者が発狂するという結果となり、以後の実験は中止になったという。

不思議・オカルト

歴史・ミステリー

ヘルメス文書

関連
■錬金術　➡ P.372

謎多き人物が著した錬金術師のバイブル

【注1】古代の神秘思想や錬金術記述において登場する伝説的な人物。ギリシア神話のヘルメス神とエジプト神話のトート神を融合し、その威光を継ぐ伝説の錬金術師としてこの名前がついた。ヘルメス文書やエメラルド・タブレットの著者とされ、賢者の石を手にした唯一の人物といわれる。

【注2】11世紀頃までに、東ローマ帝国で編集されたヘルメス文書のセレクション。ヘルメス文書の重要な部分を中心にまとめられており、本来は18の文書だったが、現在は1書が欠けている。

　本書は、伝説的な錬金術師ヘルメス・トリスメギストス【注1】が著したと考えられている**古代思想の文献写本集**である。ヘルメス・トリスメギストスとは3倍偉大なヘルメスという意味のいわばペンネームで、ヘルメスの書いた著作は約6万冊に及び、その内容は紀元前3世紀から紀元後3世紀頃までの、占星術、魔術、宗教・哲学、博物学、歴史、錬金術など多岐に渡る。当然ながらヘルメスとは1人の著者ではなく、中にはヘルメスの記名がないものもあったりする。ところが後年の人々は著者の正体よりも文書の内容に関心があったようで、中でも錬金術に関する記述は、すべての**錬金術の基礎**が書かれた最古のものであり、錬金術師にとっては聖書のような存在となった。

　ヘルメス文書が世に広まったのは、11世紀頃までに東ローマ帝国で17冊の文書『**ヘルメス選集**』【注2】として編集されてからで、ルネッサンス期にこの選集がラテン語に翻訳されたことから西ヨーロッパでも広まった。これを機に錬金術全盛期が幕を開けるのだが、中でも注目されたものが『エメラルド・タブレット』。これはヘルメスが錬金術の基本思想や奥義を記した、エメラルド製の板で、**残念ながら実物は現存していない**。しかし、その翻訳と思われる文章の断片はいくつか発見されており、その内容は実に寓意と暗喩に満ちており、とても謎めいている。

不思議・オカルト

魔法陣

関連
■ ヘブライ文字
➡ P.278

魔術の儀式に使われた魔法円

【注1】19〜20世紀にかけて発展した魔術。霊との交信や悪魔の使役などによって力を得ることを目的としている。イギリスの秘密結社・黄金の夜明け団はこの魔術の研究に力を注いだことで知られている。

【注2】呪術や占いのほか、薬草の知識などを統合した総合的な知識体系。ウィッチクラフトとも呼ばれる。

　ファンタジーやオカルトの要素がある作品では、登場人物が文字や文様で構成された図形を展開して、さまざまな魔術的な力を行使する描写が多々ある。こうした目的で描かれる図形は、「魔法陣」と呼ばれている。

　中世から近代にかけて発展した西洋儀式魔術【注1】や魔女術【注2】では、儀式を行う際には**特殊なサークル**を準備した。このサークルは「魔法円」と呼ばれ、魔法陣の語源になったといわれている。基本的な魔法円は、基盤となる二重の円に四角形や十字、五芒星、六芒星などのシンボルを組み合わせ、ヘブライ語やラテン語などで文言を書き加えて構成されている。儀式を行う部屋の床に直接描かれることが多いが、あらかじめ魔法円を書き記した布を敷いて代用することもあったようだ。魔術を行う際には魔法円の中心に術者が立つが、儀式魔術と魔女術では魔法円を用意する目的が異なる。儀式魔術の場合は異界から召喚した精霊や悪魔などによる干渉から身を護ることが目的であったが、魔女術では儀式で発生するエネルギーを逃がさないことが目的とされていた。

　なお、魔法陣と同音のため混同されやすい単語に「魔方陣」という言葉がある。こちらは正方形の方陣に縦、横、斜めのどの列の合計も等しくなるように数字を配置したもので、魔術よりは数学的な要素の強い図形である。

不思議・オカルト

■円とシンボルを組み合わせた魔法円

下記の図は西洋儀式魔術で使われる、一般的な魔法円を図式化したもの。五芒星や六芒星には魔除けの力があるという。実際に儀式魔術で悪魔を呼び出す際には、こうした魔法円のほかに悪魔を幻視するためのツールであるマジックミラーや、呼び出したい悪魔の紋章などが必要だったとされる。

[魔法円の例]

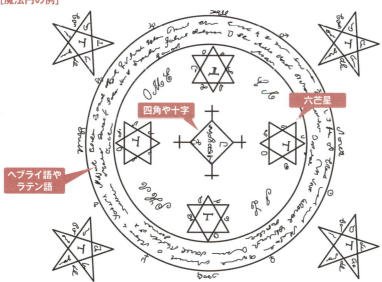

■縦横斜めの合計が等しい数字マジック魔方陣

下記に掲載した図は、一辺がそれぞれ3マス、4マス、5マスの魔方陣の例。魔方陣を作成するにはある程度の数学知識が必要になるが、数字パズルの要素があるので作成過程はなかなか楽しめる。魔術的なシンボルとしての力があるとも考えられており、魔法の護符として使われることがある。

3×3

4	9	2
3	5	7
8	1	6

4×4

4	14	15	1
9	7	6	12
5	11	10	8
16	2	3	13

5×5

11	24	7	20	3
4	12	25	8	16
17	5	13	21	9
10	18	1	14	22
23	6	19	2	15

不思議・オカルト

UFO
（ユーフォー）

関連
- エイリアン ➡ P.346
- エリア51 ➡ P.348

各地で観測される謎の飛行物体の正体とは？

【注1】未確認飛行物体のことを指す言葉で、ケネス・アーノルド事件をきっかけに広まった。名前の由来は「円盤型の飛行物体」ではなく、「水面を跳ねる円盤のような動きで飛行する物体」から。このため、円盤型とはいい難い形状のUFOも、空飛ぶ円盤と呼んでも差し支えはない。

　UFOとは「Unidentified Flying Object」の略称で、**未確認飛行物体**という意味。その名の通り、正体が確認できていない飛行物のことを指す。元々は他国の航空機やミサイルなどを想定した軍事用語だったが、近年ではもっぱら宇宙人の乗り物である「空飛ぶ円盤」【注1】を指す言葉として使われることが多い。

　古代から語り継がれる神話や伝承にも宇宙人の存在を示唆する逸話が残っていることから、地球外の星に住む生命体が地球を訪れているという説は人類が昔から考えてきたことなのは疑いがない。現代科学では、表向きには地球を訪れることができる宇宙人の存在は否定されているが、超常現象やオカルトの分野では今も宇宙人の存在を信じる者は多い。彼らの説を裏付ける証拠とされているのが、宇宙人の宇宙船、すなわちUFOの目撃情報だ。

　UFOの目撃情報は第二次世界大戦中から増え始め、1947年のケネス・アーノルド事件を皮切りに目撃談が激増。UFOの写真も頻繁に撮影されるようになった。検証の結果、多くの写真は鳥や気球など他の飛行物体を誤認したものかトリックであることが判明したが、中には専門家がトリックではないと鑑定した信憑性の高いものもある。広大な宇宙のどこかに地球を訪れるほどの科学力をもつ生命体が存在する可能性は、ゼロとはいえないのだ。

不思議・オカルト

■さまざまなUFOの形状

名称	特徴
アダムスキー型	ジョージ・アダムスキーが撮影した写真で知られるようになった形状。円盤型に似ている。
円盤型	平べったいお皿のような形状。円形と楕円形のタイプがある。最もポピュラーなUFOの形。
球型	球体型のUFO。目撃例が多いタイプで、特に集団で飛行していることが多い。
三角型	三角形のUFO。3つの頂点が光を放っていたという目撃報告が多い。
ドーナツ型	円盤型に似ているが、機体の中央にドーナツのような穴が空いているのが特徴。
ドローンズ型	ほかのどれとも似ていない、独特の形状のUFO。鮮明な写真が多く、CGによる捏造疑惑が強い。
葉巻型	葉巻のような形をしたUFO。巨大な機体の目撃例が多いことから、母船という説がある。
菱形	円盤型のようにひらべったいが、機体には4つの頂点があり菱形になっている。
ピラミッド型	三角錐、または四角錐の形状をしたUFO。近年になって目撃情報が増えているタイプ。
螺旋型	銀河系のように渦巻き状の光を放つUFO。

■主なUFO目撃情報

事件名	年代	詳細
フー・ファイター事件	1940年〜	第二次世界大戦中、おもに激戦地を中心に多くの未確認飛行物体が目撃された。
ケネス・アーノルド事件	1947年	アメリカ人ケネス・アーノルドがワシントン州を自家用機で飛行中に9機の飛行物体を目撃。
ロズウェル事件	1947年	ニューメキシコ州ロズウェル近郊に謎の飛行物体が墜落し、軍によって回収された。
マンテル大尉事件	1948年	ケンタッキー州で未確認飛行物体が目撃され、追跡を行ったマンテル大尉機が墜落した。
ワシントン事件	1952年	ワシントン上空に68機の未確認飛行物体が出現し、多くの市民によって目撃された。
英国機UFO遭遇事件	1954年	ニューヨークからロンドンに向かっていた旅客機が、巨大な葉巻型の未確認飛行物体と遭遇。
トリンダデ島事件	1958年	トリンダデ島で基地の設営を行っていたブラジル海軍や島民が、円盤型の飛行物体を目撃。
開洋丸事件	1984、86年	日本の調査船開洋丸が、1984年と1986年の2回にわたって不規則な飛行を行う光体を目撃。
日航機UFO遭遇事件	1986年	日本の貨物機がアラスカ上空を飛行中に巨大な未確認飛行物体と遭遇した。
ヴァルジーニャ事件	1996年	ブラジルで3人の少女が異様な生物を目撃。数人の地域住民も未確認飛行物体を目撃した。

不思議・オカルト

UMA（ユーマ）

> 関連
> ■ ―

伝説だけじゃない！　本当に実在したUMAも

【注1】沖縄県の西表島の森林だけに生息する哺乳綱食肉目ネコ科の動物。体長60cm、尾長25cm、体重4kgほど。極めて原始的なヤマネコで、鮮新世に滅んだ化石ネコ類のメタイルルス族の生き残りと断定されている。

　UMAは「Unidentified Mysterious Animal」の略で、未確認動物を指す造語である。この用語は、動物研究家・作家である實吉達郎に依頼された、超常現象研究家の南山宏が、UFO（Unidentified Flying Object）を参考に考案したもので、1976年に発刊された實吉の著作『UMA─謎の未確認動物』で用いられたのが最初とされる。

　基本的にUMAは、「目撃や伝聞による情報はあるが、実在が確認されていない生物」を指して呼ぶことが多い。代表的なものとしてはイギリスのネス湖に棲息するとされるネッシーや、アメリカ・カナダのロッキー山脈一帯での目撃例があるビッグフット、ヒマラヤの雪男の愛称でも知られるイエティ、日本各地で目撃例のあるツチノコなどが挙げられる。

　また、未確認生物といえば、どれも噂だけで本当に発見されたことは1度もないと思われがちだが、かつてUMAだと考えられていたものが、実際に発見された例も存在している。中でも有名なのが、日本の西表島に棲息するイリオモテヤマネコ【注1】だ。古くから、西表島には未発見のネコがいると伝えられていたが、その実在は長らく謎のままであった。イリオモテヤマネコが実際に発見されたのは1967年になってからで、それまではネッシーやツチノコと同じ、実在があやふやなUMAであったのだ。

不思議・オカルト

■世界の有名UMA

ネッシー
- ■目撃地：イギリス
- ■体　長：6〜15メートル
- ■正体説：恐竜の生き残り、新種の哺乳類など

ネス湖に棲息するとされる水棲獣。1933年にネス湖畔でホテルを経営する夫妻らによって目撃されたのが、公式に確認できている最初の目撃例。過去に数々の捜索が行われているが、未発見のまま。

ビッグフット
- ■目撃地：アメリカ・カナダ
- ■体　長：2〜3メートル
- ■正体説：ギガントピテク、着ぐるみによる捏造など

1967年にその姿を捉えた動画が撮影されたことで一気にメジャーとなった獣人。動画には捏造説もあるが、アメリカでは根強い人気を誇っており、その捕獲を狙うビッグフットハンターたちも登場している。

イエティ
- ■目撃地：ヒマラヤ山脈
- ■体　長：1.5〜4メートル
- ■正体説：ギガントピテクス、新種の類人猿など

登山家を中心にヒマラヤ山脈でたびたび目撃されている獣人。1951年に有名登山家がイエティのものと思われる足跡を発見。写真を撮影し、公開したことから、欧州を中心に大ブームが巻き起こった。

ツチノコ
- ■目撃地：日本
- ■体　長：30〜70センチ
- ■正体説：アオジタトカゲやマムシの誤認など

日本各地で目撃されている寸胴型のヘビに似た生物。1980年代に目撃例が相次いだことからブームとなり、最盛期には生け捕りで2億円、死骸でも1億円の懸賞金を支払うという自治体まで登場した。

チュパカブラ
- ■目撃地：中南米
- ■体　長：90〜150センチ
- ■正体説：エイリアン、生物兵器など

1990年代にプエルトリコを中心とした中南米の各地で目撃が相次いだ吸血怪獣。翼をもち飛行が可能で、家畜などを襲って生き血を吸う。また、2004年にはチリで2匹のチュパカブラが、人間を襲ったという記録もある。

スカイフィッシュ
- ■目撃地：世界各地
- ■体　長：数十センチ〜2メートル
- ■正体説：プラズマ生命体、羽虫の残像など

カメラには映るが、肉眼ではけっして見えない謎の飛行生物。世界各地で撮影されており、2003年のイラク戦争時にバグダッドの様子を中継したニュース映像にも映りこんでいたことで話題となった。

ジャージーデビル
- ■目撃地：アメリカ
- ■体　長：1.2〜1.8メートル
- ■正体説：悪魔の化身、集団ヒステリーによる幻覚など

アメリカで古くから「悪魔の化身」と伝えられる魔物。馬のような顔と翼をもち、1909年には延べ千人以上が目撃したとされる。その目撃例は近年も続いており、2006年にもニュージャージーで目撃された。

モスマン
- ■目撃地：アメリカ
- ■体　長：2メートル
- ■正体説：エイリアン、大型の鳥の誤認など

ウェストバージニア州で1966〜1967年にかけて目撃された、蛾に似た外見をした人型の生物。モスマンとセットでUFOがよく目撃されていたことから、エイリアン説がささやかれている。

モケーレ・ムベンベ
- ■目撃地：コンゴ共和国
- ■体　長：8〜15メートル
- ■正体説：アパトサウルス、サイの誤認など

コンゴ共和国のテレ湖に棲息するとされる怪物。18世紀から目撃談があり、これまで数々の研究者が探索したが正体は不明のまま。なお、1988年には日本の早稲田大学の探検部も現地調査をしている。

イッシー
- ■目撃地：日本
- ■体　長：20〜30メートル
- ■正体説：オオウナギなど

鹿児島県の池田湖で目撃された怪物。1978年に20名ほどの人が水面に浮かぶ"こぶ"のような物体を目撃したことで騒動となり、テレビ局が調査隊を派遣するなど、ちょっとしたブームとなった。

不思議・オカルト

錬金術（れんきんじゅつ）

関連
■ ヘルメス文書
→ P.365

科学発展に一役買っていた、怪しい金属生成術

【注1】ヘルメスが記したとされる錬金術のバイブル。ルネサンス時代のヨーロッパで流行した。

【注2】錬金術の祖ともいわれる伝説の人物。3226年にわたり、3万6525冊もの本を書いたとされるが、複数の著者の総称だろうというのが一般的な見解である。

　ファンタジー世界などで、魔術と並んで神秘的なジャンルとして定番化している錬金術。これは基本的には化学的手段で高価な金属を錬成する技術のことだが、広義では金属だけでなく人間の肉体なども完全な存在に錬成しようとする場合も含まれる。

　その起源は紀元前3～紀元後3世紀頃のエジプト・アレクサンドリアだといわれている。この地では銀や銅を生産する冶金術が発展しており、ギリシア哲学の影響もあってその知識が学問体系化していった。錬金術の基礎が書かれた『ヘルメス文書』【注1】（ヘルメス・トリスメギストス【注2】著）は、この頃のものである。そして十字軍遠征などを経た11世紀以降、アラブ地域由来のこの学問がヨーロッパに伝来。ヨーロッパの錬金術師たちは、賢者の石の生成に没頭することになる。

　万能薬のエリクサーや賢者の石、ホムンクルスの生成など、錬金術が目指していたものは確かに荒唐無稽で、実際そんなものはできない。だが、彼らは決して魔法使いではなく、あくまで自然哲学の四大元素理論に基づき、自然物を駆使している。この試行過程から、錬金術は硫酸や塩酸のような化学物質の生成に成功しており、医薬品や化学実験用具も錬金術技術の賜物だといわれている。実は錬金術は、現代科学の発展に一役買っていたのだ。

不思議・オカルト

■四大元素と第五元素

錬金術は黄金変成を保証するべく、物質理論を取り入れて確立している。その基礎となるのが古代ギリシアの四大元素理論と第五元素だ。その関係性は以下の通りである。

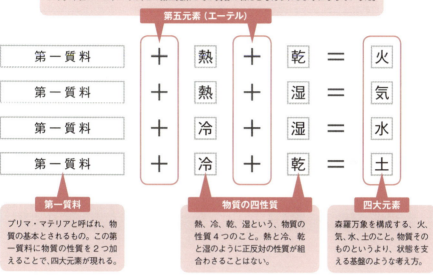

第五元素（エーテル）
第一質料と四性質を結びつけるもの。図の「＋」にあたる部分で、第五元素の力でそれぞれ結びつき、四大元素になるという。四大元素よりも尊い本質であり、宇宙空間を満たしているという。中世ヨーロッパでは、この第五元素こそが賢者の石だと考えられるようになっていった。

第一質料
プリマ・マテリアと呼ばれ、物質の基本とされるもの。この第一質料に物質の性質を2つ加えることで、四大元素が現れる。

物質の四性質
熱、冷、乾、湿という、物質の性質4つのこと。熱と冷、乾と湿のように正反対の性質が組合わさることはない。

四大元素
森羅万象を構成する、火、気、水、土のこと。物質そのものというより、状態を支える基盤のような考え方。

■三原質と七金属

三原質の性質

四大元素理論と並んで錬金術的に重要な理論で、硫黄、水銀、塩の3つのこと。アラビア時代の錬金術ではすでに硫黄と水銀が重要視されていたが、ヨーロッパでは両者の正反対な性質にキリスト教的三位一体論が適用され、三原質という考え方になった。

水銀	塩	硫黄
女性	中間	男性
受動	中間	能動
揮発性	固体性	不揮発性
昇華性	不可燃性	可燃性
金属の母	金属の子	金属の父
質料	運動	形相
粘性	灰	脂肪
霊	肉体	魂

七金属

錬金術師たちの特別な理論。7つの金属が鉄→銅→鉛→錫→水銀→銀→金という段階を経て完成するというもの。鉄器時代の冶金師たちは金属が成長すると考え、それに占星術の考えが加わって7惑星に結びつけられた。金属はそれぞれの惑星の影響を受けて成長するという。

鉄	火星
銅	金星
鉛	土星
錫	木星
水銀	水星
銀	月
金	太陽

不思議・オカルト

■錬金術の数々

アル・ラージーのエリクサー製造法

　エリクサーとは、飲めば不老不死になるとされた霊薬のこと。賢者の石と同一視されることもある。9世紀イスラムの錬金術師、アル・ラージーによれば、その製造方法は下記の通りだが、肝心の「適切な材料」が分からない。こうしてできたエリクサーには、卑金属を高貴な金属に変成できる力があるという。

```
適切な材料
蒸留・煆焼等
    ↓
精 製 物
蝋化（ひきんぞく）
    ↓
可溶性物質
アルカリ系やアンモニア系の溶剤
    ↓
溶 解
凝固・固体化
    ↓
エリクサー
```

ホムンクルスの製法

　ホムンクルスとは、錬金術で人工的に作られた人間のこと。これに本格的に取り組んだのは、錬金術を医学にまで発展させようとした革命児パラケルススだ。彼によればその製造方法は下記の通りになる。パラケルススは世界（大宇宙）も人間（小宇宙）も完全に対応する関係で、三原質も硫黄＝霊魂・水銀＝精神・塩＝肉体の形で表せると考え、錬金術で人間も錬成できるとした。

```
人間の男性の精液を採取
    ↓
蒸留器に投入
    ↓
40日間密封し、腐敗させる
    ↓
人の形の生命が誕生
    ↓
毎日、人間の血を与える
    ↓
40週間、馬の体内と同じ温度で保存
    ↓
ホムンクルス
```

ニコラ・フラメルの黄金変成

　賢者の石とは、黄金生成を可能にする物質のこと。錬金術師たちが懸命に生成しようとしていたもので、不老不死や人間の霊性を完成させるともいわれていた。この賢者の石の製造に成功したといわれるのがニコラ・フラメル。彼によれば下記のような方法だったというが、この記述がある自伝的物語の時点で、彼はすでに「最終段階の生成物」を完成させてしまっている。肝心のところが分からないというのは、何とももどかしい。なお「哲学者の卵」というのは実験器具のことで、今でいうフラスコだ。

```
最終前段階の生成物を用意
    ↓
「哲学者の卵」へ入れ、加熱
    ↓
「石」の色が変化
灰色 → 黒色 → 白色
    ↓
白色の賢者の石の完成
    ↓
鉛を銀に変成

白色の賢者の石を用意
    ↓
「哲学者の卵」へ入れ、加熱
    ↓
「石」の色が変化
白色 → 虹色 → 黄色 → オレンジ色 → 紫色 → 赤色
    ↓
赤色の賢者の石の完成
    ↓
水銀を黄金に変成
```

不思議・オカルト

■錬金術の記号例

錬金術師たちは文書を書き記す際、独特の記号を用いている。ある程度は体系化されているのだが、実は時代によって記号は変遷している。しかも、錬金術師によっては必要に応じて自分勝手な記号を書く者もいたらしい。なので、あくまで下記のこれは一例にすぎないことをお断りしておく。

四大元素	水	火	地（土）	気
道具	レトルト	分解炉	アレンビック	蒸留管
物質	硫黄	塩	強水（硫酸）	ろ砂
	昇汞	鶏冠石	礬（硫酸塩）	食塩	アルカリ塩
	岩塩	アンチモン	卵	硫酸銅	硝石
12工程	煆焼	凝固	固定	溶解
	温浸	蒸留	昇華	分離	蠟膏化
	発酵	増殖	投入		

煆焼：牡羊座　凝固：牡牛座　固定：双子座
溶解：蟹座　温浸：獅子座　蒸留：乙女座
昇華：天秤座　分離：蠍座　膏化：射手座
発酵：山羊座　増殖：水瓶座　投入：魚座

索引
(50音順)

二次元世界に強くなる 現代オタクの基礎知識

あ

アイギスの盾
【神話・伝承】 ── 106

アヴァロン
【神話・伝承】 ── 107

アカシック・レコード
【宗教・思想・哲学】 ── 010

アキレスと亀
【宗教・思想・哲学】 ── 012

悪魔
【宗教・思想・哲学】 ── 014

亜人
【神話・伝承】 ── 108

アテナ
【神話・伝承】 ── 110

アトランティス、ムー ~超古代文明~
【不思議・オカルト】 ── 342

アポカリプス
【宗教・思想・哲学】 ── 018

天照大御神
【神話・伝承】 ── 112

アルスター伝説 ~ケルト神話の英雄譚~
【神話・伝承】 ── 114

アルテミスの弓
【神話・伝承】 ── 116

イーヴル・アイ ~世界の邪眼伝承~
【神話・伝承】 ── 118

ESP ~超能力~
【不思議・オカルト】 ── 344

因果律
【宗教・思想・哲学】 ── 020

ヴォイニッチ写本
【歴史】 ── 228

ウロボロス
【神話・伝承】 ── 120

永久機関
【自然・数学】 ── 298

エイリアン
【不思議・オカルト】 ── 346

エーテル
【自然・数学】 ── 300

エクスカリバー
【神話・伝承】 ── 122

エニグマ
【歴史】 ── 229

エリア51
【不思議・オカルト】 ── 348

円卓の騎士 ~アーサー王伝説~
【神話・伝承】 ── 124

黄金の夜明け団
【歴史】 ── 230

黄金比
【自然・数学】 ── 302

オーディン
【神話・伝承】 ── 126

オーパーツ
【不思議・オカルト】 ── 350

オーバーロード
【不思議・オカルト】 ── 354

オリュンポス十二神 ~ギリシア神話の神々~
【神話・伝承】 ── 128

陰陽師 ~陰陽道の世界~
【宗教・思想・哲学】 ── 022

陰陽道
【宗教・思想・哲学】 ── 024

か

KGB
【軍事・組織(犯罪・治安)】 ── 200

カインとアベル
【宗教・思想・哲学】 ── 026

カオス理論
【自然・数学】 ── 304

カトリックとプロテスタント ~キリスト教宗派と組織~
【宗教・思想・哲学】 ── 027

ガブリエル
【宗教・思想・哲学】 ── 029

騎士団
【歴史】 ── 231

気象兵器
【軍事・組織(犯罪・治安)】 ── 201

軌道エレベーター
【自然・数学】 ── 306

キメラ
【神話・伝承】 ── 132

ギルガメッシュ
【神話・伝承】 ── 134

項目	分類	ページ
グール	【神話・伝承】	138
草薙剣	【神話・伝承】	136
九字護身法	【宗教・思想・哲学】	030
クトゥルフ	【文学】	288
クトゥルフ神話	【文学】	289
軍事組織	【軍事・組織(犯罪・治安)】	203
警察組織	【軍事・組織(犯罪・治安)】	207
ゲイ・ボルグ	【神話・伝承】	140
ケルベロス	【神話・伝承】	142
五行思想 〜陰陽道の世界〜	【宗教・思想・哲学】	032
五常(仁義礼智信)	【宗教・思想・哲学】	034
胡蝶の夢	【宗教・思想・哲学】	036

さ

項目	分類	ページ
サイクリック宇宙論	【自然・数学】	308
サイコパス&多重人格	【軍事・組織(犯罪・治安)】	209
催眠術	【自然・数学】	309
サクラメント(秘跡)	【宗教・思想・哲学】	038
サリエル	【宗教・思想・哲学】	040
三国志	【歴史】	233
三種の神器	【神話・伝承】	144
三清、四御 〜中国・道教の神々〜	【神話・伝承】	146
三大神 〜ヒンドゥー教の神々〜	【神話・伝承】	148
シオン賢者の議定書	【歴史】	235
死海文書	【歴史】	237
十干十二支 〜東洋の暦〜	【暦・占い・天文】	256
釈迦十大弟子	【宗教・思想・哲学】	041
爵位(公侯伯子男)	【歴史】	239
十二使徒 〜新約聖書の世界〜	【宗教・思想・哲学】	043
終末予言 -世界を震撼させた予言-	【不思議・オカルト】	355
シュレーディンガーの猫	【自然・数学】	311
ジョン・タイター	【不思議・オカルト】	357
須佐之男命	【神話・伝承】	150
スパイ	【軍事・組織(犯罪・治安)】	211
スペースコロニー	【自然・数学】	313
聖剣・魔剣	【神話・伝承】	152
聖痕(スティグマ)	【宗教・思想・哲学】	045
聖人暦・典礼暦 〜キリスト教の記念日〜	【宗教・思想・哲学】	047
聖杯	【宗教・思想・哲学】	049
ゼウス	【神話・伝承】	154
世界七不思議	【不思議・オカルト】	358
セフィロトの樹	【宗教・思想・哲学】	051
戦艦	【軍事・組織(犯罪・治安)】	213
戦闘機	【軍事・組織(犯罪・治安)】	215
ソロモン王	【宗教・思想・哲学】	055

た

項目	分類	ページ
ダークマター	【自然・数学】	314
タイムリープ	【不思議・オカルト】	360
多世界解釈 〜量子力学の世界〜	【自然・数学】	316
ダマスカス鋼	【歴史】	241
タロットカード	【暦・占い・天文】	258

超弦理論【自然・数学】	318
超常現象【不思議・オカルト】	362
使い魔【宗教・思想・哲学】	057
テセウスの船【宗教・思想・哲学】	059
哲学的ゾンビ【宗教・思想・哲学】	060
デュラハン【神話・伝承】	156
テラフォーミング【自然・数学】	320
天国と地獄 ～世界のあの世・この世～【宗教・思想・哲学】	061
天使【宗教・思想・哲学】	065
テンプル騎士団【歴史】	242
特異点【自然・数学】	322
ドラゴン【神話・伝承】	158
トンパ文字【文字・シンボル】	274

な

ナチス（国家社会主義ドイツ労働者党）【歴史】	243
7つの大罪 ～キリスト教の世界～【宗教・思想・哲学】	069
二十八宿 ～東洋占星術の世界～【暦・占い・天文】	260
日本刀【歴史】	245
忍者【歴史】	247
ネクロノミコン【文学】	291
ノアの方舟【宗教・思想・哲学】	073

は

パイオニア・アノマリー【自然・数学】	324
バジリスク【神話・伝承】	160

88星座【暦・占い・天文】	262
八大地獄【宗教・思想・哲学】	074
八 卦 ～易経の世界～【暦・占い・天文】	266
バハムート【神話・伝承】	161
バベルの塔【神話・伝承】	163
薔薇十字団【歴史】	249
パラレルワールド【自然・数学】	325
ハルマゲドン【宗教・思想・哲学】	076
ハンドサイン【軍事・組織（犯罪・治安）】	217
パンドラの箱【神話・伝承】	164
ヒエログリフ【文字・シンボル】	276
百八星～水滸伝の世界～【文学】	293
VR & AR ～仮想現実＆拡張現実～【自然・数学】	326
フィラデルフィア実験【不思議・オカルト】	364
ブードゥ教【宗教・思想・哲学】	078
フェニックス【神話・伝承】	165
フェルマーの最終定理【自然・数学】	328
フォネティック・コード【軍事・組織（犯罪・治安）】	219
双子のパラドックス【自然・数学】	330
フラクタル【自然・数学】	331
ブラックホール【自然・数学】	332
フリーメイソンリー ～おもな秘密結社～【軍事・組織（犯罪・治安）】	221
ブリューナク【神話・伝承】	167
不老不死伝説【神話・伝承】	168
ベーオウルフ ～叙事詩の世界～【神話・伝承】	170
ペガサス【神話・伝承】	172

ヘブライ文字
【文字・シンボル】── 278

ヘラクレス
【神話・伝承】── 173

ベリアル
【宗教・思想・哲学】── 079

ベルゼブル
【宗教・思想・哲学】── 081

ヘルメス文書
【不思議・オカルト】── 365

ヘンペルのカラス
【自然・数学】── 334

北斗七星
【暦・占い・天文】── 268

仏（如来・菩薩・明王・天部） 〜仏教の尊格〜
【宗教・思想・哲学】── 083

ホロスコープ 〜西洋占星術の世界〜
【暦・占い・天文】── 270

梵　字
【文字・シンボル】── 280

ま

埋蔵金伝説
【歴　史】── 251

マクスウェルの悪魔
【自然・数学】── 335

マ　ナ
【宗教・思想・哲学】── 087

マビノギオン
【神話・伝承】── 175

マフィア
【軍事・組織（犯罪・治安）】── 225

魔法陣
【不思議・オカルト】── 366

マヤ文字
【文字・シンボル】── 282

ミカエル
【宗教・思想・哲学】── 089

密　教
【宗教・思想・哲学】── 091

三貴神・神世七代 〜日本神話の神々〜
【神話・伝承】── 177

ミョルニル
【神話・伝承】── 181

無限の猿定理
【自然・数学】── 336

ムドラー 〜手印〜
【宗教・思想・哲学】── 093

村　正
【歴　史】── 253

や

ヤハウェ
【宗教・思想・哲学】── 095

UFO
【不思議・オカルト】── 368

ユートピア 〜理想郷伝説〜
【神話・伝承】── 183

UMA
【不思議・オカルト】── 370

ら

ラグナロク 〜北欧神話の世界と神々〜
【神話・伝承】── 185

ラファエル
【宗教・思想・哲学】── 097

リヴァイアサン
【神話・伝承】── 189

リリス
【宗教・思想・哲学】── 099

輪廻転生
【宗教・思想・哲学】── 100

ルーン文字
【文字・シンボル】── 284

ルシファー
【宗教・思想・哲学】── 101

レーヴァテイン
【神話・伝承】── 190

レールガン
【自然・数学】── 337

錬金術
【不思議・オカルト】── 372

ロ　キ
【神話・伝承】── 192

ロッシュ限界
【自然・数学】── 339

ロンギヌスの槍
【宗教・思想・哲学】── 103

わ

ワルキューレ
【神話・伝承】── 194

ワルプルギスの夜 〜西洋の行事・風習〜
【神話・伝承】── 196

参考文献

アーサー王（Truth In Fantasy）　佐藤俊之（著）、F.E.A.R.（著）、新紀元社

アイスランド・サガ　谷口幸男（翻訳）、新潮社

悪魔事典（Truth In Fantasy事典シリーズ5）　山北篤（監修）、佐藤俊之（監修）、新紀元社

アジアの仏像と法具がわかる本──チベット密教・ヒンドゥー教の神々〜瞑想に使える法具まで　ネパール手工芸協会（編）、国際語学社

荒俣宏の20世紀世界ミステリー遺産　荒俣宏（著）、集英社

イラスト図解 仏像（イラスト図解シリーズ）　副島弘道（監修）、日東書院本社

宇宙の秘密がわかる本　宇宙科学研究倶楽部（編集）、学研

宇宙は何でできているのか──素粒子物理学で解く宇宙の謎　村山斉（著）、幻冬舎

宇宙物理学入門──宇宙の誕生と進化の謎を解き明かす　桜井邦朋（著）、講談社

ウロボロス　E.R.エディスン（著）、山崎淳（翻訳）、東京創元社

易経読本──入門と実践　河村真光（著）、光村推古書院

易経入門　河村真光（著）、光村推古書院

易と日本人──その歴史と思想　服部龍太郎（著）、雄山閣

干支の漢字学　水上静夫（著）、大修館書店

乙女の日本史 文学編　堀江宏樹（著）、滝乃みわこ（著）、実業之日本社

面白いほどよくわかるキリスト教──イエスの教えから現代に生きるキリスト教文化まで（学校で教えない教科書）　宇都宮輝夫（著）、阿部包（著）、日本文芸社

面白いほどよくわかる 図解 世界の哲学・思想──深遠な「知」の世界を豊富な図版・イラストでスンナリ理解！（学校で教えない教科書）　小須田健（著）、日本文芸社

面白いほどよくわかる世界史──流れとポイント重視で世界の歴史をスンナリ理解！（学校で教えない教科書）　鈴木晟（監修）、鈴木旭（著）、石川理夫（著）、日本文芸社

面白いほどよくわかる 世界の軍隊と兵器──アメリカの世界支配と各国の勢力図を読む（学校で教えない教科書）　神浦元彰（監修）、日本文芸社

面白いほどよくわかる日本史──流れとポイント重視で日本の歴史をスンナリ理解！（学校で教えない教科書）　加来耕三（監修）、鈴木旭（著）、日本文芸社

おもしろすぎるアーサー王伝説　小林弘幸（著）、文芸社

陰陽道の本──日本史の闇を貫く秘儀・古術の系譜（NEW SIGHT MOOK Books Esoterica6）　学研マーケティング

神の世界史 キリスト教　小滝透（著）、河出書房新社

完全定本 易占大全　盧恆立（著）、山道帰一（監修）、島内大乾（翻訳）、河出書房新社

完全版 世界のUFO現象FILE──衝撃UFO写真とエイリアン極秘ファイルのすべて（ムーSPECIAL）　並木伸一郎（著）、学研パブリッシング

騎士団（Truth In Fantasy）　須田武郎（著）、新紀元社

気象兵器・地震兵器・HAARP・ケムトレイル　ジェリー・E・スミス（著）、ベンジャミン・フルフォード（監修、翻訳）、成甲書房

吸血鬼の事典　マシュー・バンソン（著）、松田和也（翻訳）、青土社

巨大ブラックホールと宇宙　谷口義明（著）、和田桂一（著）、丸善出版

ギリシア神話　アポロドーロス（著）、高津春繁（翻訳）、岩波書店

ギリシア神話 神々の時代　カール・ケレーニイ（著）、植田兼義（翻訳）、中央公論社

キリスト教（図解雑学）　挽地茂男（著）、ナツメ社

クトゥルー（暗黒神話体系シリーズ）1〜12　H・P・ラヴクラフト（著）、オーガスト・ダーレス他（著）、大瀧啓裕（編）、青心社

クトゥルフ神話TRPG マレウス・マンストロルム（ログインテーブルトークRPGシリーズ）　スコット・アニオロフスキー（著）、立花圭一（翻訳）、坂本雅之（翻訳）、エンターブレイン

警察白書〈平成元年版〉暴力団体策の現状と課題　警察庁（編）、大蔵省印刷局

警察白書〈平成5年版〉暴力団対策法施行後1年を振り返って　警察庁（編）、大蔵省印刷局
ゲームシナリオのためのSF事典 知っておきたい科学技術・宇宙・お約束110　森瀬繚（監修）クロノスケープ（編）、ソフトバンククリエイティブ
月刊 歴史街道 平成27年5月号〈刀剣と乱世──時代に挑んだ男たちの愛刀〉　PHP研究所
決定版 世界の最強兵器ランキング　おちあい熊一（著）、学研
【決定版】天使と悪魔図鑑　綾波黎（編著）、学習研究社
ケルト神話・伝説事典　ミランダ・J・グリーン（著）、井村君江（翻訳）、大橋篤子（翻訳）、渡辺充子（翻訳）、北川佳奈（翻訳）、東京書籍
ケルトの神話・伝説　フランク ディレイニー（著）、鶴岡真弓（翻訳）、創元社
ケルト神話 女神と英雄と妖精と　井村君江（著）、筑摩書房
現代語で読む歴史文学 南総里見八犬伝〈上〉〈下〉　西沢正史（監修）、鈴木邑（翻訳）、勉誠出版
ここまで分かった！ 世界の七不思議　インフォペディア（編）、光文社
古事記　倉野憲司（校注）、岩波書店
古事記 日本書紀を知る事典　武光誠（著）、東京堂出版
古代マヤ文明　マイケル.D.コウ（著）、加藤泰建（翻訳）、長谷川悦夫（翻訳）、創元社
COMBAT BIBLE アメリカ陸軍教本完全図解マニュアル　上田信（著）、日本出版社
PSY-サイ-人智を超える超能力の世界──サイコメトラー最前線　日本文芸社
サイコパス・インサイド─ある神経科学者の脳の謎への旅　ジェームズ・ファロン（著）、影山千佐（翻訳）、金剛出版
最新 惑星入門　渡部潤一（著）、渡辺好恵（著）、朝日新聞出版
サガ選集　日本アイスランド学会（著）、東海大学出版会
三国志演義大事典　沈伯俊（著）、譚良嘯（著）、潮出版社
三国志人物事典　渡辺精一（著）、講談社
三種の神器──謎めく天皇家の秘宝　稲田智宏（著）、学習研究社
三種の神器〈玉・鏡・剣〉が示す天皇の起源　戸矢学（著）、河出書房新社
CIA秘録〈上〉〈下〉　ティム・ワイナー（著）、文藝春秋社
知っておきたい 天使・聖獣と悪魔・魔獣　荒木正純（監修）、西東社

四季の星座──見つけ方と楽しみ方　藤井旭（著）、主婦の友インフォス情報社
時空のゆがみとブラックホール　江里口良治（著）、講談社
知ってびっくり！ 世界の神々〈雑学3分間ビジュアル図解シリーズ〉　一条真也（監）、PHP研究所
邪視の話　亀井俊郎（著）、朱鳥社
儒教入門　土田健次郎（著）、東京大学出版会
宿曜占星術──27宿ホロスコープがあなたの運命を教える　小峰有美子（著）、ナユタ出版
旬刊 石油政策 2006年10月25日号　セントラル通信社
詳説 世界史研究　木下康彦（編）、木村靖二（編）、吉田寅（編）、山川出版社
人生に必要な哲学50〈知ってる？シリーズ〉　ベン・デュプレ（著）、近藤隆文（翻訳）、近代科学社
人生に必要な物理50〈知ってる？シリーズ〉　ジョアン・ベイカー（著）、和田純夫（翻訳）、西田美緒子（翻訳）、近代科学社
新版 スパイ・ブック　キース・メルトン（著）、伏見威蕃（著）、朝日新聞社
神統記　ヘシオドス（著）、廣川洋一（翻訳）、岩波書店
新訳 ヒトラーとは何か　セバスチャン・ハフナー（著）、瀬野文教（翻訳）、草思社
心霊術の入門書 超能力のすべてがわかる　ハーバート・B・グリーンハウス（著）、雁谷清（翻訳）、ベストセラーズ
水滸伝──108星のプロフィール〈Truth In Fantasy〉　草野巧（著）、新紀元社
図解 クトゥルフ神話〈F-FILES No.002〉　森瀬繚（編著）、新紀元社
図解 西洋占星術〈F-FILES No.019〉　羽仁礼（著）、新紀元社
図解 第三帝国〈F-FILES No.015〉　森瀬繚（著）、司史生（著）、新紀元社
図解 天国と地獄〈F-FILES No.009〉　草野巧（著）、新紀元社
図説 天使百科事典　ローズマリー・エレン・グィリー（著）、大出健（翻訳）、原書房
図解 北欧神話〈F-FILES No.010〉　池上良太（著）、新紀元社
図解 錬金術〈F-FILES No.004〉　草野巧（著）、新紀元社
図説アーサー王百科　クリストファー・スナイダー（著）、山本史郎（翻訳）、原書房
図説アーサー王物語　アンドレア・ホプキンス（著）、山本史郎（翻訳）、原書房

図説 あらすじで読む 日本の仏様　速水侑（監修）、青春出版社

図説 オカルト全書　オーエン・S・ラクレフ（著）、荒俣宏（監修）藤田美砂子（翻訳）、原書房

「図説」中国の神々──道教神と仙人の大図鑑（NEW SIGHT MOOK Books Esoterica エソテリ）　学習研究社

住んでみたい宇宙の話　竹内薫（著）、寺西晃（イラスト）、キノブックス

聖剣・魔剣 神話世界の武器大全　ホビージャパン

星空図鑑　藤井旭（著）、ポプラ社

星座の神話──星座史と星名の意味　原恵（著）、恒星社厚生閣

世界遺産・封印されたミステリー──今なお解けない謎に迫る　平川陽一（著）、PHP研究所

世界奇現象ファイル──世にも不思議なミステリーの真実！（Gakken mook- ムー謎シリーズ 11）　学研

世界史 怖くて不思議なお話　桐生操（著）、PHP研究所

世界シンボル辞典　J・C・クーパー（著）、岩崎宗治（翻訳）、鈴木繁夫（翻訳）、三省堂

世界シンボル大事典　ジャン・シュヴァリエ（著）、アラン・ゲールブラン（著）、金光仁三郎 ほか（翻訳）、大修館書店

世界超古代文明の謎──大いなる太古の沈黙の遺産を探究する！（知の探究シリーズ）　南山宏（著）、鈴木旭（著）、幸沙代子（著）、高橋良典（著）、日本文芸社

「世界の英雄」がよくわかる本──アレクサンドロス、ハンニバルからチンギス・ハーン、ナポレオンまで　寺沢精哲（監修）、PHP研究所

「世界の神々」がよくわかる本 ゼウス・アポロンからシヴァ、ギルガメシュまで　東ゆみこ（監修）、造事務所（著）、PHP研究所

世界の神々 伝説の戦い　クリエイティブ・スイート（編著）、PHP研究所

「世界の古代文明」がよくわかる本──巨大神殿の謎からファラオの呪いまで　島崎晋（著）、PHP研究所

世界の神話伝説 総解説　自由国民社

「世界の秘密結社」がよくわかる本　桐生操（監）、株式会社レッカ社（編著）、PHP研究所

世界のマフィア──越境犯罪組織の現況と見通し　ティエリ・クルタン（著）、上瀬倫子（翻訳）、緑風出版

世界の未確認生物〈UMA〉ファイル　株式会社レッカ社（編著）、山口敏太郎（監修）、PHP研究所

世界不思議百科　コリン・ウィルソン（著）、ダモン・ウィルソン（著）、関口篤（翻訳）、青土社

世界予言全書　トニー・アラン（著）、真田由美子（翻訳）、原書房

セレンディピティー──思いがけない発見・発明のドラマ　ロイストン・M・ロバーツ（著）、安藤喬志（翻訳）、化学同人

全国「隠し財宝」完全マップ　造事務所（編著）、廣済堂出版

戦国忍者列伝──80人の履歴書　清水昇（著）、河出書房新社

戦闘機A風雲録──第一次・二次世界大戦の撃墜王たち　鈴木五郎（著）、PHP文庫

増補版 世界不思議大全Ⅰ　泉保也（著）、学研パブリッシング

そこが知りたい！「日本の警察」　株式会社レッカ社（編著）、北芝健（監修）、PHP研究所

タイムトラベルの謎──人類が時間を征服する日は近い!!（Gakken mook- ムー謎シリーズ 19）　学研

多重人格者 あの人の二面性は病気か、ただの性格か　岡野憲一郎（監修）、講談社

誰も教えてくれなかった日本神話　出雲井晶（著）、講談社

超常現象大事典──永久保存版　羽仁礼（著）、成甲書房

超ショック！世界のミステリー　中岡俊哉（著）、雷韻出版

超図解 刀剣人物伝真打　刀剣人物研究会（著）、カンゼン

超文明オーパーツ大全　並木伸一郎（著）、竹書房

超訳「哲学用語」事典　小川仁志（著）、PHP研究所

天使と悪魔の謎を楽しむ本　グループSKIT（編著）、PHP研究所

道教の本──不老不死をめざす仙道呪術の世界（NEW SIGHT MOOK Books Esoterica 4）　学習研究社

特捜！世界の謎とミステリー──超次元からの伝言 オーパーツとUMA　リイド社

ドラゴン 世界の真龍大全　ホビージャパン

トンパ文字──生きているもう1つの象形文字　王超鷹（著）、マール社

ナショナルジオグラフィック日本版 2016年11月号（火星移住）　日経ナショナルジオグラフィック社

謎の大陸アトランチス（超常世界への挑戦シリーズ）　ロイ・ステマン（著）小野協一（訳）、学習研究社

なんでもわかるキリスト教大事典　八木谷涼子（著）、朝日新聞出版

ニッポン埋蔵金伝説　知的発見！探検隊（著）、イースト・プレス

日本神話120の謎──三種の神器が語る古代世界　安本美典（著）、勉誠出版

日本刀百科大事典 1〜5　福永酔剣（著）、雄山閣

日本の名作 出だしの一文　樋口裕一（著）、日本文芸社

忍者の大常識（これだけは知っておきたい28）　黒井宏光（監修）、ポプラ社

眠りの魔術師 メスマー　ジャン チュイリエ（著）、高橋純（翻訳）、高橋白代（翻訳）、工作舎

パーソナリティ障害 こころの科学セレクション　福島章（編集）、日本評論社

はじめてでもよくわかるタロット占い入門　森村あこ（監修）、実業之日本社

はじめての人のためのらくらくタロット入門　藤森緑（著）、説話社

はじめての「梵字の読み書き」入門　静慈（著）、セルバ出版

早わかりギリシア神話──文化が見える・歴史が読める　木村点（著）、日本実業出版社

ヒエログリフ解読法──古代エジプトの文字を読んでみよう（Newton Science Series）　マーク・コリア（著）、ビル・マンリー（著）、近藤二郎（監修）、坂本真理（翻訳）、ニュートンプレス

ヒエログリフを書いてみよう読んでみよう 一古代エジプト文字への招待　松本弥（著）、白水社

秘密結社──世界を動かす「闇の権力」　桐生操（著）、中央公論新社

ヒンドゥー教 インド三〇〇〇年の生き方・考え方　クシティ・モーハン・セーン（著）、中川正生（翻訳）、講談社

ヒンドゥー神話の神々　立川武蔵（著）、せりか書房

ファンタジー 人外コレクション　レッカ社（著）、カンゼン

仏教 第2版　渡辺照宏（著）、岩波書店

仏教の知識百科　ひろさちや（監修）、主婦と生活社

ブラックホールの科学 片道切符の旅と宇宙　羽馬有紗（著）、ベレ出版

フリーメイソン　吉村正和（著）、講談社

平安貴族と陰陽師──安倍晴明の歴史民俗学　繁田信一（著）、吉川弘文館

ベーオウルフ──中世イギリス英雄叙事詩　忍足欣四郎（翻訳）、岩波書店

防衛白書 平成24年版　防衛省（編集）、佐伯印刷

北欧神話と伝説　ヴィルヘルム・グレンベック（著）、山室静（翻訳）、講談社

北欧神話物語　キーヴィン・クロスリイ・ホランド（著）、山室静（翻訳）、米原まり子（翻訳）、青土社

梵字必携──書写と解説　児玉義隆（著）、朱鷺書房

埋蔵金発見！ 解き明かされた黄金伝説　八重野充弘（著）、新人物往来社

魔導書（グリモワール）ソロモン王の鍵──護符魔術と72人の悪魔召喚術　青狼団（編著）、二見書房

魔法の道具屋　Truth In Fantasy 編集部（著）、新紀元社

マナス 青年編 キルギスの英雄叙事詩　若松寛（翻訳）、平凡社

マヤ文字入門　山瀬暢士（著）、太陽書房

「未知」への事典　コリン・ウィルソン（著）、ジョン・グラント（著）、中村保男（翻訳）、平河出版社

密教入門　西村公朝（著）、新潮社

密教の本──驚くべき秘儀・修法の世界（NEW SIGHT MOOK Books Esoterica 1）　神代康隆（著）、金澤友哉（著）、不二龍彦（著）、豊島泰国（著）、学習研究社

惨くて美しい世界の悪女・妖女事典　世界の悪女研究会（編著）、永岡書店

萌える☆哲学入門 〜古代ギリシア哲学から現代思想まで〜　造事務所（編著）、小須田健（監修）、大和書房

萌える！ 日本刀事典　TEAS事務所（著）、ホビージャパン

八百万の神々──日本の神霊たちのプロフィール（Truth In Fantasy）　戸部民夫（著）、新紀元社

やさしくわかる仏像入門　向吉悠睦（著）、中村佳睦（著）、ナツメ社

UFOと宇宙人の謎（ほんとうにあった!? 世界の超ミステリー1）　並木伸一郎（監修）、ポプラ社

妖精大全　井村君江（著）、東京書籍

ヨーロッパの「王室」がよくわかる本──王朝の興亡、華麗なる系譜から玉座の行方まで　造事務所（著）、川原崎剛雄（監修）、PHP研究所

ラヴクラフト全集 1〜7　H・P・ラヴクラフト（著）、大西尹明（翻訳）、宇野利泰（翻訳）、大瀧啓裕（翻訳）、東京創元社

歴史　ヘロドトス（著）、松平千秋（翻訳）、岩波書店

歴史人 別冊 世界史人 三国志虚と実を徹底検証（ベストムックシリーズ39）　KKベストセラーズ

歴史を操った魔性の女たち　島崎晋（著）、廣済堂出版

「錬金術」がよくわかる本　クリエイティブ・スイート（編著）、澤井繁雄（監修）、PHP研究所

■その他、多くの書籍やウェブサイトを参考にさせていただいております。

二次元世界に強くなる
現代オタクの基礎知識

発　行　日	2017年7月28日　初版 2020年3月16日　第2刷　発行
編　　　著	株式会社ライブ
発　行　人	坪井 義哉
発　行　所	株式会社カンゼン
	〒101-0021　東京都千代田区外神田2-7-1 開花ビル TEL 03（5295）7723 FAX 03（5295）7725 http://www.kanzen.jp/ 郵便為替 00150-7-130339
印刷・製本	株式会社シナノ
企画・構成・編集	株式会社ライブ 竹之内大輔／花倉 渚
ライティング	佐泥佐斯乃 中村仁嗣 林 政和
イラストレーター	オオノマサフミ つぼいひろき はしあさこ 松岡正記 YAGI
デザイン	貞末浩子
DTP	株式会社ライブ

万一、落丁、乱丁などがありましたら、お取り替え致します。
本書の写真、記事、データの無断転載、複写、放映は、著作権の侵害となり、禁じております。

©Live 2017
ISBN 978-4-86255-414-7
Printed in Japan

定価はカバーに表示してあります。

本書に関するご意見、ご感想に関しましては、kanso@kanzen.jp まで
Eメールにてお寄せください。お待ちしております。